1954 年在马绍尔群岛爆炸的 1500 万吨级热核弹“幸运城堡”是当时美国史上引爆的最大当量核武器。尽管这一武器项目只被批准秘密进行，但是它的成功让美国军工复合体最终走向稳定，DARPA 也随之成立。（图片来源：美国能源部）

一个由武器工程师组成的精英小组在这一掩体中躲过了“幸运城堡”产生的热核爆炸。该掩体代号为“70 号工作站”，距离核爆爆心仅约 35 千米。（图片来源：美国国家档案和记录管理局）

20 世纪 50 年代，数学家、物理学家、博弈论家和发明家约翰 · 冯 · 诺依曼。他是当时的明星防务科学家，没有谁的脑子能够比得过他。（图片来源：美国能源部）

竞争带来进步。20 世纪 50 年代早期创立的第二个国家核武器实验室将与洛斯阿拉莫斯国家实验室展开竞争。欧内斯特 · 劳伦斯（左）与爱德华 · 泰勒（中）共同创立了劳伦斯利弗莫尔国家实验室。赫布 · 约克（右）担任第一任负责人。1958 年，高级研究计划局（ARPA）设立，后改称国防部高级研究计划局（DARPA），约克于同年出任科技总监。（图片来源：劳伦斯利弗莫尔国家实验室）

1961 年 1 月，艾森豪威尔总统在其告别演说中警告美国人民注意军工复合体的“总体影响”。但这一警告晚了 10 年，已经太迟了。（图片来源：德怀特 · 艾森豪威尔总统图书馆）

爱德华·泰勒（左）、赫布·约克（中）与利弗莫尔的同事路易斯·阿尔瓦雷斯（右）一起设计用以打击苏联及其人口的百亿吨级核武器。（图片来源：劳伦斯·利弗莫尔国家实验室）

哈罗德·布朗在利弗莫尔负责热核武器工作时年仅24岁。他跟随赫布·约克来到五角大楼，并于越南战争期间负责ARPA的武器项目。1977年，哈罗德·布朗成为第一个担任国防部长的科学家。（图片来源：美国国防部）

时任总统科学顾问的物理学家默夫·戈德伯格于1959年参与创立了贾松科学家顾问团队，这一组织时至今日仍在运作，它被认为是由美国最具影响力且最神秘的科学家们组成。本照摄于戈德伯格先生家中，时年90岁的他正在看一幅自己与约翰逊总统的合影。（图片来源：作者）

参议员约翰 · 肯尼迪访问参议员林登 · 约翰逊位于得克萨斯州的农场。他俩在担任总统期间都批准了一些越战当中最具争议的 ARPA 武器计划。（图片来源：林登 · 约翰逊总统图书馆，弗兰克 · 穆托摄）

1961 年，肯尼迪总统派遣约翰逊前往越南，以说服南越总统吴庭艳批准 ARPA 在西贡建立实验室。照片中的人物（从前至后）依次为吴庭艳、伯德 · 约翰逊女士、龙夫人、林登 · 约翰逊、阮玉寿、琼 · 肯尼迪 · 史密斯、史蒂芬 · 史密斯以及秘密警察局长吴庭瑈。1963 年，吴庭艳与吴庭瑈死于白宫授意的政变之中。（图片来源：林登 · 约翰逊总统图书馆）

吴庭艳总统手下的士兵身材矮小，难以驾驭美国驻越军事顾问团使用的大型半自动武器。APRA 的威廉·戈德尔跨过官僚程序向西贡运送了 1000 支 AR-15 步枪。1966 年，该型武器在经过全自动射击改装后被重新命名为 M16 突击步枪。DARPA 称，“它取得成功的一条衡量标准就是时至今日它仍被广泛使用”。（图片来源：美国国家档案和记录管理局，丹尼斯·库皮亚斯摄）

化学脱叶剂“橙剂”的使用是 ARPA 策划的方案。顾问沃尔特·罗斯托向总统肯尼迪说：“这是化学战，所以必须由您决定。”肯尼迪于 1961 年批准了这一计划。2012 年，美国国会认定直接暴露在橙剂中的越南人口为 2100 万 ~4800 万，但受毒害的美军人数却一直没有定论。（图片来源：美国国家档案和记录管理局，布莱恩·格里格斯比摄）

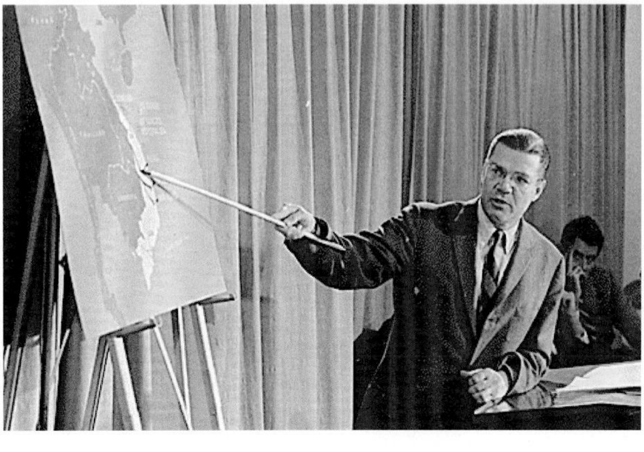

1965 年 2 月，五角大楼新闻发布会，国防部长罗伯特·麦克纳马拉介绍越南局势。今天许多的先进技术武器系统都是 ARPA 在越战期间发明的。（图片来源：美国国防部）

1965 年，贾松科学家研究使用战术核武器切断“胡志明小道”上的补给线。（图片来源：美国陆军）

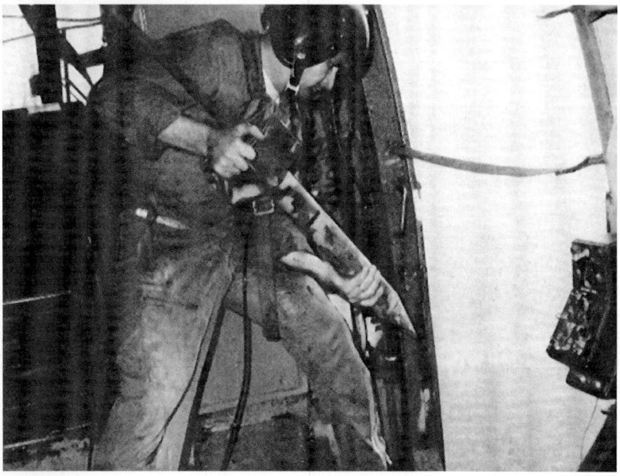

贾松科学家顾问团队主导设计了“麦克纳马拉的电子隔墙”，那是一个设计用于侦测越共运输线活动的高级传感器系统。DARPA 将这一理念最终提升为“透明战场”。在这张照片中，一个空投型嵌入式地震探测仪（ADSID）将被投放在溪山附近的小路上。（图片来源：美国空军）

没有任何技术能够阻止越战抗议者制造反战舆论与对战争的解读。（图片来源：林登·约翰逊总统图书馆，弗兰克·沃尔夫摄）

美国第17任国防部长、绰号“混球”的迪克·切尼监督在伊拉克进行的海湾战争。DARPA几十年间发展的先进武器技术都在此次战争中公之于众。（图片来源：美国国防部长办公室）

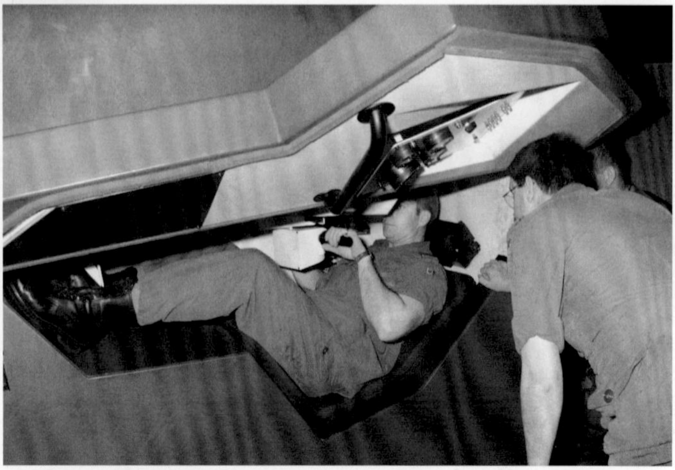

学生们在一辆M1艾布拉姆斯坦克中，使用DARPA发明的虚拟战场系统训练。（图片来源：美国国防部）

一名配备M16A2突击步枪的空军中士在一架F-117隐形战机加油期间担负警戒任务。（图片来源：美国国防部）

海湾战争期间，美国的先进武器技术在伊拉克的 80 号公路，亦称“死亡公路”上得到充分展现。（图片来源：美国国防部，乔·科尔曼摄）

1992 年，美国海军陆战队一架直升机飞越摩加迪沙居民区。次年的摩加迪沙战役让 DARPA 重新考虑城区作战需要的未来武器系统。（图片来源：美国国防部，佩里·海默摄）

城市军事行动训练中心，一个五角大楼在 20 世纪 90 年代早期制作的城区战争军事模型（MOUT）。然而，摩加迪沙、费卢杰及喀布尔等作战地带与该模型完全不同。（图片来源：美国国防部，视觉信息中心）

退役海军中将约翰·波因德克斯特，因其在伊朗门事件中的角色而闻名，自2001年起任DARPA全面信息感知办公室主任。据称在该办公室被关闭后，其运行的许多电子监视项目被移交到美国国家安全局。（图片来源：国家档案和记录管理局）

“9·11”恐怖袭击发生的第二天，总统乔治·W.布什与国防部长唐纳德·拉姆斯菲尔德在五角大楼西侧。（图片来源：美国国防部，R.D.沃德摄）

伊拉克巴格达法奥宫外飘扬着美国与盟军的旗帜。美军占领后将其重新命名为胜利营。二级军士长克雷格·马什在此居住，并监督排爆专家与DARPA机器人的工作。（图片来源：美国国防部，凯莱布摄）

伊拉克拉杰，DARPA 的机器人正在靠近一个致命的简易爆炸装置（IED）。（图片来源：美国陆军，杰弗里·桑兹特鲁姆摄）

2005 年，一个微型飞行器（MAV）正在为它在伊拉克的首次作战任务做准备。现今 DARPA 的高级微型飞行器只有手掌大小。（图片来源：美国国防部，道格·罗尔斯摄）

作为 DARPA“透明战场”理念的产品，约 200 克重的“黄蜂”无人机不仅可以采集实时图像，还可多架协同工作。（图片来源：美国国防部）

2008 年，彼得雷乌斯上将在巴格达迎接切尼副总统及其妻女。彼得雷乌斯著有越战后第一部美国陆军反叛乱指南，并支持 DARPA 开展的人类活动图谱计划。该计划旨在获取“人们的认可，及思想和精神上的支持”。（图片来源：美国国防部，杰弗里·艾伦摄）

2009 年，内华达州克里奇空军基地机库内的“捕食者”无人机。（图片来源：作者）

阿富汗，切海勒加兹地区烧焦的小巷。人类活动图谱项目工作人员葆拉·劳埃德在此被塔利班分子焚烧致死。（图片来源：美国犯罪调查司令部）

2014 年，DARPA 负责人阿拉蒂·普拉巴卡尔、海军陆战队司令詹姆斯·阿莫斯上将与 DARPA 设计用于崎岖地形运送重型装备的 LS3 陆地机器人。（图片来源：美国海军陆战队，马洛里·范德尚摄）

一辆顶部配备突击步枪的装甲卡车在洛斯阿拉莫斯国家实验室外警戒。DARPA 的人工智能项目由盖瑞特·凯尼恩博士和他的团队在此进行。（图片来源：作者）

2008 年，IBM（国际商用机器公司）为洛斯阿拉莫斯安装的超级计算机是当时世界上运算最快的计算机，每秒可进行 1 亿亿次运算。2013 年，芯片工艺上的发展迫使该型计算机让出第一宝座。2014 年，留存下来的该型计算机运算能力被用于启动 DARPA 的人工智能计划。（图片来源：洛斯阿拉莫斯国家实验室）

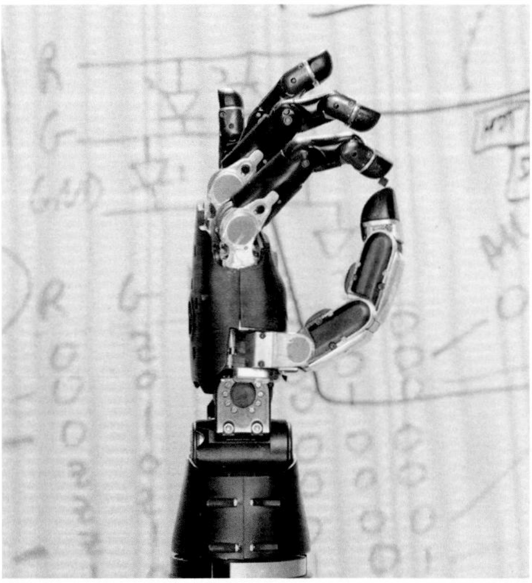

DARPA 模块化假肢。该产品促进了机器人科学的发展，但它能否帮助伤残战士呢？（图片来源：美国国防部，约翰·霍普金斯大学应用物理学实验室提供）

波士顿动力公司制造的 DARPA“阿特拉斯”机器人是一款高机动性拟人型机器人。它“铰接的传感器脑袋”装着立体摄像机和激光测距机。（图片来源：DARPA）

艾伦·梅西·杜勒斯和他的妹妹琼·杜勒斯·塔利。1952年，在朝鲜战场上遭受的一次脑损伤让他再也记不住任何新东西。DARPA称其大脑修复计划能够帮助杜勒斯等大脑受损伤的战士，但计划细节仍处于高度保密状态。（图片来源：作者）

模块化高级武装机器系统可从几乎2英里外击杀人类目标。该系统配备运动检测器、声传感器、警报及扬声器系统、非致命激光眩目器、低致命性榴弹以及DARPA声称令这个机器人杀手“极度可靠且免受干扰”的加密技术。（图片来源：美国陆军）

位于弗吉尼亚州阿灵顿的 DARPA 总部，没有任何可辨识标志，且出于安全目的仍由军队负责保卫。（图片来源：作者）

五角大楼。（图片来源：美国国防部，佩里·奥斯顿摄）

五角大楼之脑

美国国防部高级研究计划局不为人知的历史

[美] 安妮·雅各布森（Annie Jacobsen）◎ 著
李文婕 郭颖 ◎ 译

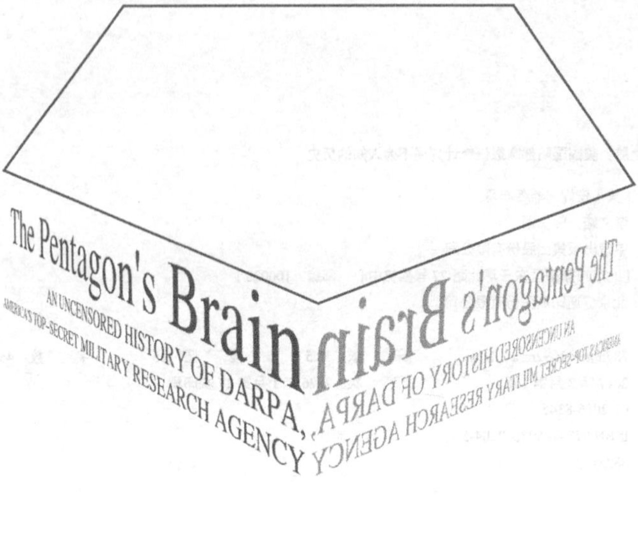

中信出版集团 | 北京

图书在版编目（CIP）数据

五角大楼之脑：美国国防部高级研究计划局不为人知的历史 /（美）安妮·雅各布森著；李文婕，郭颖译. -- 北京：中信出版社，2017.3（2026.1 重印）

书名原文：The Pentagon's Brain: An Uncensored History of DARPA, America's Top-Secret Military Research Agency

ISBN 978-7-5086-7204-5

Ⅰ. ①五… Ⅱ. ①安… ②李… ③郭… Ⅲ. ①美国国防部－研究 Ⅳ. ① E712.1

中国版本图书馆 CIP 数据核字（2017）第 009712 号

The Pentagon's Brain: An Uncensored History of DARPA,
America's Top-Secret Military Research Agency
This edition published by arrangement with Little, Brown, and Company,
New York, New York, USA.

五角大楼之脑：美国国防部高级研究计划局不为人知的历史

著　　者：[美] 安妮·雅各布森
译　　者：李文婕　郭　颖
出版发行：中信出版集团股份有限公司
（北京市朝阳区东三环北路 27 号嘉铭中心　邮编　100020）
承 印 者：北京盛通印刷股份有限公司

开　　本：787mm × 1092mm　1/16　　印　　张：32.5　　插　　图：16　　字　　数：450 千字
版　　次：2017 年 3 月第 1 版　　印　　次：2026 年 1 月第 17 次印刷
京权图字：01-2016-8345
书　　号：ISBN 978-7-5086-7204-5
定　　价：68.00 元

致 Kevin

预测未来的最好办法是创造未来。

——埃里希·弗罗姆（Erich Formm）

序言

众所周知，美国国防部高级研究计划局（Defense Advanced Research Project Agency，DARPA）是世界上最强大、最高产和最神秘的军事科研机构。在本书问世之前，鲜有关于它的调查研究。DARPA的使命是引领军事科研革命，保持美国对世界其他国家的压倒性技术优势。

1958年，美国国会立法创立DARPA。自那以后，它就一直是国防部核心研发部门。DARPA与美国其他军事研究机构大不相同，它尽管拥有约30亿美元的年度预算，但并不从事具体科研工作。DARPA项目经理和主管将科研项目外包给防务承包商、学术机构或者其他政府组织，然后推动科研成果向军事应用领域转化。DARPA嗅觉灵敏、反应敏捷，没有官僚主义或官样文章。DARPA罕见地保持着一支规模很小的雇员队伍。经过近60年的发展，DARPA现在每年雇用120个项目经理，每人任期5年。这些管理者创新意识极强，大部分都是非常优秀的科学家。

他们发起并监督几百个研究项目，这些项目涉及成千上万名科学家和工程师，而这些科学家和工程师工作的地方遍布美国和海外的国家实验室、防务承包商公司以及大学实验室。

另外，军队指挥链条严密刻板，但DARPA项目经理在其中拥有超强权威。他们可以启动、继续或者停止研发项目，很少受到外界干涉。一旦完成部署前准备，作为研发项目成果的武器或相关系统就会被移交给美国陆军、海军、空军、海岸警卫队等武装力量，以及中央情报局、国家安全局、国防情报局、国家地理空间情报局和国家侦察局等美国情报机构。

DARPA一直精心维护自身公众形象。有关DARPA是顶尖科研机构的报道，时常见诸报端，然而那些意义重大，甚至有时对社会极具控制力和影响力的研发项目却鲜为人知。“DARPA研制微型移植体，可使人获得自愈能力”，这是哥伦比亚广播公司2014年秋一次新闻报道的标题。同一周，“商业内幕”网站报道，“难以置信的DARPA跳跃机器人显示美军致力于减少伤亡”。关于DARPA的种种故事，均聚焦于健康和福利，然而事实上,DARPA公开宣称的使命是研发武器系统。本书将揭示这是为什么。许多新闻报道告诉读者，DARPA发明了互联网、全球定位系统以及隐形技术。但是，如此描述DARPA，就如同描述苹果公司是一家曾经生产麦金塔512K型电脑的电脑公司。这些里程碑式的发明创造已有40余年历史。在美国最有影响力和最富有创造力的军事科研机构身上，DARPA为什么会有如此众多真相被迷雾掩盖？本书试图掀开DARPA的神秘面纱。

1972年之前，DARPA总部一直位于五角大楼，如今则位于弗吉尼亚州阿灵顿市距五角大楼4英里的一幢没有标志的大厦内。DARPA局长向国防部长办公室报告工作。在50多年历史中，DARPA使美国始终保持技术领先优势。赞赏者将DARPA称为五角大楼的大脑，批评者却认为它是军工复合体的心脏。我们究竟应该赞赏，还是恐惧？DARPA究竟是捍卫了美国的民主制度，还是诱导美国陷入了无休止的战争？

DARPA塑造了未来。正是它在科技领域的开拓性工作改变了今天的工业、公共健康、社会以及文化。DARPA创造、主宰一切，又在战场上毁灭一切。“巨大的不确定性和多样性威胁横亘在我们面前，”DARPA局长阿拉蒂·普拉巴卡尔（Arati Prabhakar）在2014年一次新闻发布会上讲，“但我们仍然面临着空前机遇，那就是以特定方式推动技术进步，为国家提供强大创新能力。”但是，如果这些“强大创新能力”不是什么伟大的主意，那该怎么办呢？

为写作本书，我采访了71位与DARPA有直接关联的人，深入探究其早期历史。受访者包括总统科技顾问，DARPA项目经理和科学家，神秘且高度保密的贾松（Jason）科学家小组成员、舰长、上校、诺贝尔奖获得者，以及1名四星上将。与这些受访者的交流让我了解了包括气象战、社会学实验和兵器系统等借国家安全之名推进已知科学边界的故事，其中既有才华卓越的创新者，也有骄傲自大、不切实际的想法；既有革命性的胜利，也有短视造成的失败。某个概念问世后，DARPA便利用自身授权，秘密推进高级军事科学项目。革命之所以成为革命，就在于突发性。一旦DARPA的技术因战争实践而公之于众，其他国家就将不可避免地取得这项经过努力研发得到的成果。例如，20世纪60年代越战期间，DARPA就开始着手研发无人驾驶飞行器，即无人机。经过30年的努力，首个无人机部队建成，并于2001年10月出现在阿富汗战场上。当公众知晓无人机战争时，美国无人机技术已经领先多代。然而在很短时间内，许多国家也开始研制它们自己的无人机。到2014年，已有多达87个国家拥有武器级无人机系统。

在写作此书过程中，我采访了一些前DARPA的科学家。据他们讲，在任何历史时期，DARPA 科学家们的工作，尤其是大多数涉密项目，均领先公共领域科技水平 10~20 年。因为 DARPA，世界才拥有未来。那么，让 DARPA 决定未来，又是否明智呢？

目录

第一部分

冷战

The Pentagon's Brain
AN UNCENSORED HISTORY OF DARPA,
AMERICA'S TOP-SECRET MILITARY RESEARCH AGENCY

第一部分

今站

第一章 邪灵

1954年的一个冬日，一群美国科学家发现他们进入了这样一个时代——他们制造的一个装置足以导致世界末日。在夏威夷以西2650英里辽阔的太平洋上有一条小岛链，即比基尼环礁（Bikini Atoll）所在的马绍尔群岛（Marshall Island）。时间是1954年3月1日，比基尼环礁当地时间是凌晨4时29分。在这群科学家中，已经有人对它的危险性提出了警告。恩里科·费米（Enrico Fermi）和伊西多·拉比（Isidor Rabi）都是参与过曼哈顿工程的科学家，他们将这个装置称为“邪灵”（evil thing），并曾劝告杜鲁门总统不要批准研制。但它还是被造了出来，而且即将被引爆。

“邪灵”是一枚热核武器，或曰氢弹。它已经足够小，因而能够由美国空军轰炸机携带，并将其投放在莫斯科。为防止美国公众知道它的存在，人们把即将进行的这场核试验代号称为“幸运城堡”（Castle Bravo）。

在比基尼环礁的另一头，十个人躲在一个混凝土掩体内，等待着未知命运，他们都拥有美国最高等级 Q 级安全许可，可以接触与核武器相关的最高机密。两个多小时后，人类有史以来最强大的炸弹将会在 19 英里以外引爆。从来没有人距离这种炸弹将要释放出的能量如此之近，人们预计其当量为 600 万吨 TNT（一种烈性炸药），意味着“幸运城堡”的爆炸威力相当于“二战”期间投放到德国和日本炸弹总和的两倍，包括两枚原子弹在内。

由于国防科技的最新进展，到 1954 年，机械装置小型化速度已经达到了令人吃惊的程度。特别是核武器，其体型正在以科学家们在十年之前绝对无法想象的方式变得越来越小，同时威力却越来越大。“幸运城堡”爆炸时释放的能量，将是 1945 年 8 月投放在广岛的那枚原子弹的 1000 倍，但重量仅仅是它的两倍多。

天还没亮，比基尼环礁头天晚上刚经历一场强降雨，椰子树和露兜树叶子挂满水珠。环礁低洼处覆盖着喜盐的海赤芍，一分钱硬币大小的壁虎在潮湿的白色沙滩上蹦来蹦去。代号为“70 号工作站”的掩体外形看起来很奇怪，长方形，面积较大，但是高度很低，装有防爆门，混凝土墙体有三英尺厚。除入口外，掩体其他部分都掩埋在 10 英尺的沙土下。掩体与环礁湖之间建有一条独立的混凝土海堤，它被设计用来抵挡爆炸引发的巨浪。附近还立有一个 300 英尺高的无线电天线塔，这使人们可以在掩体里直接与美国国防部官员和实施这项秘密行动的科学家通话，他们位于 60 英里外的特遣部队指挥舰、美国海军“埃斯蒂斯号”（USNS Estes）舰上。

掩体内的人是点火团队成员，包括 6 名工程师、3 名军队技术专家和 1 名核物理科学家。掩体内各式各样的电子设备通过数十英里长的防水电缆与“幸运城堡”核弹连接。核弹被部署在一个单独的小岛上，该岛距比基尼环礁泻湖 19 英里。

核武器工程师伯纳德·奥基夫（Bernard O'Keefe）曾参与试验保障，他后来回忆道："在掩体内我们感到十分安全。"和费米与拉比一样，奥基夫也曾参与曼哈顿工程。但与两位核物理学家不同，他认为这枚氢弹是个好东西，会为美国带来安全。对此，国防科研会上人们起了争议，而且大多数情况下都是如此。

奥基夫接着回忆道："凌晨 4 点 30 分，我们听见科研主管的声音。"威廉·奥格尔（William Ogle）博士是洛斯阿拉莫斯（Los Alamos）国家实验室的科研主管。他使用岸舰无线电频道下达来自"埃斯蒂斯号"的指令。零时正在临近。

"启动倒计时。"奥格尔说。

奥基夫宣布："2 小时准备。"在他旁边，点火团队另一名成员摁下标有"2 小时准备"的红色按钮，核爆装置开始运转。

在掩体内，伴随着倒计时的开始，据奥基夫回忆，总体氛围也由尚可忍受变为"让人感到非常痛苦"。"70 号工作站"里面既粗糙又简陋，新浇筑的混凝土光秃秃地暴露在外，非常潮湿。工事里装着台球厅风格的反射灯，发出强烈的刺眼荧光。一个实验台上满是工程实验工具：无线电晶体管、长短不一的电线，还有一块烙铁。其中一面墙上挂有一块黑板，上面写了一个数学公式，但被擦去了一部分，已经无法读懂。时钟嘀嗒嘀嗒地走着，已接近零时。在很长一段时间里，没有人说话，房间里弥漫着一种沉重而不祥的沉默。距离点火还有 16 分钟，终于有人开始说话。一名陆军无线电技师大声说："不知今晚的牛排味道如何，我准备在实验结束后品尝一下。"这些牛排都存放在掩体后面一个冷柜里。

"15 分钟准备。"奥基夫说。他的声音通过几十个扩音器传播出去，接收到这一信息的人包括科学家、士兵、水手、飞行员和政府官员，人数达数万名，他们分布在14艘远洋舰船、46架飞机和2个气象站里。现在，核爆炸已不可逆转，距离零时还有15分钟时间。

拉尔夫·吉姆·弗里德曼（Ralph Jim Freedman）当时在另一艘美国海军军舰“安斯沃斯号”（USNS Ainsworth）上。他回忆道，奥基夫嗓音“清晰洪亮”。弗里德曼是一名24岁的核武器工程师。甲板上，一群来自洛斯阿拉莫斯国家实验室的科学家与弗里德曼站在一起。他们是设计制造这枚核弹的物理学家。他们来到这里是为了见证自己的研究成果——费米和拉比告诫杜鲁门总统不要批准研制被称为“邪灵”的核武器。太阳还没有升起，周遭海面一片漆黑。

奥基夫的声音如雷声一般滚滚而过。“所有携带护目镜的观测者，请戴好护目镜！”弗里德曼瞬间感到焦虑和心神不宁，他前一天晚上没有休息好。他回忆道：“我和几名洛斯阿拉莫斯国家实验室的科学家住在一个舱室。他们有些人彻夜未眠，喝着芝华士，讨论着第二天的核试验。他们的谈话违反规定，但是又有什么办法呢，谁能在核试验前安然入睡呢？”“幸运城堡”按照“泰勒—乌拉姆”（Teller-Ulam）构型制造——如此命名是为纪念这种构型的共同设计者爱德华·泰勒（Edward Teller）与斯坦尼斯拉夫·乌拉姆（Stanislaw Ulam）这两位物理学家。不像爆炸威力要远小于此的原子弹，这枚氢弹被设计成在亿分之一秒内，将自身极度收缩从而允许内部的氢同位素发生聚变，然后启动一系列的原子反应，或称核聚变，释放出潜在程度上数量无限大的能量以及放射性物质。“这就意味着，”弗里德曼解释道，“鉴于地球大气层中的氢气含量，有百万分之一可能，当‘幸运城堡’爆炸时，会点燃地球大气层。一些科学家极其紧张，一些人甚至打赌这会否带来世界末日。”

对于弗里德曼而言，这并不是他第一次经历大气层核试验。截至1954年，他已经在内华达州的陆上核试验场参与过十几次核试验，那个试验场位于拉斯维加斯以北70公里。弗里德曼曾经通过黑色的焊工专用眼镜见证过核爆现场，也见过蘑菇云。但“幸运城堡”不同以往，这将是一次史无前例的巨大核试验。戴上护目镜后，弗里德曼把脸转向氢弹爆炸方向。距离引爆氢弹的零时已经不到两分钟，身边一名来自洛斯阿拉莫斯国家实验室的科学家开始失落地啜泣。

“他把护目镜忘在了甲板下，”弗里德曼解释道，“下去拿已经来不及了。”

弗里德曼把自己的护目镜递给他。“我是个年轻人，”弗里德曼说，“这次试验对我没有那么重要。”因为没有眼部防护，弗里德曼不得不转过身来，背对着氢弹。因此，弗里德曼没有看到“幸运城堡”爆炸瞬间的景象，而是看到了观察氢弹爆炸的科学家们。

扩音器里传出早已录制好的奥基夫计时录音，最后几秒钟的倒计时开始。没有一个人说话。“5、4、3、2、1”——引爆“幸运城堡”的零时到了。一束热核反应光线——也被称为“泰勒之光”——横空出世，像伽马射线一样布满了整个天空。热核反应产生的X射线使那些日常情况下不可见的物质也变得肉眼可见。通过泰勒之光，弗里德曼——此时，他正背对氢弹却面朝那些见证氢弹试验现场的科学家——可以看见这些科学家脸上的骨头。

“在我面前……他们是一群骷髅。”弗里德曼回忆道。他们的脸看起来不再是人形，只是下颌、眼眶、牙床和颅骨的组合体。

在远处的海上，有史以来最大的核火球点亮了整个天空。火球直径4.5英里、高9英里，其爆炸强度是如此剧烈，以至于爆心以东155英里外一个海军气象站的工作人员充满敬畏地发现，本来漆黑一片的夜空竟被瞬间点亮，并持续长达60秒钟，真是令人痛苦。接着，蘑菇云开始生成。弗里德曼依然在看着那些来自洛斯阿拉莫斯国家实验室的科学家，因为没有泰勒之光，弗里德曼视野里的景象逐渐恢复正常。“我看着他们的脸，”他回忆道，“注意着他们的反应。大多数人的嘴都合不上，眼球在来回地转。我记得这些眼睛，它们一直在动。我想，那里满是担心和恐惧。蘑菇云越来越大。”科学家们意识到事情有些不对。一名科学家将两根手指放在眼前，在一群核武器工程师面前粗略计算着蘑菇云的扩张速度。爆炸当量显然已经超过原来预计的 600 万吨。“幸运城堡”的爆炸当量实际达到 1500 万吨之巨，没有人预计到它的威力会如此之大。

“蘑菇云宽度在当时本应是 15 英里或 20 英里。然而，实际上却是 40 英里，”弗里德曼解释道，“随着我身后的蘑菇云继续膨胀，我从一些科学家的脸上看出，他们认为大气层已经被点燃。他们的表情分明在说‘世界末日到了’。”

时间慢慢过去。弗里德曼盯着这些惊恐不安的科学家。然后，快速膨胀的蘑菇云终于放慢了扩张速度。在弗里德曼看来，科学家们脸上原本充满极度恐惧和绝望，然而那样的神情很快一扫而光。“他们的面部表情由恐惧转为满意，”弗里德曼回忆道，“世界并没有灭亡，他们胜利了。他们对自己的工作很满意，对自己做的事情很满意。”

在 60 秒内，蘑菇云高度就达到 5 万英尺，是当时民航飞机最高飞行高度的两倍。蘑菇云的盖最终达到惊人的 70 英里宽。蘑菇云巨大无比的“柄”，将上百万吨珊瑚礁粉末从海中吸走并卷入空气中，它们将被驱散至高空急流中，成为放射性尘埃。这些放射性珊瑚残骸将随之分布到全世界各个角落。

突然间，风向意外发生 90 度转向，这意味着气象预报有误。大量放射性沉降物向东而来，也就是说，它将途经多艘特遣部队任务舰只以及“隆格拉普”（Rongelap）和“隆格里克”（Rongerik）两个有人居住的环礁。而且，沉降物的移动方向直指位于恩与岛的“70号工作站”。

掩体内，点火团队一片沉寂。他们感受不到也看不到核火球，错过了泰勒之光。团队里的十个人只能通过掩体内电子设备发出的噪声去猜测并估计外面的情况。

“核爆一定是导致电子设备发出噪声的主要原因。”奥基夫后来回忆。奥基夫曾经计算过，冲击波从爆心穿过宽19英里的泻湖到掠过掩体的盖子，时间需要45秒钟。仅仅10秒钟后，掩体就开始摇摆，奥基夫迅速意识到发生了意外。

“整个掩体都在移动，”奥基夫回忆道，“不是冲击波到来之前那种颤抖或震动，而是以一种缓慢但可察觉的、延绵起伏的方式在运动，就像船在摇晃一样。”

奥基夫感觉有点恶心，甚至想吐。“我的大脑完全没有办法接受掩体在移动这样一种想法。”他说。他自己尽量把“掩体即将沉入大海”这种令人讨厌的想法从大脑里面驱逐出去。“掩体外墙有三英尺厚，”他告诉自己，“它在这个岛上牢固得像一块岩石。”但物品的确在向外移动。工作台和墙上的东西开始嘎嘎作响，快速移动，并滑向地面。奥基夫看了一眼时钟。他知道冲击波从爆心到达掩体的预计时间。“冲击波当时就已经到达恩与岛，根据计算，这完全不可能，”他回忆道，“但毫无疑问，掩体确实在移动，就像它被建造起来这件事一样，实实在在。”

灯光闪烁，墙壁开始扭曲，部分墙体内陷。后来，那扇钢制巨门像敲鼓一样，发出霹雳般的骇人巨响。“冲击波过后，后面的空气迅速填补了它们留下的空间”，一种“缓慢但让人难受的呼啸声”掠过掩体。点火团队的一个人摔倒在地，奥基夫看着他摇摇晃晃地站起来。火花四溅，电池也发出喷溅声。一股水汽开始弥漫整个掩体。在这个灾难时刻，最坏的事情发生了。

“水！”有人大声叫道，“进水了！”

奥基夫惊得差点跳起来。他告诉自己，海浪来得太早了些，他认为也许周围整个海洋已经喷发，他和同事们将沉入海底，混凝土掩体也会变成水下墓穴。掩体内负总责的科学家约翰·克拉克（John Clark）博士派一名陆军技师前去调查。掩体唯一的舷窗位于防爆铁门上，呈圆形。那名专家走到舷窗前，向外面观察。“70号工作站”没有被淹没，依然立在海岛之上。水来自一根爆裂的水管。奥基夫自愿携带一个“盖革”计数器冒险外出查探情况。其他几个同事也拿着“盖革”计数器跟了出来。

外部景象看起来远比预想的还要糟，棕榈树正在燃烧，地面上满是死鸟。目之所及，已无生命，而且他们感觉其他地方也不会有生命存在。太阳在核爆蘑菇云的后面，似乎已被弄脏。“空气中弥漫着白色粉末，”奥基夫回忆道，“我伸出手，很快就被一层类似滑石粉的物质覆盖。”奥基夫打开“盖革”计数器，准备测量一下辐射剂量，指针不停抖动，读数很不稳定。有人喊出了一个危险放射剂量。如果有人暴露在这种辐射水平下超过25分钟，就必死无疑。

人们跑回掩体。但在掩体里面，即使有3英尺厚的混凝土墙壁，放射性污染依然会危及生命。点火团队撤到掩体最里面的厕所，躲在两层混凝土墙体后面。约翰·克拉克（向指挥所）呼叫紧急撤离，但被告知此时派直升机来恩与岛太过危险。在设计“70号工作站”时，考虑了一万倍放射性防护。无论掩体内部情况如何，外部环境必然比里面的情况糟糕一万倍。点火团队必须在里面等到合适时机才能出来。他们被告知，致命的放射性水平最终都会下降。

再向东80英里外，另一场灾难正在降临。日本拖网渔船“祥龙五号”意外出现在美军军事管制区外15英里海面。“幸运城堡”氢弹被引爆后，拖网渔船上的许多日本渔民跑上甲板，注视着这一奇特景象——太阳从西边出来了。他们惊愕地站在甲板上，看着核火球越变越大，直到白垩一样的物质——热核爆炸后具有极强放射性的珊瑚粉末——开始从空中飘落。回到日本后，船上所有渔民都深受放射性毒害之苦。6个月后，“祥龙5号”首席无线电操作员爱吉久保山去世。

“幸运城堡”的毁伤规模史无前例。它释放的能量是科学家预先计算的2.5倍。最后，此次试验成为史上最严重的放射性灾难。放射性污染物如此之多，分布如此之广，以至于核爆两天以后，海军撤离了隆格拉普、隆格尼克、艾林吉纳埃岛和乌蒂里克环礁上的居民，这些岛礁位于爆炸点以东75~300英里。那里的大部分岛民都沾染了放射性尘埃。

接下来几天，世界其他27亿居民对发生在马绍尔群岛的这一切仍一无所知。原子能委员会发布了新闻审查令，要求媒体报道不得涉及大面积放射性沉降、四个岛礁的大规模人员撤离等核爆后果。“幸运城堡”仅是美国一系列氢弹试验中的首次核爆，这些氢弹试验在对外宣传中均被称为“武器试验”，其他相关信息也被列为机密。1954年，卫星还没问世。因此，美国仍有能力将一万名工作人员与大量战舰飞机悄无声息地运送到世界某个无名角落，开展神秘的氢弹试验。

美国国内民众对此也一无所知。3月10日，也就是美国引爆了一枚最终爆炸当量为1500万吨TNT的氢弹，并造成了环绕全球的致命核辐射。沉降整整9天之后，德怀特·艾森豪威尔（Dwight Eisenhower）总统登上白宫新闻中心讲台，出席每周举行的总统全国新闻发布会。他说：“我只有一件事情需要宣布。这件事可以说是非常无关紧要。下周某个时间，我将开始在广播中探讨税收问题。”

但在日本，“祥龙5号”拖网渔船已经返港，渔民核辐射中毒的消息立即成为全球媒体头条。原子能委员会发布简短声明，声称“在马绍尔群岛进行了例行性核试验”，但有一些人“非常意外”地遭受到了核辐射。3 月 17 日，在白宫每周例行新闻发布会上，记者梅里曼·史密斯（Merriman Smith）希望总统能简短介绍这种神秘的强大武器。

“总统先生，”史密斯说，“国会原子能委员会昨晚说，我们拥有了一种氢弹，而且可以将它投放到世界任何角落。我想，您能否介绍下有关情况？”

“不，我不想讨论这个问题。”总统说道。而且，他确实什么都没说。这是在“冷战”年代，到处都是机密。

在幕后，关于“幸运城堡”核爆，艾森豪威尔总统了解到的信息却极其惊人，远超大多数人想象。总统的科技顾问们向他展示了一张绝密地图，上面标示了“幸运城堡”核爆在马绍尔群岛地区所造成的核沾染。科学家们将那张标有核沾染范围的地图与同比例尺的美国东部地图重叠起来。如果爆心位于华盛顿特区，而不是比基尼环礁，那么，大华盛顿—巴尔的摩地区所有居民现在都已死亡。如果没有“70 号工作站”那样的掩体作为防护，那么暴露在 5000 伦琴核辐射环境之下，在那生活的所有人将在几分钟内全部死去。即使是 150 英里外的费城，大部分居民也将在 1 小时内被核辐射杀死；在华盛顿以北 225 英里的纽约，一半居民将在夜幕降临前死亡。再往北，远至美加边界以内的居民都将暴露在 100 伦琴甚至更高剂量的核辐射之下，他们遭受的痛苦类似于“祥龙 5 号”上的渔夫。

但是，艾森豪威尔总统无意将这些信息告知公众；与之相反，他却说无可奉告。核沾染范围地图仍将在此后数十年内被列为机密，但即便是总统，也无法控制国际社会对“幸运城堡”核爆越来越强烈的愤慨。很快，他被迫将此事公之于众。

研制热核武器或曰氢弹的秘密决定始于 5 年前，即 1949 年 8 月 29

日苏联试爆该国首枚原子弹后。当时美国突然之间丧失了自“二战”之后一直保有的核垄断地位，如何应对苏联挑战的问题被迅速提上日程。美国是否应采取更强有力的反制措施，抑或克制才是更合适的反应？

苏联试爆原子弹后一个月，美国原子能委员会的顾问委员们秘密召开会议，这是一个由核物理科学家组成的智囊团，他们将确定美国是否应该立即开始研制氢弹。委员会主席是曼哈顿工程科技主管、被世人称为“原子弹之父”的 J. 罗伯特·奥本海默（J. Robert Oppenheimer）。结果，与会科学家“全体一致反对”美国寻求氢弹，他们清晰地表达了自己的观点，而且原因并不复杂。“很明显，使用这种武器将毁灭难以计数的人类生命，”他们说道，“使用它的决定，必将屠杀大量平民。”广岛和长崎原子弹爆炸已经造成数万人死亡，而一枚氢弹在一次打击中就会杀死数百万人。顾问委员会警告称，氢弹这种武器内含有“屠杀平民的政策”。

委员会其中两名成员，物理学家恩里科·费米和伊西多·拉比感觉很有必要再增加一封信函或“附录”，以便总统阅读。“显然，这样一种武器根本不符合任何一种道德评价，”他们写道，“这种武器有无限的毁灭效果，这个事实使得它的存在以及制造它的知识技能，对整个人类来说都是一个巨大危险。”作为核武器事务官方咨询机构，虽然顾问委员会的科学家们一致反对研制氢弹，但在华盛顿特区，顾问委员会成员们并不是拥有权势和影响力的唯一一群核物理科学家。

在任何激烈的科技竞赛中，幕后都有着激烈竞争。当时，有另外一群核物理科学家极力支持研制氢弹，其代表是生于匈牙利的爱德华·泰勒及其顾问——美国人欧内斯特·劳伦斯（Ernest O.Lawrence），他们当年也都曾参与曼哈顿工程。泰勒和劳伦斯都没有被选入顾问委员会，他们也没有参与建议杜鲁门总统放弃研制氢弹的请愿行动。

泰勒和劳伦斯在华盛顿、五角大楼以及原子能委员会都有极大的权威和影响力。意识到顾问委员会计划阻碍他们制造氢弹，泰勒私下拜访了国会原子能联合委员会主席。泰勒说："我们必须了解热核装置的更多原理以便明确其军事意义。"泰勒认为，在持无神论的共产主义面前，奥本海默愚蠢地被道德原则束缚了手脚。权势极大的国会原子能联合委员会主席、参议员麦克马洪（McMahon）表示赞同。他告诉泰勒，奥本海默团队的观点让"他感到恶心"。

劳伦斯拜访了原子能委员会主席戴维·E. 李林塔尔（David E. Lillenthal）。"如果我们没能先造出氢弹，"劳伦斯警告称，"我们就完了，美国将不战而降。"劳伦斯认为原子弹是"人类最大福祉之一"，同时认为氢弹是"从战争中获利的一种技术手段"。他拜访了原子能顾问委员会主席刘易斯·斯特劳斯（Lewis Strauss）。劳伦斯对那些将道德原则引入决策的想法很生气。他们的谈话启发斯特劳斯决定直接向总统呼吁，"由无神论者组成的政权不太可能出于道德原因而放弃研制氢弹"，斯特劳斯认为必须研制氢弹。"如果苏联人首先研制出氢弹，灾难就差不多确定无疑地必将降临。"麦克马洪告诉总统及其国家安全顾问。"我们要么造一个出来，要么就等待苏联人毫无预警地向我们扔一个。"国家安全委员会成员、海军上将悉尼·索尔斯（Sidney Souers）说。

1950 年 1 月，杜鲁门总统授权紧急上马研制氢弹项目。国会原子能联合委员会认为应该再建一座核武器实验室，以便与洛斯阿拉莫斯国家实验室形成竞争。竞争带来卓越，其对于登上至尊之位必不可少，这一理念将引领美国国防科技领域未来几十年的发展。劳伦斯被任命为新实验室主管，泰勒是他的特别科技顾问。这个实验室是加州大学放射性实验室的一个分支，位于加州大学伯克利分校西南 40 英里的利弗莫尔。

利弗莫尔实验室在 1952 年春天正式运行，初始时有 123 名雇员，其中有 3 人毕业于加州大学伯克利分校的放射实验室，并且都是泰勒的学生：赫布·约克（Herb York），30 岁，实验室首位科技主管；哈罗德·布朗（Harold Brown），24 岁，实验室 A 分部负责人，从事氢弹研制；约翰·福斯特（John Foster），29 岁，B 分部负责人，专门研制小型高效原子弹。回顾这段历史，我们会发现，虽然约克、布朗和福斯特将负责研发世界上威力最大的核武器，但他们看起来显然都是缺乏经验的年轻人。然而，这三位科学家都将在 DARPA 历史上发挥重要作用，并在美国国家安全领域留下不可磨灭的印迹。

起初，实验室的核武器研发工作进展比较缓慢。尽管实验室雄心勃勃，理想远大，但 1953 年在内华达试验场组织的一系列核武器试验完全失败。其中一次，爆炸释放出的能量很小，仅有约 200 吨 TNT，以致放置核武器的钢筋塔架在爆炸后依然屹立在沙漠中，仅仅发生弯折。全国报纸都疯狂转载这个畸形塔架照片，同时嘲笑利弗莫尔实验室“阳痿不举”。

后来科技主管约克回忆道：“洛斯阿拉莫斯国家实验室科学家在各种场合大肆嘲笑我们。”因此，尽管利弗莫尔实验室科研团队渴望由他们来研制世界首枚实战用氢弹，但美国政府最终还是授权洛斯阿拉莫斯国家实验室接手“幸运城堡”号氢弹研制工作。在利弗莫尔实验室成立之前，泰勒就设计了氢弹构型，这也是他被认为是“氢弹之父”的原因。尽管如此，首次氢弹试验最终还是由洛斯阿拉莫斯国家实验室进行。

在这个决定人类命运的 1954 年冬天，按照计划将在比基尼环状岛礁进行一系列氢弹核试验。按照计划，从 3 月 1 日到 5 月 14 日，进行 6 次均以“城堡”命名的氢弹试验，“幸运城堡”仅仅是第一个。其中 5 枚氢弹由洛斯阿拉莫斯国家实验室设计制造，另外 1 枚名为库恩（Koon）的氢弹由利弗莫尔实验室设计。同利弗莫尔实验室早期的努力一样，库恩也遭遇失败。库恩的爆炸当量仅有11万吨，没有达到百万吨级的设计目标。利弗莫尔实验室成立不久即面临着严峻的关停风险。如果竞争中的一方看起来根本无法取胜，那么竞争还有什么价值呢？

泰勒及其弟子约克拒绝承认失败。饱受羞辱的他们决心在竞赛中打败洛斯阿拉莫斯国家实验室。“幸运城堡”核试验4个月后，原子能委员会顾问委员会的成员们在洛斯阿拉莫斯举行秘密会谈，讨论如何进一步优化和改进氢弹技术。这些人中的绝大部分都是4年半以前反对研制氢弹者。奥本海默没有出现。有关部门以他是共产主义者为由，取消了他接触国家安全信息的许可，而且终身不得再从事政府部门相关工作。此事向防务科学家们传递出了强烈信号。对于他们来说，提出不同意见的空间已经非常狭小，更不用说列举道德理由进行反对。相关道德讨论或者关于氢弹是个危险事物之说全部消散无形。氢弹现在是美军武库组成部分。作为委员会成员，这些科学家还有很多工作要做。

伊西多·拉比取代奥本海默成为委员会主席。拉比为氢弹欢呼鼓舞，称氢弹将在“核武器领域带来一场全新革命”。拉比说，科技进步正在催生新一代高科技武器，并为热核武器这个新家族铺平道路，它的出现“将会使大量武器，从战术级武器到数百万吨当量的战略级武器，成为过时库存或降低其效能”。

即便在这样一种科技进步狂飙突进的氛围下，利弗莫尔实验室依然地位不稳。它的3次核试验，在内华达试验场代号为“露丝”（Ruth）和“蕾”（Ray）的2次以及在马绍尔群岛代号为“库恩”的1次，均告失败。1954年7月，顾问委员会在新墨西哥召开会议，讨论设立第二个实验室的决策是否正确。拉比称利弗莫尔实验室为“外行”，考虑到利弗莫尔实验室全部工作都围绕氢弹展开，那么它的失败就更加明显。拉比称，利弗莫尔实验室不需要像洛斯阿拉莫斯国家实验室那样承担任何国家安全任务，包括建设国家武器储备库存在内。在1954年夏天，看起来利弗莫尔实验室很快就要关闭。

但是，利弗莫尔实验室首席科学家约克以及劳伦斯的特别顾问泰勒，早已准备好勇敢面对这一切。他们也来到新墨西哥向顾问委员会陈述观点。会议第3天，约克和泰勒代表利弗莫尔实验室提出一种新武器构想。"幸运城堡"爆炸当量为1500万吨，利弗莫尔实验室提出要制造两枚超级氢弹，他们将其命名为"圭表"（Gnomon）和"日晷"（Sundial）。这实际是个文字游戏，圭表和日晷是两种早就为人所熟知的古代科学装置，用于测量日影长短。约克和泰勒说，超级氢弹爆炸当量将达100亿吨，其将有能力在一次打击中毁灭整个大陆。

对于他们的构想，人们付之一笑。顾问委员会的科学家们惊诧不已。在仅存的唯一一份会议记录上，委员会成员詹姆斯·惠特曼（James Whitman）博士表达了自己的震惊，并说100亿吨当量的核爆炸将会沾染整个地球。泰勒坚决捍卫自己的观点，自夸劳伦斯已经与空军接触，而且空军表示感兴趣。拉比认为这个计划纯属"哗众取宠"，建造100亿吨当量核武器的计划就此搁置，但利弗莫尔实验室被允许保留下来。

美国已经借助爆炸当量为1500万吨的"幸运城堡"号氢弹取得了对苏联的优势地位，为什么仅仅数月之后，约克和泰勒就感到有必要研制爆炸当量为100亿吨的核武器？ 约克在数十年后解释了自己和泰勒当初的想法。约克说，为保持优势地位，美国科学家必须冒更新、更大的风险。约克说："若没有积极进取的研发机构去主动拓展科学疆界，美国就无法维持武器性能优势，而这反而会引起更激烈的武器竞赛。如果我们要以质量优势对冲对手数量优势，就必须要这么做。"

对于约克来说，维持美国世界第一军事强国地位的办法就是不断向科学进军。如何才能让一个美国科学家发挥出最大的创造潜力？那就是让他与同等聪明的人竞争。约克说，这是美国之所以伟大的原因，是美国的战争之道。而且，这也是与苏联生死相搏的美国国防部对科学家的期待。热核战争时代已经来临。双方都以非常狂热的速度建设了庞大的武器库。已经没有回旋的余地，唯有继续向前。

必须进军科技前沿。

第二章

兵棋与计算机

在加利福尼亚西部海岸，兰德公司（RAND）的防务科学家们利用午餐时间在圣莫尼卡明媚的阳光下玩兵棋。兰德公司是英文“研究与开发”（Research and Development）的缩写，它是美国国防部在“二战”后的首席智库，也是美国空军卓越战力的思想源泉。20世纪50年代，兰德公司分析师在办公室与会议室里起草关于核武器的大量研究报告。午餐时，他们就会来到室外，在桌面上摊开世界地图，从盒子里拿出军棋棋子，然后开始玩一种名叫“Kriegspiel”的兵棋游戏，这是国际象棋的一个变种，曾在不可一世的德军中广受欢迎。

在兰德内部，竞争得到充分肯定与鼓励，科学家与分析师都力争胜人一筹。午餐时的军棋游戏至少要有一人充当裁判，以确保竞赛不会最终失去控制。尽管如此，总是会出现脾气失控、棋盘被砸的场面，但其他时候则是冷静的精心算计。兰德公司的午餐可能会持续4个小时，特别是如果约翰·冯·诺依曼（John von Neumann）在场的话。

20世纪50年代，冯·诺依曼是防务科学家中的超级明星。没有人可以与他的大脑进行比赛。在五角大楼，美国军队里级别最高的两个人——国防部长和参联会主席，都视冯·诺依曼为绝不会犯错的权威。冯·诺依曼的密友赫布·约克说："在20世纪50年代早期和中期，如果说谁在国防决策领域拥有比别人更高的可信度，那这个人非约翰·冯·诺依曼莫属。"

1903年，约翰·冯·诺依曼出生于一个富裕的匈牙利犹太人家庭，少年时期就表现出卓越天分。他一年级就能解答复杂数学难题，8岁就已掌握微积分。而他此时的才能却不仅仅局限于数学。高中毕业，他已可以讲七种语言。仅仅阅读一遍，他就能够记住数百页的文本，包括长长的数字。数学家以斯雷尔·霍尔珀林（Israel Halperin）评价说："你不可能跟上他的思绪。那种感觉就如同你蹬着一辆三轮车去追赶赛车。"

冯·诺依曼少年时期的老师、著名数学家乔治·波利亚（George pólya）说："约翰是唯一让我感到害怕的学生。如果在课堂上我布置一个未解难题，他一定会在下课时来找我，同时带着一张纸，上面写着完整解法。"

据大家所说，冯·诺依曼彬彬有礼，对人和气，因为个性温和、谦恭有礼、魅力迷人而为人们所喜爱。约克回忆道："他为人亲和，直率坦诚，经常面带微笑，喜欢参加聚会和其他社交活动。"他喜欢喝酒、听音乐，参加各类聚会，也爱好收集玩具。他经常穿三件套银行家职业套装，揣着怀表，表链斜挂在胖嘟嘟的肚子上。曾经有一张照片，照片上冯·诺依曼骑着毛驴穿过大峡谷，正是穿着这样的三件套。据说唯一会被冯·诺依曼揣在裤兜里的东西，就是难以破解的中文字谜，以及参与绝密防务安全研究的许可证。这种证件他有很多。

从个人角度讲，冯·诺依曼认为人性充满暴力、好斗与虚伪狡诈，因此他坚定不移地倾向于用战争解决问题。"幸运城堡"氢弹试验3年前，冯·诺依曼写信给原子能委员员负责人刘易斯·斯特劳斯说：“我认为美苏冲突将必然地导致‘全面’战争，因此保持最高军备水平势在必行。”冯·诺依曼也曾协助研制“幸运城堡”氢弹。

他的女儿、美国前总统尼克松（Nixon）的经济顾问玛丽娜·冯·诺依曼·惠特曼（Marina Von Neumann Whitman）回忆说，只有在极少数的私人场合，冯·诺依曼内心深处的那种愤世嫉俗和悲观才会表现出来。她说：“当他毫无征兆地在不同情绪之间切换时，我总是感觉很困惑……前一分钟他刚让你因大胆的俏皮话而捧腹大笑，而后一分钟，他会异常严肃地告诉你，为什么全面核战争几乎不可避免。”是战争腐蚀了他吗？在“二战”中，当他的独女还是个小女孩时，冯·诺依曼曾参与辅助决策，确定应将哪里的日本平民作为核武器打击目标。更说明问题的是，在筹划对广岛和长崎使用原子弹的过程中，为最大限度地杀伤地面上的平民，必须确定引爆核武器的最佳高度，正是冯·诺依曼执行了这个任务，确定最佳高度为1800英尺。

在兰德公司，冯·诺依曼是一名兼职顾问。聘请他的是兰德公司性情古怪的数学分部主管约翰·戴维斯·威廉姆斯（John Davis Williams），其待遇条款也相当特别，冯·诺依曼应在每天早上刮胡子的时候写下想到的主意，并将因此获得每月200美元的报酬。当时，兰德公司全职分析师平均工资也就是这个水平。冯·诺依曼住在新泽西，他把主要工作时间也放在了新泽西。自20世纪30年代以来，他就与阿尔伯特·爱因斯坦（Albert Einstein）一起在普林斯顿高级研究院任教。

对于兰德公司那些午餐时间玩兵棋的科学家来说，重要性仅次于在游戏中打败冯·诺依曼的事情，就是观看他如何分析游戏玩法。泰勒曾经这样说：“如果有超级智力大赛，那么参加者一定都是像冯·诺依曼这样的人。如果你喜欢思考，那么你的智力就会不断发展。而这正是冯·诺依曼所做的。他很享受自己大脑不断运转带来的乐趣。”

冯·诺依曼曾经沉迷于一类被他称为“休息室游戏”的活动，最开始他热衷的是扑克。确实，扑克游戏包含策略因素，更重要的是，扑克游戏以欺骗为基础：要想取胜，一个人必须要有欺骗对手的意愿。某件本来是正确的事情，要让对手认为是错误的。换位思考对于获胜策略也同样不可或缺。在扑克游戏中，参与者需要预测对手会怎样猜测他的行动。

1926 年，23 岁的冯·诺依曼发表了一篇名为“休息室游戏理论”（*Theory of Parlor Games*）的论文。这篇论文从数学角度研究游戏玩法，里面包含一个后来迅速出名的理论——“极大极小定理”。冯·诺依曼写道，当两个参与者玩的是零和游戏，即在这种游戏里，一方所输等于另一方所赢，每个参与者都会努力最小化自己的最大损失，同时最大化自己的最小所得。在“二战”期间，冯·诺依曼与普林斯顿大学数学家奥斯卡·摩根斯坦（Oskar Morgenstern）就此继续深入研究。1944 年，他们二人就此合著了长达 673 页的《博弈论与经济行为》(*Theory of Games and Economic Behavior*)。该书被认为极具创新观念,《纽约时报》在该书问世当天用一个完整版面向读者介绍其内容。这本著作不仅创新了经济学理论，还将博弈论推向世界舞台，并在“二战”后引起美国国防部关注。

到 20 世纪 50 年代，冯·诺依曼的“极大极小定理”在兰德公司内部已经成为传奇，能够与冯·诺依曼共同探讨博弈论,（那感觉）就如同用圣杯畅饮美酒。在兰德公司也开始流行另一种消遣活动，那就是试着向冯·诺依曼提交一些他（可能）解决不了的难题。当时，两位兰德分析师梅里尔·弗勒德（Merriu Flood）和梅尔文·德雷谢尔（Melvin Dresher）遇到一个他们认为根本无解的问题——“囚徒困境”(Prisoner's

Dilemma），并把它提交给伟大的冯·诺依曼。这个难题基于一个关于困境的古老传说。“囚徒困境”在当代的演绎是两个犯罪嫌疑人面对要么蹲牢房，要么获得赦免时的问题。

两个犯罪嫌疑人来自同一个有组织的犯罪团伙，他们被认为共同参与犯罪活动，落网后，二人被隔离拘押。被隔离开来的两个人，没有办法互相交流信息，因此他们无法知晓另一个人与警方达成的认罪协议内容。警察告诉他们，在他们被捕所涉案件上，警察没有足够的证据定罪。但是警察有足够的证据指控他们违反假释条款，足够判处1年徒刑。警察愿意同每个犯罪嫌疑人做一笔交易：如果犯罪嫌疑人指证同伙，他就将获得自由，而同伙将被判10年徒刑。这是一个陷阱。两个犯罪嫌疑人和警方在做同样的交易。如果两个人都同警方做交易，均指证对方，刑期将会被减至5年。如果两个人都拒绝同警方进行交易，那么他们将因为违反假释条款而被判1年——显然这是最小化最大损失和最大化最小收益的最佳办法。但警察说，只有在规定时间内同意，这个交易才有效。

冯·诺依曼没能解决这个“囚徒困境”问题，这是一个无解的悖论，它并不适用于“极大极小定理”。该问题的确无解，对于不同参与者来说，“囚徒困境”博弈的结果也不同。德雷谢尔和弗勒德将“囚徒困境”这个难题提交给兰德公司以及兰德公司以外的许多实验对象。即使没有人能够破解“囚徒困境”，兰德分析师还是从研究结果中取得一些意外收获。“囚徒困境”的博弈结果看起来取决于游戏参与者的本性，即他们是否更倾向信任他人。他们发现游戏参与者的表现也揭示了其哲学理念与政治倾向。兰德分析师在政治上几乎全是保守主义者，在参与“囚徒困境”试验时，他们中的大多数人都选择指证同伙。他们不相信同伙会拿自己的最佳利益做赌注，选择沉默，从而拒绝向警方指证对方。坐5年牢总好过10年，这几乎是兰德分析师的一致反应。与此形成对比的是，德雷谢尔和弗勒德发现那些拒绝指证犯罪同伙的少数参与者几乎全部是自由派理想主义者。这些参与者愿意将自身置于巨大的风险之中以换取对于他们自己和同伙来说可能是最好的结果——仅仅 1 年的牢狱之灾。

德雷谢尔和弗勒德认为，“囚徒困境”悖论可以应用在国家安全决策领域。以罗伯特·奥本海默这个自由派知识分子为例。作为原子能委员会顾问委员会主席，奥本海默曾经请求国务卿迪安·艾奇逊（Dean Acheson）试着劝说杜鲁门总统不要批准研制氢弹。奥本海默说，展示克制能够向斯大林传递清晰信号，即美国正在限制战争的残酷性，并可由此消除人类恐惧，增强人类希望。作为保守主义者，艾奇逊的看法完全不同。他说：“你如何才能通过‘示范性解除武装’劝说一个偏执狂敌人放弃与你为敌呢？”

冯·诺依曼开始对运用“囚徒困境”研究核军备竞赛策略产生兴趣。“囚徒困境”并非零和博弈，这意味着一个参与者所得并不等于另一个参与者所失。在冯·诺依曼看来，即使参与者是两个理性的人或者（在国家安全问题上）两个超级大国，他们也几乎不可能采取合作办法来获得最佳收益，而更有可能是碰碰运气来为自己寻求次优结果。如果将“囚徒困境”分析框架引入核军备竞赛，其可能带来的长期影响显而易见，它揭示这将永远是一个先发制人的游戏。

除博弈论和核战略，兰德公司也对研制计算机颇感兴趣，这在 20 世纪 50 年代是个非常冷门、耗资庞大的研究领域。冯·诺依曼正是世界顶级计算机专家。虽然无人能准确证明自己最先发明计算机，但鉴于冯·诺依曼在计算机发展中的关键作用，他经常被视为现代计算机发明人之一。他在计算机领域的工作可以追溯至“二战”期间，在那个时候，计算机实际上是计算师，即那些将数字计算作为自己工作一部分的人。

“二战”期间，在位于马里兰州的陆军阿伯丁试验场，众多计算师没日没夜地计算着弹道参数表，以便为战场上的各类武器确定最精准的发射时间和发射方式。炸弹和火炮的发射速度越来越快，坦白地讲，阿伯丁的计算师已经赶不上弹道参数表的更新速度。这项工作强度极大。作为当时美国弹道学领域领军人物，冯·诺依曼经常到阿伯丁去，他与试验场最优秀的计算师之一、陆军工程师赫尔曼·戈德斯坦（Herman Goldstire）上校探讨这个问题。戈德斯坦此前是一名数学教授，他发现计算是一项能够把人累垮的工作。戈德斯坦告诉冯·诺依曼，平均来说，每个经他计算的弹道参数表均包含约 3000 个输入项，所有输入项都要人工用纸笔相乘。戈德斯坦这样的计算师大约 12 个小时才能完成 1 组计算，然后又要花 12 个小时去验算。是人就会犯错，虽然错误不可避免，但会大大降低计算速度。

冯·诺依曼告诉戈德斯坦上校，相信总有一天，机器在计算方面将会被证明优于人类。冯·诺依曼还说，若果真如此，将大大提高陆军弹道计算速度。就这样，戈德斯坦上校知晓了一个陆军绝密研发项目——冯·诺依曼构想的那种可以计算的机器。戈德斯坦获得冯·诺依曼授予的许可，他们随即启程前往宾夕法尼亚州立大学。在该校穆尔学院一个上锁的房间里，陆军资助的工程师正在一台机密计算机上忙活着。这是一台样机，名叫“电子数字积分计算机”，简称 ENIAC。

ENIAC 体积庞大，使用起来也非常不便。它有 100 英尺长，10 英尺高，地下还有 3 英尺，拥有 17468 个真空管，总重量达到 6 万磅。冯·诺依曼对这件事非常着迷，他宣称，ENIAC 是世界上“第一台完全自动化的多功能数字电子计算机”。他确信，ENIAC 将引发一场革命，而且毫无疑问，计算机将取代计算师承担专职计算工作。

冯·诺依曼逐渐有了独立研制一台电子计算机的想法。借助 ENIAC 架构带来的灵感，在戈德斯坦上校帮助下，他提出研制第二台机密电子计算机的方案，名叫“离散变量电子自动计算机”，简称 EDVAC。在一次重构 ENIAC 计算机存储器时，冯·诺依曼看到了更加远大的前景。他相信将会有一种办法把计算机变成“电子大脑”，不仅能够储存数据和指令，还能像 ENIAC 那样储存其他的信息，从而使得计算机能够自主地运行无数的计算功能。冯·诺依曼的传记作者乔治·戴森（George Dyson）写道，这种计算机叫“程序存储式计算机”，“它将打破表征事物的数字与做事情的数字之间的界限”。另外，“这两类计算机的设计思想迥然不同”。冯·诺依曼构想的“指令”就是现今世界广为人知的软件原型。

冯·诺依曼认为这种类型的计算机，从理论上讲会提高与原子弹爆炸相关的运算速度，而这一工作当时由他在新墨西哥州洛斯阿拉莫斯国家实验室工作的曼哈顿工程科学家同事们承担。他与穆尔学院团队向陆军建议研制第二台计算机，即 EDVAC。但在 EDVAC 研制完成之前，原子弹就已经成功试爆。“二战”结束后，EDVAC 项目随即终止。

冯·诺依曼初衷不改，依然想从头开始根据自己的设想研制新型计算机。他成功地从原子能委员会申请到资助，自 1945 年 11 月开始在普林斯顿高级研究院富尔德大楼的地下室里投入工作。1946 年冬，戈德斯坦上校来协助他。在一小群工程师帮助下，冯·诺依曼首先开设机器车间和实验室，以便于检验检测计算机零部件。官方将这个项目称为“电子计算仪器”，但冯·诺依曼更喜欢称其为“数学数字积分计算器”，简称 MANIAC。

与重达 30 吨的 ENIAC 相比，MANIAC 体积更小，也更先进。ENIAC 面临种种限制，体积庞大，使用不便，非常耗电，容易过热，出现问题时，经常需要重新接线。ENIAC 技术人员通常需要花几天时间解开缠绕成一堆的缆线，以便寻求某个数字问题的解决办法，而这个问题仅仅需要几分钟就可以完成计算。MANIAC 结构紧凑，效率更高，它仅有 6 英尺高，8 英尺长，重量也仅有 1000 磅。但 ENIAC 和 MANIAC 之间的最大区别在于，冯·诺依曼将自己研制的计算机设计成由机器自身指令控制。这些指令存储于机器内部，就像人类大脑一样。

确实，冯·诺依曼在构造 MANIAC 框架时，有意识地模仿了人类大脑。冯·诺依曼写道："我打算将那些机器必须记住的东西都放在它的存储空间里，包括那些已编码指令，它们负责定义问题，控制机器运行各项功能。"这样一来，MANIAC 就成为世界首台现代程序存储式计算机。泰勒是冯·诺依曼的朋友和同事，他发现了计算机的广阔前景，并将其应用于氢弹研制。

经过两年半的努力，普林斯顿团队使用 MANIAC 与冯·诺依曼的大脑进行了对抗性测试。一开始，冯·诺依曼计算数字的速度要快于机器。但随着计算任务越来越多、越来越复杂，冯·诺依曼终于开始像所有人一样出错，而计算机的运算结果始终正确。这一刻在防务科学历史上具有划时代意义：机器战胜了五角大楼所依赖的世界上最伟大的大脑之一。

在 20 世纪 50 年代，五角大楼的核威慑战略建立在"相互确保摧毁"概念之上。其核心要义是，无论美国还是苏联都不愿意向对方发起核打击，因为这必将招致对方的同等反击，并最终将导致双方走向毁灭。在兰德公司，分析师开始将"囚徒困境"策略应用到核武器发射上，始终谨记的主导原则就是"不信任"。这使兰德公司分析师艾伯特·沃尔施泰特（Albert Wohlstetter）开始逐渐揭露"相互确保摧毁战略带来安全”概念的缺陷。沃尔施泰特认为，“相互确保摧毁”战略的信徒根本就没有机会实践这一理论。如果其中一方有办法通过“首次打击”成功实施斩首行动，那么它将很可能主动发起攻击以确保自身优势地位。据沃尔施泰特所言，唯一的解决之道就是创造一种新的核战略，在这种核战略下，美国应该在全美各地隐藏更多坚固的导弹发射井以及更多核武器，并且其数量要多于苏联在一次先发制人的核打击中所能摧毁的数量。沃尔施泰特这一理论就是后来著名的“二次核反击”理论。美国关于“二次核反击”威慑战略的政策名叫“核打击效应目标选择”（Nuclear Utilization Target Selection，NUTS）。

艾森豪威尔总统开始注意到这种疯狂。“幸运城堡”试爆成功次年，苏联就成功试爆本国实战型氢弹。如果不阻止这一切，那么军备竞赛就会继续升级。在一次内阁讲话中，艾森豪威尔总统提出是否可以停止核试验。他要求政府部门调查研究在当前轨道上停止核科学研究的可能性。但这一构想很快就夭折了，因为经过一个月的研究与讨论，国务院、原子能委员会、中情局和国防部一致反对停止核试验。他们认为，大气层核试验必须继续，国家的安全与防御建立在更多核武器与更多核试验之上。总统顾问转而鼓励艾森豪威尔将注意力放在推动“民防”这一全国性工作上来，以便在遭受苏联核打击时保护平民，这个项目并不太受欢迎。这项工作后来由总部设在华盛顿特区、刚成立 3 年的联邦民防署承担。

20 世纪 50 年代的民防工程目的是在遭到首次核打击后，能够让人们在地下生活一段时间。建设全国性地下掩体网络的工作一直都在陆续进行。顾问告诉总统，他的支持将激发国民士气，但这个主意令艾森豪威尔极度纠结。自从有人向他展示了“幸运城堡”氢弹试爆后的核辐射沉降物分布图，艾森豪威尔就知道民防工程多么不可靠，数千万美国人注定将在遭到核打击后的最初几小时内死去。认为躲入民用地下掩体就足够安全的观点不足为信。远的不说，“70号工作站”掩体内人们的经历就足以说明问题。“70号工作站”没有窗户，由3英尺厚混凝土结构墙体和钢制大门精心打造，深埋于地下10英尺，外面有一条壕沟环绕，掩体里面另有一堵防爆扶墙。即便拥有这样的10000倍防护，里面的人几乎全部因核辐射而死，他们差点没能活着离开恩与岛。在“70号工作站”的厕所内躲藏11个小时后，里面的人最终在一次精心策划、严密实施的军事行动中，被两架陆军直升机从死亡区域带离。直升机飞行员是万人核试验团队的一部分，他们可以动用当时最先进的救援与通信装备。救援队的救援任务不超过12个，其中大部分曾进行过预演。“幸运城堡”氢弹试验是一次精心组织的科学实验，而一旦核打击真正袭来，将会有大量伤亡和混乱，人们只能自保。

核打击发生时，如果你恰好在户外，即使距离核爆原点有40英里，那么前往民防避难所的路程都有可能存在致命风险。冲击波与辐射将会撕裂人的肺脏，震碎人的鼓膜，造成器官破裂。被连根拔起的树木、铁皮、碎玻璃、电线、木头、石块、管子、电线杆……所有一切都会被击碎，然后以每小时150英里的速度被“吸”入空中。在正常理智的情况下，总统怎么能去推动公众支持这样一个项目呢？他知道这个项目与其说是在拯救民众，不如说有可能杀死更多人。

荒诞的是，在遭受苏联核打击情况下，却有一个在现实中已经完全成形的计划，以确保总统及其阁员能够存活下来。一个政府行政部门版“70号工作站”掩体刚刚完工，就建在宾夕法尼亚州界的戴维营以北6英里处。这个名叫“鸦岩山综合设施”的地下指挥中心建在花岗岩山体内，给总统提供的防护等同于1000英尺厚墙体。“鸦岩山综合设施”简称“R工程”，被设计成能够承受1500万吨爆炸当量的直接打击的地下掩体。总统地下掩体的想法，最初来自美国陆军军事情报机构在“二战”后搜查纳粹德国地下掩体工程时获得的启发。人们认为，正是得益于几位顶级纳粹科学家的地下工程技术，大量纳粹高级指挥官才得以在柏林幸存。这些科学家包括弗朗茨·克萨维尔·多施（Franz Xaver Dorsch）、瓦尔特·谢博（Walter Schieber）和乔治·里克海伊（Georg Rickhey）三位，他们在战后都为美国陆军工作，从事机密的地下工程项目，这个项目就包括著名的“回形针行动”（Operation Papership）的一部分。

“鸦岩山综合设施”计划最初于 1948 年提出，其中一部分内容由里克海伊提出。该项目在 1949 年 8 月苏联试爆该国首枚原子弹（被西方称为“乔－1”号）之后不久启动。到 1950 年，建设团队就在绝密情况下开始夜以继日地建造美国第一座总统地下掩体和指挥所。“R 工程”共有三层，设有总统及其顾问的生活区、医院、礼拜堂、理发店、图书馆和蓄水池。1954 年掩体完工时，该工程耗资已达 10 亿美元，相当于 2015 年的 90 亿美元。

在面临核打击威胁时，总统将会乘直升机从白宫前草坪出发前往“鸦岩山综合设施”起降平台，路上大约耗时 35 分钟。但是，在遭受核打击时撤入地下的想法让艾森豪威尔总统很是沮丧。关于政府在遭受核打击之后将会怎样，他对阁员讲述了自己的观点：“就像暗夜中的独眼人一样，政府继续存在并且还带有一定连续性。”

在总统纠结于这个难题时，民防工程项目仍在不断推进。“幸运城堡”氢弹核试验的细节，鸦岩山指挥中心的存在，以及民防工程不可信赖，所有这一切民众都一无所知。在内华达和马绍尔群岛，核试验频率丝毫没有减弱。但是，围绕“幸运城堡”氢弹放射性沉降的讨论与媒体关注，使民众逐渐开始质疑民防工程的可靠性。

1955 年 2 月，为搞清楚民防工程对美国民众来说到底意味着什么，参议院武装部队委员会展开了一项联邦级别调查。调查委员会由田纳西州民主党参议员埃斯蒂斯·基福弗（Estes Kefauver）领队，他以打击有组织犯罪和垄断行为而著称。这些参议院会议将以“基福弗听证会”留名后世，令人震撼的新消息在此期间不断被披露出来。

民防工程有两个平行着力点：一是那些将要留在城市并寻找避难场所的人，二是那些要试着离开的人。核打击目标往往都是大城市，市中心的人们被建议尽快赶往防空洞式的地下避难所。至于那些能够离开的人，联邦民防署说他们最好撤离城市。听证会上，参议员的质疑一个接着一个。20 世纪 50 年代，大城市之外的很多地方不过是一些开阔乡村，这些城里人该往哪里撤？另外，他们又该吃些什么？

联邦民防署署长弗雷德里克·彼得森（Frederick Peterson）出席做证。这位前内布拉斯加州州长在宣誓后解释说，民防署计划在全国各地进出各大城市的高速路边上挖掘 3 英尺深、2 英尺宽的壕沟。彼得森说，城市遭核弹袭击时，那些已经出城的人应立即停车，弃车躺到壕沟里，然后在自己身上盖上泥土。与公众一样，首次知晓这一情况的基福弗参议员惊得目瞪口呆。政府可以利用科学技术释放出如同太阳般强大的能量，但是在涉及民防问题时，这难道是他们能够想到的最好办法？基福弗可不是那种轻信之辈，他问道：“那么在壕沟里面，食品、水和卫生设备等事项又是怎么安排的呢？”彼得森张口结舌半天之后才承认：“很显然，如果这些壕沟修建得非常仓促紧急，那其中就不会有卫生设备。”但还有一个替代方案，可以使用一种混凝土浇筑的管道代替肮脏的壕沟，这些管道直径 4 英尺，会被安放在大路边上。彼得森说，当城市遭到核打击时，已经离开城市的人应立即停车，弃车爬进管道里。彼得森解释道，过一段时间，联邦紧急救援人员就会过来，为管道覆盖上泥土。

马萨诸塞州共和党参议员莱弗里特·索顿斯托尔（Leverett Saltonstall）

对此深感震惊。他告诉彼得森，成百上千万极度惊恐的逃难者在缺乏新鲜空气、水和食品、卫生设备的情况下，躲在混凝土浇筑的管道里等候核大战结束，是无法想象的。另外，谁知道这一切会持续多长时间呢。参议员索顿斯托尔说他宁愿躺在肮脏的沟渠里，也不愿“爬进一个 1 英里长，没有出口的混凝土管道里”。索顿斯托尔告诉大家他的担忧，那就是众多美国同胞在求生欲望支配下大打出手，造成的混乱将会毁灭一切。

接下来的问题是食品。委员会成员希望知道在核大战时，政府打算如何帮助那些疏散者解决吃饭问题。彼得森回答说，美国政府将会开办饭堂，但能够供给的食品数量非常有限。“罐装食品不能食用。”他解释道，因为射线将穿透铝罐。他勉强承认，由于大部分电力供应都会中断，“冰箱里的东西也不能吃”。他在誓言约束下承认，真相并不完美，而是“赤裸裸的，极其残酷、肮脏和悲惨”。“我们将从农田里直接收割小麦，喝小麦稀饭，吃玉米饼以及尚未被放射性物质污染的各类动物，只要我们还能抓得到它们就行。”委员会告诉彼得森，民防署的撤离计划尚不充分。几个小时后，民防概念就成了国民嘲弄的对象。尽管如此，核试验频率依然没有降下来。

随后两年里，美国试爆 18 枚核武器，苏联试爆 25 枚核武器。在核武器上的投入达到历史最高点，而设计的原创性就成了关键。五角大楼需要上百枚“幸运城堡”那样的大当量氢弹核弹头，但是要更小、重量更轻，以便作为战术核弹使用。赫布·约克飞赴华盛顿特区，在他随身携带的手提箱里，有一个利弗莫尔实验室最新研制的重量仅为 48 磅、代号为“戴维·克罗克特”[①] 的核武器等尺寸模型。它释放的能量与投放

① 戴维·克罗克特，19 世纪美国政治家。

在广岛的原子弹一样，但是科技进步使得这么强大的武器小得可以提在手上。在雄心和智慧推动下，利弗莫尔实验室终于开始后来居上。冯·诺依曼研制的计算机在其中发挥了重要作用，它使利弗莫尔实验室科学家能够在建造核武器之前就可以对其进行建模。

1955 年夏，冯·诺依曼确诊患癌。他本来只是偶然滑倒，医生对他进行检查时，却在锁骨部位发现一个转移性质的晚期肿瘤。11 月，肿瘤扩散到脊柱；次年 1 月，他只能依靠轮椅行动；3 月，他被转移到沃尔特·里德医院的一间警卫病房，这家医院位于华盛顿特区郊外，是美国陆军顶级医疗中心。冯·诺依曼时年 54 岁，在疼痛与恐惧的折磨下死于癌症。他之所以患癌，很可能是因为在“二战”期间，在洛斯阿拉莫斯国家实验室吸入了微量放射性元素钚。军队派出的两名武装警卫始终在他身旁，寸步不离。

冯·诺依曼的头脑只能间或保持清醒，随着死亡临近，他的思维能力开始逐渐下降。在床边，他的兄弟迈克尔（Michael）大声朗读歌德悲剧《浮士德》(*Faust*)。迈克尔读一页，会停一会儿。冯·诺依曼躺在病床上，闭上双眼，思维也不如以前活跃，但有一段时间，他会精确指出迈克尔跳过了哪些文字。然而，冯·诺依曼的强大记忆力开始逐渐丧失。朋友们说心智衰退已快令他无法忍受。他一生从不信仰宗教，并曾经嘲笑信仰上帝的人。在一首给妻子克拉拉（Klara）的打油诗中，他这样写道：

> 有个年轻人叫道，快跑！
> 世界末日降临了！
> 最让我恐惧的，

只是该死的圣灵，

因为我可以摆平圣父和圣子。

这时，冯·诺依曼也开始寻求上帝安慰，他打电话说需要一名罗马天主教神父。

但死亡还是不可避免地临近。临终前的恐怖时光里，即使牧师也不能稍微减轻他的痛苦。在去世几周前，赫布·约克前往沃尔特·里德医院送上他最后的敬意。“约翰躺在一张有较高围栏的床上，那就像一张婴儿床，以防他从床上摔下来，另外也便于他自己起床，”约克回忆道，“我尝试讨论一些自认为能够吸引他、转移他注意力的技术话题，但他除了‘你好’之外，其他什么都没说。”冯·诺依曼的大脑逐渐失灵，癌症正在剥夺他最珍视的东西——意识。很快，他完全失忆。几周后，他的大脑就成了空白，没有意识，没有记忆，也不再说话。1957 年 2 月 8 日，约翰·冯·诺依曼去世。

他留下一部未完手稿《计算机与人脑》，在生命的最后几个月，冯·诺依曼一直忙于此事。书稿的一份复印件给了洛斯阿拉莫斯国家实验室图书馆，并得以保留至今。在这部著作里，冯·诺依曼比较了计算机与人类神经系统。他推论，未来有一天，计算机的表现将会远超人类神经系统。他将这种高级计算机称为“服务人类的人工机器人”。他相信有一天，计算机将会“思考”。

第三章 大量未来武器系统

1957年10月4日下午6点，位于亚拉巴马州亨茨维尔的陆军弹道导弹局（也叫“美国航天城”）内，军官俱乐部正在举行鸡尾酒会。在一群五角大楼军官陪同下，即将被任命为国防部长的企业家尼尔·H. 麦克尔罗伊（Neil H. McElry），刚刚搭乘军用飞机抵达这里。在军官俱乐部里，各种酒水美食随便享用。麦克尔罗伊正同德国著名火箭科学家、弹道导弹局研发负责人沃纳·冯·布劳恩（Braun）交谈着，新闻官戈登·哈里斯（Gordon Harris）突然冲进房间，带来了一个重磅消息，打断了聚会。

哈里斯大叫道：“苏联成功发射了人造卫星。”

房间里顿时鸦雀无声，只剩下背景音乐和冰块的碰撞声。

“它正在以通用波段进行广播，”哈里斯说，“至少有一个我们本地的业余电台正在收听。”一大堆问题随之而来。

很快，苏联首颗人造地球卫星“斯巴特尼克”（Sputnik）发射成功的官方消息传来。苏联官方新闻机构塔斯社发表声明，公布了该卫星的技术信息和细节。苏联先于美国登上了太空，自珍珠港事件后，五角大楼还从未如此震惊和被动。

面对苏联展现的超凡科技能力，整个美国都陷入一片恐慌。艾森豪威尔试图弱化苏联人造卫星的影响，但结果适得其反，许多美国人因此认为总统在试图掩盖美国军力的弱点。苏联人造卫星虽然仅重184磅，但它是由洲际弹道导弹送上太空的。很快，苏联洲际弹道导弹就可以携带诸如核弹等重得多的载荷，穿越半个地球打击美国境内的一切目标。

1957年12月20日，有人将关于苏联威胁的绝密分析《盖瑟报告》（Gaither Report）泄露给《华盛顿邮报》（*The Washington Post*），局势变得更加糟糕。《华盛顿邮报》写道，这份报告"描绘美国正处于史上最严重的危险之中，直接暴露在导弹林立的苏联直接威胁之下"。如果说苏联人造卫星引起了恐慌，那么《盖瑟报告》则让全国陷入了歇斯底里。

但《盖瑟报告》本身还有一个存有争议的幕后故事，并将在此后几十年里被列为机密。1957年春，苏联人造卫星发射成功7个月前，艾森豪威尔总统要求他的国家安全顾问组织团队，弄清楚如何在全面核战争中保护美国人民。兰德公司合伙创始人、风险资本家H.罗恩·盖瑟（H. Rowan Gaither）被指定为这个新的总统研究委员会负责人。委员会组成人员包括北美防空司令部、战略空军司令部、国防部长办公室、联邦民防署、武器系统工程工作组和中情局等部门官员，利弗莫尔实验室、桑迪亚国家实验室、雷神、波音、洛克希德、休斯和兰德公司等防务承包商代表，以及壳牌石油、IBM（国际商业机器公司）、贝尔电话、纽约人寿保险、大通曼哈顿银行等企业代表。

《盖瑟报告》被定为绝密文件，以"核时代的威慑与生存"为题，国防承包商、企业家和军事科学家们从中得出的最终结论是，在核战争情况下，没有任何办法能够保护美国民众。作为替代方案，委员会建议总统将注意力集中在为美国建设更为庞大的核武库上。他们认为，最大威胁来自苏联洲际弹道导弹。承担精确计算苏联导弹威胁任务的科学家是利弗莫尔实验室科技主管赫布·约克以及总统科技顾问之一、麻省理工学院工程学教授热罗姆·威斯纳（Ferome Wiesner）。

这是最关键的数据。苏联刚刚在哈萨克斯坦拜科努尔航天发射中心成功试射首枚远程导弹，导弹航迹穿越西伯利亚，射程达到 3000 英里。为搞清苏联能在短时间内生产出多少枚洲际弹道导弹，约克和威斯纳于 1957 年夏在毗邻白宫的行政办公大楼里设立工作室，开始进行相关计算工作。

“这件事不仅现实而且紧迫，”约克后来回忆道，“我们尽量利用苏联火箭项目已知数据，将它们与我们能够获取到的苏联推进该项目所需的富余生产能力结合起来，最后得出结论，苏联能够在随后几年中生产数千枚洲际弹道导弹。”

像“幸运城堡”这样的核弹，如果投放到华盛顿特区，仅需一枚就足以毁灭整个东海岸。约克和威斯纳的分析表明，苏联想对美国发起上千次核打击。这一信息让人震惊，也足以让人警醒。很显然，如果苏联试图在短短几年内就生产上千枚洲际弹道导弹，那么唯一的理性结论就是，苏联计划发起全面核战争。

多年之后，人们才得知约克和威斯纳向《盖瑟报告》提交的数据仅是粗略概算，并不准确。截至 1957 年夏，苏联仅制造 4 枚洲际弹道导弹，在“随后几年”，最终制造了 100 多枚。这个数字与约克和威斯纳的评估相去甚远。

“我们的估算大错特错，”30 年后约克承认了错误，他辩解道，“原因很简单。关于苏联导弹项目，我知之甚少；关于苏联工业基础，我一无所知。估算时，我将两种不可靠的分析步骤糅合在一起：最差情况分析和镜像思维。”约克被问及如此惊人而过分的错误为什么会发生？“我的解释是，对于这一课题，我和委员会其他成员一样，都是新手。俄国人总是习惯隐藏自身行为，正是他们这种极端保密做法使我轻易犯了这个错误。”约克同时指出，在《盖瑟报告》起草委员会中，没有任何人质疑过他和威斯纳的结论数字。约克说：“我不记得有谁质疑过我们的观点。”

1957 年 11 月 7 日，《盖瑟报告》被提交给艾森豪威尔总统，这个时间点真是糟糕。仅仅在一个月前，苏联人造卫星刚刚发射成功。对于报告中的观点，艾森豪威尔并不赞同。总统从中情局得到了更好的情报，但由于来源高度机密，只有极少数人知道。1956 年，中情局飞行员赫维·斯托克曼（Hervey Stockman）驾驶 U–2 侦察机完成对苏联的首次秘密空中侦察，并带回几千张苏联航空照片，这比“科罗纳”侦察卫星项目还要早。侦察显示，苏联并没有准备挑起全面战争。在《盖瑟报告》起草委员会中，只有中情局副局长理查德·比斯尔（Richard Bissell）知道此事，因为正是他本人在名为“51 区”（Area 51）的内华达州秘密基地领导 U–2 项目。起草委员会的其他人没有必要知道绝密的 U–2 计划以及它执行的多次对苏侦察任务，他们只能沿着约克和威斯纳关于苏联洲际弹道导弹的错误判断继续思考。

艾森豪威尔总统否决了《盖瑟报告》的大多数观点，随即就有人将这份绝密报告泄露给媒体。公众关注的焦点是约克和威斯纳关于导弹威胁的研究结果，而这也使苏联人造卫星带来的恐慌升级成了歇斯底里。作为回应，艾森豪威尔成立总统科技顾问委员会，为下一步行动提供咨询建议。赫布·约克成功入选，并成为该委员会最年轻的成员。总统是否知道正是这个约克应该为《盖瑟报告》中最为严重的错误负责，目前尚不得而知。约克很快离开利弗莫尔实验室前往华盛顿特区。直到艾森豪威尔总统任期结束，他都一直在那里工作。

随着苏联入侵传言愈演愈烈且渐有失控之势，总统授权国防部长麦克尔罗伊提出一个全新的应对计划。麦克尔罗伊被认为是品牌管理之父，是一位公共关系领域专家，曾在宝洁公司（Procter & Gamble）工作32年。他从上门推销肥皂的销售员干起，一步步走上管理岗位。在20世纪50年代中期，宝洁拥有4个主要肥皂品牌——“象牙”（Ivory）、“快洁”（Joy）、“汰渍”（Tide）和“奥克多”（Oxydol），但销量一直上不去，直到麦克尔罗伊提出在家用品牌上开展竞争以及瞄准特定客户群体投放广告，局面才有了显著改善。正是麦克尔罗伊想出在白天的电视节目中插播肥皂广告——在这个时间段，大多数美国家庭主妇都会看电视。1957年，宝洁公司肥皂年销售额已达10亿美元，“肥皂剧”这个概念的发明也因此归功于麦克尔罗伊。“肥皂剧卖了许多肥皂”，这是他的名言之一。现在，麦克尔罗伊已是美国国防部长。他对自己的新工作有着清晰愿景：“在我看来，国防部长应该是艾森豪威尔总统国防团队的队长。”作为“队长”，他的第一份工作就是解除苏联技术超越美国带来的威胁。

在履职5周之后，1957年11月20日，国防部长麦克尔罗伊带着一个大胆设想来到国会山。他建议在五角大楼内部设立一个新机构，名叫“高级研究计划局”（Advanced Research Projects Agency，ARPA）。这个机构将负责包括太空领域在内的美国大多数军事高技术研发项目。

麦克尔罗伊告诉议员们，ARPA它是这样一个实体，它将负责“全部人造卫星和太空研发项目”，并且肩负“将研究范围拓展至当下或者近期亟须的可预见的武器系统以外的职能”。麦克尔罗伊眼光非常长远。他说，美国需要这样的机构，它要有能力预见尚未显现的国家需求，并且能够研发“大量未来武器系统”。

国会喜欢这个主意，议员们鼓励麦克尔罗伊着手此事。但是，各个军种坚决反对。陆、海、空三军都不愿意放弃各自控制的研发工作，其中自然也包括太空这个全新的广阔领域。麦克尔罗伊把众多高级将领请到他位于五角大楼 E– 环的办公室，探讨如何更好地解决“外层空间这个全新领域内的问题”。

在分别进行的会谈中，陆、海、空三军指挥官们均坚持外层空间是本军种职责。陆军将领说，月球不过是另一个“高地”。空军将领宣称，太空只比他们已经控制的领域“稍高一点点”，并试图向麦克尔罗伊推销他们“成立全新航天军”的计划。海军上将与中将们则争辩说，“海上外层空间”是“海军控制的水下、水面和空中”的自然延伸，因此应该被视为海军责任范围。空军上将伯纳德·施里弗（Bernard Schriever）告诉参议院军备分委员会，他将以会议纪要形式申明“对高级研究计划局的强烈反对意见”。

对于麦克尔罗伊提议成立的新机构，原子能委员会也有看法，它一如既往地试图寻求更多权力和控制权，其成员四处游说，想要将外层空间研究授权完全从国防部剥离，并将其置于自身管辖之下。该委员会主席向国会提交法案草案，建议成立“外层空间部门”。国防承包商们也奋力游说，竭力反对麦克尔罗伊成立新机构的提议。许多人担心他们与军方官员建立起的私人关系将毁于一旦。利弗莫尔实验室的欧内斯特·劳伦斯跑到五角大楼，私下拜访了国防部长麦克尔罗伊，并呈上与高级研究计划局相反的替代方案。孟山都化学公司（Monsanto Chemical Company）总裁查尔斯·托马斯（Charles Thomas）与劳伦斯一同前往，这家公司后来在越战中因为生产橙剂而广受批评，后又在 20 世纪 90 年代作为第一个对粮食作物进行基因改造的农业化工企业而臭名昭著。劳伦斯和托马斯在麦克尔罗伊的私人办公室向他陈述了如何“采取一些激进新举措……应对苏联人造卫星挑战，并更好地处理军事机构中的科技问题”。他们建议麦克尔罗伊仿效曼哈顿工程，允许他们两人组建并管理一个绝密的新政府机构。经过几个小时会谈，麦克尔罗伊还是以“和平时期不可行”为由拒绝了这两个国防承包商的建议。劳伦斯还提出另一个建议，如果高级研究计划局这个新机构即将运行，那么它的管理者必须是卓越的科学家，他应该清楚如何将军事与工业完美结合，从而促使美国最优秀的科学家们努力工作，最终解决国防相关问题。劳伦斯说，最合适的人选就是赫布·约克。麦克尔罗伊答应考虑这个建议。

麦克尔罗伊还面临着最后一个障碍，这涉及五角大楼里与他一层之隔的同事。参联会将领们讨厌高级研究计划局的计划，并在 1957 年 12 月 7 日正式提交反对意见。但军方的反对注定会失败。高级研究计划局早期成员、海军上将约翰·E. 克拉克（John E. Clark）说：“军方不喜欢高级研究计划局，这正是艾森豪威尔决意要推动建立高级研究计划局的原因之一。”

艾森豪威尔总统已经受够了军种之间的分歧与竞争。作为“二战”欧洲盟军最高统帅，他深知各军种团结协作多么重要。成为总统后，他一直主张纠正军种间重复上马项目造成的资源过度浪费。美国总统历史研究者舍曼·亚当斯（Sherman Adams）写道：“陆军与空军竞相研制几乎相同的远程洲际弹道导弹激怒了他。”

1958 年 1 月 7 日，艾森豪威尔总统向国会发出一份备忘录，授权在 1958 财年将 1000 万美元“拨付给高级研究计划局，以用于采购、建造经国防部长授权的研究、开发、试验设施与装备。要确保资金及时到位，充分使用”。

在两天之后的国情咨文中，艾森豪威尔向全国宣布这个新机构正式成立。他解释道："现有军种工作模式已经无法适应高技术带来的新型武器系统。"这些新武器系统，要求"从研发到部署的各个环节都跨越、融合、超越现有各个军种"。艾森豪威尔说，技术快速进步以及随之而来的武器系统革命性变化使我们面临着全新威胁，其对作战样式的革命性意义不亚于飞机的发明。但是，各军种在这一威胁面前未能开展团队合作，而是深陷琐碎的"管辖权之争"，"使公众陷入迷惘，让大家感到军种分歧正在伤害美国国家利益"，艾森豪威尔说，这正是成立高级研究计划局的原因，即我们需要统一掌控最高级别的研发项目。

总统对军方的公开告诫激怒了包括参联会成员在内的高级将领。高级研究计划局首任主管劳伦斯·P. 吉斯（Lawrence P. Gise）在一份关于高级研究计划局起源的内部史料中写道："这样一来，高级研究计划局尚未成立，就已陷入争议的旋涡。内部被各种敌视眼光环视，外部面临着严峻的压力，还要在全新的领域从头开始摸索，高级研究计划局当时就是这样一个乱糟糟但又激动人心的地方。"

1958 年 2 月第二周，华盛顿特区被大雪覆盖。一场强暴风雪对美国首都造成了巨大破坏。彻骨寒风与厚达 5 英尺的积雪令交通陷入瘫痪。星期一早晨，艾森豪威尔政府建议如非必要，所有政府工作人员都可以留在家中。就在此时，约克在家中接到麦克尔罗伊私人秘书的电话，请他立即前往五角大楼单独会见国防部长。约克回忆道，不管暴风雪多大，他也要前往五角大楼。

约克此时面临生命中的关键时刻。如果他当时没有时间来对此做出反应，他或许将在余生中感叹自己的卑微身份。约克是家族里面第一个大学毕业生，他住在华盛顿特区，为美国总统提供科技建议。他的父亲是纽约中央铁路公司搬运工，祖父以做棺材为业，专长是在客户永久居所内布置由绸缎和天鹅绒制成的各类装饰。约克出身贫寒，但拥有一个卓越大脑和远大志向。要知道，他当时年仅 36 岁。

“在我很小的时候，”约克回忆道，“我就记得我父亲说他不希望儿子也成为铁路工人。他说得很清楚，那意味着我应该去读大学，即使他对这到底意味着什么知之甚少。”约克听从父亲建议，将大部分空闲时间都花在纽约沃特镇的图书馆里，在那里读书、看报，阅读科技杂志，并最终获得罗切斯特大学奖学金，在自己挑选的物理专业成绩优异。与当时大多数最优秀的物理专业毕业生一样，约克在“二战”期间被招募进入“曼哈顿工程”。1943 年春，他乘坐巴士远赴加州的伯克利，被安排在欧内斯特·劳伦斯手下工作，参与使用劳伦斯团队制造的离心机提纯铀矿，其产品最终被制成广岛原子弹的核心部件。“二战”后，约克在加州大学伯克利分校取得博士学位。攻读博士学位期间，他参与发现中子“π”介子，这使他迅速跻身精英核物理科学家之列。1952 年，约克成为利弗莫尔实验室首席科学家。现在，在 1958 年 2 月席卷美国东北部的暴风雪中，约克猜测命运中又有什么在等着自己。

约克回忆道：“我费很大的劲儿过河前往五角大楼，然后在厚厚的积雪中步行很远才能到五角大楼。”他试图叫出租车，但周围根本无车可拦。五角大楼前的停车场空空如也。但他前来拜访的那个人——国防部长麦克尔罗伊在办公室忙于工作。约克预感他正被考虑给予高级研究计划局首席科学家职位。他说，得益于暴风雪，他才能“从容不迫地与国防部长谈上一个小时，平时那些忙碌日子不可能有这样的机会”。

会谈结束后，约克返回家中，而麦克尔罗伊则在权衡他的选择。在高级研究计划局首席科学家人选问题上，还有另一个竞争者韦恩赫尔·冯·布劳恩（Wernher von Braun）。冯·布劳恩与他的团队刚刚成功发射美国首颗人造卫星“探索者一号”，就像公众认识的那样，冯·布劳恩是一颗冉冉升起的新星。但陆军却拥有一些关于此人的秘密信息，冯·布劳恩在“二战”期间曾是纳粹党卫队官员，他还可能与纳粹德国时期一座名为诺特豪森的地下劳改营中数千名强制劳工之死有关，他们被强迫为纳粹德国制造 V–2 火箭。

当麦克尔罗伊还在考虑首席科学家人选时，一些新信息浮出水面。冯·布劳恩表示自身能否获得这个职位并不重要，但与麦克尔罗伊就此进行会谈时，他坚持一旦自己获得任命，一群德国火箭科学家必须与他同时进入新机构。关于冯·布劳恩的 113 名德国同事，陆军情报机构拥有他们每一个人的机密档案。他们都是将纳粹科学家在“二战”后转移到美国的“回形针行动”的一部分。冯·布劳恩火箭团队许多成员都曾经是狂热的纳粹分子，是党卫队、冲锋队等极端民族主义准军事组织成员。

J. 罗伯特·洛夫蒂斯（J. Robert Loftis）曾任高级研究计划局局长，他在一份已解密的报告中写道：“有一阵，冯·布劳恩看起来要得到那个位置，但那就意味着必须接纳 10~15 名他的德国同事，而这一点不可接受。”国防部长麦克尔罗伊将这个职位给了赫布·约克，约克欣然领命。他说，这是一辈子的机会。

第二个月，即 1958 年 3 月，约克就搬进了在五角大楼的办公室。他仍是总统科技顾问团队成员。在新办公室墙上，约克挂了一张月球大镶框照片，相邻的地方，他却只挂了一个相框。访客都会问为什么这个相框还空着？约克会告诉他们，他要让这个相框一直空着，直到把高级研究计划局研制的航天器拍摄到的月球背面照片放进去。赫布·约克在五角大楼负责的这个新机构将从事大量卓越工作。

有了高级研究计划局这个新机构，艾森豪威尔总统停止核试验的想法更加坚决。约克将月球照片挂上办公室墙壁之后一周，艾森豪威尔就将包括赫布·约克在内的全部科技顾问召集到波多黎各雷米空军基地，讨论停止核试验问题。总统想知道，这是否有利于国家安全，如果有利，是否可行？在两轮表决中，除约克投了弃权票外，其他人均投票赞成。

数十年后，约克解释了当初的想法："也许我最好应该投反对票，但在当时的氛围下，弃权已经是我所能做的全部。"在高级研究计划局工作几周后，约克内心矛盾重重。他现在为美国总统和国防部长服务，但是他同样忠诚于欧内斯特·劳伦斯，他成年以来就一直服务于劳伦斯。对约克来说，劳伦斯如同父亲一般。约克还是爱德华·泰勒的学生，他的核物理知识大部分都来自泰勒。约克解释道："劳伦斯和泰勒都在参与核武器项目。停止核试验，就是打碎他们的饭碗，这将直接损害他们的利益。"如果总统停止核试验，那么利弗莫尔实验室就可能被关闭。

第二天，在听过其他科学家的观点后，约克改变立场，转而赞成停止核试验。没过多长时间，这个消息就传到利弗莫尔，泰勒被激怒了，当着同事的面批评约克"背信弃义"。

仅仅在波多黎各之行两周之后，艾森豪威尔总统就开始采取行动。在回忆录中，总统写道："我正式向赫鲁晓夫提议一个我们正在考虑的举措——举行专家会议，为随后的政治会议奠定基础。"当年夏天，美苏两国科学家将在日内瓦会面，讨论如何永久停止核试验。其核心是对核试验进行监测，高级研究计划局将负责监督这个项目的新技术研发，包括地震监测和空气监测手段，最终目的是确保无人能够私下违反核试验禁令。该项目代号"维拉"（Vela），包含三个高度机密的高技术分项目：Vela H、Vela U 和 Vela S。

两个超级大国领导人均对停止核试验抱有强烈兴趣，他们都对在核武器这柄达摩克利斯之剑下生活与治国感到疲惫不堪。艾森豪威尔和赫鲁晓夫都将派出他们最优秀的科学家前往日内瓦，寻求解决分歧的方案，推动最终出台核试验禁令。艾森豪威尔总统亲自做出了这个大胆而明智的决策，他没有派赞成停止核试验的总统科技顾问代表美国参与谈判，而是选择劳伦斯这位并不赞成停止核试验的科学家。劳伦斯是如此热衷于核武器试验工作，以至他告诉国会："如果我们停止核试验……那么，好吧，但愿那不会发生……我们将不得不使用那些将会杀死 5000 万人的武器，然而本无必要这么做。"

艾森豪威尔总统决意要推动达成核试验禁令，但他也决意要确保苏联不能也不会欺骗美国。派出劳伦斯是因为艾森豪威尔知道劳伦斯会严格审视苏联科学家的真实意图。自从"幸运城堡"核试验之后，空气中第一次嗅到希望的味道。

与此同时，在高级研究计划局，赫布·约克也开始着手开展 Vela 项目。Vela 很快就会成为高级研究计划局第二大项目，仅次于投入巨大的"防御者"反弹道导弹技术项目。Vela 是一个多部门合作攻关项目，参与者包括原子能委员会、空军以及后来的美国国家航空航天局（NASA），目的是研发先进传感器技术，以便美国能够确保发现秘密进行的核试验。Vela H 研发高空卫星系统，以便从太空中监测核爆炸；Vela U 研发地面传感器系统，目的是监测地下核爆，同时还有一个项目来监测和分析全球的"地震噪声"；Vela S 则致力于监测外层空间的核爆炸。

这些都依赖于日内瓦专家大会的成功。停止核试验将会减缓军备竞赛，有助于大幅度降低全面核战争风险。但是，这会成功吗？

第四章 应急计划

对于赫布·约克来说，波多黎各参会返程抱有的那种强烈希望并未持续多久。在总统宣布自己关于核试验禁令的计划后不久，一份长达24页、名为《应急计划》(*The Emergency Plans Book*)的秘密文件出现在约克位于五角大楼的办公桌上。其中的机密内容简直就是一部末日启示录。在接下来的40年里，其内容一直被列为机密。1998年，美国国防部获悉一位名叫L. 道格拉斯·基尼(L. Douglas Keeney)的作家在国家档案馆已解密的美国空军文件里发现一份《应急计划》副本，五角大楼立即对该文件再次定密。基尼公布了他不经意发现的文件内容，但原始文档依然处于机密状态。

对于防务官员来说，苏联对美国本土发起核打击之前、之中和之后的情况究竟是怎样的？《应急计划》为此提供了“各部门和机构唯一的官方指南”。《应急计划》并不是假想的兵棋推演，它由美国协调和管理战时动员事务的联邦机构“应急计划办公室”发布，是官方正式文件。那些熟知其内容的人都知道，这份文件后来以“末日剧本”而闻名。

这份“剧本”从距今并不遥远的某个假设“末日”（D-Day）开始。因为美国军力不足，首次打击来得非常突然。苏联潜伏人员成功地在美国大陆“采取秘密手段安放”数枚氢弹，而这些核弹将会被首先引爆，热核战争就此爆发。

作为后续动作，苏联潜艇很快成群结队地在美国东、西海岸游弋，并向数十个美国本土目标发射核弹。大约在同一时间，苏联利用轰炸机和战斗机向美国发起灾难性空袭。美国防空司令部摧毁了大部分苏联机群，但是至少有一半苏联战机能够在被击落之前成功发射自身携带的战术核武器。数百枚洲际弹道导弹从苏联射向美国本土，“开场”高潮来临。这些装载核弹头的导弹，大多数都能够骗过陆军“奈基”防空导弹部队，并攻击全美各地的军民目标。不到一个小时，将有2500万美国人死亡。

《应急计划》写道，苏联将“斩首”美国几乎全部军事设施，包括大多数的核武器设施、海军基地、机场和陆军基地。主要的通信中心、商业区和交通枢纽都会被列为打击目标，其中大多数都将遭受灾难性损失。美国的基础设施将所剩无几。事实上，华盛顿特区将被夷为平地。即使那些住在乡下的美国人也将经历天翻地覆的死亡和毁灭。因为自动瞄准可能出现的错误，许多核武器会错失原定目标，转而在美国本土心脏地带随机寻找目标进行打击。

尽管损失惨重，美国军力却未被完全摧毁，反击开始。作者预测道：“尽管军地人员、物资都遭受巨大损失，美国空军反击敌人的行动却一直都在持续，我们的海、陆兵力也都与敌人处在激烈的交战状态。双方在战术性空中支援以及陆地战场都充分使用核武器。”当苏联地面部队入侵时，成千上万枚类似利弗莫尔实验室研制出的“戴维·克罗克特”那样的轻型便携式核武器在全美国战场投入使用。接下来就是最终的全面核大战。数百枚洲际弹道导弹如雨点般从天而降。海岸边的海军基地接连不断地遭到氢弹打击。港口塞满沉船，商船停运，水陆运输和空运能力根本不复存在。

现在，在美国全境有几百个核爆点，在每个核爆点半径 5~10 英里范围内的一切都被完全摧毁。核火球彼此交汇，引发一系列更猛烈的火灾，森林与城市都陷入火海。那些想要逃离火海的人将会暴露在级别不同的各种致命核辐射之下。“地面爆炸导致大范围的放射性尘埃，其强度之大，以至于在相当一部分美国国土上，长时间躲在防空洞内是唯一能够活命的办法。”

在文件的“打击后分析”部分，事情变得更加糟糕。1 亿美国幸存者生活在一个完全没有法律和秩序的国度。政府瘫痪，大约 5000 万人亟须医疗救助，其中一半人需要住院治疗长达 12 周。另外还有 1250 万人吸入致命剂量的核辐射，无论是否受到治疗，都将在其后几天死去。卫生资源极度匮乏。在第一次核打击中幸存的医生和护士无法立即开展所需的医护工作。遭受核打击前，美国共有 160 万个医院床位，而现在只剩下 10 万个。核辐射并不是唯一一种疾病，“包括伤寒、天花、破伤风以及链球菌疾病在内的传染病开始肆虐”。日常食品生产停止，大多数能够抢救出来的食品库存都被污染，大范围劫掠开始出现，幸存者们开始储藏所剩无几的食物。

住房体系濒于崩溃。成百上千万住房已在核战中被摧毁，数千万人无家可归。放射性沉降物使东海岸大部分地区已不适合人类居住。没有电力，没有冷藏设备，没有交通工具，也没有社区供水系统。另一个致命健康威胁来自幸存者无力处置人类排泄物和在一天内产生的成百上千具人类尸体，致命灾难终于到来。《应急计划》写道：“鼠疫、霍乱、伤寒等疾病预计将在沿海地区流行，这也是苏联以细菌战进行第二轮打击的部分后果。”秘密文件的作者们显然认为苏联这个敌人无所不用其极。

那些在末日核战争中幸存下来的美国人现在必须准备应对鼠疫等不治之症。

在21世纪，世界末日般的灾难叙事是末日题材小说、电影和电子游戏的必备内容。但在1958年，这是首份也是唯一一份为人所知的此类官方文件。在圣莫尼卡，兰德公司分析师经常在兵棋游戏中推演第一次与第二次打击场景，空军官员们则会利用这些成果游说国会为他们的战略空军司令部拨付更多资金。但《应急计划》不是“假设分析”，而是“什么时间会发生什么的情况介绍”，是用于行动的指导文件与官方参考指南。

该报告的影响同样不可忽视。《应急计划》发给了各军种最高将领、参联会成员、高级研究计划局局长、国防部长、助理国防部长以及国家安全委员会主管。在随书附函中，紧急情况计划办公室主任要求各位读者提交不同意见或者补充未尽之处。面对这份描述极端灾难情况的报告，约克作为高级研究计划局局长始终没有忘记本机构所担负的阻止战略突袭使命，是否向紧急情况计划办公室提交意见令他犹豫不决。

约克还有另一项计划，看起来荒谬，却已酝酿数年。如果高级研究计划局能够研制出一种覆盖全美，并能将来袭苏联洲际弹道导弹拦截在飞行轨道上的防护盾，那将怎么样呢？一位才华横溢、名叫尼古拉斯·克里斯托菲洛斯（Nicholas Christofilos）的科学怪才曾提出过这样一种理论，约克认为思路可行。约克后来解释，克里斯托菲洛斯相信可以“利用地球磁场引力，在大气层上方造成某种由高能电子组成、类似天穹的防护盾”。虽然这听起来荒唐可笑，就像漫威[①]里的故事，但是约克认为这项计划可以实现。

① 漫威，迪士尼公司旗下知名漫画品牌，拥有蜘蛛侠、钢铁侠、美国队长等众多漫画形象。——译者注

于是约克在1958年夏将一群美国顶尖科学家召集起来，向他们简要介绍了这个激进的秘密想法。约克想知道，这些顶尖科学家如何看待被他称为克里斯托菲洛斯效应的理论。这个绝密项目早已获得美国总统批准，早在同年3月，约克就已拜访过艾森豪威尔总统，并亲自向他介绍高级研究计划局想要试验克里斯托菲洛斯效应的计划。当年夏天，这已不仅是想法而已，而是高级研究计划局全面实施的首次行动。这项严格控制数据与知情范围的绝密“7-58号行动”代号为“花神计划”（Project Floral）。同样列为机密的是其真实名称“阿耳戈斯”（Argus）（又称“百眼巨人”）行动。

1958年7月14日，22名拥有最高级别安全许可的防务科学家来到位于华盛顿特区麦克奈尔堡的国家战争学院，他们将在这里开展“高级研究计划局第1号研究”。这次集体攻关代号为“137号工程”。据约克解释，其目的是确认“尚未获得足够重视”的国家安全问题。

“在麦克奈尔堡的工作让人非常愉悦。”参与“137号工程”的科学家之一默夫·戈德伯格（Marvin Goldbergen）回忆道。麦克奈尔堡是陆军历史最为悠久的基地之一，也是最优雅的一个。每天早晨，科学家都会聚集在罗斯福大厅，这是一座庄重的新古典主义风格建筑，外墙以红砖和花岗岩砌就，远眺着华盛顿特区。在那里，科学家听取国防部官员关于美国“国防领域亟待解决问题”的报告，然后展开分组讨论，并在头脑风暴的基础上给出科学的解决办法。下午撰写文章，晚上大家都在战争学院食堂里一边用晚餐，一边讨论苏联威胁。在那段时间，他们一共需要处理68个国家安全问题和项目，其中包括潜艇战、气球战、生物武器、化学品探测以及研制激光武器等。据戈德伯格回忆，最有意思的项目显然是验证克里斯托菲洛斯效应。

戈德伯格说："想参与克里斯托菲洛斯项目讨论，还需要特殊许可。"

领导"137 号工程"的是普林斯顿大学物理学家约翰·惠勒（John Wheeler），他以提出"黑洞"（black hole）概念而闻名。与惠勒一起工作的人，有 5 人来自普林斯顿大学，4 人来自加利福尼亚大学伯克利分校，3 人来自伊利诺伊大学，1 人来自斯坦福大学，1 人来自芝加哥大学，1 人来自加州理工大学，还有 4 名科学家来自联邦政府资助成立的阿拉莫斯、利弗莫尔、橡树岭和桑迪亚等核物理实验室，另有 2 名科学家来自国防工业部门，其中 1 人来自通用动力，1 人来自杜邦化学品公司。

他们都是科学界最严肃意义上的顶级思想家、硬科学领域的超人。他们当中，有粒子物理学家、理论物理学家、天体物理学家、化学家、数学家以及一名经济学家和一名核武器工程师。正是这些人提出了"6 夸克"（hexaguark）、虫洞和量子泡沫（quantum foam）等概念。其中两人，尤金·威格纳（Eugene Wigner）和瓦尔·菲奇（Val Fitch）后来获得诺贝尔物理学奖。所有这些科学家都曾为国防部工作过，许多曾在"二战"期间参与曼哈顿工程。想要成为"137 号工程"成员，官方条件是"独创、务实、进取"。

戈德伯格回忆道："尼古拉斯·克里斯托菲洛斯向我们讲解克里斯托菲洛斯效应问题，他是那种怪才。"

克里斯托菲洛斯构想的天穹护盾，是为防御来袭苏联洲际弹道导弹而在太空中引爆大量核武器后产生的理想结果。根据克里斯托菲洛斯计算，这差不多意味着"每年要在大气层中引爆几千枚核武器"。他说，这些核爆炸会产生"大量的辐射性原子，而这些原子又会释放出高能电子（β 粒子）并使其分散到太空中某个区域，地球的电磁场将会在那里捕获它们，并使其长期滞留"。克里斯托菲洛斯指出，这个电磁场将存在数月或更长时间，"被捕获的电子将对任何试图穿过这个区域的物体产生剧烈辐射，甚至热破坏，人和核武器都不例外”。简言之，来袭苏联洲际弹道导弹战斗部和动力装置将被烧毁。

克里斯托菲洛斯早在几年前就陈述过这个想法。当时，约克还是利弗莫尔实验室首席科学家。约克回忆道：“他的想法如同史诗一般。据我所知，不仅仅是在利弗莫尔实验室，即使是在整个美国，他的主意也堪称最奇妙、最具原创性。”这个计划就是“用高能电子在我们头上打造一个无法穿越的防护盾，它将能摧毁一切来袭核武器”。但是，每年在太空中引爆几千枚核武器的建议又不现实。约克说：“尼古拉斯说出他的建议后，我甚至构想不出一个能将其付诸实践的程序。总体而言，没有一个地方能够验证这个创意。”

克里斯托菲洛斯的经历不同寻常。他出生在波士顿的一个希腊移民家庭，但是在 7 岁时随家人返回雅典。他在雅典入学，畅游在科学的世界里，并成为一名业余无线电技师。1938 年，他从雅典的国家技术大学毕业，进入一家电梯厂工作。他的第一份工作是安装电梯。纳粹占领雅典后，他所在的电梯厂被改成卡车修理厂。纳粹新老板留下了满厂德文物理学教科书以及科技杂志，因为没有太多事情可做，克里斯托菲洛斯就投入大量时间学习德语，并最终达到了可以阅读这些德语书籍的水平。据约克讲，克里斯托菲洛斯开始“将注意力集中到设计高能加速器——粒子回旋加速器之类的东西上”。

在没有受过正式训练的情况下，克里斯托菲洛斯短短几年就从一名电梯技工转变成当时世界上最有独创精神的科学家之一。在祖国被占领和经历残酷战争的黑暗岁月中，他的工作情况如何，人们知之甚少，但据约克所言，“二战”结束 3 年后的 1948 年，他给位于伯克利的加州大学放射实验室写信，“声称要描述一项新发明”。约克说，“很显然，信的内容晦涩难懂”。后来，当利弗莫尔实验室的一位科学家最终读懂这封信以后，“他发现信中所言只是同步回旋加速器的另外一种描述方式”。这种设备已由加州大学伯克利分校化学家埃德温·麦克米伦（Edwin McMillan）和苏联物理学家弗拉基米尔·韦克斯勒（Viladimir Veksler）于几年前分别独立研制成功。约克说“在收到尼古拉斯来信一年多以前，相关领域论文就已经公开发表，所以这封信就被放在一边，逐渐被人遗忘”。人们猜测发信人可能已经阅读过那些学术文章。两年后，利弗莫尔实验室的科学家们收到了克里斯托菲洛斯的第二封信，其中描述了另一种粒子加速器。约克说“这封信被认为比第一封复杂得多，谁都没搞清楚它到底要说什么”。于是，这封信的命运就如同第一封信一样，被束之高阁。

两年后，来自位于长岛的布鲁克海文国家实验室的两位核物理学家发表论文，描述一种技术先进的加速器，能够“制造出能量超过十亿电子伏特的粒子”，这在人类科学史上尚属首次。这件事发生时，克里斯托菲洛斯刚刚来到美国。当他在科技期刊上看到这篇文章时，他与作者联系并告诉他们，他早就构想了此类设备，并写信告诉了利弗莫尔实验室。克里斯托菲洛斯要求人们承认自己对这项发明的贡献，人们随即对相关记录展开调查。据约克所言，克里斯托菲洛斯对于这项发明有显而易见的优先权。约克回忆道，“一名希腊电梯安装工能在如此复杂的发明创造中享有优先权，这件事情自然引起了人们的兴趣和一系列反应”。1954年，克里斯托菲洛斯受聘布鲁克海文，那里正在建造一台基于他所提原理的加速器。但是很快，克里斯托菲洛斯就厌倦了自己几年前就构想的发明，开始构思其他主意了。约克听说克里斯托菲洛斯的奇特经历后，感到他身上拥有巨大潜力，于是就聘请了他。

阻力来自联邦安全审查人员。约克说：“他们不相信电梯技工出身的克里斯托菲洛斯能完成所有那些发明创造。他们认为，苏联试图安插克里斯托菲洛斯从事间谍活动，并在他头脑里塞满了那些并不属于他的创意。”安全审查官员最后授权克里斯托菲洛斯在利弗莫尔实验室工作，并许可他接触绝密信息，但是并没有授予他极度渴望的Q级许可，拥有这个许可的科学家才能接触到核机密。在利弗莫尔实验室，克里斯托菲洛斯接连提出新的创意。最终，他被授予比其他人都要高的安全许可。苏联人造卫星发射成功以后，克里斯托菲洛斯开始认为苏联在科技上已经大幅领先美国，以及苏联很有可能正在计划发起突然袭击。他将所有精力与智慧都投入到寻找阻止苏联行动的办法上。现在，“137号工程”的科学家们正处于十字路口，未来方向并不明朗。虽然这项工程风险巨大、耗资不菲，但如果克里斯托菲洛斯效应确实可行，它将是解决弹道导弹防御问题的有效办法。

在麦克奈尔堡，科学家公认值得就克里斯托菲洛斯效应展开探索。实际上，这也是人们所能想到的最好办法。美国面临的安全威胁极其严重，让“137号工程”的许多科学家有了不祥的预感。约翰·惠勒说，这使得“有责任心的人们夜不能寐”。戈德伯格回忆道，尽管这些科学家之前都曾经参与过国防部项目，但是得知68个威胁同时存在，“他们都感到了巨大的道义压力”。

惠勒在写给高级研究计划局的事后报告中说：“面对这些严峻问题，‘137号工程’的许多成员都非常烦恼，甚至极度震惊。团队成员都能深刻认识到国家当前面临的严重危机，能够感受到形势日益严峻。”

从这个意义上讲，即将在南半球付诸实施的“阿耳戈斯”行动承载了太多希望。

穿越半个地球，在南大西洋中部、南美洲南端与非洲南端之间的辽阔海域，“第88特遣部队”成员们聚集在此。除南极洲外，没有什么地方比这里离文明世界更远。这里之所以会被选作实验地点，是因为这个地方位于“巴西地磁辐射异常区”以东，并且远离国际航线。这里的天气不可预测，海况恶劣。就是在这片茫茫无际的大海上，美军计划以“诺顿湾”号水上飞机勤务支援船（USS Norton Sound）为平台，向太空发射三枚核弹。理想情况是，克里斯托菲洛斯效应将会给地球磁场、电离层和无线电波带来强度足够的扰动，从而破坏来袭导弹上精密脆弱的电子设备。

“阿耳戈斯”行动涉及大量人员装备，这是美国历史上唯一一次完全机密的核试验，任何内容都没有告知公众。直到行动结束 6 个月后，公众才通过《纽约时报》爆料知晓此事。参与行动的有 4500 名军人，数百名科学家和工程师，21 架固定翼飞机，8 架西科斯基直升机，3 艘驱逐舰，1 支油料保障船队，1 艘航母，1 艘水上飞机勤务支援船，十几枚洛克希德 X-17A 导弹，其中有 3 枚携带核弹头。高级研究计划局是总负责单位，实验所需人员和装备主要由空军、陆军和海军有关部门提供。试验开始前，陆军弹道导弹局将两颗卫星送入地球赤道和两极轨道，每颗卫星都携有重达 100 磅的记录器材。各类传感器将记录试验效果并传输数据。大量装备和人员都处于运动状态，行动范围跨越几个大陆，在这样的情况下，任何错误都有可能发生。

天气是需要应对的首要未知因素。“阿耳戈斯”行动需要从一艘移动的船上发射 3 枚装填核弹头的洛克希德 X-17A 导弹。美国“诺顿湾”号水上飞机勤务支援船能够在风速达 46 英里每小时的情况下发射导弹，但是没有人会预料到海浪高达 20 英尺。军舰可以调整航速来抵消风速影响，但海浪带来的威胁极度危险，它可能改变导弹发射段弹道。“第 88 特遣部队”指挥官有充分的理由担心团队成员的安全。

在一次试射中，一枚 X-17A 导弹发射后仅 25 秒就发生爆炸。如果这枚导弹装有核弹头，那无疑将造成毁灭性的灾难。这枚导弹当时距海面的高度可能只有几千英尺，在那样的高度爆炸，将会造成行动人员重大伤亡。然而，在接下来的试射中，却发生了更加让人不安的事，导弹试射再次失败，这一次仅仅发生在发射后三秒钟。

保守秘密对于获得成功至关重要。如果成功获得克里斯托菲洛斯效应，就将在地球大气层上部产生大规模扰动。这将会被所有监测此类现象的国家探测到，尤其是苏联。彻底的保密行动可能会激怒苏联，苏联将无从知晓扰动的原因，并很有可能会认为美国正在研制某种绝密高空武器，而这正是美国当时想要的效果之一。

发射核弹前 4 天，全部舰船与飞机都已到位。美国侦察机在南太平洋上空巡逻。为防苏联破坏，配备防空导弹的舰船业已准备妥当。“第 88 特遣部队”指挥官向位于五角大楼的高级研究计划局办公室发出早已备好的加密信息，表明准备工作全部完成。

“我猜是利文斯通博士吧。”指挥官对着一个舰对岸无线电广播麦克风清晰地说。首次试验将在 1958 年 8 月 27 日进行。尽管没有人在那一次行动中留下姓名，但是“阿耳戈斯”行动是世界上首次电磁脉冲炸弹试验。

在地球另一边的瑞士也发生着一系列重大事件。时值盛夏，日内瓦湖边一栋名为“激流公园”的 18 世纪豪宅内，欧内斯特·劳伦斯与妻子莫利正在参加聚会。天气很好，湖边盛开着玫瑰，劳伦斯夫妇坐在装有防护玻璃的天台上，视野开阔，风景极好，晚餐后还有焰火表演。虽然美酒不断，但劳伦斯的心情却很差。

在核武发展史上，美苏两国顶级科学家首次齐聚日内瓦，在最严格的安保状态下举行会议，商谈推动中止核试验的技术细节。日内瓦专家大会是劳伦斯成果丰硕的核武器研制生涯最低点。在长达 20 多年时间里，他和助手爱德华·泰勒一直都是美国核武器研发与试验事业最坚定的支持者。被艾森豪威尔总统委派为会议代表，劳伦斯起初感到很痛苦，现在前来参加这个会议，让他更加烦乱。

离开加利福尼亚之前，他告诉莫利："总统让我去，所以我必须去！"根据劳伦斯传记作者赫伯特·蔡尔德（Herbert Childs）所言，这种想法令劳伦斯"对代表总统出席会议一事感觉非常沮丧"，但他"认为有责任接受这一使命"，所以他还是决定前往日内瓦。会议持续了整整一个夏天，对于劳伦斯而言，会议变得越来越压力重重。有太多重要技术细节需要探讨和解决，包括找到一种方法，使得任何一方都可以确信对方没有欺骗自己。也正因为如此，劳伦斯带上了在利弗莫尔实验室的助手、年轻的物理学家哈罗德·布朗（Harold Brown），布朗现在已经接替约克成为利弗莫尔实验室首席科学家。

在日内瓦，布朗扮演着劳伦斯技术顾问的角色。为推动停止核试验计划顺利实施，两个超级大国必须同意建设一个由 170 个地震监测设施组成，横跨欧洲、亚洲和北美的监测网。高级研究计划局领导的 Vela U 项目率先就此做出了努力。用不了多久，相关技术就能够迅速监测和感知有关核试验情况，对于核爆当量 1000 吨左右的地上核试验，准确率接近 100%；对于核爆当量超过 5000 吨的地下核试验，准确率达 90%。双方都清楚，在一些情况下，监测设施很难区分地震与地下核试验。这类问题就需要专家努力工作，解决可验证性问题。

劳伦斯一直都是白天参加会议，晚上参加社交活动。他压力巨大，非常疲惫，甚至担心自己的健康存在问题。在内心深处，他对苏联怀有深深的不信任感。也许是与苏联科学家一起工作，才让他患病。他刚刚从一次穿越印度和欧洲的顶级旅行中返回：享受着私人飞机、专职司机，他和家人遍访当地政治家与印度土邦王公。在那里，他感觉很好。旅行总是让他感觉很舒服，于是莫利建议去阿尔卑斯山勃朗峰下的霞穆尼滑雪胜地玩一天。劳伦斯欣然同意，但回来以后，劳伦斯就开始发烧，第二天开始卧床不起。

“他似乎病得不重，但就是迟迟无法好转。”劳伦斯的同事罗伯特·巴彻（Robert Bacher）回忆道，他是官方派出的代表美国参加会议的 3 名核物理科学家之一。莫利担心丈夫得了肺炎，于是叫来内科医生贝尔纳德·维斯纳（Bernard Wissner）来给他做检查，并提到“他虽然发烧，但精神很好，看起来不像患有疾病”。

劳伦斯信任这位瑞士医生，并向他倾诉说，他有结肠炎，而且，当感到紧张时，症状就会恶化。维斯纳医生对他进行了直肠镜检查，然后称他健康状况良好。第二天，劳伦斯挣扎着去参加会议，但多数时间，他都是让布朗代表他参会。有一次他冒险走出酒店房门，却摔倒在走廊上。莫利建议他们回家。

劳伦斯告诉妻子：“如果会议没结束就离开，我将永远不能原谅自己。”维斯纳医生给他开了一些青霉素。后来，在那一周晚些时候，劳伦斯与他的翻译、伯克利大学教授、俄罗斯流亡者列昂尼德·季希文斯基（émigré Leonid Tichvinsky）在湖边共进午餐，并随即做出决定，他实在受够了。他对妻子说：“就这样吧，我们今晚回家。”

一回到加利福尼亚，劳伦斯就住进了医院，并且后来再也没有离开过。医院给他输血，并告诉他需要将他的结肠切除。他的传记作者后来透露说，一想到再也不能正常排便，劳伦斯就感到非常恐惧。术后不久，劳伦斯就陷入昏迷，并于 8 月 27 日去世，年仅 57 岁。利弗莫尔实验室后来更名为劳伦斯·利弗莫尔实验室以作纪念。

就在欧内斯特·劳伦斯去世同一天，跨越半个地球，在南大西洋一个偏离既有航线的遥远角落，距离“巴西地磁辐射异常区”很近的地方，“阿耳戈斯”行动中3枚高空核武器中的首枚成功引爆。“阿耳戈斯1号”的目标位于地球上空340海里处，但导弹偏离预期弹道，最终在偏离目标230多英里的地方爆炸。3天后发射的“阿耳戈斯2号”仍然没能抵达预定高度，它在距离发射区域84海里上空爆炸。1958年9月6日，第3枚也是最后一枚核弹“阿耳戈斯3号”的实验过程最危险。一开始是风速太高致使点火失败，最后这枚核弹在115海里高度爆炸。“阿耳戈斯”行动的结果让人非常失望，距离克里斯托菲洛斯的设想和赫布·约克的期望都非常远。克里斯托菲洛斯效应确实存在，但强度非常有限，持续时间也很短，需要更多核试验进行验证。但是，中止核试验的消息随即传来。

在日内瓦专家大会上，科学家们提交了最终报告。美苏两国科学家承认，以现有监测技术水平，停止核试验充分可行，完全可以确保发现作弊行为。艾森豪威尔总统非常高兴。第二天，他就举行专场新闻发布会，宣布如果苏联能够正式同意停止核试验，美国也将在10月31日停止核试验。

在加州的利弗莫尔实验室，爱德华·泰勒怒火冲天。他根本就没有考虑过不做反抗就轻易放弃核试验。他的同事和老板欧内斯特·劳伦斯刚刚去世两天，甚至还没下葬，泰勒就给五角大楼负责核武器试验的艾尔弗雷德·D.斯塔博德（Alfred D.Starbird）准将发出一封标明“重要”的密电，题目为“对暂停核试验的看法”。

泰勒告诉斯塔博德，核试验禁令威胁国家安全，它使得我们看起来软弱可欺，并令美国暴露于核偷袭风险之下。泰勒写道：“这封电报一方面是阐明实验室的计划，另一方面是指出关于暂停核试验的未来谈判可能面临的危险。为落实总统指令，实验室必须继续开展核武器研发工作。”他认为,需要进行更多核试验,以确保安全遵循指令。另外,他认为,就像“阿耳戈斯”行动一样，利弗莫尔实验室的许多核试验从本质上讲并不是武器试验，而是科学实验。

泰勒建议说，实际上有个漏洞可以利用。他写道 :“对于爆炸当量小于 1000 吨的核试验，日内瓦会议参会代表团都认为没有现实的监测手段。”美国应该秘密进行低当量核试验。虽然这是一种作弊行为，但鉴于苏联不可信任，苏联一样也会实施作弊行为。

第五章 末日前的1600秒

尤金·麦克马纳斯（Euqene McManus）是一位电子设备技师，在北极工作。为了寻求刺激和学习雷达技术，他在17岁时加入美国空军。高级研究计划局建设的这个秘密前哨基地距离北极仅有900英里，麦克马纳斯已在这里工作4年。这里是“弹道导弹早期预警系统”工作站，是世界首个投入运行的导弹监视雷达站，可以直接与北美防空司令部通联。麦克马纳斯和在这里工作过的人都知道，这个遥远孤独的工作站代号为“J站”。

“总体而言，我们在J站的工作就是90%的无聊加上10%的恐惧，”麦克马纳斯回忆说，“恐惧来自停电或者导弹来袭迹象。”

J站隶属于高级研究计划局神秘的474L系统计划办公室，这个办公室负责开发相关技术与装备，以追踪太空目标，以及所有从北极方向来袭的洲际弹道导弹。J站由美国空军管理，从技术上讲，麦克马纳斯为美国无线电公司的军工部门工作。

麦克马纳斯说，北极的环境对任何事物都有影响。J站距离美国国防部在格陵兰岛的图勒（Thule）空军基地有13英里。图勒一年之中有9个月都被冰雪覆盖。在这9个月中，大约有4个月是极夜，温度一直保持在零下40华氏度左右。整日整夜天都是漆黑一片，只有低矮的月亮偶尔会刺破天空，带来一点光明。对于那些每天在J站工作的200名员工，基地到J站之间的通勤是“最冷的13英里车程”。

J站工作人员大多数是雷达技师和维修人员，他们每天乘坐12辆大巴组成的车队往返于基地和工作地点，车队总是保持紧凑队形。如果某辆车落单，陷入雪中，或者出现发动机故障，那么车上乘客很快就会被冻死。在常见的一级暴风雪中，驾驶员顶着时速70英里的大风前进，能见度只有50英尺。但是如果遭遇强度最大的三级暴风雪，风速将达到120英里/小时，能见度降到只有几英寸，道路都会变成巨大的雪堆。驾驶员必须以10英里/小时的速度缓慢爬行。开得太慢，汽车发动机可能熄火；开得太快，车子则可能会掉进雪坑。在一次圣诞节期间，麦克马纳斯和同事们遭遇了三级暴风雪，平时只需要三四十分钟的车程花费了整整13个小时。麦克马纳斯回忆道：“在J站，风速计指针固定在每小时165英里。”他和同事们被困在J站，尤其不幸的是，美国笑星鲍勃·霍普（Bob Hope）当时正率团在图勒空军基地进行慰问演出，他们无法到达现场，只能通过有线广播收听演出情况。

J站高耸在冰冷、荒芜的悬崖之上，远眺着沃斯滕霍姆峡湾，这里的工作环境充满未来风格，拥有一些当时世界上最先进、最强大的技术装备。这里有四根巨大的雷达天线，每一根都有165英尺高，400英尺长，被设计用来跟踪3000英里外的目标。1961年春，当麦克马纳斯来报到时，工人们正在建造雷达天线罩。这个亮白的150英尺高的微波雷达天线罩，看起来就像由一块一块五边形或六边形蜂巢片组成的巨大高尔夫球。

这里的夏天风景很美。麦克马纳斯回忆说："我们能够看到冰山从冰河里冒出来，海湾解冻以后，那里的水都是纯蓝色。"他和工程师同事会绕着J站散步。虽然北极圈内的土地十分贫瘠，但在6月到9月上旬冰雪融化的季节，冻土上就会长出苔藓、棉花和罂粟。如果你运气够好，有时还能够看到北极狐和野兔。

J站共有9栋建筑物，互相之间由隧道一样的封闭通道连接起来。因为地面是永冻层，所以没有修建什么地下建筑。J站是一个能够自我保障的工作站，拥有自己的餐厅、货运码头和机械车间，一切都是用来保障计算机房运转的，那是BMEWS工作站的核心部位。麦克马纳斯说，"为保障雷达和配套装备、照明、计算机等设备的耗能需求"，这个前哨基地需要8500万瓦电力供应，足够为1.5万个美国家庭供电。正因如此，J站拥有自己的动力来源，那就是锚泊在海湾上的一艘美国海军军舰，上面装有燃油涡轮发电机组。麦克马纳斯说："发电船散发的热量使它周围的海水永不结冰，即使零下40华氏度的严寒天气，也是如此。"

作为电子设备技术人员，麦克马纳斯的工作是维护站内电缆。不同于任何老式电缆，"这些几百英里长、一英寸粗的多触点电缆，传输控制、通信和雷达接收器等信息，它们在电缆槽里铺设得整齐平直，绝对没有缠绕和上下层叠的情况"，麦克马纳斯回忆说，"每隔一段精确的距离，这些电缆就被捆扎起来，打的结都朝着相同方向。当它们必须在角落处转弯时，在电缆槽里转弯的半径都是绝对一样的"。精确就是一切，因为在这些电缆里传输的信息能够启动或者阻止第三次世界大战。

"电力系统异常就会导致人们陷入恐慌，"麦克马纳斯说，"曾经有一次，一个天线波导管漏水，导致电力中断大约15分钟。"这种情况异常煎熬，但是与发生在 1960 年 10 月 5 日，即 J 站进入 24 小时值勤模式第 3 天发生的事情相比，这根本不算什么。

距离 J 站 3000 英里之外，在科罗拉多州斯普林斯市的夏延山深处，挂钟显示时间是下午 3 点 15 分。当红色警报指示灯亮起时，罗伯特·L. 古尔德（Robert L. Gould）空军上校正坐在北美防空司令部作战室里。北美防空司令部是美国与加拿大于 1958 年创建的一个机构，目的是防御苏联攻击。这个作战室负责监测领空以防备洲际弹道导弹和来袭苏联军用飞机。古尔德上校正面对着一个长宽各 12 英尺的独立透明塑料显示板，上面画有北美洲和欧洲的地图。地图上方是由五个红灯组成的警报级别指示器。旁边，空军技术人员正监视着位于图勒的“弹道导弹早期预警系统”工作站——J 站发来的信息。

突然间，三级报警灯闪亮。如果一级报警灯亮，根据北美防空司令部值班规定，古尔德要“召集部队并严密监视事态”。二级报警灯亮，古尔德应该知道“事态已经比较严重，应做好随时转移准备”。然而，现在报警系统显示为三级，这要求古尔德立即联系华盛顿的参联会、渥太华的加拿大军队参谋长办公室以及总部位于内布拉斯加州奥马哈的战略空军司令部。报警指示灯显示为四级的含义，作战室里的每个人从接受训练时就知道，但是不敢想象如何去应对，因为这意味着“你已经明显处于被攻击状态”。四级报警指示灯亮时，要求军官“警告战略空军司令部准备发射洲际弹道导弹，起飞战略轰炸机，空中警戒力量随时开火”。五级警报意味着最终的大决战，它表明“你正遭受洲际弹道导弹攻击的可能性为 99.9%”。

现在，三级报警灯闪烁，古尔德上校拿起作战室电话，在他等待与北美防空司令部司令劳伦斯·库特（Laurence Kuter）空军上将通话时，报警指示灯突然跃升至四级，然后又跃升至五级。古尔德很快想起来，库特将军正飞往南达科他州，因此不可能联系得上他，于是他转而与北美防空司令部副总司令、加拿大的查尔斯·罗伊·斯利蒙（Charles Roy Slemon）空军中将联系。此时，同时在电话线上的还有北美防空司令部情报主管哈里斯·B. 赫尔（Haorris B. Hull）空军准将。

“赫鲁晓夫在哪里？”斯利蒙空军中将问赫尔准将。

“在纽约。”赫尔迅速回答。

这句话改变了一切。电话中一阵沉默。

斯利蒙问道：“你是否掌握情报信息，能够倾向于证明雷达站关于洲际弹道导弹来袭报告？”

赫尔回答说：“没有，先生。”

后面又说什么就不得而知了。

对于空军中将斯利蒙来说，当赫鲁晓夫还在纽约联合国总部时，苏联向北美发起攻击，这看起来可能性极低。但是斯利蒙也认为，仅凭这一点还不足以将遭受攻击的可能性完全消除，现在要通过电话向所属的“弹道导弹早期预警系统”工作站J站进一步了解情况。

J站技术人员正在操作IBM 7094计算机。这些计算机接收雷达数据，细致分析，然后进行计算。这时，技术人员们看到了非常奇怪的雷达回波。对于来袭洲际弹道导弹来说，工作站技术人员接收到它的雷达回波，需要的时间是1/8秒。但是现在，这些雷达回波的时间长达75秒。究竟是什么东西，竟然与雷达站相隔那么远？但是，不管它是什么，它正从地平线处向工作站飞来，根据计算机的分析结果，它们的数量有数千个之多。在J站这个环境就是一切的地方，有人突然想到可以去外面看一看：冉冉升起的一轮巨大明月正跨越地平线，从挪威向J站方向移动过来。

BMEWS 没有出现故障。在此事于 1960 年 12 月 7 日公之于众后，北美防空司令部发言人这样说："它只是比任何人所能想象的还要强大。"记者约翰·哈贝尔（John Hubbell）解释说："一开始，人们认为弹道导弹早期预警系统的预警范围为 3000 英里，但是它监测到了将近 25 万英里外的月球运动情况。"J 站的计算机程序在设计时，没有考虑到理解或表达这种超远距离的情况，于是计算机"以到月亮的精确距离除以 3000 英里，然后报告未被除尽的剩余距离 2200 英里作为'来袭导弹'射程距离"。

对于武器发展史以及人与机器的未来关系而言，这都是决定性的一刻。计算机报告说有 1000 多枚苏联洲际弹道导弹来袭。一个人，本案中是斯利蒙空军中将，利用他的判断加以干涉，并否决了这个看法。在 J 站，高级研究计划局的 474L 体系计划办公室与技术人员们一起努力，教会了 BMEWS 系统计算机如何消除月球回波。

1960 年 10 月 5 日，大规模核战争得以避免，但暴露出国防领域的深层次问题：那些研制出氢弹的科学家，实际上造出了一种无法防御的武器。在高级研究计划局作为研究机构的前几年里，它的最大单一项目是研究弹道导弹防御技术的"防御者"计划，并进一步开发像图勒的 J 站那样的"早期预警系统"。"防御者"计划启动时，公开宣称的首年预算为 1 亿美元，大约相当于高级研究计划局当年全部预算的一半。根据赫布·约克在已解密备忘录里的解释，这个数据并不准确，因为它只包括研发成本，并未包含运行费用。仅最初两年时间里，五角大楼就在"防御者"项目上投入将近 9 亿美元，约克说，这大约相当于 2015 年的 73 亿美元。

"防御者"计划，也被称为"弹道导弹防御"计划，是高级研究计划局最重要的国防安全项目，也是面对各方压力最大的一个项目。人们希望那些制造出大规模杀伤性武器的杰出科学家，现在也能够创造出可以防御这些武器的方法，而且苏联已经有了自己的核武库，所以这一需求尤其迫切。对于赫布·约克来说，情况非常艰难，这主要是因为反应时间太短。约克命令高级研究计划局科学家详细计算，一个携带爆炸当量为百万吨级核弹头的苏联洲际弹道导弹从苏联平台发射到最终抵达华盛顿特区特定目标所需要的精确时间。

有人根据《信息自由法案》得到一份编号PPD 61–33、名为《弹道导弹防御计划评估》的秘密档案，在这份从未公开过的文件里，高级研究计划局的数学家逐渐将上述过程所需时间缩减到一个精确数值——1600秒。其时间之短，令人难以置信：从发射核弹到毁灭一切，仅仅需要26分40秒。

高级研究计划局报告按时间序列顺序将装有核弹头的洲际弹道导弹的整个“行程”描述为三个阶段：发射段、中间飞行段和末段。第一阶段是发射时间，最初的发射时间需要300秒，即5分钟，其中包括火箭在发射平台上点火的时间，弹头逐渐调整方向并指向天空的时间，直到最后到达巡航高度的时间。第二个阶段是中间飞行阶段，持续1200秒，即20分钟。这个阶段需要的时间，主要指的是导弹沿抛物线弹道在距离海平面约800英里高度围绕地球飞行所需要的时间。第三个阶段是末段，为最后96~100秒。这个阶段从弹头再次进入地球大气层开始到它击中目标（一个美国城市）为止。三个阶段加在一起，一共1600秒。整个过程就是这样。

在秘密的《弹道导弹防御计划评估》档案中，一开始就是严厉的预先警告：“安装核弹头的洲际弹道导弹对我们具有毁灭性威胁。风险是如此之大，我们必须寻找一切办法来强化本国军备建设。”其中一个巨大悲剧或讽刺是，防御单一的某个洲际弹道导弹，目前实际并不困难。据这个秘密报告的高级研究计划局作者讲，陆军奈基反导系统，有“足够信心……将目标（比如说来袭苏联洲际弹道导弹）摧毁”。科学家说，关键问题是来袭导弹数量。正是爆炸当量达百万吨级的核武器库存（若考虑在产数量则更多）让局势变得令人绝望。科学家说：“奈基系统的最大局限，就在于其火力可能无法应对同时出现的众多目标，而这在与苏联的全面战争中很有可能出现。”

对赫布·约克来说，现在要找的是那些硬科学领域里的超人。参加“137 号工程”的几位科学家组成了自己的防务问题咨询团队，自称贾松科学家。

默夫·戈德伯格在 2013 年（时年 91 岁）的一次访谈中说：“我认为，你可以说我是贾松科学家团队创始人。”戈德伯格参与过曼哈顿工程，是美国科学家协会主席、约翰逊总统的科技顾问之一，也是第一个到中国旅行，参与完成政府资助的官方科技任务的美国科学家。除此之外，还有许多其他引人瞩目的成绩。他现在的能力才华不逊当年，住在加州拉·乔拉市的“明日之家”老年公寓里。戈德伯格当时正在一个有着众多同龄人的餐厅吃着匈牙利炖牛肉，他以一种如太平洋般开阔的视野解释道：“我是贾松的首任主管或‘总裁’。这个集体让人印象深刻。我们是一群热心于解决防务难题的科学家。”

从 22 岁开始，戈德伯格就开始与核物理结缘。在“二战”期间，作为在校大学生及应征预备役人员，他因科学天分而被选入陆军特种工程部门——曼哈顿工程。战后，他师从曾告诉杜鲁门总统氢弹是“邪灵”的科学家恩里科·费米，并取得物理学博士学位。在麦克奈尔堡进行的“137 号工程”中，戈德伯格是关键人物之一。当时，他作为物理学教授，与约翰·惠勒、奥斯卡·摩根斯顿和尤金·威格纳一起，在普林斯顿大学工作。《生活》杂志曾在一篇关于美国最重要科学家的文章中刊出这四位普林斯顿大学物理学家的合影，并附有充满敬畏的描写。20世纪50年代的科学家看起来就像今天的魔术师和炼金术术士，有能力解开宇宙的奥秘。美国科学家能够赢得战争，消灭脊髓灰质炎，甚至把人送上月球。

“137号工程”结束后，戈德伯格回到普林斯顿。在那里，他很快想到一个主意。他打算找几个志趣相投的朋友成立一个防务咨询团队。戈德伯格联系了4位非普林斯顿大学的朋友，自“二战”结束以后，他们这几位科学家的研究领域就紧密相连。肯尼斯·沃森（Kenneth Watson）是加州大学伯克利分校的核物理学家，爱德华·泰勒的学生，曾经在普林斯顿高级研究院做博士后研究。基斯·布吕克纳（Keith Brueckner）是一位物理学家和气象学家，之前曾在洛斯阿拉莫斯国家实验室从事武器开发，与沃森和戈德伯格同在伯克利的放射性实验室开展研究，并与约翰·冯·诺依曼在普林斯顿高级研究院共事。默里·格尔曼（Murray Gell-Mann）是团队里最年轻的一位，曾经是曼哈顿工程大佬维克托·魏斯科普夫（Victor Weisskopf）的博士研究生。戈德伯格认为格尔曼是一个神童。这四位科学家同意共同成立一个营利性防务咨询公司。他们的第一个主意是将这个公司称为“理论物理公司”。布吕克纳在1986年回忆道：“想法是这样的，我们不能仅仅只是做咨询专家，而应该像一个正式的团队那样，带一些经营味道。”

戈德伯格决定找第四位同行和朋友来做这件事，那就是物理学家查尔斯·H. 汤斯（Charles H. Townes）。早在两年前，汤斯就在被他称为“微波激光”的领域发表了首篇学术论文。很快，“微波激光”就以“激光”闻名，并在当今被认为是20世纪最重大的发明之一，广泛应用于军民领域。汤斯刚离开哥伦比亚大学教授岗位，就成为防务分析研究院副院长，这是一个联邦资助成立的研究机构，位于弗吉尼亚州亚历山大市，其唯一的客户就是美国国防部。具体而言，防务分析研究院为国防部长办公室和参联会服务。任何其他机构需要防务分析研究院协助研究、解决问题，都需要先获得国防部长办公室或参联会的安全许可。在高级研究计划局早期阶段，所有主管和项目经理的工资都通过防务分析研究院支付。汤斯认为戈德伯格成立防务咨询团队的想法很棒，但他建议戈德伯格同赫布·约克也谈谈此事。汤斯说，也许高级研究计划局会资助这个团队，并提出由他本人去说这件事。

戈德伯格回忆道："汤斯回电话说，高级研究计划局喜欢这个主意。"这些科学家大多数都是大学教授，在暑期都有空闲时间提供咨询服务，就像上次在麦克奈尔堡的战争学院所做的那样。这个团队可以保持灵活独立，远离五角大楼的不良习气。为避免官样文章和官僚主义，他们的报酬将由防务分析研究院支付，所从事的大部分工作也将高度涉密。防务分析研究院还会给这个团队配备一个行政助理。

戈德伯格和同事们开始起草一份科学家名单，逐一列出他们认为将会加入这个防务咨询团队的科学家。戈德伯格说，他们想将成员限制在理论物理学家和通才上。所谓通才，在这里是指通晓多领域知识，能够应用数学模型和抽象概念理解、阐释和预测自然现象。"这是一项非常精英化的行动，"布吕克纳回忆说，"获邀加入本身就是一项荣誉。"戈德伯格回忆道："每个人都很兴奋，充满创意，爱国情绪高涨。"默夫·戈德伯格、基斯·布吕克纳、肯尼斯·沃森和默里·格尔曼列出一份他们最尊敬的同行名单，并邀请他们参与进来。

1959 年 12 月 17 日，团队首次会议在位于弗吉尼亚的防务分析研究院总部召开。艾森豪威尔科技顾问之一乔治·基斯提亚科夫斯基（George Kistiakowsky）主持会议。他还随身带着一个笔记本，以便随时记下自己的想法。基斯提亚科夫斯基在那天写道："在防务分析研究院总部会见'年轻聪慧的物理学家们'，这个团队由查尔斯·汤斯召集，并将创造性地思考国防领域问题。这是一群极为聪明的科学家，大约有30人。"戈德伯格回忆道，会议结束后，他就带着激动的心情回到普林斯顿大学，"我们知道这个团队将会为解决防务难题做出巨大贡献"。

三周后，1960年1月1日，根据高级研究计划局第11号项目授权，这个团队成为一个官方机构。戈德伯格在想：应该给这个团队取个什么名字呢？他说："五角大楼有一台机器，用来给各种项目生成代号。"国防部命名程序是随机而为，还是有一定规律，目前仍是未解之谜，但机器决定将这个科学咨询团队称为"黎明工程"（Project Sunrise）。戈德伯格感觉很失望。他回忆说："这个名字并不合适。"那天晚上，他和同为科学家的妻子米尔德丽德·戈德伯格（Mildred Goldberger）谈了自己的想法。戈德伯格回忆说："米尔德丽德认为'黎明工程'这个名字糟糕透顶。"团队任务是解决不断变化的各种问题，从事开创性的咨询工作。"黎明工程"听起来令人感伤，空洞无味。戈德伯格回忆道，米尔德丽德拿起面前桌上的一张纸，那是防务分析研究院的一个文件，扉页上有一张古希腊帕特农神庙风格的建筑图片。古希腊让戈德伯格想起古希腊神话中的人物贾松（Jason）和阿尔戈英雄。贾松是希腊神话中率领阿尔戈英雄寻找金羊毛的首领，是典型的英雄探索者形象。

戈德伯格说："你们应该称呼自己为贾松。"美国国防部历史上最神秘、最有影响力，也最具争议的科技顾问团队由此得名。在随后55年里，贾松科学家对高级研究计划局及后来的DARPA产生的影响远超其他科技顾问团队。贾松的首批高级顾问是汉斯·贝特（Hans Bethe）、基斯提亚科夫斯基以及爱德华·泰勒。

1960年4月，贾松团队全部成员都成功获得绝密以上安全许可。贾松团队在华盛顿特区举行首次正式会议，主要是听取关于一系列挑战的简要介绍。其中，弹道导弹防御是首要问题。贾松科学家获知“防御者”计划的部分机密内容，并被要求超越“现有可能性的边界”，即超越其他科学家目前进行的研究工作，展开创造性的思考。

首次官方情况通报会后两个月，贾松科学家就在加州的劳伦斯伯克利国家实验室（即原“放射性实验室”）举办夏季研讨会。会议在1960年6月1日~8月15日举行，有20名贾松科学家参加。戈德伯格回忆，在这次活动中他们了解到，高级研究计划局希望他们不仅考虑解决问题的办法，还要考虑针对对手的反制措施，也就是说，既要考虑进攻，也要考虑防御。国防部通报阿耳戈斯行动和克里斯托菲洛斯效应的秘密实验结果，要求他们思考有待研究与开发的新项目，同时推测苏联科学家正在研究的可能项目。1960年的夏季研讨会产生了多份秘密报告。

戈德伯格向笔者简要描述了其中涉及的一个新概念，它是克里斯托菲洛斯效应的一个变体。“提交给贾松研究团队的想法是，敌人可能在大气层高度引爆核武器以干扰卫星探测能力。”贾松科学家需要考虑类似于在阿耳戈斯行动中所见到的电磁脉冲那样的效应。西德尼·德雷尔（Sidney Drell）是与会科学家之一，他在1986年的一次口述历史中试图解释这个概念。“如果你在高空引爆核武器，那么它将产生由一氧化氮分子组成的云团，问题是，这个云团是否足够大，持续时间是否足够长，以至于我们发现不了敌方导弹发射行动，也因此无法进行早期预警。”在他们的首次夏季研讨会中，贾松科学家被要求计算云团体积，其中的一氧化氮含量，以及干扰美国卫星电子部件所需要的一氧化氮在大气层中的分布比例。戈德伯格称，根据他们的计算结果，贾松科学家得出结论，即要想产生足以影响卫星信号的强烈效果，敌人需要引爆“大量爆炸当量为百万吨级的核武器”，因而“并不现实”。这对高级研究计划局来说是个好消息。

这些是贾松科学家在面对硬科学难题时给出卓越解决方案的典型案例，高级研究计划局现在希望贾松科学家将这种“富有想象力的思维方式”应用到“防御者”项目这个难题上来。他们想到一个新主意，与古老战争概念中的诱饵战术有关，即用于分散敌人注意力或者误导敌人的装置，就像神话传说中的特洛伊木马一样。贾松科学家建议研发一种新技术，以便在美国的洲际弹道导弹弹头上可以安装某种诱饵性质的东西，用于躲避或欺骗苏联反导系统。如果每个美国洲际弹道导弹的弹头上都装有五六个这样的诱饵，那么整个美国洲际弹道导弹武器库突破防御打击苏联目标的机会就会提升 5~6 倍。贾松科学家将这个创意称为“突防助手”。

以贾松科学家的工作为基础，高级研究计划局提出名为 PENAIDS（“突防助手”的英文缩写）的新计划。该计划为美国导弹骗过苏联弹道导弹防御系统创造了新方法，使美国在“相互确保摧毁”困局中逐渐转为一种更具进取精神的进攻姿态。从 1962 年开始，高级研究计划局在新墨西哥州白沙导弹基地和马绍尔群岛的克瓦加雷导弹基地进行多次 PENAIDS 验证试验，根据贾松科学家的评估，试验结果都表明这个想法非常有前途。PENAIDS 计划引出另一个名为“Pen X”的高级研究计划局研究项目，涉及一种名为“多弹头独立再入飞行器”的新型高级氢弹弹头。这种新式核弹头的出现，激起了更激烈的新一轮核军备竞赛，美苏双方都开足马力研制精度更高、威力更大、突防能力更强的多弹头分导重返大气层载具（MIRV）。最初这个项目处于机密状态，项目公开以后，多弹头分导重返大气层载具饱受攻击，被称为危险的不稳定因素，因为它促使双方都更加倾向于率先发起核打击。

1961 年，贾松科学家在缅因州鲍登学院举行第二次夏季研讨会。新任高级研究计划局局长杰克·鲁伊纳（Jack Ruina）到防务分析研究院拜访查尔斯·汤斯，协调他本人参加夏季研讨会相关事宜。同时，鲁伊纳希望能够带几个高级研究计划局项目经理一同与会。

汤斯告诉他说："是这样，除你之外，我们不想让任何高级研究计划局的人参会。"

鲁伊纳惊得目瞪口呆。贾松科学家的服务对象只有高级研究计划局一家。"你是什么意思，为什么我们不能参加？"鲁伊纳说，"是我们资助一切，你不能说政府是在出钱让你们搞私人聚会。"

汤斯重复道："对不起，你们不能参加我们的研讨会。"

"查尔斯，你们不能这么干。"鲁伊纳对他说。

汤斯向鲁伊纳解释说，这正是贾松科学家顾问团队的工作方式。贾松科学家追求客观，因此他们希望能够远离政府的官僚主义和官样文章。在夏季研讨会上，他们不希望受到来自五角大楼的干扰和干涉。贾松科学家聚在一起讨论解决防务问题，事情就是这么简单。

经过几回合交锋，鲁伊纳和汤斯达成一致。如他所愿，作为高级研究计划局局长，鲁伊纳可以参加贾松科学家的夏季研讨会，但不许带其他人。

在缅因州夏季研讨会上，讨论焦点再次集中于"防御者"计划。在距离校园不远的地方，普林斯顿大学物理学家约翰·惠勒拥有一座避暑别墅。别墅建在海岸不远处名为"高地岛"的一座郁郁葱葱的小岛上。在那次夏季研讨会期间，惠勒多次把大家请到家中举办研讨会，科学家举行烤蛤野餐，边吃龙虾，边思考着下一个高度机密的项目。这个项目涉及一个被称为"定向能"（direct energy）的概念。鲁伊纳回忆说："这是一种奇异的理论。"定向能光束有两种形式：一种是光，包括激光；另一种是带电粒子，包括电子或质子。鲁伊纳解释说："粒子束武器是一种奇异的武器系统。”一份早期高级研究计划局摘要报告这样记载，这种武器就像科幻作品中的“死光”，因为它们“以光速运行，能够瞬间消灭敌人”。

贾松科学家正在思考这样一个问题，那就是能否用定向能量束击毁来袭的洲际弹道导弹。据鲁伊纳称，其中关键在于“你是否能够利用从地面发射的粒子束，产生穿越大气层的能量束，并摧毁来袭弹头”。这个想法最初由尼古拉斯·克里斯托菲洛斯提出。据戈德伯格回忆，他是在“137 号工程”期间提出这个想法的。利弗莫尔实验室的科学家已经进行了代号为“跷跷板”的早期验证试验。他们也与贾松科学家分享了试验得出的机密结果。贾松科学家们表示结果令人印象深刻。他们认为，定向能武器非常值得研发，随后高级研究计划局全力展开“跷跷板”项目，这也是它的首个定向能武器项目。戈德伯格回忆说，该项目保密程度极高，以至并非全部贾松科学家都有权了解其研究方向。

一份高级研究计划局官方评述写道：“‘跷跷板’是一个高度敏感、知情范围非常有限的项目，在高级研究计划局历史上，它可以被称为该机构资助项目中持续时间最长的单个项目。”高级研究计划局的使命一直是发起各种研究项目并尽力完成，然后将研究成果转化到军队各部门或者其他政府机构，以部署使用。高级研究计划局围绕“跷跷板”计划进行了长达 15 年的研发。后来，这个项目在 1974 年被转交给原子能委员会。一些未被列为机密的摘要报告已被披露出来。在随后 55 年里，高级研究计划局定向能武器计划将会继续发展，并不断取得新成果。这些成果中的大部分依然处于高度机密状态。

“定向能是一种未来武器，”退役四星上将保罗·F. 戈尔曼（Polo F. Gorman）在 2014 年接受笔者采访时说，“但这个问题非常敏感，我们不能谈论这方面的内容。”

第六章 心理战

1959 年 6 月 3 日，在加利福尼亚州范登堡空军基地外，一位名叫威廉·H. 戈德尔（William H. Godel）的黑发英俊战争英雄，正在吸引着一群记者的注意力。戈德尔戴着一副学者型的金丝眼镜，走路时稍微有些跛，那是他作为陆战队员在瓜达尔卡纳尔岛作战时负伤所致。现在，他是高级研究计划局政策与计划主管，正有几个情况要通报新闻媒体，内容是关于美国最小的太空先驱——4 只老鼠。距离戈德尔所在的讲台不远，矗立着一枚 78 英尺高的“雷神 A”（Thor Agena A）型火箭，携带着“发现者 3 号”生命支持型卫星直指苍穹。4 只老鼠被放置在火箭的前锥体内，它们将随卫星进入太空。

戈德尔宣称，这些老鼠“快乐而又健康”。它们都是雄性老鼠，大约有 2 个月大。它们并非普通老鼠，而是属于 C-57 品种，这让它们成为“坚韧的实验室动物物种中的最优秀分子被挑选出来进行专门训练，以适应进入太空和随后按计划返回地球的整个旅途”。它们是从 60 只接受同等训练的老鼠中随机挑选出来的。这些老鼠居住的太空舱长宽各约

2英尺，有空调设备，且具有隔音功能。它们的食物供应包括原味花生、橙汁和燕麦片。每只老鼠都背着一个小型装置，里面的微型发射器能够记录它们的心跳、脉搏和体温，并将这些数据传输给地面上的空军兽医。

戈德尔提醒人们，关于这些老鼠的命运要抱一种现实主义态度。他说，很有可能它们不会活着返回地球。老鼠航天员们活着完成整个旅行的概率大约只有1/700。

戈德尔的同事、一位空军军官说："我们一点也不想让它们带上感情色彩。"人们故意没有给这些老鼠取名字，因为"这会使对这些事情非常敏感的人感到糟糕"。

这次任务被寄托了太多希望。太空竞赛一方面是为制造出能够毁灭对方的洲际弹道导弹，另一方面也是一种心理竞争，事关人类、科学以及谁才是最优秀者。美苏两国都曾成功将动物送进太空，但是都还没能在把活体动物送入太空的同时，让卫星以足够加速度抗衡地球引力，并环绕地球轨道飞行。这个神秘平衡点就在卫星所受引力与卫星自身运动惯性之间的某个地方。卫星必须达到距离地球表面150英里高度，而它的飞行速度则需要达到17000英里/小时。速度太慢，卫星将无法抗衡地球引力而被拉回地面；速度太快，卫星将完全摆脱地球引力而消失在无尽的太空中。理想情况下，"发现者3号"生命支持型卫星会在进入轨道后，环绕地球飞行17周，然后携带老鼠活着返回地球。海军一直都在进行"紧张的救生行动演练"，以确保一旦太空舱降落在海上，他们可以将其成功回收。

冷战时期的太空竞赛，每一方都试图首先取得特定的里程碑式科技成果，将老鼠送入轨道正是其中任务之一。作为"卫星技术成果"，"发现者"计划是一项最终实现人类太空旅行的科学实验。此外，"发现者3号"还是一项高度机密的侦察任务，是名为"科罗纳"（Corona）的美国首个天基卫星侦察项目的掩护行动。在美国空军支持下，中情局在科罗纳项目早期阶段做了大量艰苦工作。1958 年，高级研究计划局从空军接手这一项目。科罗纳项目的使命，就是从太空中对苏联进行侦照，以便使美国更好地掌握苏联地面军事设施情况。科罗纳项目将成为美国最高机密之一，并将在此后 36 年一直处于保密状态，直到 1995 年 2 月公之于众。与同为高度机密的中情局 U-2 侦察机项目一样，它也是技术、间谍活动和追求军事优势的混合体。

将卫星送入太空以收集情报，这是高级研究计划局的本职工作，威廉·戈德尔监管着这些早期项目。卫星技术带来了一系列全新情报学科，其中包括图像情报（如科罗纳项目）、信号情报、地理空间情报及测量和征候情报等。高级研究计划局最成功的一些早期卫星项目包括“SAMOS”信号情报项目、“GEODESY”测绘情报项目、“NOTUS”通信项目、“TRANSIT”导航项目以及“M 防务分析研究院 S”早期预警项目。这些项目大都是高度机密，另外一些，比如说“TIROS”项目，即“电视红外观测卫星项目”，却以一种不寻常的方式为公众所知，并让人们大吃一惊。

“TIROS”是世界首颗真正意义上的气象卫星。高级研究计划局从一个名为“JANUS”的陆军项目中继承了大量技术。作为第一代遥感设备，“TIROS”卫星由美国无线电公司（RCA）研制。它重 270 磅，装载有一个图像采集与传输系统，能将地球气象（多数情况下主要是云层情况）图像，从距离地面 450 英里的轨道上传输给位于新泽西州蒙茅斯堡的地面工作站。该卫星于 1960 年 4 月 1 日首次发射，这一项目此时已被转交给新成立的国家航空航天局（NASA）。TIROS 在轨运行 76 天，其间共向地球传输 22952 张图片。每一张图片都有革命性意义：螺旋状的海上风暴、层峦叠嶂的云团、各种云团的迅速变化……

都是人类首次观察到的。新技术提供的全新观测视角完全超出人类想象，是 TIROS 让这一切成为可能。

第一组图片是圣劳伦斯河流域下加利福尼亚半岛以及红海地区的埃及上空的云层。这些图片是如此壮观，动人心魄，国家航空航天局局长决定亲自将这些图片呈给艾森豪威尔总统欣赏。总统召开新闻发布会，与美国公众一同分享。《纽约时报》用 4 个版面刊登头版文章，详细介绍 TIROS 的有关情况。现在，我们可以在海上暴风雨袭击陆地之前从图像监测上提前发现，对于千百万民众，这一事实要么令人难以置信，要么让人深深敬畏。这些照片是现代科技奇迹。1960 年 8 月的《国家地理》杂志很大一部分版面刊登的都是这些奇妙的图片。

对于戈德尔来说，卫星使他可以获得大量外国情报。在高级研究计划局成立仅几周后，戈德尔就被高级研究计划局聘请，坐上仅次于赫布·约克的第二把交椅。他的头衔让人有点摸不着头脑，开始是"外国发展部主管"，后来是"政策与计划部主管"，这实际上是在有意掩盖戈德尔工作的机密性质。戈德尔负责高级研究计划局心理战以及海外研究项目，这两个方向在"越战"期间都将得到强化。当 FBI（美国联邦调查局）于 1964 年调查戈德尔的财务渎职问题，后者因此离开高级研究计划局时，他给高级研究计划局留下了这个机构 57 年历史上最具争议、毒害最大的遗产。特别需要指出的是，戈德尔在高级研究计划局中的存在已在很大程度上从官方记载中抹去。2013 年，五角大楼图书管理员迈伦·汉松（Myron Hanson）确认："在我们的收录范围内，五角大楼图书馆没有关于这个人的信息。"翻开国家档案馆的解密档案，以及根据《信息自由法案》获取的文件，我们看到的是一个充满阴谋诡计的故事。

戈德尔的职业生涯始于间谍活动。当携带 4 只老鼠的"发现者 3 号"

发射升空时，戈德尔与间谍共事或作为间谍开展工作的经历已有10年之久。他在五角大楼、中情局等军、地情报部门之间来回调动，同时一直保持着强烈的自信和沉着冷静。从他早期作为陆战队情报官员到1958年2月开始为高级研究计划局工作，戈德尔为自己在美国情报界最高层赢得了卓越评价。他有强烈的爱国热情，在实际工作中非常勇敢，见识过人。1940年，他年仅19岁便加入海军陆战队。21岁生日刚过1个月，他就参加了瓜达尔卡纳尔岛战役。这是太平洋上一个遍布丛林的偏远小岛，盟军正是在这里首次赢得了对日本的一次主要进攻行动。在瓜达尔卡纳尔岛，戈德尔的腿部受伤，几乎丧命，这使他不得不需要腿部支架，走路也一跛一跛的。

"二战"后，戈德尔就在五角大楼从事军事情报工作。他的领导是格雷夫斯·B. 厄斯金（Graves B.Erskine）少将，一位作战非常勇敢的战斗英雄，曾经参加过两次世界大战。"二战"期间，47岁的厄斯金将军率领美国海军陆战队第3师参与了在硫磺岛进行的战斗。1950年春，戈德尔被厄斯金将军选中，陪同他前往东南亚执行一次高级任务，此行将深刻影响戈德尔的世界观以及在之后14年里在五角大楼的工作。

表面看来，厄斯金将军和外交官约翰·F. 梅尔比（John F.Melby）于1950年7月领导的东南亚之行是一项联合外交努力，目的是为国务院和国防部确定美国在该地区的长期目标，然而其真实目的和隐藏在背后的秘密，是考察共产党支持的武装分子，是如何抵抗并结束了法国在越南的殖民统治。梅尔比和厄斯金一行抵达越南时，法军官员向将军及其随员提供了5000余页的各种报告，这让厄斯金感到相当荒谬。

法国人"在拿破仑之后就再没赢过一场战争"，厄斯金对戈德尔及其他随行人员说。"我们为什么要在这里听一群正在打败仗的二流军人唠叨不停？"于是，厄斯金将军让随行人员跟随法国远征军中的南越部队到战场上去，亲自收集军事情报。在几周内，厄斯金团队成员与士兵一起前往众多军事设施，并曾进入越南的邻国老挝和柬埔寨。一天夜里，他们甚至还一起伏击了一个越南共产党武装分子营地。法国人要求南越军队俘获一些共产党战士，并把他们带回远征军总部审问。法国人认为这些士兵知道一些情报，能够帮助己方取得战略优势。

伏击取得成功，但是这次行动却失败了。在事后报告中，戈德尔的同事尼克·索普（Nick Thorpe）上尉解释了其中原因。索普写道："越南人拒绝将这些人活着带回来。"在戈德尔眼中，这个结论意义深远。法国希望知道这些士兵脑袋里的信息，南越军队却把这些人的脑袋带了回来。法国指挥官需要情报，南越军人却希望复仇。

在戈德尔看来，法国殖民者试图根据殖民战争法则打败北越的游击队。但这些接受法军武器和训练的南越军人，打的实际上是另外一种战争，其中法则大不相同。游击战是非理性、非对称战争，它要求斩首仇敌，以此向对方传递信号。1950年春，戈德尔在越南亲身见识了游击战争，这一经历改变了他关于美国应该怎样去赢得未来战争的看法。游击战包含心理战因素，戈德尔认为这对于赢得战争必不可少。

数千公里之外，有一个名叫班克山的前沿阵地坐落在小山顶上，这里曾发生朝鲜战争中最为激烈的几次战斗，高级研究计划局心理战项目中最不寻常的一部分，也是起源于此。1952年秋，朝鲜战争西线战场前沿，海军陆战队第1师的士兵们正在老鼠成灾的坑道里忍受着严寒与疲惫。几个月来，为控制这片山区，陆战队员们一直在与严寒与疲惫进行战斗。一旦拿下一个山头，陆战队员就会用铁铲挖掘坑道，构筑掩体和壕沟，他们有时也会休息。

就像大多数其他战争一样，朝鲜战争开始时也是南、北双方的内战。

1950年6月，联合国参战支持南方，随后中国加入支持北方，冲突开始国际化。这场国际化的战争开始是运动战，联合国军由美国上将道格拉斯·麦克阿瑟（Douglas MacArthur）指挥。最初的地面进攻一直有美国空军支援，但两年以后，到1952年秋，战争发展到坑道战阶段。这是一种让人精疲力竭的古老作战样式，曾是第一次世界大战的标志，而今则标志着战争已经陷入双方都无计可施的相持僵局。

“我们憎恶挖坑道。”A. 罗伯特·阿布德（A. Robert Aboud）回忆道。他是陆战1师在班克山前哨基地的连长。“中国军人非常擅长挖坑道，他们的坑道里甚至能通行卡车，”阿布德说，“我们无法在空军协助下打击他们，因为他们总是隐蔽在地底下。”

但对班克山前哨基地的陆战队员们而言，坑道也是自己的生命线。所以他们还得拿起铁铲不断挖掘，建造迷宫一般的坑道和隧道网，面对对手的打击，这能为他们提供一定程度的安全防护。“在坑道里……我们有很多6英寸见方的废旧木材，”阿布德解释说，“我们在坑道里用木板搭设顶棚，在上面堆上沙袋。”用这种方式，陆战队员沿着相对较高的地势构筑了许多火力点，在山坡的关键位置都有人把守。阿布德说：“每个人都要恪尽职守，确保没有人从你的责任区渗透进来。”陆战队员从来都是彼此信赖、互相依靠的。

让那些企图渗透进来的对手无隙可乘，是一件非常辛苦、煎熬的差事。天气如同地狱一般，非常寒冷。多数情况都在下雪，还有老鼠在坑道里窜来窜去。那些最年轻的士兵会在午夜被派出巡逻，在漆黑的夜里下山查看山脚的水稻田。他们被阿布德称为“玩刺刀的孩子”，主要工作是用刺刀戳地面，以期确定地雷的位置。其他时间，更多的是较高级别军官率领士兵进行更加危险的巡逻，以确定四周的带刺铁丝网完好无缺。阿布德已经记不起自己巡逻了多少次。有时他的副手、年轻的机枪手艾伦・梅西・杜勒斯（Allen Macy Dulles）会带队前往，阿布德感觉自己对他的安全负有特殊责任。这名年轻士兵是中情局副局长艾伦・韦尔什・杜勒斯（Allen Welsh Dulles）之子。

这也事关私人感情。阿布德与梅西・杜勒斯自幼相识，堪称发小。"我认识艾伦是因为他在埃克斯特学校读书，并且参加了那里的辩论小组，"阿布德回忆道，"我在罗克斯伯里拉丁学校的辩论小组，那是位于波士顿的一所著名的非寄宿学校。"两个男孩成了朋友，都对历史文物充满兴趣，并且渴望学习和研究古希腊。他们也确实做到了。梅西・杜勒斯在普林斯顿大学学习古典文学，阿布德在哈佛大学。现在，两人又作为陆战队员同时身在朝鲜。尽管身为中情局副局长之子，但艾伦・杜勒斯在朝鲜期间并没有寻求任何特殊待遇。据阿布德所言，艾伦・杜勒斯坚持要求与其他人一样执行危险的夜间巡逻任务。

虽然他们两人都出身精英阶层，但杜勒斯家世更为显赫。除了父亲在中情局的显赫地位，他的叔叔约翰・福斯特・杜勒斯（John Forster Dulles）也将成为美国国务卿。王子被敌军抓去作为谈判筹码——通过学习古典文学，阿布德知道自迦太基以来的战争史都充满了类似故事，而且通常都有一个悲剧结尾。阿布德一直担忧，梅西・杜勒斯可能会成为战俘。有时，这种想法让他难以入眠。

尽管如此，"我们轮流出去巡逻前线"，阿布德回忆说。他有时会提出此举不妥。"如果我说，'艾伦，我不能让你去巡逻。你父亲是中情局副局长。如果你被俘虏怎么办'？他就会说，'我是陆战队员，这次轮到我去。我要去执行任务'。"

1952 年 11 月的那个致命夜晚，梅西・杜勒斯正是这么做的。

"上帝保佑，别受伤！"阿布德追在朋友后面喊着。

梅西・杜勒斯爬出掩体，阿布德看着他爬过沙袋，走下陡峭的山坡，然后就开始守着无线电台。

“我在无线电旁边听着，心都提到了嗓子眼上。”阿布德回忆说。他不停祈祷：“上帝啊，可别发生什么事情啊。”

梅西·杜勒斯走下山坡，行进一段距离，来到陆战队员建造的一个普通的带倒刺的铁丝网护栏前。对方剪断了那里的部分铁丝网。他从包里掏出工具开始修复。突然，四周被震耳欲聋的爆炸声包围：对方发起了一波迫击炮攻击。

“杜勒斯中尉被击中！”无线电传出了一声叫喊。

阿布德赶紧召集 4 名陆战队员，带上担架，带领他们冲出掩体，来到开阔地域寻找杜勒斯，他就躺在距离护栏不远的地方。

阿布德回忆说：“我们找到他了。”现场景象非常凄惨。杜勒斯的头盔被打掉。地上都是鲜血和弹片。他已经失去意识，脉搏也很微弱。阿布德从地上捡起朋友的头盔。

“头盔上布满了鲜血。”阿布德说。

救援小组将杜勒斯放在担架上，一路跑着抬回掩体。救援直升机终于抵达，他们将杜勒斯抬上飞机。阿布德还记得自己看着直升机飞走的情景。消息很快就传到了华盛顿特区。

第二天，美联社就报道：中情局副局长之子、陆战队中尉艾伦·梅西·杜勒斯在朝鲜身负重伤。直升机将杜勒斯转移到停靠在朝鲜海边的美军“星座号”医院船上。在那里，他依然处于昏迷状态，但还有生命迹象。他当时年仅 22 岁。

“他昏迷了三周，也许是一个月，”他的姐姐琼·杜勒斯·塔利（Joan Dulles Talley）在 2014 年回忆说，她已有 90 岁高龄，“起初，他没有知觉，对外界刺激毫无反应。后来，他开始缓慢好转，逐渐恢复。医生告诉我们，他的一只耳朵会失聪，但他可以像正常人那样说话。起先，还有希望。

当我们带艾伦回家时，他'看起来'正常。但是，随着日子一天天过去，他仍无法独立生活，我们逐渐意识到，真正受到伤害的是他的意识。”

杜勒斯遭受了灾难性的创伤性脑损伤。这位前途在望的年轻学者、勇敢的陆战队员、中情局副局长之子，用他姐姐的话说，“迷失于两个世界之间。看起来就像是他本人被囚禁在了某个遥远的地方”。杜勒斯·塔利接着说：“艾伦在那里，但他又不在那里。这是一个多么可怕的悲剧。他如此年轻，曾经很有天分，非常聪明。就像其他众多年轻军人一样，在他面前有着大好的前程，但突然间……一切烟消云散。”

在1952年11月，人脑还是一片人类未曾勘察过的处女地。研究意识及其工作机理的认知科学，在当时还处于一片混沌之中。我们现在都知道神经科学是一个包含生物学、化学、遗传学和计算机科学的跨学科研究领域，但当时这个学科并不存在。直到3个月以后，詹姆斯·P.沃特森（James P. Watson）和弗朗西斯·H.C.克里克（Francis H. C. Crick）才宣布确定携带基因信息的分子——DNA（脱氧核糖核酸）的结构。能够做出大脑影像并进行高分辨率扫描的高级计算机当时还没有被开发出来。脑白质切断术这种切除部分大脑额叶的神经外科手术，在美国医院仅仅被当作治疗精神病的一种办法。在1952年，脑科学就像地心和月球表面一样神秘。如同迷失在太空中一样，梅西·杜勒斯完全回到现实世界的可能性极小。

在梅西·杜勒斯被转移回美国以后仅仅几周，他的父亲艾伦·W.杜勒斯就在1953年1月被艾森豪威尔总统任命为中情局局长。杜勒斯决心在自己的能力范围之内尽一切努力来帮助大脑受伤的儿子，其中最为显著的努力就是聘请顶级脑外科专家哈罗德·G.沃尔夫（Harold G. Wolf）。沃尔夫是世界知名神经病学家，也是纽约医院康奈尔医疗中心主任。沃尔夫医生既是偏头痛领域研究的世界级权威，也是一般大脑行为领域研究的先行者，是治疗心身疾病或者说精神疾病的专家，尽管“精神疾病”一词在1953年并未包含像今天这么宽广的含义。表面上看，沃尔夫医生身份地位尊贵、事业有成，但他在私下里有着阴暗、神秘的一面。当然，这直到几十年后才为人所知。1923年于哈佛大学医学院毕业以后，沃尔夫前往欧洲，在奥地利学习神经病理学，或曰神经系统疾病。后来，他继续向东旅行，到了列宁格勒，在伊万·巴甫洛夫（Ivan Pavlov）手下工作。巴甫洛夫是俄罗斯著名生理学家，因发现经典条件反射原理而闻名。其中的要义是，通过惩罚和奖励，可以加强或弱化人类行为倾向（巴甫洛夫在1904年获得诺贝尔医学奖，他将因条件反射试验中那条著名的狼狗而被永远铭记）。

梅西·杜勒斯中尉带着脑部损伤从朝鲜回到美国以后，中情局局长韦尔什·杜勒斯就联系在纽约的沃尔夫医生，希望沃尔夫医生能治愈儿子的创伤。沃尔夫医生说去看看他能做些什么。但随后1个月里，全国注意力都被一个国家安全事件吸引，艾伦·杜勒斯的精力也全都转到应对危机上。1953年2月23日，美国海军陆战队上校弗兰克·S. 施韦布勒（Frank S. Schwable）以朝鲜战俘身份出现在电视节目上。施韦布勒来自美国海军陆战队第1航空队，在7个月前的1952年7月，他驾机在朝鲜上空执行作战任务时被击落。现在，在一份中国广播中播出的6000字声明中，施韦布勒上校用令人震惊的忏悔书震撼了世界。

施韦布勒上校说，一些级别比他高的官员给他下达实施“各种细菌战”的详细指令。施韦布勒提到了具体的“现场试验”，他声称这些试验已经实施，并说军事指挥官们曾经与他讨论过在“一般作战行动”中针对朝鲜平民使用生物战武器的计划。施韦布勒点到具体人名，回忆事件经过，并谈及了具体策略。如果施韦布勒所言属实，美国就违反了日内瓦公约。联合国军在朝鲜战争中的最高指挥官克拉克将军迅速谴责细菌战指控，宣称这一切纯属伪造，但在五角大楼，官员们很清楚，此事很快就会失控。

在五角大楼，戈德尔负责处理此事，他当时是心理战略委员会副主任。这个委员会负责在国防部和中情局之间协调心理战行动。为应对施韦布勒上校事件，戈德尔召集委员会成员进行紧急磋商。戈德尔宣布，这是最严峻的心理战挑战。解密的心理战略委员会紧急会议备忘录显示，与会人员都同意。绝不在朝鲜实施生物战是美国政府的一贯立场。那么，美国应该如何应对呢？

国防部长威尔逊建议“发起一场抹黑朝鲜的全面行动”。他希望五角大楼谴责共产主义运动“是新的犯罪形式，是进一步演进的施暴手法，即精神谋杀，或精神扼杀”。但是，中情局认为这个主意不好。杜勒斯局长说，“精神扼杀”这个词太严重，它让共产主义者看起来太过强大。但是，事态紧急，五角大楼必须对此做出回应。心理战略委员会委员同意将国防部长威尔逊的建议略加弱化后对外发表。几个小时后，国防部发布声明，声称施韦布勒上校的行为是源自“共产主义者为扭曲一切而采用的精神毁灭手段”。在中情局推荐下，国防部官员们使用一个特定词汇来指代共产主义者对美国的士兵所做的事情。五角大楼说，共产主义者正在对美国士兵进行“洗脑”。

这个行动，中情局已经谋划了3年之久。事实上，拜中情局所赐，“洗脑”这个词早在1950年9月就进入了英文字典。当时，新闻记者爱德华·亨特（Edward Hunter）写了一篇关于洗脑的文章，刊登在迈阿密报纸《新闻》上。亨特是从业几十年的资深记者，同时也为中情局工作。他被中情局聘用，在主流媒体上发布“洗脑”新闻报道。亨特写道，“洗脑”“将人变成机器人或奴隶”。这个新概念成功抓住了美国人的命门。几十年来，从叶夫根耶夫·扎米亚京（Yevgeny Zamyatin）所著的

《我们》（*We*，1921 年出版）到奥尔德斯·赫胥黎（Aldous Huxley）的畅销书《美丽新世界》（*Brave New World*，1932 年出版），政府实施意识控制计划一直都是反乌托邦科幻小说不可或缺的概念。但那毕竟是科幻小说，亨特写道，这里所说的却是千真万确的事实。在核弹袭击中化为灰烬，对“冷战”期间的人们一直都是持续存在的威胁，但那只是一种抽象景象，很难在个人层面上对其进行形象描述。被“洗脑”的概念则不同，在 1950 年，就像人们会被邪恶巫师以咒语控制一样，很容易联系到个人身上。人们深感恐惧，于是他们希望了解更多情况。

亨特就此发表一篇又一篇文章，并将这些故事扩展成书。他宣称，共产主义者已经发展出手段，能够“令人类大脑陷入迷雾而致其不明是非”。洗脑手段能够将人变成“无法分辨是非对错”的遗忘症患者。记忆也可以被植入已被洗脑者的头脑中，使其相信“那些实际上并未发生的事”。亨特最后警告说：“他将变成受共产主义者控制的机器人。”

在上面这篇发表于 1950 年 9 月《迈阿密新闻》的文章中，亨特说，共产主义者试图以这种方式逐个征服美国民众，从而最终征服美国。在接下来的一本关于洗脑的著作中，亨特试图解释这种精神罪行背后的科学原理。共产主义者意图通过条件反射改变人性，将人变成蚂蚁。“极权主义国家努力追求的，就是奴役人类，”亨特说，“改造思想意识是这一邪恶过程的高潮。”他说：“大脑创造了科学，但现在，大脑将臣服于科学。”就连国会也在一次关于“共产主义心理战（洗脑）”的讨论期间，邀请亨特到“非美活动委员会”[①]做证。他以作家和国际问题记者身份出场，却没有人提及他的另一个身份，中情局雇员。

---

① 非美活动委员会，美国国会众议院在 1938~1969 年设立的反共、反民主调查机构。

全美各地的心理学家都赞同亨特的观点，这使公众对意识控制的恐惧越来越强。在《纽约时报》杂志刊登的一篇文章中，曾遭纳粹囚禁的著名心理学家约斯特·A. M. 米尔洛（Joost A. M. Meerloo）也同意这种说法，认为"洗脑"之说不虚。米尔洛写道："极权主义者为一己之私，滥用了意识如何工作的知识。"

自从亨特在1950年秋首次提及这个概念，民众对"洗脑"及其邪恶力量开始广泛关注。然而，陆战队上校施韦布勒被"洗脑"的故事在1953年冬天迅速淡出公众视线，让人吃惊不已。一开始，此事吸引大批媒体，但迅速烟消云散。这很大程度上都归功于戈德尔的幕后工作。戈德尔被委派担任五角大楼与朝鲜政府之间的联络员，寻求解决施韦布勒和其他几千名朝鲜战争美国战俘的释放问题。关于此事，国家档案馆可以查到的文件数量有限，而且许多仍属机密，但可以得到的信息表明，戈德尔的工作卓有成效。1953年夏末，大部分被俘的飞行员都已获释。他们中的许多人都到电视中解释自己的遭遇。施韦布勒收回了他所说的一切，并被授予美国总统颁授的荣誉功勋勋章。美国民众张开双手欢迎这个新故事，在心理素质和个人品德上，这位美国军人要比那些对他进行"洗脑"的共产主义者更加强大优秀。

至于梅西·杜勒斯，他并没有什么好转。脑外伤损害了他的前额皮质，使得他永久患上了短期失忆症，也叫顺行性遗忘症：患者无法将短期记忆信息转化为长期记忆。他知道自己是谁，但无法记住自己身在何处、今天是几月几日以及二十分钟前做了什么事情。

"此时，他在这里，百分之百在这里，"他的姐姐琼说，"但是他无法抓住任何正在发生的事情并将之持续下去。他记得受伤前的一切，之后就只有空白。"在埃克斯特学校的少年生活是他最幸福的回忆，全都历历在目。他保留了所学古典文学以及古希腊战争的大部分知识，这些都是他在普林斯顿大学学到的。他能够回忆起在陆战队的训练生活，但从受伤那一刻起，后面就是一片黑暗，或者一张白纸。“你可以和他交流，但是十分钟以后，他就完全不记得你对他说了什么，”琼说，“可怜的艾伦开始变得多疑。”他饱受阴谋论折磨，声称这都是纳粹或者犹太人的错，说父亲不是自己的生父，是纳粹间谍。“精神医生试图说这是一种精神疾病，艾伦正在遭受精神分裂的折磨。这是当时的一种新的诊断结论，医生将一切问题都归结于精神分裂。”

雄心勃勃的沃尔夫医生帮不了杜勒斯，他父亲请来的其他医生也帮不上忙。他被转移到位于马里兰州罗克维尔的一个名叫“栗树旅店”的精神病院。这家医院名声并不太好，中情局经常把那些精神崩溃的工作人员送到这里来。医院对到底该为他投入多少医护力量依然存有争议，但这里的确可以保证安全和隐私。虽然一看见弟弟被锁在那里，就让人非常痛苦，但琼还是经常去看望他。

“艾伦正在遭受严重的脑部损伤折磨，”她说，“当然，他没有疯……在受伤前，在参战前，艾伦绝顶聪明。似乎在他内心深处，他知道自己曾经非常聪明，但现在不一样了。这种想法快要将他逼入绝境。在他生命中已经没有智慧，智慧不再出现。”梅西·杜勒斯被从一个精神病院转移到另一个精神病院。最后，他被送往海外，来到瑞士的一个疗养院，又重回战前的宁静生活。琼也前往苏黎世学习心理学，每周都去看望她的弟弟。

沃尔夫医生并没有消失。在治疗梅西·杜勒斯的过程中，他与中情局局长杜勒斯建立起了融洽关系。现在，沃尔夫医生对中情局有个大胆建议，即在类似领域里开展研究。除尝试让人忘掉他之前珍重的事情外，“洗脑”究竟意味着什么？沃尔夫相信这是一个值得挖掘的富矿。如果真能把人转变成蚂蚁、机器人或者奴隶，那会发生什么？如果真的可以让人忘记过去，那又会怎么样？在心理战行动中，这将成为主要作战手段之一。对此，中情局很感兴趣，戈德尔也很感兴趣。

在 1953 年晚些时候，沃尔夫医生从中情局取得一份合同，内容是让他与劳伦斯·欣克尔（Lawrence Hinkle）医生一起研究“洗脑”技术。欣克尔是沃尔夫在纽约康奈尔大学医学院的同事。作为对共产主义“洗脑”技术的权威研究，他们的秘密研究报告两年多后才最终完成。此后，这项工作开始扩展开来。这两位医生很快就有了中情局资助的项目，名叫“人类生态学研究会”，用来开展行为矫正和意识控制的相关实验。他们的工作之一，就是对朝鲜战争战俘展开研究。在 2005 年，这项工作再次由中情局和 DARPA 启动。

在五角大楼，由于应对战俘“洗脑”丑闻的机敏表现，戈德尔获得一个更加有权势的职位。从 1953 年开始，他出任特种作战办公室副主任。这个机构隶属于国防部长办公室，戈德尔的上司是厄斯金少将。在那里，戈德尔在五角大楼、中情局和国家安全局之间扮演联络员的角色。他极受信任，甚至会代替国防部副部长出席一些重要会议。在解密的国防部备忘录中，戈德尔被赞扬为一名“心理战技术和实践领域的国防部专家”。1955~1957 年，他参与众多机密项目，足迹遍及全球。作为联合情报小组成员，他负责“收集、评估和分发情报，为包括营救被苏联、东欧等国家和地区关押的美国公民在内的各种行动提供保障”。他以海军部特种作战办公室副主任的身份，负责海军绘制南极地图的秘密行动。1956 年 3 月，南极洲毛德皇后地海岸外一个 5 英里宽的冰架，被以他的名字命名为戈德尔冰港，但他的真正兴趣是反叛乱。

1957 年，戈德尔在全国各地的军事学院巡回讲学，一路推销这样的观点，那就是美国迟早将在越南那样的遥远国度进行一场战争。戈德尔用各种形式告诉他的军人听众，美国已经在进行这样的战争，只是没有公开而已。他在演讲中表示，到法国在奠边府失败时，美国已经在"支付 80% 的越战账单"。戈德尔坚信美国必须"学会打这样的仗，即没有核武器，没有德国北部大平原，甚至并不必然有美国人卷入其中"。

戈德尔认为他清楚未来的战争形态以及作战人员应如何采取行动。就像他在越南看到的伏击和斩首一样，他们都将使用非常规作战手段。戈德尔说，在美国未来的战争中，为美国而战的那些人并不一定会身着美军军服。他们将是由美军训练、掌握美军作战手段和知识、携带美军武器的当地作战人员。在戈德尔看来，五角大楼需要发展技术更先进的武器装备，而且不仅是核技术，更应该是那些能够应对未来威胁的技术。戈德尔骄傲地提出一个被他称为"大胆假设"的理论。他说，叛乱分子也许有很强的纪律性、组织严密、士气高昂，但科技将给"我们"这一方带来决定性优势。

1958 年 2 月，戈德尔在新成立的高级研究计划局获得了一个关键职位。戈德尔成为高级研究计划局国外发展办公室主任，主要负责高级研究计划局海外秘密研究项目的有关事务。1950 年在越南的经历使戈德尔坚信，如果美国准备遏制共产主义在全球蔓延，它就必须采取一种新的作战样式，那就是"反叛乱作战"，简称 COIN。在全国各地的军事学院，戈德尔曾告诉听众美国需要一系列的计划和项目以赢得这种未来战争，而现在的位置正好使他能够将其付诸实施。运用先进科技，通过在受共产主义威胁的国家驻扎美军并保持军事存在。戈德尔很快便深深痴迷于此。

1959 年，高级研究计划局下属的国外发展办公室更名为"政策计划处"，仍由戈德尔主管。赫布·约克从高级研究计划局首席科学家转任国防部研究与工程办公室主管，但全部高级研究计划局项目经理仍须向他报告有关事项。约克与戈德尔持有相同观点：美国必须在寻求潜在研发能力上更有闯劲和进取精神，从而才能够利用尖端科技（其中大部分目前还不存在）在世界保持领先。在1960年早些时候，约克授权他的副主管约翰·麦考利（John Macauley）与戈德尔进行一次漫长的调研旅行。二人访问了亚洲和澳大利亚，在那里实施了一些海外技术行动。此时，戈德尔依然是高级研究计划局与国家安全局和中情局间的联络员。

戈德尔来到南澳大利亚一个名叫沃梅拉的偏僻角落。在那里，美国国防部正在建造世界最大的陆上导弹靶场之一，其规模仅次于苏联的部分靶场。接着，他又来到东南亚，总体分析当地（特别是越南）愈演愈烈的共产主义运动。回国后，戈德尔在一份备忘录中概述了调研情况。1960年，南越军队有15万人，在人数上远超越共武装，后者在当时估计仅有3000~5000人。即便如此，南越仍无法控制叛乱地区局势，而叛乱分子势力正在加速膨胀。戈德尔写道，南越总统吴庭艳手下“装备精良、训练有素、齐装满员的军队无法有效开展反游击战行动”。

戈德尔为国防部长准备了一个关于叛军特质的详细备忘录，重点分析了越南和邻国老挝迅速壮大的游击队势力，以及“利用科学能力解决这一问题的潜在价值”。戈德尔建议高级研究计划局成立“可以自我保障的半军事化小分队”，并将其投放到越南以实施心理战行动。戈德尔认为高级研究计划局应向当地村民提供武器，以便把他们转变成五角大楼需要的反叛乱战士。“这些小分队不仅要配备那些需要三级和四级维修保障的传统武器和装备，还需要具备必要能力，能够在白天化身为农夫或出租车司机，在晚上则成为反叛乱战士。”戈德尔实际在建议高级研究计划局扮演到目前一直都是由中情局特别行动处和美国陆军特种部队扮演的特殊角色。戈德尔认为高级研究计划局应该建立自己的作战力量：白天是平民，晚上执行准军事任务。高级研究计划局历史上新的一页就此开始。

从越南回来后，戈德尔就一直在五角大楼奔走，试图为自己的反叛乱观点争取支持。但是，他在很大程度上都被无视。他的高级研究计划局同事李·赫夫（Lee Huff）说："戈德尔继续通过强大的个人关系网向重量级政府人士宣扬自身观点。"但是，艾森豪威尔政府对此不感兴趣，他的提议屡屡被否。新总统的到来将改变这一切。

一朝天子一朝臣。新任总统约翰·菲茨杰拉德·肯尼迪（John Fitzgerald Kennedy）宣誓就职，也意味着赫布·约克的离任。"肯尼迪赢得 1960 年大选后，我就成了政客口中的跛脚鸭。"约克后来回忆道。他补充说他对离任并不感到难过，"我再也不用四处灭火了"。约克对自己主持高级研究计划局期间取得的成就感到非常骄傲，这是他在五角大楼看到的"真正的革命性变革"。其中最大的成绩就是他帮助打造的美国核武库。"到艾森豪威尔政府晚期，我们有明确计划和坚定信心部署大约 1075 枚洲际弹道导弹（805 枚'民兵'洲际弹道导弹，270 枚'大力神'洲际弹道导弹和'太阳神'洲际弹道导弹）。"提到这些时，约克充满自豪。

他也承认这些成就会导致悖论。正如他所言，"我们的核战略以及客观环境使然，造成了一个十分糟糕的困境"。在对高级研究计划局的"防御者"计划研究数年之后，他得出结论，"任何国家在核武器时代都不可能保护其人口免受屠戮，在未来也做不到"。

1960 年 1 月 20 日中午，肯尼迪就任美国第 35 任总统。再有一个多星期，约克就要正式离任。作为"国防部最高留守官员"，约克解释道，"我在总统就职同时成了国防部长"。福特汽车公司前总裁罗伯特·麦克纳马拉（Robert McNamara）已经被提名担任肯尼迪政府国防部长，但是现在还不能确认听证会什么时候能通过最终任命。在此期间，总得有人负责掌管核武器。当时，总统还不能随时掌握所谓的“核按钮”，也就是那个装着密码和其他数据，以便总统发射核武器使用的公文包。直到 1961 年 1 月，携带这个公文包都是国防部长的职责，用约克的话说，以确保“总统下达发射指令时，能够确保核武器都已准备完毕，可以立即发射”。这意味着，在当前这个时刻，约克掌管着美国整个核武库。

在华盛顿郊区，约克家的卧室装有一部特殊的红色电话，它的顶部有一个大大的红色塑料灯泡，电话呼入，红灯就开始闪烁。这部电话只与一个地方相连，那就是五角大楼地下的作战室。肯尼迪就职次日，约克决定冒险去作战室看看。

“我敲敲门，一名少校将门打开一条缝。”约克说。

那人从门缝里问道：“您有什么事？”

“我是代理国防部长。”约克回答。

“请稍等。”那个人说。他先是轻轻关上门，几分钟后，少校回来开门，礼仪周到地引领约克进去。约克四处看看。在这里，五角大楼正监视着全球各地那些被认为对美国国家安全有重要影响的地区局势。一个地方是刚果中非共和国，当时还不叫扎伊尔，该国矿藏丰富的加丹加省正发生叛乱。另一个地方是老挝。约克回忆道，它是越南动荡不安的邻国。未来三任美国总统的职业生涯都将受到越战影响。但在当时，就其他美国人而言，“在这些地方没有什么特别之处，据我们的人民所知，越南并没有在我们的视线之内”。

总统就职的第二周，麦克纳马拉被国会参议院确认为新任国防部长。没有人愿意自找苦吃，前去约克家中收回那个红机电话。约克说：“它一直在那里，直到我四个月后永远离开华盛顿。”

第二部分

越战

The Pentagon's Brain
AN UNCENSORED HISTORY OF DARPA,
ERICA'S TOP-SECRET MILITARY RESEARCH AGENCY

第七章 技术与新装备

两名美国军事顾问遭突然袭击，成为在越战中最早阵亡的美国军人。袭击发生时，戴尔·比伊斯（Dale Buis）少校、切斯特·奥夫南德（Chester Ovnand）军士长与另外6个美国人正坐在西贡[①]北面25英里的一个南越军营的餐厅里。灯光熄灭，人们正在观看一部名为《褴褛衣衫》（*The Tattered Dress*）的好莱坞黑白恐怖片。放映中途，一位美军技师开灯更换胶片。

军营外，一群共产党游击队员正在监视着军营的岗哨，等待着最佳攻击时间。开灯的一瞬间，他们将枪口伸进窗户，立即开火。比伊斯少校、奥夫南德军士长、2名南越警卫和1名8岁的越南儿童当场丧生。为避免更大伤亡，杰克·埃莱特（Jack Hellet）少校立即关灯，共产党武装分子随即撤退，消失在丛林里，他们正是从那里来的。

在就职后的2个月里，肯尼迪总统花在越南及其临国老挝上的时间

① 西贡，即现在的胡志明市。——译者注

要超过花在其他国家安全问题上的总和。在艾森豪威尔政府期间，反叛乱作战被完全忽略，但对这位新总统来说，它现在是摆在首要位置的大事。同年冬，戈德尔的主张终于被高层采纳，高级研究计划局也大胆地第一次进入战术领域。在就职后第八天早上，新总统在白宫召集最高顾问会议，与会者包括副总统、国务卿、国防部长、中情局局长、参联会主席、助理国防部长以及其他几人。会议主题就是“越南反叛乱行动计划”。对与会者而言，越南如此遥远陌生，以至官方备忘录都需要借助连字符来表述这个地名。会议结束两天以后，肯尼迪总统授权追加4110万美元（约相当于2015年的3.25亿美元），用于扩充和训练南越军队。另一件事对高级研究计划局意义更为重大：肯尼迪总统正式签署“反叛乱计划”。这次重要会议为成立“越南特别工作小组”和“特种小组”这两个高级别组织扫清了道路，它们的任务是处理打击越共游击队涉及的最高机密事宜。戈德尔同时在这两个小组内任职。

上任伊始，肯尼迪总统就力避陷入传统军人思维窠臼。艾森豪威尔总统离任时已71岁，是一位五星上将，并曾在“二战”期间任欧洲盟军最高统帅；肯尼迪总统上任时年仅43岁，是一位迷人的年轻战斗英雄，充满理想主义色彩和奋斗热情。在涉及国家安全问题时，肯尼迪采取的是一种灵活机动的学院式决策方式。艾森豪威尔政府的国家安全学说建立在“确保相互摧毁”理论基础之上，肯尼迪政府则以“灵活反应”著称。新总统认为，在全球任何地方，只要共产主义威胁到民主制度，美军就应该迅速灵活地以有限战争加以应对。在描述这种理论时，肯尼迪总统说美国必须做好准备，“无论战争规模大小，总体还是有限，核抑或常规，美国都应有能力慑止应对”。

新总统削减国家安全委员会规模，减少了20多人，取消了行动协调委员会和规划委员会，以一些跨部门协调小组取而代之。这些协调小组的负责人基本上都是总统小圈子成员，这些人清一色是出身美国常青藤高校的知识分子，目前或为白宫幕僚，或在五角大楼任职。肯尼迪的国防部长麦克纳马拉毕业于哈佛商学院，国防部副部长罗斯维尔·吉尔帕特里克（Roswell Gilpatric）毕业于耶鲁大学法学院。总统之弟、司法部长罗伯特·肯尼迪，和总统一样毕业于哈佛大学。国家安全事务助理麦克乔治·邦迪（McGeorge Bundy）与其副手沃尔特·罗斯托（Walt Rostow）都毕业于耶鲁大学。负责国际安全事务的助理国防部长帮办威廉·邦迪（Willian Bundy）（国家安全事务助理麦克乔治·邦迪的兄弟）读的是哈佛法学院。许多总统执政团队成员都毕业于常青藤学院顶级学府。对华盛顿的许多人来说，肯尼迪总统看起来似乎是在进行一种宣示：一个人在智力上的才能超过一切。他似乎在说，战争是智者的游戏，智者将赢得战争。在五角大楼国防部长麦克纳马拉的办公室里，最有影响力的人就是那些防务领域的知识分子，其中也包括许多兰德公司前雇员。作为一个团队，他们很快就以“麦克纳马拉的神奇小子”而闻名。

总统的顾问们都赞同“越南问题”必须处理。1961 年 4 月 12 日，在一份呈报总统的备忘录中，罗斯托提出打击越南游击队的“九点行动建议”，其中的“第五点行动建议”由戈德尔起草，提议“向越南派出研发和军事硬件团队，他们可以与麦加尔将军一起研究和探索在越南，或在未来行动中适用的各种技术和‘新装备’”。麦加尔将军是美军援越顾问组组长，也是正在实施的南越军队培训项目“越南行动”负责人。在戈德尔的建议里，高级研究计划局要综合使用一系列“技术和‘新装备’”来提高美军援越顾问组的工作成效。

肯尼迪总统喜欢戈德尔的建议，亲自提出希望了解更多信息。随后一周，国防部副部长吉尔帕特里克向总统提交了一份备忘录，就此进行详细阐述。吉尔帕特里克称，在这份特别行动计划里，包括利用尖端技术打击越南叛乱分子的内容。他建议高级研究计划局在西贡成立研发中心，相关领域的高级研究计划局研发人员可以展开实地工作，开发适应丛林战的新式武器。吉尔帕特里克说，中心还会开展其他研发项目，即戈德尔建议中的“技术”部分，主要是社会学研究项目和心理战。这个新成立的高级研究计划局下属机构，就设在毗邻MAGG-V驻地的一片建筑群里，命名为“作战开发与试验中心”。它将由高级研究计划局、美军援越顾问组和南越军队共同负责运行。在高级研究计划局内部，这个项目被称为“灵巧项目”，取义灵活、称职、机敏，就像总统及其顾问们一样。

随后的1个月里，肯尼迪总统委派副总统林登·B.约翰逊（Lyndon B. Johnson）亲自会见南越总统吴庭艳，以寻求他支持“技术与‘新装备’”计划。合影中，两人都穿着合身的白色无尾晚礼服站在吴庭艳的西贡独立宫前，这组照片被全球报纸争相转载。约翰逊副总统身高6英尺左右，如同宝塔一般压着极其矮小的吴庭艳，后者身高仅及约翰逊肩膀。两人放声大笑，表达着对双方合作关系的信心。美国政府和南越政府打算联合起来，清除本地区的“共产主义祸害”。

吴庭艳是个坚定的“反共分子”，能说一口流利的英语，信仰天主教，受过良好教育，醉心于现代化事业。这些特质使他被美国政府视为最佳盟友，同时却疏远了他与本国人民的关系。20世纪60年代早期，越南人口主体是从事农业生产的农民，他们居住在远离西贡的农村，以生产水稻为生，仅够维持生计，信仰佛教或是道教。在吴庭艳总统与约翰逊副总统讨论利用“技术”与“新装备”打击“共产主义叛乱分子”时，吴庭艳已经在位6年。吴庭艳以铁腕施政，同时因腐败而臭名昭著，但肯尼迪政府认为与吴庭艳的合作能够挽回局面。

在会谈中，约翰逊请求吴庭艳同意一项官方谅解备忘录，“共同考虑在西贡成立机构，利用现代科技手段研发试验各种武器，帮助双方共同打击共产主义”。吴庭艳表示同意，两人握手言欢，正式启动“灵巧项目”，高级研究计划局获准在西贡设立武器试验机构。

随后一个月，1961 年 6 月 8 日，戈德尔与“灵巧项目”首批研发团队抵达越南，目的是建立高级研究计划局作战开发与试验中心。“灵巧项目”现在成了“总统关注项目”，这既赋予了戈德尔采取行动的权威，也提高了他的工作积极性。新研发中心坐落在西贡河边上一片单层石头建筑里，对面就是海军码头。每间屋子都安装有厚厚的百叶窗，以抵御西贡的酷热。房间里，顶置风扇如同盆栽棕榈树和砖铺地面一样必不可少，墙上悬挂着大幅越南地图和大幅作战开发与试验中心标志镶框海报。作战开发与试验中心标志是头盔、飞行章、锚和五角星组合图案。桌子上摆放着美国国旗，在房间各处都有大大的玻璃烟灰缸。一些房子里住着高级研究计划局管理人员，另一些房子是科学家和工程师工作的实验室。国家档案馆图片显示，“DARPA”这几个字母被以加粗字体印在铁制的桌子、工作台和折叠椅上。

此次去越南，戈德尔前后一共与吴庭艳见面三次。其中一次，吴庭艳访问作战开发与试验中心，在照片中，吴庭艳显得非常自信，也很高兴，他漫步在鹅卵石铺筑的小路上，头戴帽子，穿着标志性的白色西装，身边总是伴随着自己的军事顾问以及身着整齐的卡其布军装，戴飞行员墨镜和穿闪亮军靴的士兵们。在戈德尔的首份调研报告中，他说吴庭艳坚持要求美国在南越的军事介入保持秘密状态。吴庭艳警告，要继续成功保持美越合作，就必须如此。“灵巧项目”的成功建立在谨慎和保密之上。戈德尔认可这种观点，于是一个类似停机棚的大型开放工棚（只是没有围墙）在毗邻作战开发与试验中心的地方建了起来。人们在那里可以一目了然地看到，越南本地劳工拿着很少的工资长时间地辛苦工作，为“灵巧项目”的各种秘密武器计划生产零部件。

8 月，高级研究计划局的作战开发与试验中心已经建成并投入运行，里面有一支 25 个美国人组成的团队。美国陆军上校威廉 · P. 布鲁克斯（William P. Brooks）出任这个高级研究计划局野战研发团队的负责人，而吴庭艳的助理参谋长裴广则上校则是官方意义上的负责人，所有涉及作战开发与试验中心的文件都由他签署。高级研究计划局的第一批工作人员包括军官、地方科学家、工程师和学者，他们有的拥有研发经历，有的则拥有作战经验。“灵巧项目”在五角大楼 2B–261 房间设有办公室，作战开发与试验中心有一部保密电话与其保持联系。“灵巧项目”首年预算相对有限，仅有 1130 万美元，仅为高级研究计划局最大项目“防御者计划”的 1/10。但到次年，其预算就翻了一番，跃升为高级研究计划局第三大项目，紧次于“防御者计划”和“Vela 计划”。

从西贡返回华盛顿特区以后，戈德尔奔走在各个政府部门，向国务院、国防部和中情局官员们介绍“灵巧项目”的相关情况。1961 年 7 月 6 日，他在美国外交学院举行闭门研讨会，并在会上谈及首批四项武器装备研发计划，分别与船只、飞机、步枪和军犬有关，它们将会被小心谨慎地应用于越南的丛林作战。一眼看去，这些项目好像与高科技搭不上边。尽管船和狗是同战争本身一样古老的事物，但高级研究计划局的“沼泽艇”（swamp boat）是一种用桨轮推进的特种船只，配备一个以蔗糖酒精为燃料的发动机，可供 20~30 人乘坐。其独特之处在于，航行时几乎没有声响，而且在 3 英尺深的水面上也可航行。1961 年，越南的夜晚是越共的天下，这意味着船只必须具备能够静悄悄地在湄公河流域水道上航行的能力，只有这样，与南越士兵一道开展工作的美国特战小组才能成功渗透进入越共地盘。

高级研究计划局的军犬项目，立意非常深远，目的远远超出传统军犬的警戒角色。“在越南，最让人恼火的问题之一就是侦察和区分敌方人员。”高级研究计划局化学家 A. C. 彼得斯（A. C. Peters）和 W. H. 奥尔顿（W. H. Allton）在一份正式报告中指出，整体而言，很难将越共武装分子与越南南方的农民区分开来。军犬项目旨在研发一种化学物质，其气味能够被经过训练的军犬识别，却不会被人察觉。作为“标记与追踪项目”的一部分，这项计划需要吴庭艳的士兵用这种化学物质秘密对大量人群进行标记，然后让狗去追踪那些出现在诸如军事基地周边等地点的可疑人员。

军犬项目规模庞大。所需的化学物质即使在高温潮湿环境下也要能持续发挥作用，散发出足够强的“嗅迹”以便狗能够追踪得到，还必须便于从飞机上向下喷洒。首先进入高级研究计划局科学家视野的是一种叫作“角鲨烯”的物质，它是鲨鱼油和鱼肝油的混合物。德国牧羊犬在佐治亚州的本宁堡基地接受训练，然后被运往西贡的作战开发与试验中心。但行政管理失察导致项目受阻，原因是陆军训犬师没有考虑到“温度高于 37.8 摄氏度”的特殊环境。在越南的丛林中追踪 45 分钟以后，高级研究计划局的军犬“看起来无意继续追踪”。德国牧羊犬精准的嗅觉在高温的丛林中无法持续。

在“灵巧项目”中，亮相战场的首款飞机是一种静音动力滑翔机，该机质量轻，机动性好，加满一次汽油就可以长时间在丛林树冠飞行。戈德尔称其为“空中大众汽车”。由于它的飞行高度接近树冠，游击队武装分子几乎无法将其击落。高级研究计划局的这一计划为包括无人机在内的全新一代特种军用飞机项目扫清了道路。

在“灵巧项目”早期研发工作中，最有影响力的武器是 AR-15 半自动步枪。1961 年夏，对于吴庭艳手下那些身材矮小的南越士兵而言，使用美国军事顾问配备的半自动武器，总感觉笨重而不好操作。戈德尔在 AR-15 半自动步枪上看到了希望，“那些矮小的越南人在射击时不会被后坐力击倒”。他解释道。戈德尔与传奇枪械设计师尤金 · M. 斯通纳（Eugene M. Stoner）合作研制了 10 把 AR-15 轻型半自动步枪样枪，每把仅重 6.7 磅。戈德尔告诉麦克纳马拉部长，在作战开发与试验中心的越南指挥官们表达了对这种新武器的巨大兴趣，比起他们正在使用的 M1 加兰德步枪和勃朗宁自动步枪，他们更加青睐 AR-15。

在五角大楼内部，自朝鲜战争以来，各军种就一直在为一种各军种通用的单兵武器争论不休。借助“总统关注项目”的权威，戈德尔通过“灵巧项目”跳过了可能需要数年才能走完的官方程序，并亲自主导将 1000 支 AR-15 半自动步枪装船运达作战开发与试验中心，一刻也没有耽搁。美国特种部队拿着这些 AR-15 直接投入战斗，进行实战检验。“大约在 15 米外，一名美国士兵向两名携带卡宾枪、手榴弹和地雷的越共分子开火，”第 340 突击连的行动总结报告写道，“其中 1 发子弹命中头部，直接将头打掉；另 1 发命中右臂，也是将其完全打断。还有 1 发击中右侧躯干，形成了直径约 5 英寸的洞。可以料想，这 3 处枪伤中的任何一个都足以致命。”

1963 年，AR-15 半自动步枪成为美国陆军制式装备。1966 年，该型步枪经过全自动改造后定型为 M-16 突击步枪。时至今日，美军士兵仍在使用这种武器。“几乎可以肯定的是，如果没有高级研究计划局，M-16 就根本不会被研制出来”，一份写于 1974 年的高级研究计划局内部评论如此评价。

作战开发与试验中心迅速投入这四个武器开发项目，此外还有其他十几个项目。“灵巧项目”中的“新装备”很快就会包括霰弹枪、枪榴弹、缩款机枪弹链以及新型加农炮。高级研究计划局需要一种额外延时 75

毫秒的低空近炸引信，从而使飞机投放的炸弹能够在低于丛林树冠但高于地面的高度爆炸。无论项目大小，高级研究计划局都需要。全部陆军车辆都需要进行改型和再设计，以适应崎岖不平的丛林小道。高级研究计划局需要拥有短距起降能力的固定翼运输机，并计划研发高空直升机与低空无人机。高级研究计划局要求科学家研制用于空投补给的一次性降落伞，要求化学家研制蛇毒血清和水蛭驱除装备；它还要求技术人员研制助听设备和地震监测设备，这些设备的外形看起来要像石头一样，可以隐藏士兵在丛林小道上追踪游击队武装分子时的行踪。高级研究计划局需要几个计算机科学家团队来设计制造数据收集与存储系统，并改造现有海陆空装备，以便参与这场对越共斗争的所有军种都能更好地进行通联。

其中一项高度机密的武器研发项目最受戈德尔重视。不同于“灵巧项目”中其他的武器计划，这个项目的特别之处在于它拥有点石成金般的神奇效用——一招就能化解反叛乱作战困局。这个项目涉及化学和农业，并将丛林作为打击目标。最后，这种武器将因“橙剂”臭名昭著，它不是银弹，而是一种令人厌恶的化学毒剂。但在1961年，将除草剂应用于作战仍被认为可以接受，于是戈德尔就被高级研究计划局授权负责这一项目。

在马里兰州德特里克堡陆军基地，高级研究计划局成立了一个专攻毒理学的下属机构，与詹姆斯·W. 布朗（James W. Brown）博士一起开展化学武器研发项目。布朗博士是陆军化学部队生物实验室农作物部门副主管。高级研究计划局让布朗博士展开一系列除草剂研究工作，努力寻找一种能够立即实现如下两项功能的化合物：一是除去树叶，消灭丛林树冠，去掉越共武装分子的最大保护伞；二是杀死越共武装分子的主要粮食作物木薯，利用饥饿逼迫他们就范。

1961 年 7 月 17 日，戈德尔会见越南特别工作小组官员，向后者简要介绍在当时还是高度机密的“落叶计划”，并与他们探讨下一步行动。戈德尔说：“这项行动成本高昂，并且大约要 3 年才能达到最佳效果。”日内瓦公约禁止使用生物武器和化学武器。通过朝鲜战争，戈德尔也十分清楚违反日内瓦公约的指控会引发国际社会的高度关注。正因为如此，所有“落叶计划”简报与会者，以及全部作战开发与试验中心工作人员，都被建议恪守政治和心理底线，继续推进这个项目。由于扰乱敌人食品供应并没有违反作战规则，这个机密项目将被称为“破坏作物战法研究”。实地作战行动以“第 20 号作战开发与试验中心任务”指代，或者简称为“20 号任务”。

有趣的是，虽然看起来是高级研究计划局联合越南特别工作小组推动这项争议决策得以通过，但是记录显示，上述会议实际上只是做做样子而已，戈德尔早已取得行动授权。在戈德尔会见越南特遣队当天，首批用于摧毁农作物的化学物质运抵位于西贡的作战开发与试验中心。这是一种叫作 Dinoxol 的除草剂，几天以后，喷洒飞机也船运抵达。几周后，位于德特里克堡的陆军化学部队生物实验室农作物部门副主管布朗博士也来到作战开发与试验中心，监督首次实地脱叶试验。

1961 年 8 月 10 日，高级研究计划局进行在越南丛林中喷洒除草剂的首次行动。任务由南越空军飞行员驾驶一架南越军队涂装的美制 H–34 直升机执行，该机装备有美制喷洒系统 H 防务分析研究院研制出 L（直升机液态杀虫剂喷洒设备）。吴庭艳是“落叶计划”的热情支持者。两周后，他亲自选定第 2 个喷洒目标。8 月 24 日，一架固定翼飞机将有毒的除草剂 Dinoxol 喷洒在西贡以北 50 英里、13 号公路沿线的一片丛林里。

脱叶试验始终在五角大楼严密监视下进行。越南飞行员持续不断地向产出木薯的小树林和红树沼泽喷洒除草剂，高级研究计划局一线研发人员走出作战开发与试验中心工作室，一直在监督着他们。戈德尔及其团队此时正谋划着一个更加野心勃勃的后续计划。位于湄公河三角洲的“D 区”被认为是越共控制居民人数最多的地方之一，它被选择作为下一步多阶段脱叶行动打击目标。第一阶段，用 30 天对该地区 20% 的木薯产地和红树沼泽进行脱叶处理。第二阶段，目标是 D 区剩下的 80% 木薯产地和红树沼泽，即对北越与南越接壤地区全境都要发起脱叶行动。第三阶段，对北越控制的另外 31250 平方英里丛林进行脱叶处理，这相当于南越地区面积的一半。最后，高级研究计划局的研发人员出动，烧毁已经死亡的树木，将那些自然丛林变成人造农田。戈德尔团队解释说，如此一来，一旦叛乱行动被镇压下去，它就不可能死灰复燃。这一行动计划在“灵巧项目”下开展，预计需要 7500 万 ~8000 万美元，以 2015 年比价换算超过 5 亿美元。戈德尔团队写道：“唯一可预见的问题是，美国当前化工产能无法满足该项目雄心勃勃的规模对化学制剂的庞大需求。”

1961 年，政府决策精英圈子之外的美国人，很少有人知道在越南究竟发生了什么。在华盛顿决策层内部，随着白宫与五角大楼嫌隙越来越大，围绕如何更好应对共产主义叛乱的权力斗争也愈演愈烈。肯尼迪就任总统仅仅 3 个月后，在古巴猪湾，中情局资助、军方支持的准军事入侵行动以惨败收场，肯尼迪总统也因此经历了他总统生涯的最低点。超过 100 人被打死，1200 多人被俘。这次惨败不仅损害了总统与中情局的关系，也损害了总统与参联会的关系。在公开场合，肯尼迪总统承担了所有责任。“我为政府的一切行为负责。”他的这句话非常出名。但私下里，他对身边的白宫顾问团队说，“参联会辜负了他的期望”。

肯尼迪总统对《华盛顿邮报》编辑本 · 布拉德利克（Ben Bradlec）

说："我要给继任者的第一个建议是看紧这些将军。不要仅仅因为他们是军人，就觉得在军事问题上他们的意见就都是无价之宝。"局势发展看起来强化了他的直觉，那就是他那些学识渊博、智力超群的白宫顾问以及同样学识渊博、智力超群的五角大楼文职顾问——所谓"麦克纳马拉的神奇小子"，不仅更值得信赖，而且在军事问题上比那些军人更有见地。

1961年夏，"猪湾"事件后，肯尼迪总统在白宫幕僚团队专为马科斯韦尔·泰勒（Maxwell Taylor）上将设立了总统军事代表这个全新职位。泰勒是一位颇有魅力、能说多国语言的"二战"英雄，并曾著书批评艾森豪威尔政府。根据一份描述泰勒上将作为总统军事代表职责的备忘录，他"作为总统顾问，负责辅佐总统处理与履行武装部队总司令职责有关的军事工作"。同时，泰勒上将"也要给出自己的个人意见，以便辅助总统做出决策"。另外，他还扮演着"在情报领域的建议和辅佐"角色。这个岗位极具影响力，在即将到来的越战中尤其如此。泰勒上将可以就一切军事问题向总统提出建议，但他并不代表五角大楼，而是白宫幕僚团队成员。

泰勒上将随后率团访问越南。这个代表团后来以"泰勒—罗斯托代表团"闻名，任务是调查如何在越南采取进一步政治军事行动。戈德尔陪同泰勒前往。二人不仅在反叛乱事宜上持有相似观点，而且泰勒调查报告的主要部分也将由戈德尔执笔。戈德尔带泰勒将军访问高级研究计划局作战开发与试验中心，向他展示正在研发的一些"新发明"和技术。在提交给肯尼迪总统的报告中，泰勒将军赞扬作战开发与试验中心的工作，表示其展示了"美国实验室和工业部门的卓越能力"。

泰勒—罗斯托代表团1961年10月15日离开华盛顿，在夏威夷的檀香山听取情况介绍，10月18日抵达西贡，戈德尔在那里加入代表团。泰勒将军穿着便服，他要求不召开新闻通气会，不组织采访，不安排社交活动，大多数情况下不必拘泥于军队礼节和程序。在提交总统的报告中，泰勒将军称越南正处于“自 1954 年初以来最严峻的时刻”。1954 年，法国失守奠边府。泰勒警告说，这个地区已经变得非常危险，“越共势力扩张得很快，已经从 1961 年 1 月估计的 10000 人增加至 10 月的 17000 人。显然，在湄公河三角洲、高原以及在中北部海岸平原，都有越共活动迹象”。他用最悲观的词汇描述南越政府面对的严峻局面：吴庭艳和他的将军“沮丧地关注着邻国老挝局势以及正在日内瓦举行的谈判，他们相信在老挝首都万象很快就会出现共产党主导的政府”。他呼吁肯尼迪总统立即采取“有力行动”。

“如果我们失去越南，那么要想控制东南亚局势，即便仍有可能，也将非常困难，”泰勒警告说，“我们失去的不仅是地缘政治意义重大的关键地区，还有当地人民对美国持有的信念，他们不会再相信美国拥有击退进攻的能力和意愿。”泰勒将军传递的信息非常明确：美国需要扩大它在越南的秘密军事行动规模。在向肯尼迪总统提交的报告中，泰勒建议充分利用高级研究计划局的“新发明”和技术手段，特别是作战开发与试验中心“那些极少数快要成功的‘秘密武器’”，而其中之一就是除草剂。虽然这个项目仍在继续推进，但出现了一些意外。

1961 年秋，北越河内广播电台公开报道了高级研究计划局的秘密脱叶试验。河内广播电台在一篇谴责性广播中宣称：美国“用毒气杀死农作物和人类”。但让人吃惊的是，它并没有产生越南特遣队在 7 月 17 日会议上所警告的那种国际指责和不满。尽管如此，总统顾问一致认为必须做出正式决定，以确定是否应继续实施脱叶计划。越南特遣队恳请参联会施加压力。

11 月 3 日，参联会表达了反对意见。“不能忘记《日内瓦公约》，”他们写道，“参联会认为，在粮食产区实施空中脱叶行动，务必小心谨慎，以确保美国不会被指控实施化学战或生物战。”作为对越南特遣队早前担心的回应，参联会警告说国际社会可能会强烈谴责这一行为，“如果美国遭到国际社会反对，后果可能非常严重”。

即使是和泰勒将军以及戈德尔一同刚刚从越南返回的国家安全事务副助理沃尔特·罗斯托，也感到极有必要向总统指出喷洒除草剂背后的真相。在一份题为《除草剂》的备忘录中，罗斯托告诉肯尼迪总统，“此事必须由您亲自决定，因为这是化学战”。罗斯托的话已再明白不过。

1961年11月30日，肯尼迪总统正式批准了在越南使用化学除草剂的计划。肯尼迪说，这个计划的规模将大大小于高级研究计划局最初的方案，预算将控制在400万~650万美元。在肯尼迪总统支持下，魔鬼终于被放出了瓶子。到战争结束，美国向越南的丛林共计喷洒了约1900万加仑除草剂。2012年的一份国会报告确认，在整个越南战争中，直接暴露在“橙剂”下的越南人达210万~480万之多。

戈德尔从五角大楼的高级研究计划局办公室向德特里克堡的陆军科学家布朗博士发出一份标记为“机密”的备忘录，请布朗立即去见他。在会面过程中，布朗博士被告知，他现在已是在越南实施脱叶行动的官方负责人和国防部长代表。“他被建议忽略其他一切技术问题，”一份解密备忘录写道，“如果友邦政府想了解有关破坏农作物的生物战剂、杀伤性的生物战剂、化学战剂、防护性措施、检测装置等信息，他（布朗博士）应该告诉他们，自己对这些问题一无所知，并建议他们直接询问军事援助顾问团负责人。”

就像高级研究计划局“灵巧项目”中的许多行动一样，脱叶计划也是“总统关注项目”。这个项目的细节包括涉及哪些内容，最终目标如何，都事关国家安全。因此围绕它的叙事都要被置于严格控制之下。用罗斯托的话说，使用橙剂是“化学战”，但它同样也是一种“秘密武器”，有可能成为解决越共游击队问题的灵丹妙药。

第八章

兰德和反叛乱作战

兰德公司位于阳光灿烂的加利福尼亚州圣莫尼卡。到 1961 年，较之约翰·冯·诺依曼时代和午餐时间的兵棋游戏，兵棋玩法已经大大扩展。兰德以兵棋推演模拟美军针对越南游击队武装的反叛乱作战已有数年。这些反叛乱作战兵棋是埃德·帕克森（Ed Paxson）的主意，他是一名数学部门工程师，他将这一系列兵棋游戏称为“S 计划”。与老式游戏不同，“S 计划”的推演会持续数月，有时甚至超过 1 年，包含各种情境假定，在其中一些假定里，美军将使用核武器。20 世纪 50 年代中期的一天，在观摩一次“S 计划”推演时，分析师乔治·坦纳姆（George Tanham）的眼光极其敏锐。他指出，整个“S 计划”推演都脱离现实，因为兰德分析师假设越共武装分子的作战行为与美军一样，但实际上二者完全不同。

20 世纪 50 年代中期，坦纳姆被普遍认为是最了解反叛乱作战的兰德公司分析师。他是普林斯顿大学研究生，并曾任美国空军军官，同时还是一位功勋卓著的“二战”老兵。战后，他在斯坦福大学获得非传统战争领域博士学位，并于 1955 年加入兰德公司。坦纳姆在“S 计划”兵棋推演上的洞察力，给兰德总裁弗兰克·科尔博姆（Frank Collbohm）留下了深刻印象。于是，他将坦纳姆派往巴黎研究反叛乱战术，并希望弄清法军在 1954 年奠边府一役中丢掉越南的过程和原因。坦纳姆的研究由五角大楼资助并被界定为秘密级。研究报告经脱密处理后于 1961 年出版，坦纳姆也就成了首位出版共产主义革命战争专著的美国作家。

在五角大楼，坦纳姆的书引起了哈罗德·布朗的注意。布朗接替赫布·约克出任国防部研究与工程办公室主管，高级研究计划局管理人员也都需要向他报告有关情况。与约克一样，布朗来到华盛顿特区之前也曾是利弗莫尔实验室首席科学家。布朗与坦纳姆取得联系，请他前往高级研究计划局在西贡的作战开发与试验中心进行调研，然后就那里的项目写一份评估报告。坦纳姆写于 1961 年的这份报告依然处于机密状态，但他在 3 年以后写的一份报告现已解密，我们可以从中了解他观察到的一些情况。坦纳姆说，高级研究计划局在越南的武器开发计划（“新装备”）与心理战工作（“新技术”）都需扩展。他认为同样重要的是这场战争在美国国内的形象问题。他建议，在将这场冲突展现给美国人民时，应将其描述成“怀着良好意愿的人们远离家乡，跨越半个地球进行的一场没有枪炮的战争”。

当坦纳姆从西贡返回美国以后，他接连会见越南特别工作小组、特种小组和中情局官员。1962 年 1 月，布朗给科尔博姆发出一封密函，请兰德公司加入在越南的“灵巧项目”。高级研究计划局需要兰德开展“劝说和激励”手段研究，目的是赢得越南民心。

在“劝说和激励”项目中，高级研究计划局从事的并不是传统防务研究，而是包含部分社会学研究内容。社会学一向被贾松顾问团队这样的核物理学家鄙夷，它被认为是人类学分支，主要关注社会以及群体或者社区中的人际关系。布朗告诉科尔博姆，高级研究计划局需要开展相关研究，以回答如下这些把五角大楼防务官员们搞得不知所措的问题：越南人有什么特点？是什么导致某些越南农民变成共产主义分子，而某些越南农民仍忠于总统吴庭艳？越南人如何生活、工作、制定战略、自我组织、思考问题？问题背后的逻辑是，只有高级研究计划局搞清越南人究竟受哪些因素影响，五角大楼才能够成功劝说越南人将民主视为比共产主义更加优越的政府组织形式。

这个提议对兰德颇具吸引力。虽然社会学研究与兰德公司关于核战争分析、战略以及博弈论的知名招牌相去甚远，但防务承包商为生存必须紧跟形势。科尔博姆意识到只要肯尼迪总统在位，就会有很多关于反叛乱作战研究与策略的新生意。对兰德公司而言，现在就是一个将其防务合同扩展至其他领域的大好机会。

兰德成立了两个反叛乱研究委员会，任务是制定战略，从而更好地完成布朗交给的任务。一个委员会名叫“第三区冲突”，由提出“二次核打击”战略的传奇人物艾伯特·沃尔施泰特（Albert Wohlstetter）负责。第二个委员会由兰德公司副总裁，导弹、卫星和“武器系统哲学”领域专家乔治·H. 克莱门特（George H. Clement）和兰德公司航空航天部门主管鲍勃·布歇姆（Bob Bucheim）共同负责。委员会拟制相关提案，没过几个月，兰德公司和高级研究计划局就加入“灵巧项目”达成一致，初期合同金额400万美元（大约相当于2015年的3200万美元），在4年内付清。资金问题一解决，兰德公司就在西贡作战开发与试验中心获得了自己的办公室，并配备了一名负责接打电话、打字和邮件工作的秘书。兰德公司分析师可以住在一座法国殖民时期的别墅里，也可以选择住在他们自己的公寓。1962年初，兰德公司就开始向西贡派出学者、分析师和人类学家。很快，在作战开发与试验中心工作的兰德公司员工就超过了五角大楼雇员的两倍。

1962 年 1 月，首批兰德分析师抵达西贡，他们是杰拉尔德·希基（Gerald Hickey）和约翰·唐奈（John Donnell），两人都是知名人类学家，并能讲流利的越南语。希基曾是专攻越南文化的耶鲁大学教授，唐奈则在达特茅斯学院教授社会学。他们两人都曾经担任越南政府顾问。在为兰德公司工作之前，希基是美国国务院资助的密歇根州立大学专家组成员，该组织的任务是就如何改进管理效率，为吴庭艳政府提供咨询服务。唐奈还能讲中文，曾经就亚洲事务为美国国务院提供咨询服务。

在华丽灿烂的法国殖民主义时代建筑装扮之下，1962 年 1 月的西贡是一座享有“东方巴黎”美誉的繁华都市：马路宽阔，街道两旁树木排列整齐，枝繁叶茂，街上满是自行车、黄包车和小汽车。当地人在公园或欧式咖啡馆里休闲放松，随处可见叫卖鲜花的小贩，吴庭艳政府的警察部队则在街上四处巡逻。但对希基和唐奈而言，与他们上一次在 20 世纪 50 年代后期做客西贡时的情形相比，种种迹象表明，局势已经明显改变。“冲突取代了宁静，”希基后来写道，“人们都在担心安全问题。”

根据与高级研究计划局的合同，希基和唐奈抵达西贡，从机场到兰德公司在作战开发与研究中心的办公室，一路上都是军车。抵达当晚，他们在卡拉韦勒酒店顶楼的咖啡厅用晚餐，迫击炮弹爆炸声远远传来，爆炸闪光不停地点亮城市边缘。希基回忆道：“战争改变了西贡的整体氛围，对于这一点，约翰和我都十分吃惊。”

按照原定计划，两位人类学家将要前往越南中部高原地区，研究那里的“山民”——越南中部的山区居民。吴庭艳告诉美国领导人，他对山区民众的忠诚不太信任，于是希基和唐奈被派去评估那里的形势。出发前往山区之前，他们两人到高级研究计划局作战开发与研究中心登记备案，并在那里遇见一位名叫吉尔伯特·莱顿（Gilbert Layton）的中情局官员，后者告诉他们，计划有变。莱顿称，中情局正在实施自己的山民项目，在这个问题上已没有同时进行两个项目的空间。希基和唐奈必须另外选择一个特定人群开展研究。

经过讨论并咨询位于圣莫尼卡的兰德总部，希基和唐奈最终同意去实施另一项研究。国防部和中情局一直都在与吴庭艳政府一起实施一项名为“战略村”的重要计划，也叫“清乡”计划。按照这项计划，南越军队将把那些“遭受越共袭扰”的村民迁移到据称可以确保安全的新村。为提高村民搬迁积极性，“战略村”计划允诺提供一定物质激励。当村民在新的丛林定居点周围修建高大如城堡般的围墙时，吴庭艳政府的军队将以美国国防部资金为此埋单。

需要数周高强度劳动才能建好这些围墙。首先，要在新村庄周围挖一条深沟。其次，在这个深沟里，每隔大约10英尺就要打下一根混凝土地桩。最后，村民们要涉险进入丛林，砍下数千根粗壮竹子，并将其削尖成矛状，这些都将用来建造围墙。南越军队将向村民提供混凝土制的地桩以及五角大楼供应的大量带刺铁丝网，其余工作则全由村民来承担。

在国防部官员看来，美国对“战略村”计划的资助是平定该地区的有效举措，也是帮助吴庭艳政府控制这一地区的一种有效手段。支撑这一行动的理念是，越南农民会效忠于吴庭艳政府以作为获得安全的回报。但实际上还存在着一个更为宏大的计划，那就是高级研究计划局可以在这些战略村庄里收集足够信息，进而“监视”他们的一举一动。

在山民研究计划被中情局取消后，希基和唐奈决定研究“战略村”计划，而当时他们还不太可能知晓高级研究计划局在未来的监视计划。希基和唐奈租了一辆雪铁龙小汽车，出发前往位于西贡西北的瞿志村。

在瞿志村的一个小商店里，他们偶遇一群正在喝茶的村民。一开始，他们发现这些村民沉默寡言，但是经过几天时间用越南语同这些村民交流之后，村民们打开了话匣子。作为人类学家，希基和唐奈熟悉当地的农业生产技术，也清楚神灵文化，即万物有灵信仰深深扎根在村民心中，这种信仰认为有一种超自然力量控制着物质世界并赋予其生命。在经过几次午后攀谈之后，这些村民开始向希基和唐奈提供与自己村庄及“战略村”计划有关的信息。

希基在他的报告中写道：“我们还没有主动提及，村民就开始抱怨‘战略村’计划。”这个计划需要村民从一直居住的丛林深处，迁移到他们并不认为属于自己的新村。这种强制迁移产生了破坏作用。由于被迫离开世代居住的家乡以及祖先的坟墓，这些村民忧心如焚。在新村，农民必须面对全新挑战，挣扎着在他们不熟悉的土地上耕种。村民们对吴庭艳政府非常生气，因为他们被告知，作为对挖掘地沟和建造围墙的补偿，他们可以每天获得 10 蒲式耳[①]的粮食以及免费午餐，吴庭艳的军队还会向他们提供混凝土地桩和铁丝网。然而，村民们说，实际情况是，吴庭艳的士兵将他们赶到一起，强迫他们干活却拒绝提供饮食，并向他们收取建造材料费用。强迫劳动持续约 3 个月，只在新年暂停 5 天，而这段时间正好是一年中最重要的播种季节，这也就意味着许多农民无法正常耕种土地。结果，这些人当年只能收获正常年景的 1/10。希基写道：“对越南农民而言，如果某一年收成不好，那么他在随后几年都会背上债务。因为除去维持生存所必需之外，农民们很少能够攒下什么积蓄。”仅够维持基本生活的农民一季一季地安排生活，收获的粮食也只是够家庭糊口而已，少有余粮。

---

① 蒲式耳，是一种计量单位。——译者注

经过一次次访谈，希基和唐奈感到民众对“战略村”普遍不满。大多数村民根本就不想离开故土。“强制重新划定村落”和“长时间强制劳动”深深伤害了村民的感情，吴庭艳政府承诺进行的政治经济改革也从未实现。而且，即使从实践层次上看，这项计划也并不成功。

希基和唐奈用3个月在瞿志村采访，他们得出的结论让“战略村”的前景看起来非常悲观。1962年冬，“战略村”正以每月200多个的速度增长。五角大楼的目标是到1963年使其数目在整个南越地区达到1万~1.2万个。

希基和唐奈将他们的研究结果呈报给保罗·哈金斯（Paul Harkins）将军，他是新挂牌的美军援越司令部（即原美军援越顾问组）新任指挥官。两位人类学家认为，哈金斯将军可能会对研究结果包含的信息感到不快，但是会认真考虑村民的合理困难。当这份高级研究计划局研究报告在数年后最终解密时，希基回忆了当时的会面场景。他说：“我当时大致是这样说的，战略村确实有可能给农村人口带来安全，但如果该计划令村民承受经济、社会负担，它就难以见效。”如果吴庭艳政府想获得村民支持，他就应该收敛自己的强势作风，信守承诺，为这些劳工支付报酬。“哈金斯将军回应说，每个人都想得到保护，所以他们都会欢迎这些战略村庄的。”随后，哈金斯对希基和唐奈说，会谈就到这里，于是两位人类学家就离开了他在西贡的办公室。

希基和唐奈乘飞机回到五角大楼，他们被安排向布朗和总统国家安全顾问罗斯托汇报“战略村”计划情况。虽然五角大楼与西贡和瞿志村完全是两个世界，但前者的工作影响着村民的生活，两位人类学家对此有切身体验。通过安检，进入夹层楼面，穿过食品店、礼品店和为雇员开设的银行，他们走上楼梯，沿着走廊来到布朗位于五角大楼E-环的办公室，这里距离国防部长和参联会主席的办公室都不远。布朗的办公室非常宽敞，装修也不错，椅子和长沙发都是皮制的，从办公室里能看得见波托马克河。

希基回忆，当时他解释了上呈高级研究计划局的报告内容。“在目前这场战争中，”他说，“对于越南农民来说，谁控制住了他们生活的那个地方，他们可能就会支持谁；谁能提供更好的生活，他们就乐意倾向于谁。”希基和唐奈告诉布朗和罗斯托，吴庭艳的军队根本没有收敛自己的强势作风。结果，尽管“战略村”计划出发点很好，也做出了努力，但越南农民很有可能会倒向越共一方。

接着就发生了一件非常奇怪的事情。“当我们在五角大楼向布朗进行首次情况汇报时，”希基说，“布朗转动他那厚重的座椅，望着窗外，让我们对着他椅子的后背讲话。”希基和唐奈继续汇报。也许，布朗只是在仔细思量局势的严重性吧。

两位人类学家解释说：“农民不仅对该计划不够热心，并且已经开始日益怀疑、担忧，害怕投入的劳动和各种材料难以换回同等回报。”如果不采取一些措施，整个“战略村”计划就有可能走向崩盘。希基和唐奈建议五角大楼向吴庭艳的军队施压，要他们立即向农民支付小额补偿。

布朗没有任何回应。在会面的大多数时间里，他都把自己的后背对着这两位人类学家。尽管现在他们已经汇报完毕，布朗依然没有转过身来面对他们。一直都听得很认真的国家安全顾问罗斯托也把自己的眼睛转向一边。一个助手走进来，把希基和唐奈请出办公室。

走出布朗的办公室，两位人类学家被带到了负责反叛乱作战和特种作战的国防部长特别助理、海军陆战队中将维克托·克鲁拉克（Victor Krulak）的办公室，向其汇报有关情况。克鲁拉克是个雷厉风行的军人，曾经负责筹划对冲绳的作战行动，那是“二战”太平洋战场上规模最大的一次两栖进攻作战，也是“二战”最后的一次作战行动。在朝鲜战争中，克鲁拉克率先将直升机投入战场。克鲁拉克对希基和唐奈的话感到很不高兴，并且没有丝毫掩饰自己对这两位人类学家的反对意见。他告诉他们，他不会向越南农民付钱以寻求他们的支持。希基回忆说："他用拳头砸着桌子说，'我们'会让那些农民去做那些为确保'战略村'计划成功而必须要做的事情。"

两位兰德公司人类学家被请出办公室。他们那份长达 30 页、原本以非保密形式提供给高级研究计划局的报告，现在被界定为机密，这也就意味着，如果没有相应级别的政府许可，任何人都不能查阅。在布朗看来，希基和唐奈对“战略村”计划的分析过于悲观，他还向兰德公司总裁弗兰克·科尔博姆表达了自己的不满。高级研究计划局官员也抱怨说，这两位人类学家的研究结果“太过消极”，于是他们拟制了一份官方反驳材料，并将其附在白宫和五角大楼散发的每份报告之后。

兰德总裁科尔博姆决定弥补希基和唐奈可能造成的过错，他向西贡派出另一组研究人员，并明确指示要他们重新评估“战略村”计划。小组成员包括富布赖特奖金获得者乔·卡里尔（Joe Carrien），他在兰德从事成本分析工作，以及擅长系统分析的维克·斯特迪文特（Vic Sturdevant）。他们二人并不了解东南亚，也不会当地语言，在这样的情况下，他们研究了从 1962 年 12 月到 1963 年 9 月这 9 个月内在战略村的各种活动。在向高级研究计划局提供的这份新报告中，他们的研究结果与希基和唐奈的结论显著不同：如果美国国防部能够采取一种“更有耐心的方式”，从长期来看，这项计划将会被证明很有前途。

兰德公司还派出导弹设计、空气动力学与核动力技术专家乔治·B. 杨（George B. Young）前往越南，撰写一份类似主题的研究报告，杨是美国华裔，也是在西贡作战开发与试验中心全职工作的首名兰德公司雇员。他关于“战略村”计划的分析结果非常乐观。杨说村民们都很乐意参与进来。他提交给高级研究计划局的报告名为《越南评注》，杨在其中描述了“战略村”中顺畅的“情报信息流”。杨在报告中说，参加“战略村”计划的本地人都接受培训，书面记录他们观察到的一切越共行动，然后把信息交给村中长者，长者们再将其汇集成报告，呈送给吴庭艳政府。

坦纳姆于1963年再次来到西贡作战开发与试验中心，并与高级研究计划局签订了一个长期合同。1961年夏，坦纳姆受布朗委托首次赴越南调研，自那之后到现在，很多事情都已改变。在他的《调研报告：1963年的越南》中，坦纳姆对于各种因素如何塑造和影响越南非常乐观。作战开发与试验中心的一位空军军官驾机陪同坦纳姆从空中视察了建有“战略村”的西贡周边区域，其中一些村庄与希基和唐奈在报告中涉及的瞿志村一模一样：他们的描述相当悲观，以布朗背影冷对。坦纳姆说，他可以看到竹屋、装有带刺铁丝网的围墙，甚至还有村子周边清晰可见的沟渠，所有一切看起来都很不错。据坦纳姆判断，美国国防部有望“在两三年甚至更短时间内成功结束战争”。他在报告中记载了对一位美国空军军官的访谈内容，那位军官说，空军“对自己在越战中的贡献感到自豪”，空军计划“在离开时留下直升机和固定翼飞机，乐观估计，这将是在1964年的某个时间”。坦纳姆写道：“一切看起来都很有进步，十分喜人。”他还引述一位高级将领告诉他的话，“只要运气不是太差，我们就能在一年内结束这场战争”。

第九章 指挥和控制

1962年10月，一位沉默寡言的47岁地方科学家从密苏里州抵达五角大楼，协助高级研究计划局开展一个新项目。他的工作将改变世界。到2015年，地球上的70亿人中会有30亿人经常使用他发明的技术，此人就是J. C. R.利克里德（J. C. R. Lickilider），他是最初被称为“阿帕网”的互联网概念发明者。

利克里德到五角大楼的初衷本不是开发互联网，而是受聘研发当时大多与核武器相关的指挥控制系统。在决策是否发射核武器时，国家首脑与部属之间的通联仅能依靠一部亮红色电话，就像肯尼迪执政第一周安装在赫布·约克卧室里的那台一样，这个现实相当荒谬：在按钮战争时代，几微秒都很重要，耽误几秒钟时间去拨打一部1962年所产电话的代价过于沉重，世界领导人都无法接受。

更新指控系统（即后来众所周知的C2）项目来自总统授权。就职后几个月，肯尼迪要求国会尽快拨付资金，迅速对美国军事指控系统进行现代化升级改造，尤其要使其“更加灵活、周全、拥有更多选择、自我保护能力更强且始终受控于文官政府”。研发“新装备与设施”的指令下达到五角大楼，五角大楼又将此任务安排给高级研究计划局，哈罗德·布朗聘请利克里德完成这项任务。

利克里德是一位训练有素的心理学家，专业是冷僻的心理声学，即关于声音感觉的科学研究，主要关注诸如“当有人在房间那头拍手时，大脑如何知晓声源方向”等问题。这关系到心理学和生理学两个方面，因为声波抵达耳朵，既是机械事件也是知觉事件。不同情况下人们听到的结果也不尽相同，用利克里德的话说，“不同条件导致不同结果”。“二战”期间，利克里德在哈佛大学心理声学实验室工作。为研发更好的军队通信系统，他当时和军队飞行员在各种飞行场景下开展了一系列实验。那时的飞行器还无法做到加压密封，一旦飞行高度达到35000英尺以上，驾驶舱温度就会降到零度以下，这将极大地影响飞行员的听力以及对讲回应方式。利克里德和B-17、B-24轰炸机飞行员进行了上百次实验，分析数据，并就自己的研究发现发表论文。战争结束时，他已成为全球公认的人类听觉神经系统顶尖专家之一。

“二战”后，利克里德离开哈佛大学，来到麻省理工学院的林肯实验室，并在那里对计算机如何帮助人们更好地沟通产生了兴趣。林肯实验室工程师正在为空军研究“半自动地面防空系统”（SAGE），这是一种基于IBM公司产品的计算机系统，在建成之后将成为北美防空司令部（NORAD）防空系统的支柱。SAGE是第一台利用计算机技术集成雷达的计算机，可以同时完成接收、解译、回复三项关键功能。SAGE系统从跟踪雷达接收信息，随后解析数据，最终引导美国导弹防御系统瞄准来袭威胁。这台机器体形庞大，技术人员要在里面开展工作。SAGE系统操作员是世界上首批要求多任务处理的计算机用户。他们坐在控制台前，监视显示器，敲击键盘，随着新信息通过电话线持续流入

SAGE 系统而不断切换开关。

利克里德由 SAGE 系统受到启发。对他来说，这个系统证明计算机不仅可用于收集数据进行演算，还可用于其他更多方面。他想象着未来某个时间人机之间可能会通过更大程度的互动解决问题。他在一篇名为《人机共生》的论文中提出这一概念，描述了人类与“电子伙伴”计算机之间的合作关系。利克里德预想有一天，计算机将成为人类的“助手”，将能够“回答问题，仿真建模，图表演示，举一反三”。和冯·诺依曼一样，利克里德也看到了计算机和大脑之间的相似之处，此外，他还预见了人机之间的共生关系，人类的“机械性工作”重负可以借助机器得到缓解。如此一来，人类就可以投身于更重要的决策工作。

利克里德相信计算机将会使世界变得更加美好。他设想了一种“家庭计算机控制台”，人们坐在控制台前，可以学习想学的一切。他出版的《未来图书馆》一书，描述了一个远程用户通过专用数据库使用图书馆资源的世界。这个想法在 1960 年相当激进，但在今天随时能够浏览网上图书馆的数十亿人眼中，又是那么理所当然。计算机会使人类更加聪慧，利克里德写道：“用不了多久，人类大脑将和计算机结合……（而且）由此产生的合作关系将为人类带来史无前例的思考方式。”

高级研究计划局感兴趣的正是这种革命性思考方式，也是因此才注意到利克里德的工作。为更新指控系统，计算机的计算能力有待提高，而利克里德正是这项工作的合适人选。高级研究计划局项目主任杰克·鲁伊纳（Jack Ruina）给利克里德打电话，让他来华盛顿为国防部官员举办一系列计算机研讨会，后来又为利克里德提供了一份工作。仅仅几个月后，利克里德就开始在五角大楼上班，工作第一天他的办公室门牌上写着“高级研究计划局指挥控制研究项目主任利克里德”。那个办公室不仅面积狭小，重要性也不高。当时的人们不可能想到指控项目将会变得多么庞大，它在 1962 年还只是个想法而已。

在利克里德于 1962 年秋抵达五角大楼时，国防部已经购入多台计算机，它拥有的计算机数量比世界任何其他组织都多。高级研究计划局刚刚涉足高级计算机研究领域时，从空军接手了 4 台老旧的 Q-32 型计算机，每一台都像小房子那么大。这些是早在 1954 年麻省理工学院林肯实验室开展 SAGE 计划时使用的计算机，但五角大楼将它们弃如敝屣。这些由兰德公司子公司系统开发公司建造的 Q-32 计算机成本极高，每台都花费超过 600 万美元（几乎相当于 2015 年的 5000 万美元）。高级研究计划局接手这些计算机并委任利克里德负责，确保它们能发挥作用。

利克里德抵达五角大楼 15 天后，世界陷入危机边缘，最惨烈的核大战一触即发。U-2 侦察机拍摄的照片显示，苏联秘密将核导弹部署在古巴，距佛罗里达海岸仅 90 英里。肯尼迪总统要求苏联撤走导弹，但遭到赫鲁晓夫拒绝。自 10 月 16 日起，美苏玩起斗鸡游戏，前后持续 13 天。10 月 24 日，危机达到顶点，美国对古巴全岛实施军事封锁，随后美苏开始海上对峙。各方均称这 13 天是世界距离核战争最近的时刻，空前绝后。这是史上唯一的一次，美国总统将戒备状态提高到二级战备，但高级研究计划局最新曝光的史料为我们之前了解的古巴导弹危机又增添了一抹戏剧色彩。

"猜猜古巴导弹危机中双方共引爆了多少核弹？"DARPA 局长阿尔提·普拉巴卡尔（Arati Prabhakar）的特别助理保罗·科兹姆查克（Pual Kozemchak）接受笔者采访时问道。科兹姆查克在 DARPA 工作 30 年，是其历史上服务年限最长的员工。"我可以告诉你，并非'1 枚都没有'，"科兹姆查克说，"答案是'好几枚'。"这里的"好几枚"指的是 4 枚。

古巴导弹危机意味着艾森豪威尔倡导的禁止核试验协定归于失败，

美苏都重启核武器试验。古巴导弹危机最严峻的时刻，美国曾于 1962 年 10 月 20 日和 26 日两度在太空引爆核弹——“将军”和“蓝鳃太阳鱼”。这两次测试均众所周知且有据可查，目的是验证克里斯托菲洛斯效应。但仅由国防部内部掌握的情况是，1962 年 10 月 22 日和 28 日，苏联也在太空引爆两枚核弹作为回应，同样是为验证克里斯托菲洛斯效应。一次白宫紧急会议的录像片段最近解密，我们可以从中听到国防部长麦克纳马拉与总统及其最亲近的顾问们讨论其中一次苏联核弹测试。“苏联昨天在卡普斯京亚尔靶场发射了 3 枚射程 1100 英里的导弹”，麦克纳马拉告诉他们，其中 1 枚还载有 30 万吨 TNT 当量的核弹头，“试验的目的是测试反导系统部分组成要素在核爆环境中的运行情况”。

很难确定哪件事更让人震惊，到底是在二级戒备状态下的古巴导弹危机中共有 4 枚核弹在太空引爆，还是虽然这一信息在 20 世纪 90 年代早期就已被苏联科学家公之于众，但至今仍不广为人知。核对峙期间发射核弹完全是铤而走险。位于图勒 J 站的弹道导弹预警系统很容易将苏联导弹发射活动误判为首轮核打击。前中央情报局官员、苏联导弹发射活动专家雷蒙德·加特霍夫（Raymond Garthoff）博士说：“当时的情况相当危急，近乎失控，如果再往前一步或者有双方领导人不知情或不可控的意外变数就会引发战争。”

苏联高空核试验的消息直到柏林墙倒塌才最终曝光。苏联于 1962 年 10 月 28 日在哈萨克斯坦杰兹卡兹甘地区 93 英里上空引爆的核弹还产生了意外影响。据苏联科学家称，“核爆引起的电磁脉冲（EMP）覆盖整个哈萨克斯坦”，“埋在地下的电缆”都被波及。

古巴导弹危机表明指控系统不仅需要升级，而且必须重新构想。正是利克里德首次向高级研究计划局同僚发出挑战，重新思考计算机除工资和会计之类的传统数学工作还能发挥哪些作用。利克里德提议开发一个庞大的多用户系统，即计算机“网络”，它可以跨多种平台收集信息并进行整合，其内容来源涵盖雷达、卫星、情报报告、通信电缆甚至天气预报。利克里德说，我们需要在人机以及军队内外之间建立密切的合作关系。

利克里德提到他的高级研究计划局领导时写道：“我一直努力说服他们相信我的观点，军队的需求就是商人的需求，也是科学家应该努力的方向。”利克里德抵达高级研究计划局 6 个月后写下一份备忘录，称这种网络为“星形拓扑网络”。当时，不同计算机使用不同的程序语言，利克里德认为这是一个亟待跨越的障碍。这个问题极其重要，他写道：“科幻作家曾讨论过，完全没有关联的智人之间如何才能开始交流？”高级研究计划局自 1962 年就开始探寻这个问题的答案，而直到几十年后才最终找到。

因为播撒了数字革命的第一批种子，利克里德有时也被称为现代计算机科学的“苹果佬强尼”（Johnny Appleased）[①]。而并不为人所知的是，利克里德还在五角大楼主管另一个名为“行为科学计划”的办公室，其将最终承担更多与监控项目有关的奥威尔式工作。这间办公室最初源于赫布·约克授权开展的另一个研究项目，题为“可用于国防领域的人类行为技术研究”，目的是探索在冲突中如何最有效地应用计算机或“人机系统”，其结果对于今天的影响异常深远。

高级研究计划局早期报告称，高级研究计划局希望通过行为科学计划，利用计算机“建立一座桥梁，沟通心理学与其他社会科学领域”。因为利克里德是训练有素的心理学家，高级研究计划局局长杰克·鲁伊

① 苹果佬强尼即美国西进运动传奇人物约翰·查普曼，以进取、开拓精神闻名。——译者注

纳也认为他是这项工作的合适人选。

行为科学计划的工作内容之一，是设想如何在国防部运用计算机作为教学手段。在 1962 年，这还只是个幻想，当时的计算机几乎有一个房间大小，而生产和运行计算机又要花费上百万美元。一份高级研究计划局内部报告写道："一系列人类行为研究均与国防相关，计算机辅助教学系统和计算机辅助战争模拟研究就是其中两个例子。"训练吴庭艳政府的南越军队就是个不错的实例。高级研究计划局一直在寻找让越南新兵成为更加专业的战士与高效管理者的方法，从而使他们有能力战胜共产主义。这个任务本就艰巨繁重，而语言和文化障碍更加剧了任务难度。行为科学计划背后的理念之一就是有一天计算机能够承担此类工作。

行为科学计划催生了很多项目。这些项目都以公开掩护面目示人，并且都包含高度机密成分。高级研究计划局在西贡西北约 500 英里的曼谷市郊秘密创办了第二个作战开发与试验中心。与越南的作战开发与试验中心一样，新中心也负责研发技术和装备，但更着重长期的反叛乱目标，其中包括利克里德的计算机辅助教学及战争模拟研究。虽然法律规定国防部修建新设施前应该通知众议院拨款委员会，但该委员会和国会都不知道此事。

"就战争而言，泰国实验室代表软的一面，越南实验室则代表硬的一面。"曾在泰国作战开发与试验中心工作的高级研究计划局官员詹姆斯 · L. 伍兹（James L. Woods）如此解释。

当时还有一个更为庞大的计划正在进行，至今也未曾报道过。国防部长麦克纳马拉迫切希望高级研究计划局在世界各地创建更多作战开发与试验中心，在他看来，此举是肯尼迪总统对国家安全政策做出"灵活反应"的重要组成部分。在东南亚、拉丁美洲、非洲和中东，叛乱组织（也称恐怖组织）的活动日趋猖獗。"灵巧计划"的一篇报告宣称，"美国需要在这些偏远地区支持有限战争"，并补充写道，"国防部长办公室正在考虑在世界其他地区建立类似的美国存在"。DARPA 将这个全球计划称为"偏远地区冲突"，并雇用防务承包商巴特尔纪念研究所在华盛顿特区和俄亥俄州哥伦比亚市设立两家"偏远地区冲突信息中心"，专门负责跟踪曼谷、西贡以及未来所有作战开发与试验中心的研发计划，撰写总结报告并分析项目进展。早在 1962 年，高级研究计划局就打着"偏远地区冲突"旗号草拟计划，准备在贝鲁特和德黑兰创建作战开发与试验中心。解密的作战开发与试验中心文件曾藏于国家档案馆，但由于被错误归类，现已无处可寻。仅存的复印件存放在巴特尔研究所。虽然这些复印件的历史都超过 50 年，但巴特尔研究所仍拒绝公布，称"很遗憾，巴特尔的内部政策不允许公布任何巴特尔报告"。

在泰国，新作战开发与试验中心取得了巨大成功。利克里德行为科学计划办公室的高级研究计划局工程师们认为，计算机可以模拟社会行为。通过收集数据并设计计算法则，人们可以分析相关数据从而建立模型。这对利克里德又有了新启发：如果计算机依靠收集的数据可以预测人类行为，这将导致什么结果？如果能预测，那就能控制。"很多工作还处于理论和实验阶段，"曼谷作战开发与试验中心的第一任主管 T. W. 布伦戴奇（T. W. Brudage）说，"而且当时并不是以开发硬件为目的。"布伦戴奇指的是将在新中心开展的第一批利克里德理论测试之一。这项测试名为"泰国皇家军队体型调查"，共涉及 2950 名泰国陆、海、空军官兵。作战开发与试验中心开展的计划都有公开掩护和机密动机，这个计划就是其中之一。泰国政府被告知，此计划目的是"采集泰国军队人员的体型信息"，用于未来泰国军队人员的"服装和装备"设计所需。高级研究计划局技术人员对 2950 名泰国参与者中的每个人提取 52 组测量数据，诸如眼高、坐高、前臂至手的长度以及脚踝周长。但同时他们还向泰国参与者提出大量个人问题——不仅包括出生日期和出生地，还包括他们的祖先、宗教信仰以及对泰国国王的看法。

“泰国皇家军队体型调查”以及其他几十份类似调查的真实目的是“数据采集和处理”。调查所得信息被送回位于马萨诸塞州纳蒂克的美军实验室计算机部。一份解密报告称，“背景信息经编码后，全部数据都根据数据表制成穿孔卡片”。“参与调查的每个对象”都会生成一个数字仿形。高级研究计划局希望建立一种模型，用于展示如何监测第三世界军队，以备将来之需。这些信息将储存在计算机中，存放于秘密军事基地。1962 年的泰国局势相对稳定，但各种叛乱和暴动活动依然此起彼伏。如果泰国燃起战火，高级研究计划局将拥有泰国士兵的信息，并可以追踪其动向，可以查出类似谁叛变投敌等信息。高级研究计划局利用计算机模型可以创建算法，描述偏远地区的人类行为。利克里德认为，这些模型将可能发展为具有预测功能的计算机模型。

还有其他一些人与利克里德一起合作，共同参与可预测模型计划。其中之一是伊锡尔·普尔（Ithiel de Sola Pool），一名社会科学领域的“左倾”革命人士。通过为高级研究计划局服务，普尔成为首批使用计算机建模分析人类行为的社会科学家之一，并在后来成了研究大众媒体对社会影响的国际权威。利克里德和普尔联合提出一系列建议供高级研究计划局参考。他们两人说，计算机模型可用于回答很多重要问题。他们提议研究“农民的态度和行为”“若干国家的‘稳定与动荡’”以及“文化模式”。

普尔和利克里德都曾在高级研究计划局行为科学委员会工作，因而有权接触希基和唐奈的“战略村”计划研究。“他们（希基和唐奈）提供了大量有价值信息，并开启了很多前景广阔的调查领域，”利克里德和普尔写道，“但在讨论如何解决这些重大复杂的问题时，却又仅仅流于表面。”这两位行为科学家认识到，希基和唐奈收集的村民信息也能用于创建计算机模型，从而预测这一特定人群在未来战争中可以起到何种作用。“这些工具很重要”，利克里德说，能更有助于理解“条件与行为之间的必然因果关系”。利用国防部计算机系统里的基本数据能够隐蔽监控、分析、模拟村民行为。这是一种有效的指挥控制方式。

但纵观战争史，控制能力与控制欲望往往不相适应。虽然政府致力于以种种创新手段影响公众，但仍然会有军队无法控制的事件发生。接下来在越南发生的事变就造成了无法消除的严重后果。

1963 年 5 月 28 日，适逢佛陀诞辰 2527 周年，一群佛教徒齐聚顺化村举行庆祝活动。现场弥漫着抗议氛围。佛教徒当时正处于吴庭艳天主教独裁政府压迫之下。虽然顺化村村民已被告知不得悬挂佛教旗帜，但他们依然在四处挂满彩旗。到处一派节日景象，近一万人聚集在顺化广播电台，以致 8 辆装甲车和数辆警车抵达现场显示武力。警察命令狂欢者清场散去，但遭到拒绝。警察使用消防水枪和催泪弹，依然不起作用。有人将一枚手雷投进广播电台走廊，造成包括 4 名儿童在内的 9 人死亡，另有 14 人重伤，随后爆发了大规模抗议活动。事件很快演变成南越人民对吴庭艳政府及其弟、秘密警察头目吴庭瑈表达普遍不满的催化剂。佛教徒要求拥有悬挂宗教旗帜的权利，以及和天主教徒拥有同样的宗教自由。遭到政府拒绝后，300 多名僧尼聚集到西贡举行抗议游行，老僧人释广德（Thich Quang Duc）也在其中。人群沿着西贡最繁华的大街前进，其间一直保持安静，直到在一个十字路口停下来等待。释广德莲花打坐在路中间的一块毯子上。人群围拢着他，《纽约时报》记者大卫·哈伯斯坦（David Harberstan）也在其中。有两位僧人各提一个装满汽油的 5 加仑汽油桶走向释广德，把汽油浇在他身上，其中一人递给他一根火柴。释广德随即擦燃火柴，点燃了身上的长袍。

哈伯斯坦目睹了释广德在西贡街头的自焚过程，他这样描述眼前的灾难："火焰在人体上腾起；他的身体慢慢萎缩干枯，头颅烧焦变黑。"哈伯斯坦写道："空中弥漫着焦煳的烤肉味道，人体燃烧的速度快得惊人。我听见身后的越南人开始啜泣，他们正不断围拢过来。我惊骇至极，哭都哭不出声，大脑一片混乱，忘了记录也忘了提问，手足无措，甚至无法思考……释广德始终纹丝不动，没发出一声呻吟，他的镇定和周围人们的哭号形成鲜明对比。"

自焚过程中，释广德不知何故能保持全然不动，没有扭动，没有尖叫，也没有任何疼痛表现。即便被火焰吞噬，他也仍然坐直身体，盘腿保持莲花坐姿。火大概烧了 10 分钟后，焦黑的躯体残骸向后倾倒。

美联社驻西贡办事处负责人马尔科姆·布朗（Malcolm Brown）用相机捕捉到了这名僧人的自焚场景。这张照片被各国报纸广泛转载。世界各地的人民都表达了愤慨，吴庭艳一夜之间成了众矢之的。

不过吴庭艳并未同情或满足佛教徒的诉求，他本人、其弟吴庭瑈以及吴庭瑈光彩照人的夫人还对佛教徒进行了诽谤。瑈夫人身着黑色套装和珍珠项链，在国家电视台发表演说，她摇着折扇，污蔑佛教领导人把释广德灌醉自焚不过是一种政治伎俩。

"那些佛教头子都干了些什么？"瑈夫人在电视上质问，"他们不过是把一个灌醉了的和尚给焚烧了……即便焚烧都没能自给自足，用的还是进口汽油。"到那年夏末，危机全面爆发。白宫建议吴庭艳总统立即与佛教徒进行和解，吴庭艳对此置之不理，并在 1963 年 8 月宣布军事管制。

10 月末，美国驻南越大使亨利·洛奇（Henry Lodge）告知肯尼迪总统，吴庭艳军队的几名将领正在策划政变。在如今广为人知的"希尔曼电报"中，总统、大使以及外交官埃夫里尔·哈里曼（Averell Harriman）和罗杰·希尔曼（Roge Hillman）一致同意对政变不予干涉。

电报还提及，洛奇大使还秘密向南越将军保证，白宫认为他们的行动没有问题。

1963 年 11 月 1 日，吴庭艳政府的几位将军推翻了南越政府。吴庭艳和弟弟逃到西贡市的给朗区，藏进一座天主教堂内。次日，即 11 月 2 日晨，吴庭艳和吴庭瑈兄弟被人发现，两人被塞进一辆美制装甲运兵车带走，之后很快被处死。他们弹痕累累的尸体被拍照留证，随后被埋到洛奇大使房子旁的一小块空地，成了一座无名坟墓。

连越南共产主义运动领导人胡志明得知此事后都非常震惊。他说："我真不敢相信，美国人会愚蠢至此。"

在整个南越农村，由美国国防部和吴庭艳合作打造的堡垒式政权开始土崩瓦解。吴庭艳政府强迫当地人建造的伪飞地是"战略村"计划的一部分，如今正被忠诚的越共成员甚至种植水稻为业的农民无情拆毁。随着"战略村"计划烟消云散，全世界的新闻镜头中都能看到农民挥舞锤子、铁锹和大棒粉碎竹墙防御工事。越共抓住这个机会开始派遣上千名战士渗入南越乡村。他们从北方南下，取道错综小径和丛林步道，后来这条路线就成了有名的胡志明小道。很快，中立的农民和越共分子就此混为一体，难以分辨。

指控系统在越南成了泡影。虽然投入数百万美元和数百人员，以及最先进的装备和技术，甚至还在脱叶作战中使用了致命的化学战剂，但是高级研究计划局实施的"灵巧项目"对于遏制席卷南越的叛乱几乎没起任何作用。身处西贡的美国人也许能预见吴庭艳政府的陷落，但不可能有人预料到不久之后在地球另一端的得克萨斯发生的事情。吴庭艳兄弟被处决 20 天后，在达拉斯的迪利广场，肯尼迪总统在乘坐的敞篷车上遭枪击暗杀身亡。

林登·贝恩斯·约翰逊继任总统，接过了越南这个马蜂窝。

第十章 动机和士气

人类学家杰拉尔德·希基将身子探出一架低空飞行的军用飞机一侧，看着海蛇在飞机下方的海里游动。天气暖和，风平浪静，希基和一个高级研究计划局团队乘坐的飞机离暹罗湾的富国岛越来越近。时值1964年冬，希基作为兰德公司雇员再次来到越南为高级研究计划局工作，这次的合同项目是研究美军顾问如何与他们的越南伙伴合作。一场不为人知的战争正在悄然进行。

高级研究计划局官员一下飞机就直奔岛上调试武器设备，之后把它们移交给五角大楼雇佣的当地越南渔民，他们负责巡逻海岸线，监视越共。希基的任务是实地采访双方人员。“高级研究计划局官员在航途中通过射击长海蛇测试新型步枪AR-15到M-16的早期版本。一被射中，海蛇就被抛向天空。”希基回忆道。

抵达后，人们就在海边开设营地，在棕榈树之间挂起高级研究计划局设计的吊床，搭起高级研究计划局设计的帐篷，随后前往陡峭的海边悬崖，通过攀岩测试高级研究计划局设计的军靴强度。和平时一样，希基紧随大家身后，手里拿着笔记本，随时提问记录。一天工作下来，人们坐在火堆周围，烧烤鲨鱼和大海龟，就着米饭和老虎牌啤酒大快朵颐。

富国岛之旅后，希基回到西贡，之后又北上抵达位于岘港的美国军事基地，沿途做了数十次采访。1964 年 6 月 4 日，他搭乘一架 H-34 海军直升机进入塔劳（Ta Rau）大峡谷，来到位于南东县的特种部队营地。

“众所周知，这里是越共领地。”希基在日记里写道。

直升机落地时，南东县部队指挥官、陆军上尉罗杰·唐隆（Rogen Donlow）在尘土飞扬的停机坪上迎接希基。希基发现，营地的防御工事戒备森严，防御带被反狙击沙袋、机枪火力点、迫击炮阵地和混凝土地堡围得密不透风。希基的任务是采访特战分队的全体 12 名美国成员及其越南战友，其中大部分是侬族年轻人，这是一个有中国血统的越南少数民族。

南东县特战分队在塔劳峡谷的任务是保卫周边区域的约 5000 名常住人口。除了在丛林里巡逻，他们还组织当地力量打井、修建学校。这里几乎没有其他事情可做。“分队的美国队员们很高兴镇上来了个人类学家。”希基回忆道。

希基抵达南东县第一天就随唐隆上尉访问了一个村庄，这里也是曾经报道过被飞机喷洒了很多化学战剂的村庄之一。“水稻被毁，村民患病。”希基记录道。唐隆上尉告诉生病的村民，他会把他们的不满报告上级指挥官。希基并不知道，正是付费支持他撰写报告的高级研究计划局实施了向村民和他们的水稻喷洒化学战剂的科学计划。

二人开着军用吉普车踏上返程，谨慎地赶在夜晚来临之前回到营地。太阳一落山，峡谷就会瞬间陷入黑暗，出行将危险异常且困难重重。回到南东县之后，希基填了一份兰德公司要求每周提交的工时表，投入设在指挥中心的美国信箱。他和侬族士兵一起吃晚饭，并用当地语言对他们进行采访。侬族士兵告诉希基，他们认为越共会很快发动袭击，希基将这一消息告知唐隆上尉。唐隆上尉随即组织分队会议，命令越南突击队加倍强化外围安全警戒，加强直升机停降场周边防御。唐隆给了希基1支AR-15步枪，告诉他睡觉时放在床边。

凌晨2：26，爆炸的巨大冲击波将希基从床上掀到地面上。随后的爆炸接踵而来，营地霎时被白磷烟幕覆盖。四面八方都传来枪炮声，希基抓起眼镜和AR-15开始奔跑。“突然间，子弹就穿透竹墙射了进来。”他后来回忆道。

住处外面，食堂和库房正在燃烧。“迫击炮弹和手榴弹四处爆炸，枪炮声不绝于耳。仅仅几分钟，营地就成了战场。”希基描述道。他感觉瞬间一片空白，也许南东县就是他生命的终点。不过这位人类学家还是举起AR-15，在黑夜里与绿色贝雷帽特种部队以及侬族突击队并肩投入了战斗。

“1964年7月的南东县一战预示了之后更加疯狂惨烈的大战，即著名的越南战争，”希基写道，“由于越南战争涉及大量现代技术、大批军队和武器装备，整个南越都卷入战争旋涡，吸引了全球的关注，南东县战斗逐渐淡出了人们的视野。”而此时，美国国民对这场战争还一无所知。唐隆上尉成为越南战争中被授予国会荣誉勋章的第一人，而人类学家希基则继续为高级研究计划局工作，陆续撰写了数十份研究报告，主题既有AR-15的作战效能，也涉及“橙剂”对越南人生活的影响。

在美国，兰德公司总裁弗兰克·科尔博姆的注意力已经转到和高级研究计划局签订的一份利润丰厚的新合同上。科尔博姆和分析家盖伊·鲍克（Guy Pauker）飞往华盛顿特区会见高级研究计划局官员。兰德的“第三区域冲突委员会”认为，通过调查分析与叛乱组织有关的

"人类学问题"，公司的社会学家能够协助五角大楼镇压越共叛乱活动。这一合同就是在华盛顿特区会议上确立的越共动机和士气计划，其研究主题包罗万象，有着巨大潜在价值，并将成为兰德在12年越南战争里的最大一单合同。

科尔博姆和鲍克在华盛顿会见哈罗德·布朗的高级研究计划局新反叛乱特别助理西蒙·戴奇曼（Seymour Dieitchman）。在戴奇曼接管反叛乱之前，高级研究计划局"灵巧计划"原由威廉·H.戈德尔负责，但其职业生涯突然离奇逆转。在负责反叛乱工作的18个月任期里，戈德尔一直受到白宫和五角大楼的高度评价，也因此荣获享有盛誉的国家公务员联盟奖，并在1962年荣膺国家十大杰出政府管理者之一。但是，"灵巧计划"的海外财务收支状况引起了国防部长麦克纳马拉的注意，FBI随后介入调查。戈德尔成了调查的中心人物。反叛乱计划极其重要，当然不能交给不被信任的人管理，所以国防情报局的航天机械工程师戴奇曼被任命接替戈德尔的职务。

参会的还有威廉·H.沙利文（William H. Sullivan），他是国务院职业官员，也是一位重量级人物，时任约翰逊总统的越南问题跨部门特别协调小组组长。数月后，沙利文将成为美国驻老挝大使。沙利文和戴奇曼两位官员有权和他们认为合适的机构签署重要的反叛乱合同，他们这次的选择是兰德公司。史料记载也确实如此。

沙利文将一张表格放在科尔博姆和鲍克面前，上面列出了跨部门特别小组和五角大楼希望研究的25个课题。清单最后的一个问题引起了鲍克的注意："谁是越共？他们加入共产党的动机是什么？"

鲍克有如触电一般。"这个问题是谁问的？"他问。

"是国防部长罗伯特·麦克纳马拉直接提出来的，"沙利文说，"他一直在问这个问题。"

“弗兰克和我当场达成一致，兰德将负责解答国防部长的这个问题。”鲍克回忆道。

盖伊·鲍克出生于罗马尼亚，是个坚定的反共分子。他是哈佛大学研究东南亚问题的博士，同时也是研究诸如纳瓦霍人等石器时代文化群落对于现代世界适应性问题的专家。他对反叛乱挑战感到非常兴奋。鲍克认为越共就像石器时代居民，他很高兴能有机会去考察其行为背后的动机。科尔博姆和鲍克返回圣莫尼卡的兰德总部，一起为新项目筹谋计划，制作标书。

在五角大楼，“越共动机问题”也让高级研究计划局感到很困惑。戴奇曼后来解释道，兰德计划的“最初意图”是研究越南共产主义革命运动本质，回答“越共分子都来自哪些阶层，他们为什么加入越共，越共组织内部的凝聚力来自哪里，他们如何与民众互动等问题”。到1964年夏，“灵巧计划”中“技术”领域的缓慢进展让国防部长越发感到挫败。美国介入战争已有3年，但似乎还无人能搞清越共分子的来历。戴奇曼说，高级研究计划局需要关于敌军士兵的优质信息，为协助兰德公司就此展开调研，国防部长还与中央情报局成功进行了协调。

最初的越共动机和士气计划由社会科学家约瑟夫·扎斯洛夫（Joseph Zasloff）负责，他在2014年回忆了兰德公司办公地点。“中情局在南越有拘留中心和监狱。”扎斯洛夫说，这些设施并不为人所知。中情局将共产党战俘关押在这里，不同领域的办案官都试图从这些战俘口中榨取信息。“我们通过采访战俘开展研究。”扎斯洛夫解释说，“我们通过这种方式获得大量信息。他们有的年纪已经很大，参加过奠边府战役，有的才十几岁。这些人都非常忠诚，纪律严明，勇于献身，并且都以纯粹的共产主义思维考虑问题。”

1964年夏天，扎斯洛夫和妻子泰拉抵达西贡，着手开展动机和士气计划。扎斯洛夫是东南亚问题专家，前一年在兰德为美国空军撰写了一篇名为《北越在南方叛乱中的作用》的报告。在这份于圣莫尼卡的办公室里完成的报告中，他得出结论：北越在支持南越叛乱活动。虽然这个结论在今天已不是什么新闻，但在 1964 年，扎斯洛夫被认为是发现这个问题的第一人，并因此被派往西贡负责兰德的这项新研究。扎斯洛夫没有希基和约翰·唐奈的社会学研究经验，但他曾于 20 世纪 50 年代末去过越南，并在西贡市区法学院担任社会学教授。

扎斯洛夫将直接与美国驻南越军援司令部高层一起工作，所以他被授予与将军同级的文官衔级，住所也按将军标准配备。于是扎斯洛夫一家住进了高级研究计划局位于巴斯德路 176 号一栋幽雅的两层别墅，与作战开发测试中心（作战开发与试验中心）位于同一条街道。别墅前树木繁茂，绿草如茵。一条木制宽走廊、二层阳台以及一群照顾扎斯洛夫一家家庭起居的仆人，这都为别墅增添了一丝法式殖民地风格。由于别墅的花园据说有鬼魂出没，泰拉让女仆在整个园子都挂上白色灯泡。别墅外围有一座 10 英尺高的水泥墙作为额外安全保障。

别墅一层非常气派，内部装修就像一座豪华酒店的大堂，装饰着藤制家具，还有几盆盆栽棕榈树。这里是工作区，兰德学者出入其间。晚上，扎斯洛夫夫妇经常举办晚宴聚会。

扎斯洛夫夫妇把办公地点打理妥当一个月之后，不受欢迎的"战略村"计划报告的另一位作者也来到越南。唐奈将和扎斯洛夫合作，共同致力于高级研究计划局的新计划，调查共产党的动机和士气。这一计划的成功有赖于战俘提供的准确信息，唐奈的越南语专长正好可以发挥作用。扎斯洛夫还聘请会说法语的当地学者担任翻译，按照当地标准，这些越南知识分子都是全国公认的富人。越南翻译经常被邀请参加扎斯洛夫的晚宴，分享他们的思想和见地，他们开放率直，坦承自己基本上并不了解西贡之外生活在乡村的越南农民。他们虽是同一个国家的公民，但几乎没什么共同点。他们还说，大多数农民没有什么理想和抱负，容易满足，除了土地没有别的野心。他们还说，农民们都想远离现在的生活，他们希望全家人平静地生活在乡村，不被打搅和骚扰。

扎斯洛夫和唐奈带着翻译们到南方的CIA秘密监狱采访战俘。一行人采访了臭名昭著的西贡志和监狱，也采访了很多设在外省的小型拘留中心。大部分访谈都是由扎斯洛夫或唐奈和一名越南翻译共同完成，越南翻译还同时担任速记员或记录员。因为没有穿制服的官员在场，战俘受访时一般比较放松，讲话也没有顾虑。

"我们采访各种各样的战俘，"扎斯洛夫回忆道，"南北方都有。"大部分来自北方的士兵都是沿着胡志明小道潜入南方的。随着他们的个人经历越来越清晰，翻译在西贡的最初看法逐步转变，其中也包括所有越南农民只想拥有一小块土地平静生活等各种偏见。随着工作进一步展开，兰德研究人员渐渐开始了解导致叛乱加剧的真正原因。他们发现答案其实很简单：是不公，"是农民对西贡政府的不满"。他们告诉扎斯洛夫和唐奈，他们相信共产主义能带来更好的生活，不会再有贪污腐败。他们表达了"为自己和后代子孙争取公平教育和经济机会的满腔热忱"，扎斯洛夫和唐奈写道。

他们还向他们诉说了遭到的南越政府的酷刑折磨。有些战俘向兰德分析家展示了身上的伤疤，说那是被监狱看守不断折磨所致。他们提到曾被强迫观看同伴在没有任何审判和说明的情况下惨遭处决。虽然没办法证实他们所言是否属实，但扎斯洛夫和唐奈迫切地认为要将这些违反《日内瓦公约》的行为报告给兰德公司的鲍克。鲍克写了一篇名为《南越战俘、变节者和嫌犯所受待遇》的备忘录，将这些信息报告给五角大楼，随后戴奇曼开始介入。

他提出两个问题：扎斯洛夫和唐奈如何知道这些战俘没有撒谎？为什么先入为主相信战俘的话？戴奇曼并没有深入调查扎斯洛夫和唐奈的报告，而是指示兰德研究如何检测越共战俘是否说谎。兰德分析家 S. 詹姆斯·普雷斯（S. James Press）发表论文《源于错误归类数据的评估》，运用贝叶斯概率定理否定了战俘采访记录的可信性。“这项工作的动机源于希望对战俘访谈中可能出现的错误理解做一补充。”普雷斯写道。经过 48 页数学计算后，普雷斯将越共战俘对问题的回答归为假设。他总结道：“很显然，如果敌军受访者都是为同一个最佳战略努力，他们面对任何问题都会撒谎。”

扎斯洛夫和唐奈向戴奇曼表示了自己的担心，就在同年夏天，五角大楼发生了一些完全出人意料的情况，50 多年后依然令约瑟夫·扎斯洛夫非常困惑。他早期在兰德的专题论文《北越在南部叛乱中的作用》，开始受到五角大楼高层的关注。扎斯洛夫在这份报告中的结论是北越必须对南方的大部分叛乱活动负责：“北越筹划、指导和协调着整个战争，同时为叛乱活动提供物质援助、精神领导以及道德辩护，南越叛乱组织的主要实力和行动能力都源于此。”空军参谋长柯蒂斯·勒梅（Curtis LeMey）空军上将也看到了这个报告。美国当时的基本战争政策主张是“升级施压”，这是麦克纳马拉为避免正式参战而为约翰逊总统设计的战略，即允许针对越共目标的所谓“以牙还牙”式小规模空袭行动。距离 11 月的大选仅余数月，约翰逊强烈要求在五角大楼继续执行这项被称为“维持现状到 11 月”的政策。战争进行到此时，美国还没有将北越首都河内列为打击目标。

读了扎斯洛夫的《北越在南部叛乱中的作用》，勒梅将军认为这篇论文可以完美支持他主张轰炸北越的立场。扎斯洛夫并不知道，自己的报告现在成了勒梅将军向国防部长提出的新战略核心内容。美国还没有正式介入这场非传统战争，是否轰炸北方依然争议不断。1964 年夏，美国空军的主要任务是辅助陆军开展地面作战。勒梅将军一直坚持运用空中力量才是镇压叛乱的正确手段，但他的观点往往无人接受。勒梅利用扎斯洛夫的兰德报告再次向麦克纳马拉提出建议，这场战争将由此出现重大转折。

1964 年 8 月的第一周，美国海军在中注湾与北越鱼雷艇发生交火。这一事件成为宣战理由。约翰逊总统中断全美电视台正在播出的正常节目，以电视讲话通报北越的侵略行径，并呼吁国会授权他采取军事行动。越南战争正式开始。几天后，国会通过《tokin 湾决议》，授权约翰逊总统在必要时采取包括使用武力在内的一切措施。在五角大楼，扎斯洛夫的研究正处于风暴中心。1964 年 8 月 17 日，勒梅空军上将向参谋长联席会议主席厄尔·惠勒（Earle Wheeler）上将递交了一份备忘录。勒梅写道，赢得越南战争的“最好机会”，是选定 94 个已经被五角大楼确认对于越共“极其重要的”北越目标，将其逐一摧毁。作为勒梅将军的核心论据，扎斯洛夫的研究报告同时也被发给了惠勒。其时，扎斯洛夫依然毫不知情。

在西贡，扎斯洛夫和唐奈的战俘研究也即将接近尾声，这是向高级研究计划局提交的越共动机和士气计划首篇报告。5 个多月里，二人在多个中央情报局监狱进行了 145 次采访。1964 年 12 月，鲍克飞往西贡协助进行整编工作。在巴斯德路高级研究计划局办公楼的一层大厅，几周之后，三人将扎斯洛夫和唐奈的研究成果汇集为 54 页的最终报告。

报告一完成，兰德分析家就在同处一条街道的美国驻南越军援司令部（MACV）总部向威廉·威斯特摩兰德（William Westmoreland）将军汇报。扎斯洛夫和唐奈说，越共叛乱者认为美国是入侵者，愿意不惜一切代价让美国放弃努力并撤出越南。10 年前，这批人曾将法国人成功赶出越南，他们现在的作战动机和从前并无二致。叛乱并不针对当地人，叛乱者认为自己是“为了贫民”，认为自己是代表越南人民在进行一场民族主义战争。他们把美国人看成恶棍，尤其是“美帝国主义及其走狗南越政府”。南越农民也有抱负，他们想获得社会公正与经济机会。他们想拿回自己的土地，即那些在诸如“战略村”等令人质疑的安全计划中被夺走的土地。扎斯洛夫和唐奈告诉威斯特摩兰德将军，这就是激发越共革命的原因。

接下来，他们向被约翰逊总统任命为美国驻越大使的麦克斯韦尔·泰勒（Maxwell Taylor）将军介绍报告内容。然后，又在 MACV 司令部向该机构高级官员以及作战开发测试中心的高级研究计划局官员报告研究成果。在每个机构,对每个人或每组人,他们都重复了同一个观点:越共是个强大的敌人。“即使能够打败他们，代价也极大，”扎斯洛夫和唐奈说，“如果我们真能打败他们的话。”

高级研究计划局试图通过越共动机和士气计划探求越共动机，但它不想听到越共不可战胜。戴奇曼认为，就像几年前希基和唐奈的“战略村”计划报告一样，扎斯洛夫和唐奈的研究已经偏离轨道。据其他的兰德官员称，戴奇曼觉得他们的战俘报告并无帮助。兰德需要另派学者展开研究，得出和五角大楼一致的结论，即越共可以并终将被打败。科尔博姆走进自己负责的位于圣莫尼卡的兰德总部走廊。他说，“我要找三位富有创造力的高级专家，他们要能够去越南”调查东南亚的战乱。他需要另外寻找一位资深分析师，替代扎斯洛夫接管越共动机与士气计划。科尔博姆发现极富争议的核战略家利昂·古尔（Leon Gouré）正是自己要找的人。

利昂·古尔 1922 年出生于莫斯科，是一个憎恶苏联共产主义的苏联问题专家。他生在一个犹太家庭，长辈都是孟什维克社会主义知识分子。1岁时，古尔全家流亡柏林，仅仅10年后，他们又因为希特勒上台成为德国总理而举家搬到巴黎，1940年又再度被迫逃离。接受《华盛顿邮报》采访时，古尔曾经提到他们一家是搭乘逃离巴黎的最后一列火车逃了出来。到了美国，他才最终有了家的感觉。古尔加入美国军队，成为美国公民，又被派回德国参加著名的突出部战役（又称阿登战役）。作为美国陆军反情报部队成员，他逐渐精通德语和法语，并学会如何从被捕者口中获取信息、撰写情报报告，成为一名经验丰富的审讯专家。“二战”后，古尔分别在纽约大学和哥伦比亚大学取得本科和硕士学位。1951年，他成为兰德分析员，随即着手和公司的高级防务专家艾伯特·沃尔施泰特（Albert Wohlstetter）以及赫尔曼·卡恩（Herman Kahn）等研究核战争影响。古尔的专长是核打击后的民防，他曾于1960年去莫斯科出差，为兰德开展民防研究。次年，他的研究成果成书出版，引发美国上下一片哗然。

古尔声称，他在莫斯科出差期间，得到第一手证据，显示苏联建立了巨大的地下工事网络，能够在发起首次对美核打击之后保护本国人民免受伤害。苏联的这种行为必然导致美国的核反应。只有两个超级大国在核攻击面前同等脆弱，才能确保它们都不会首先发起核打击，才能够保证“相互确保摧毁”概念的有效性。古尔的惊人发现表明，苏联确信自己能够在核战争中幸存，同时保护苏联的主要人口免受伤害。根据沃尔施泰特的二次核打击理论，既然古尔的研究表明苏联认为自己能幸存，它就有可能尝试首先发起毁灭性核打击。

古尔理论的批评者认为他的成果并不可信。由于古尔极端仇恨苏联共产主义，他很有可能偏听偏信。1961年12月，《纽约时报》刊出一篇攻击古尔研究的文章，题为“苏联防空洞：神话还是事实？”。记者哈里森·E. 索尔兹伯里在苏联进行了为期1个月的旅行，行程将近1.2万英里。他说“没有找到证据证实哪怕有一个苏联防空洞”，而传说中的已经遍布莫斯科地下的防空洞不过是地铁隧道而已。索尔兹伯里指出“兰德公司专家利昂·古尔发表数份研究报告，宣称俄国人有一个庞大的计划，用以保护本国人民和工业设施免受原子弹袭击”，然而他通过大量采访俄国人，了解到的却是古尔的报告内容“遇到了实地目击者的强烈质疑”。索尔兹伯里写道，经过对所谓事实的详细审查，根本没有发现建好的防空洞。“曾经去过苏联多地的外交官、外国武官和记者也都报告称没有可见的证据显示存在广泛的防空洞计划。”索尔兹伯里认为。古尔的报告只服务于美国空军这个兰德公司的最大客户，用于帮助后者向五角大楼申请追加数千万美元经费，从而养活其日益膨胀的轰炸机编队。

针对古尔民防报告合法性的争论非常激烈，几个月后才逐渐平息。古尔从头版头条消失，但继续为兰德撰写研究报告。1964年底，科尔博姆不断提议古尔接替扎斯洛夫担任高级研究计划局在西贡的越共动机与士气计划首席社会学家。扎斯洛夫感到这项任命必将导致一场灾难。

“虽然已经过去了50年，但我一想到古尔所做的一切还是气不打一处来。”扎斯洛夫在2014年说。几周之后，古尔就抵达了西贡，准备接管动机与士气计划。

整个西贡此时都已陷入混乱，形势急速恶化。1964年圣诞节前夕，2名越共士兵开着载有200磅炸药的小汽车进入布尔克单身公寓的地下车库。这是美国国防部租用的一家7层酒店，用于为其官员在西贡提供住处。有3层建筑被炸毁，2名美军人员死亡，63名美国人、1名澳大利亚军官和43名越南平民受伤。

西贡可能落入越共之手，面对突然出现的不利局面，国防部长麦克纳马拉要求约翰逊总统采取行动。1965 年 2 月 7 日，一场名为“火飞镖行动”的有限轰炸战役打响。11 天后，约翰逊命令参谋长联席会议启动第一阶段“滚雷行动”，即勒梅将军曾主张的空中作战。3 月 8 日，美国海军陆战队在岘港登陆，越南战争正式开始。

古尔搬进扎斯洛夫夫妇曾住过的兰德西贡别墅开始工作。他的第一份越共动机和士气计划报告得出的结论与扎斯洛夫和唐奈的发现大相径庭。

“总体来看，”古尔写道，“越南农民没有强烈的政治观念。”正因为“农民意识形态观念淡漠”，大部分越南人仅关注“个人生存”而非政治抱负，古尔写道。越南人多保持中立，他说，与西方人不同，他们不会坚持诸如“要求真正自由选举”的民主观念。古尔辩称轰炸是在越南取胜的正途。他说：“轰炸会削弱越共士气。”

“古尔正好向五角大楼传递了空军想要表达的信息，即轰炸（越南）。”扎斯洛夫说。但对于扎斯洛夫来说，他更无法容忍古尔剽窃自己和唐奈的战俘采访记录来得出他的结论。这些结论，扎斯洛夫说，“根本就不存在”。古尔没有为他的报告实地采访任何越共战俘。

1965 年冬天，兰德的盖伊·鲍克飞往华盛顿与参谋长联席会议成员会面，推销现在由古尔负责的扩充版越共动机与士气计划。鲍克说，前提是如何以最佳方式“摧毁越共的核心支柱”。为这项新研究，古尔将亲自采访越共战俘，以便确切了解空中力量和重型武器对越共的心理影响。鲍克还说，对这种观念“深入探究并做出明智判断”，能够为确定打赢战争的方式提供重要参考。参谋长联席会议表示同意，高级研究计划局的计划得以扩大。于是兰德公司著名苏联问题专家和民防专家、对于东南亚没有任何研究经验的古尔，受命负责扩充越共动机和士气计划。

现在，兰德人类学家和社会科学家经常在巴斯德路的别墅会面，他们都在为这个长期战争中的各类高级研究计划局计划工作。杰拉尔德·希基也在其中，他又回到西贡，专门研究特种部队如何对越南少数民族展开工作，以及越南人对于“超能力”的信仰如何影响战争进程。希基在回忆录中描述了五角大楼新星丹·埃尔斯伯格（Dan Ellsberg）定期来兰德别墅的情形。他们在前年夏天就曾有过会面，埃尔斯伯格声名显赫，是位才华横溢的哈佛经济学家，曾写过一篇讨论外交和敲诈勒索相似之处的精彩论文，他现在以“特殊外联”这个神秘身份在越南为五角大楼工作。和埃尔斯伯格共度的一个特殊夜晚让希基印象深刻。

“1965 年 11 月，埃尔斯伯格邀请我到他的西贡别墅参加便宴，他的家紧邻戒备森严的威斯特摩兰德将军官邸 。”希基回忆道，“丹尼尔很和善，我们谈论了很多关于越南的话题。他随后拿出一小包照片，那都是他和（陆军中校）约翰·鲍尔·范恩（John Paul Vann）一起到乡下出差时拍的。照片中他手持自动步枪，并称自己经常在沿途扫射那些浓密的树丛——他认为越共很可能会藏在那里。”希基说：“谈及这些旅行，丹尼尔因为某种冒险或者逞能变得越来越兴奋，我在其他类似的人身上也发现过这种兴奋，我永远都不明白他们来越南的真正原因。”

无论工作还是生活，越南都错综复杂，如同迷宫一般。有很多专业人员为不同雇主在各个领域服务，但他们不了解雇主的真正意图。这是机密防务工作本质使然，个体科学家和士兵仅能得到极其有限的真实资料，仅够用于保证继续工作，而无从知晓背后原因。在 1965 年，埃尔斯伯格的逞能可能让希基觉得毫无意义。但到 1972 年秋，埃尔斯伯格开始采取行动反对五角大楼，并且很长一段时间都是美国的头号通缉犯，最终被迫转入地下，其中的原因才逐渐明晰。

古尔继续为高级研究计划局撰写报告，并且几乎所有报告都上报五角大楼，越共士兵正迅速失去动机和士气。在《内部报告：越共弱点之印象》中，古尔和合著者 C. A. H. 汤姆森（C. A. H. Thomson）声称越共士兵已经“精疲力竭、非常气馁”，“越共的生活正变得非常危险，艰难程度甚至甚于 1964 年”。古尔说，这些发现源于一份对 450 名越共战俘的采访记录，“有大量证据不断涌现，它们证明越共现阶段的高度脆弱性”。古尔还写道，有人向他坦承他们已经失去希望。最近几个月，正如他所说，越共士兵“越来越多地谈论他们可能在下次战斗中死去，可能再也见不到自己的家人”。但越共士兵同时也表达了为民族大义捐躯的意愿，这些报告却对此只字未提，只是简单背书，为美国空军继续轰炸行动提供依据。古尔承诺，“空袭带来的恐惧”必将“使越共臣服”。

古尔在 1965 年成为麦克纳马拉部长的顾问之一。军队直升机会把他从巴斯德路的兰德别墅送到停泊在越南沿海的航空母舰，以便他向那里的战地指挥官们介绍兰德公司正在为高级研究计划局和五角大楼所做的研究。这对现在的古尔来说稀松平常，他被召回华盛顿时也同样会受到追捧。民间传言，在白宫散步时，约翰逊总统都会在裤兜里装着古尔的研究报告。

“如果古尔从越南回到圣莫尼卡的兰德总部，他只会停留片刻，换件衬衫就飞往华盛顿去见麦克纳马拉。”鲍克说。他当时已经开始怀疑古尔研究的真实性。古尔在五角大楼和白宫的名声越大，他在兰德内部遇到的敌意也越来越多。1965 年末，国会开始审查兰德公司在越共动机和士气计划中的工作，古尔的名声开始下跌。在国际组织和运动附属委员会举行的听证会上，众议员彼得 · H. B. 弗里林海森（Peter H. B. Frelinghysen）要求国防部解释为什么雇用兰德公司针对越共做了大量工作，而这些工作看起来就像是在收集“纯粹的军事情报”。这种工作

"应该由军队完成"，弗里林海森说，而不是"像兰德这样需要高额报酬的顾问"。

"（我们）把合同给兰德公司是为方便起见，让他们作为军事系统的工具开展研究。"高级研究计划局的戴奇曼说。高级研究计划局不想派自己人（比如戴奇曼）进入这个领域，虽然这些问题也很重要，但高级研究计划局有"很多作战行动事务需要处理，没有时间连续数月去研究这些细节问题"，戴奇曼解释道。而兰德这样的智库有人力资源，有专业技术，也有时间做这样的研究。

弗里林海森不同意这种说法。不仅是因为这项工作代价高昂，得出的结论也很幼稚。他引用古尔撰写的一份报告，称这项工作很老套，"甚至孩子也能胜任"。

弗里林海森的指责引起了参议员 J. 威廉·富布赖特（J. William Fulbright）的注意，他随后翻阅了古尔的报告，并对古尔篡改战俘采访记录的做法感到非常震惊。富布赖特在给麦克纳马拉部长的信中提到，"（我们已经）收到兰德公司和其他关注越共逃兵和战俘态度的公司近期提交的调查报告"。他认为，"负责这个计划的公司可以决定性地操纵结果"。富布赖特要求评估兰德公司的所有工作。

麦克纳马拉委派一位空军官员进行调查，调查者却声称没有发现兰德公司的任何差错。然而国会已将全国公众的注意力导向兰德，这使其公司形象一落千丈。虽然兰德最初支持古尔，但再也不能忽视他引起的争议。古尔必须撤换。兰德总裁科尔博姆派分析家格斯·舒伯特（Gus Shubert）去西贡负责高级研究计划局的合同。古尔去职，但越共动机和士气计划还在继续。截至 1968 年，兰德分析家采访越共士兵 2400 余次，编辑 50 多份高级研究计划局报告，总计 6.2 万余页。

无独有偶，古尔垮台后，开启"灵巧计划"的戈德尔也因被指控侵吞高级研究计划局款项而在 1964 年 8 月被 FBI 带走。12 月 16 日，联邦大陪审团起诉戈德尔及其两位前五角大楼同事欺骗美国政府并挪用国防部资金 5.7 万美元。戈德尔及其律师一起努力洗刷罪名。美国驻越南大使麦克斯韦尔·泰勒将军等人都为其提供支持证言。法官准许戈德尔去越南取得一名越南将军和泰国王子的证言，但没有任何作用。审理期间，检察官提交了 150 份证据，还有大量目击者对他进行不利指证。经过 8 天法庭质证和 10 个小时的陪审团审议，戈德尔挪用公款和阴谋滥用政府资金两项罪名成立。法官宣布两罪并罚判处他 5 年有期徒刑。

威廉·戈德尔，战斗英雄、间谍、外交官，反叛乱及橙剂战争等众多颇具争议的高级研究计划局越南行动项目缔造者，被关押至宾夕法尼亚州爱伦伍德的低安保级别联邦监狱。他挪用资金的个人收益被判定为 16922 美元，大约相当于 2015 年的 135000 美元。

第十一章 贾松进驻越南

越战期间，兰德公司为高级研究计划局代理了很多软科学计划。而对于如何运用可量化数据和严密方法论的硬科学计划，高级研究计划局却看中了贾松科学家。贾松是精英俱乐部，其成员来自内部互荐。他们大部分都是物理学家和数学家，致力于用科学手段解决在外部人员看来无法解决的各种难题。在整个 20 世纪 60 年代，他们唯一的客户就是高级研究计划局，即其所有的报告最终都会上呈国防部长，其中绝大多数都是包括核机密在内的内部数据或机密、绝密材料。紧跟约翰·冯·诺依曼、欧内斯特·劳伦斯以及爱德华·泰勒等先驱的脚步，贾松俱乐部成员都是典型的防务科学精英。其核心团队包括默夫·戈德伯格、默里·格尔曼、约翰·惠勒和威廉·尼伦贝格，他们自“二战”中的曼哈顿计划以来就一直在学术上有交集。20 世纪 60 年代早期，贾松开始扩大规模，补充进几名自己成员培养的博士生，其中就包括年轻的地球物理学者戈登·麦克唐纳（Gordon MacDonald）。

在为高级研究计划局工作的前四年，贾松科学家一直针对五角大楼的最高机密问题开展一系列科学研究，其中涉及高空核爆炸、电磁脉冲现象以及粒子束激光等众多领域。此类研究的报告有《磁流体力学中的程函数方法》(1961 年)、《波干涉仪技术的雷达分析》(1963 年)、《论救火软管不稳定性弥散关系》。

“正因为防务问题带来的巨大挑战，我们才热衷此道。”戈德伯格 2013 年接受笔者采访时说。最初几年一直是这样，但越战随即开始。“我们一直都在接近贾松创始人设立的崇高目标，直到越战爆发。”麦克唐纳说，他在 1963 年夏天加入贾松科学家团队。“默里・格尔曼打电话来问我是否愿意加入贾松。我非常尊敬默里，随即答应了”，麦克唐纳回忆道，在贾松的第一年，“我的贡献主要与核爆炸发生时的电离层反应等（核效应）有关”。随着贾松科学家越来越重视越南问题，整个团队也开始关注越南。贾松科学家中对越南感兴趣的第一人正是默里・格尔曼。

格尔曼是贾松团队最受尊重的思想家之一，也是最神秘的人物之一。1969 年他因为发现夸克而获得诺贝尔物理学奖。夸克组成原子粒子，绝大多数人远不能理解其本性。与此同时，格尔曼感兴趣的领域又非常普通：他喜欢思考神话、史前史以及人类语言的进化等人们都很熟悉的事情。在 1961 年夏于缅因州召开的贾松科学家例会期间，格尔曼举办了一场名为“白虎”的研讨会。研讨会主要从“部族战争”视角探讨愈演愈烈的越南叛乱活动。这比其他贾松科学家考虑越南问题都要早，戈德伯格回忆道。

格尔曼是加州理工学院教授，他试图在该校开设一个行为科学部，但未能成功。对于格尔曼来说，游击战是个非常值得研究的课题。“因为他很好奇，贾松科学家们也变得很好奇。”戈德伯格回忆道，“我们想，如果贾松团队能够理解反暴动背后的社会学动因，可能越南问题就能解决。”于是 1964 年夏天，高级研究计划局请贾松科学家就越南问题展开正式研究。前曼哈顿计划科学家尼伦贝格被派往加利福尼亚州度假胜地拉荷亚领衔开展此事。这不是贾松科学家第一次研究戈德伯格所谓的“越南问题”，但却是首次撰写关于这个问题的报告。

那年夏天，格尔曼邀请备受尊崇的战地记者、政治科学家伯纳德·福尔（Bernard Fall）到拉荷亚向贾松科学家介绍情况。1964 年，福尔是公认最有见识的东南亚问题专家。他的著作《无欢街道》出版于 1961 年，主要描写法军与越共之间长达 8 年的残酷战争。那场战争最终以法国在奠边府的惊人失败而告终，“没有欢乐的街道”是法国军队对共产党占据的广治和顺化村之间道路的称呼。

福尔个人对于叛乱和反叛乱组织都很有经验。他是犹太人，1926 年生于维也纳。奥地利被纳粹占领后，他和父母飞往巴黎。福尔的父亲参加法国抵抗运动并不幸被捕，饱受折磨后最终被盖世太保处决，母亲被送往奥斯维辛集中营，被杀害于那里的毒气室。福尔 16 岁就成了孤儿，加入法国抵抗运动，并由此取得了关于抵抗运动的一手经验。法国于 1944 年解放后，他加入法国军队，并在“二战”后成为纽伦堡战犯法庭的一名分析师。后来，福尔获得富布赖特奖学金，来到美国，最初作为学者和政治科学家为人所知。但为了近距离观察印度支那游击战争，他改行做了战地记者。20 世纪 50 年代，福尔仍是法国公民，他可以和法国士兵一起深入敌后，在战场上进行报道。福尔了解士兵的生活。士兵和学者都很崇拜他。他后来成为美国公民，并且是少数获邀到河内采访胡志明的美国人之一。

福尔支持美国介入越南的反叛乱作战，并对其正确性坚信不疑。非对称作战令人心生恐惧，福尔本人曾亲历过其残酷。在奠边府，法国部队拥有更加精良的武器装备，但共产党领导的越南独立同盟武装以石器时代的工具和铁锹巧取胜利。最终，共产党在法国部队外围挖掘堑壕实施包围，然后使用重型火炮轰击困在里面的法国士兵。奠边府战役标志着法国对于越南的占领最终结束。日内瓦协议签订之后，越南以北纬 17 度线为界分裂为南北两个地区，北部控制权掌握在胡志明手中，南部则是越南末代皇帝保大，并由吴庭艳出任内阁总理。

福尔认为美国人必须努力使自己的战术如同游击战一样灵活精巧，才可能免于重蹈法国在越南的覆辙。福尔介绍情况之后，贾松科学家团队写了一篇名为《内战工作报告》的研究报告。这篇报告从未解密，但因为涉及"战术传感器系统计划"，曾被海军航空发展中心的一份公开文件提及。这篇报告所传递的信息，即贾松科学家关于在反叛乱战场上使用"战术传感器"的精华观念，不久就会成为这场战争的核心。但人们在 1964 年认为这种想法实施起来时间太长，最终将其搁置。

福尔在拉荷亚参加贾松夏季研究期间，就反叛乱战争培训了很多物理学家和数学家，两年半之后却被一枚地雷夺去了生命。极为讽刺的是，福尔的遇难地正是他那本《无欢街道》描述的大街。福尔的书在越战期间成了最受美国官员欢迎的著作之一。2012 年，已经退休的科林·鲍威尔（Colin Powell）将军告诉《纽约时报书评》，在他从年轻士兵成长为参谋长联席会议主席并最终成为国务卿的职业生涯中，福尔的著作对他的思想有深刻的影响："伯纳德·福尔的《无欢街道》对于我们这些第一波去越南的肯尼迪总统顾问来说就是一本教科书。"

随着贾松科学家不断扩大在越南战争中的工作和介入程度，关于如何推进工作的分歧也不断加大，在社会科学这个灰色领域尤其突出。格尔曼等科学家认为理解人类动机的前景广阔，而其他科学家则认为运用先进技术才是打赢战争的唯一方式。麦克唐纳认为应该全面应用包括气象武器在内的独创技术。他坚信气候变化一直都是"战争的驱动器"。

干旱、瘟疫、洪水和饥荒都会迫使人们回归生存极限，常常导致争夺仅存资源的战争。随着越战逐步升级，五角大楼不断寻求将气象作为武器的全新方式。作为贾松科学家，麦克唐纳罕见地处于所有这些事件的前沿。虽然当时发生的大部分事实仍是机密，但有些已经浮出水面，这些公开内容都来自戈登·麦克唐纳本人，20世纪最具影响力却最鲜为人知的防务科学顾问之一。

戈登·麦克唐纳1929年出生于墨西哥，父亲是苏格兰人，在墨西哥城的一家加拿大银行当会计，母亲在同一条街道的美国大使馆任秘书。他最初迷恋地质，童年时一心想成为地质学家，却被疾病打破了梦想。小学二年级时，麦克唐纳罹患小儿麻痹症，双腿和一只胳膊暂时瘫痪。这是一种急性病毒性传染疾病，在20世纪30年代的墨西哥还不能及时确诊。他被送往达拉斯，和很多小儿麻痹症患儿一样孤独地留在那里的医院，如同被遗弃一样。他曾在1986年向一位科学家同事坦承，“这段经历很不愉快”，这也是他为数不多的几次谈及童年创伤中的一次。悲剧是灵感之源。在得克萨斯医院治疗期间，麦克唐纳学会了两项影响他一生的技能：阅读一切可读的材料，然后就此和同等水平或更聪慧的人展开讨论。

“那些经历中积极的一面来自一位叫达德利·伍德沃德（Dudley Woodward）的叔叔，”麦克唐纳回忆道，“他住的离医院不远，他几乎每天都来看我，渐渐成了习惯。”伍德沃德是一位律师，也是得克萨斯大学董事会主席，爱好广泛。“他给我订了《达拉斯晨报》，”麦克唐纳说，“我每天读报纸，准备第二天早晨和他一起讨论。我们每天都这么做。”麦克唐纳当时只有9岁。

后来这个小男孩回到墨西哥的家，但还是有严重的残疾，有7年时间都不能上学。“我的学校教育有一块断档，”正如他所说，“从二年级到九年级……我在一所墨西哥教会学校接受了最初几年（学校教育），之后就再也没有正规教育。我在家里大量阅读。”在得克萨斯州的那家医院里，他从伍德沃德叔叔那里学到了关键的技能，使自己可以在没有正规教育的情况下自主学习。妈妈也在家帮他辅导功课。最终他完全可以再次上学并“直接跳级到高中”。他轻描淡写地说，“我在高中表现很好”。

他离开家去墨西哥乡下上了一所军事化寄宿学校——圣马克斯中学，从墨西哥城坐火车到那里要一天半的时间。上学“因我的残疾而非常艰难”，他解释道，“和同学们站着参加活动都很困难”。圣马克斯中学是一所宗教学校，但也有一支橄榄球队。“我最大的愿望就是战胜残疾。我开始打橄榄球，并在最后一年加入校队的初级队，我认为这是一个了不起的成就。”暑假期间，他在美国熔炼公司位于圣路易斯波多西市的分公司打工，那是一个海滨城市，他的工作就是去野外采集用于实验室研究的矿石样本。在此期间，他对于石头的兴趣集中于研究几种矿物和水晶。他一边工作，一边收听短波广播，始终了解世界大事。高一时他就决定申请哈佛大学，并最终获橄榄球奖学金而被成功录取。

1946 年，麦克唐纳从圣路易斯登上火车，在纽约短暂停留，最终抵达马萨诸塞州剑桥镇的哈佛大学。除了去得克萨斯州就医，他此前从未离开过墨西哥，没去过墨西哥以外的任何城市，也没有坐过地铁。“很幸运我被安置在哈佛最古老的学生宿舍麻省楼，（哈佛）校长吉姆·科南特（Jim Conaut）就在我楼下。”科南特就是著名美国化学家詹姆斯·科南特（James Conaut），他刚刚参加完曼哈顿工程回到哈佛。“我和科南特很熟。”麦克唐纳说。但他们的初次见面没什么特别之处，“他告诉我，他的办公室就在我楼下，白天的时候要适当保持安静”。

麦克唐纳选修物理，但不久就发现哈佛的物理老师“非常糟糕”。“我开始发现，对艰深的问题而言，‘记忆’和‘理解’之间存在巨大差异。”他说。也就是说，死记硬背是一回事，但从本质上理解概念则需要严格的学术训练。经过6个月的物理学习，他决定改攻地理和数学。社交上他觉得很吃力：许多同学都来自圣保罗、安多弗、埃克斯特等专门寄宿学校，毕业于墨西哥的一所圣经学校的身份让他觉得低人一等。进入哈佛橄榄球队对他来说几乎毫无可能，但他拒绝放弃，继续坚持努力。

在哈佛学习的第二年，他对气象的兴趣在和哈佛客座教授沃尔特·芒克（Walter Munk）博士的交锋中达到了顶峰。备受尊敬的芒克博士是最伟大的海洋学家之一，他当时正在举办一个研讨会，主题是地球自转与“高海拔喷流的季节变化之间的关系”。后来芒克回忆道，“这一现象当时刚刚被发现，我觉得观众中肯定没人了解，但让人惊讶的是第一排的一个学生很无礼地打断（我），指出研究忽略了潮汐、洋流变化等因素的影响”。芒克博士很不愉快，直接表示这些问题并不重要。这名学生就是戈登·麦克唐纳。“四年后，我大幅改进了自己的理论，并在麻省理工学院就同一主题再次举行报告。他再次坐在头排，抱怨我没有回答他四年前的问题。”

麦克唐纳在1950年以最优成绩从哈佛毕业，这在地质系历史上还是首次。虽然有残疾，但他坚持打橄榄球并参加学院的赛艇比赛。他被接纳进入颇富传奇色彩的哈佛学会，成为其24名新成员之一，这些学者来自世界各地，他们可以在三年内做想做的任何事情，一切费用都由协会支付。直到今天，他都是该协会记录在案的最年轻会员。麦克唐纳选择游历全国乃至全世界，于1952年回到哈佛获得学士学位，1954年又获得地理和地球物理学博士学位。那个时期他最愉悦的经历来自学者协会举办的“周一之夜”雪莉酒晚宴。晚宴期间，他很享受和恩里克·费米等物理巨头长时间讨论的感觉。他和费米讨论在1959年还是未解之谜的地球自转、地核和地壳。“我和总统候选人阿德莱·史蒂文森（Adlai Stevenson）讨论科学政策，”麦克唐纳说，“我开始了解更广阔的世界，除了岩石、矿物以及热力学关系之外的广阔世界。”突然之间，所有一切都“联系了起来”。他想了解关于地球物理学的一切，也想了解地球上的人们如何利用科学获益。

他的学术产量非常惊人。麦克唐纳能从前所未有的视角发现地球物理学现象彼此之间的联系。“古生物学和天文学并没有什么不同。”他说。1959年，他因独创性的研究获得美国艺术与科学院表彰，称他的工作“融会贯通气象学、海洋学、地球内部构造以及对地球自转的天文学观察等地球物理学涉及的众多独立领域”。1958年，他登上沃尔特·克朗凯特（Walter Cronkite）的节目《明日世界》，首次在美国电视上公开讨论人类不久将有能力探索月球。之后他成为NASA、高级研究计划局以及五角大楼的顾问。“我很兴奋，”他说，“我觉得我们通过观察月球可以学到很多关于地球的知识，所以我迫切地想参与其中。”

激情如他，麦克唐纳既能很快对地球科学研究热情似火，也能迅速失去对一个学科的兴趣。到1960年，他说，“我对大气层越来越感兴趣，致力于研究气候问题”。加利福尼亚大学洛杉矶分校计划发展大气科学研究，他应邀出任大气研究实验室主任。在加利福尼亚大学期间，他开始研究天气和电离层，进而对气象控制产生兴趣。1962年，他被委任为美国国家科学院大气科学委员会成员。1963年，麦克唐纳被选为人工影响天气和气候委员会主席，这也是美国国家科学院的分支机构。

1963年，影响天气依然合法。麦克唐纳写道，这个委员会的工作是“全面慎重地审查这一领域的现状和活动，并预测其未来潜力和局限”。公众被告知，国家科学院进行的人工降雨等影响天气研究“完全出于良性目的”。“虽然尚不明确，但越来越多的证据表明，我们可以通过添加凝结核使某些类型的云团和暴雨系统的雨水适当增加并重新分配。”麦克唐纳在 1963 年中的一份报告中写道。

与此同时，在他的保密工作中，戈登对影响天气的兴趣日益浓厚。他告诉《美国数据协会期刊》：“我越来越相信，科学家应该更积极地投身于影响环境研究，联邦政府也应该加强这一领域内的组织协调。虽然相关研究可以同时在公立和私人组织中进行，但政府应该在大规模实地实验和监测工作中发挥引领作用，并为私营机构活动建立适当的法律框架。”

随着五角大楼逐步探索使用气象武器，麦克唐纳有了一份额外的工作：科学顾问。1965 年冬，五角大楼对于如何继续应对越南问题“犹豫不决”，早在深秋，麦克唐纳就已经感觉氛围变得“错综复杂”。国防部长麦克纳马拉和他的同事“正在几近疯狂地寻求能够控制战争的方式”，麦克唐纳在 1984 年告诉贾松的几位同僚。1965 年 12 月，参谋长联席会议和国防部长授权高级研究计划局研究开发越南的“林火武器”。

这个被称为 EMOTE 的秘密计划由高级研究计划局制订，表面是研究“影响环境技术”的运用。这个计划是在高级研究计划局第 818 号命令下和农业部林务局合作开展的，核心就是研究如何利用大火毁掉大片生长的丛林。丛林本就潮湿不易燃烧。为改变丛林的自然条件以“支持燃烧”，高级研究计划局科学家发现必须用化学制剂先毁掉丛林树冠。高级研究计划局并不缺少脱叶所需的药剂，正在进行的“灵巧计划”脱叶行动催生了现在被称为橙剂、紫剂、粉剂及以其他各种颜色命名的除草化学制剂。作为“影响天气作战行动”的一部分，EMOTE 项目计划把成百上千万加仑的橙剂喷洒到森林里。

人类早期史料就记载了将林火作为武器的故事，高级研究计划局研究人员引用圣经《撒母耳记下》中的记载来印证这一点："战争发生在以法莲森林；比起刀剑，森林那天吞噬了更多人。"在越南，森林自古以来就为对手提供庇护。报告中写道："森林是强盗土匪和叛乱者的庇护天堂。"但对研究影响天气的高级研究计划局科学家而言，越共武装更像林猫，躲在森林里随时准备猎捕毫无戒心的村民。报告指出："近期研究显示 83% 的越共基地位于浓密的森林里。"森林在历史上总是为对手所利用，但现代技术正致力于终结对手这一优势。

1965 年 3 月末，第 315 空中突击队以西贡 25 英里以西的木姜森林为"假想敌"，执行代号"雪伍德森林"的焚烧行动。先是由飞机向丛林喷洒 78800 加仑橙剂，之后由 B-52 轰炸机投放大量 M35 燃烧弹。但那天一早下了雨，所以实验并未如预期那样引起"森林植被大范围毁灭"。高级研究计划局推迟了第二次测试，直到 10 个月后旱季高峰来临才开始。1966 年 1 月 24 日的"热喷嘴行动"采取了与第一次类似的程序，但结果要好些，最主要的是因为没有雨。

第一次正式行动发生于一年以后，同样是旱季高峰时节，代号"粉色玫瑰"行动。这一次，美国空军飞行员驾驶特殊改装的 UC-123B 和 UC-123K 型飞机，先喷洒落叶剂，再喷洒化学干燥剂，随后空军 B-52 轰炸机投下集束炸弹点燃化学药剂。打击目标包括"已知的敌军基地区域"，也包括村庄交通线。除了"杀死"丛林和其中的一切活物，行动还引发多地火灾，但没有引起"持续大火"。高级研究计划局科学家总结说，还是有太多环境因素影响。雨水和潮湿天气一直都是不利因素。

一年之后，美军再次发起代号"地狱之火"的秘密行动，打击越南人所称的"黑森林"。美国空军这次没有使用落叶剂，而是派出 14 架 C-130 型飞机在丛林树冠上方低空盘旋，直接用 55 加仑的油桶向目标区域倾倒燃油，随后发射白磷燃烧弹火箭点火，森林顿时变成了烈火地狱。但燃料一耗尽，火势就迅速减弱并最终熄灭。

高级研究计划局的最终报告有170页，起初被定为机密，一直保存在美国农业部位于马里兰州的专业档案馆里。这份报告指出，森林的可燃性主要取决于两个因素。一个是天气，为不可控因素。另一个是"地表或接近地表的枯萎植物数量"，科学家们认为这是个可控因素。高级研究计划局科学家写道："如果杀死所有的灌木，选择有利于燃烧的天气条件，并以预定方式点火，就能大大增加森林可燃性。"但杀死所有的灌木即使对于高级研究计划局来说也是一个过于庞大的工程，所以使用林火作为武器的项目终被搁置。

随着越南战争规模逐步扩大，美国军方一直在向贾松科学家咨询如何取胜的硬科学方法。1965年，科学家受命将精力集中在"胡志明小道"上。这条交通线由五角大楼命名，全长1500英里，由公路和羊肠小道构成，从北越途经老挝和柬埔寨一直延伸到南越。有些路段足够宽，可以过卡车和牛车，其余部分则只够自行车通过或者步行。国防情报局研究认为，每天大约有200吨共产党武器和补给通过"胡志明小道"，从北越输入南越。这条路上有存储仓库、补给掩体、地下指挥和控制设施，甚至还有医院。2007年解密的一份国家安全局绝密文件称这条交通线是"20世纪军事工程史上的伟大成就之一"。

制图员、地理学家还有地图设计师都向贾松科学家简要描述了"胡志明小道"的地形地貌。科学家们还阅读了由约瑟夫·扎斯洛夫和约翰·唐奈编辑的兰德公司战俘采访记录，进一步了解这条交通线的情况。高级研究计划局的西蒙·戴奇曼仍然在五角大楼监管"灵巧计划"，他也给贾松科学家提供了关于这条交通线的各种报告。在贾松科学家威廉·尼伦贝格看来，这条路几乎就是活的，"这是个网状结构"，他写道，就像人的躯体或者树木，而“互相联通的网络渠道”犹如血管或树枝，互相联通息息相关。五角大楼希望贾松科学家拿出办法，切断这条交通动脉。

高级研究计划局每年给贾松的预算增加了一倍，从 25 万美元增加到 50 万美元，大概相当于 2015 年的 3700 万美元。这些科学家开始致力于研究战术技术，寻求能够有效阻断“胡志明小道”的方法。贾松科学家在此期间进行的研究至少有三项直到 2015 年还处于保密状态，它们应该是：《关于越南内战的工作论文》《反叛乱夜视能力》以及《关于越共 / 北越军队后勤和人力相关数据研究》。因为这些内容仍然保密，所以人们至今也不知道麦克纳马拉部长对这些报告的评价如何。但据默夫 · 戈德伯格说，麦克纳马拉认为贾松科学家提议的这些方法执行起来时间太长。“我们的研究是基于一个可能延续几年的相对长期战争假设”，他说，但国防部更想要立竿见影的结果。所以麦克纳马拉要求贾松科学家研究确认，使用核武器摧毁“胡志明小道”是否更有效率。

贾松绝密数据报告《东南亚核武器策略》直到 2003 年才解密，位于加利福尼亚州伯克利的鹦鹉螺研究所依据信息自由法案得到了一份副本。戴奇曼在 2003 年回应这份报告引起的愤怒反应时说：“五角大楼曾讨论过这个方案。”戴奇曼回忆说麦克纳马拉部长认为贾松科学家最有资格决定使用核武器是否明智。“麦克纳马拉部长可能说过，‘有人提议使用战术核武器来切断通往老挝的通道，告诉我你们对此有何看法’”，据戴奇曼称，贾松科学家曾被要求“考虑使用核武器切断经过老挝的‘胡志明小道’后勤补给线路是否可行”。

关于可能的核打击目标，贾松科学家将重点放在穆嘉关，它是越南和老挝边界上的一段陡峭山路。数千名越共分子、大量武器装备以及补给物资通过这条小路输入南方，贾松科学家形容它“就像科罗拉多州阿彭斯东南部的独立山口，是一条从陡坡上刻出来的小道”。贾松科学家总结道，如果要使用核武器打击“胡志明小道”，只能是轻型便携的战术核武器，就像戴维·克罗克特核武器，赫布·约克在1959年从加利福尼亚乘坐商业航班飞往华盛顿特区时，手提行李里曾携带其等比例模型。

但贾松科学家的计算表明使用核武器摧毁“胡志明小道”可能并不像想的那么容易。的确，“某个时间段内所需的战术核武器数量可能相当庞大”。贾松科学家写道，“每个目标都需要至少1枚，而且大部分目标很小且不断迅速移动。这种情况下武器需求的合理估计将会是……每天10枚或者每年3000枚”。贾松科学家说，即使这条路被核武器摧毁，久经沙场的越共士兵也极有可能再创造出新的补给线路。贾松科学家提议另外的选择方案，在沿线某些关键节点投放放射性废弃物，进而阻断通行。但放射性会逐渐衰退，他们解释道，阻断也不会长久有效。最终，贾松科学家反对在越南和老挝使用战术核武器。他们警告，如果美国使用核武器，中国和苏联也很可能向越共和北越政府提供类似的战术核武器。“这可能会引发严肃的长期问题，”贾松科学家解释道，“世界各地的叛乱组织都会关注此事，并不惜一切代价获取战术核武器。”

很多五角大楼人士都读过这份研究报告。投放几千枚核弹并不能成为选择，贾松被要求提出解决“胡志明小道”问题的其他方法。“我们又开始仔细思索”，戈德伯格回忆道，他们继续工作。他们的下个想法将彻底改变美军的作战样式。

第十二章

电子围栏

理查德·雅各布斯（Richard Jacobs）中尉有一个可怕的外号——Rip，意思是“撕裂”，对于军用飞机机组成员尤其如此。“Rip”让VO-67海军飞行中队的很多飞行员和机组人员想到“RIP”——英文“安息”的缩写。

其实雅各布斯被叫作Rip是源于几年前在佐治亚州上高中时的一次不幸事故。“我在一次舞会上踩到一个女孩的裙子，一不小心把它撕裂了，”雅各布斯解释道，“之后我就有了这个绰号。”

现在是1968年2月27日，雅各布斯24岁，站在那空帕侬泰国皇家空军基地的跑道上。这里离越南边境18英里，雅各布斯正在准备一次高度保密的飞行任务。他将驾驶OP-2E型“海王星”武装侦察机，向“胡志明小道”投放装在飞机底部支架上的大量高科技传感器。除此之外，他对其他细节一无所知。他是第7机组成员，今天的既定目标是老挝的甘蒙省，在班卡莱通道西南15英里处。那里处于敌军的严密控制之下。雅各布斯已经执行了12次这样的任务，但最近的情况越来越糟糕。

6 周前，也就是 1968 年 1 月 11 日，第 2 机组全部丧生。9 人阵亡，连尸体都没有找到。他们一早前去执行投放传感器的任务，飞机于 9:57 失去无线电和雷达联系，再没返回基地。“我根本没想过他们会出事。”雅各布斯 2013 年回忆道。那些人只是一早去执行一项普通任务，和他们经常做的一样。他们甚至还带着第 2 机组的吉祥物，一条黑白花小狗，大家都叫它飞行员史努比·施格兰（Snoopy Seagrams）。“开始还没什么。后来就有传言说，‘第 2 机组被击落’。既没有人跳伞，也没有呼救信息，也没有‘绿巨人’（即空军战场搜救人员）出动。”

2 月 17 日，类似事件再次发生，这次是第 5 机组。他们刚刚完成首次任务，执行第 2 次任务时，1 架护航飞机报告 OP-2E“海王星”右侧引擎被击中起火。最后一次无线通话可以听到 1 名“海王星”飞行员说“我们被击中，情况很糟”。之后再无其他。9 人遇难，尸首无还。同样既没有呼救信息，也无人跳伞，也没有“绿巨人”前往救援。

现在是 1968 年 2 月 27 日早晨，第 7 机组也是 9 人，8 名机组成员和 1 名指挥官。海军上校保罗·L. 米利厄斯（Paul L. Milius）驾驶飞机。像雅各布斯这样的海军机组成员深知要集中精力、心情愉悦，但时常也会有不祥的预感涌上心头，这是第 13 次任务。雅各布斯逐项检查自己的飞行服、飞行装具，以及作为这次任务核心部分的传感器支架。

每次任务都不相同，完全取决于任务涉及的具体技术要求。有时“海王星”不得不低空水平飞过路面，目的是让飞行员投放音响监测设备。每个传感器从飞机上投放下去时都配备了小型降落伞。执行这些任务飞机需要低空飞行，因为高度太高很有可能导致降落伞的绳索在空中缠在一起而不能让传感器在树冠上安置就位。但低空水平飞行则使飞机很容易遭到布满这条路的防空火力的攻击。

其他涉及传感器的任务要从约5000英尺的高空投放。这正是第7机组今天要做的。他们将投放空投型嵌入式地震探测仪（ADSID）。这种地震传感装置由桑迪亚武器实验室为高级研究计划局制造，其为高级研究计划局早期研发项目“维拉H”计划发展的技术，其中就包含探测核试验的地面传感器。嵌入式地震探测仪传感器长约2.5英尺，直径5英寸，形似小型导弹，或者大飞镖，一旦稳稳射入地面，其尾部就会释放尖刺。对于嵌入式地震探测仪的设计是为了让其不用降落伞从OP-2E高速投放，依靠动能刺入地面。

雅各布斯站在机场跑道上准备这次任务。一切就绪后他再次检查降落伞，爬上飞机。

第7机组准时离开跑道。1小时后，米利厄斯上校报告飞机位置距班加卡关不远。雅各布斯正站在舱门口旁，观察传感器投放作业。海军少尉汤姆·威尔斯（Tom Wells）正坐在装甲防护良好的椅子上，观察诺顿轰炸机瞄准器报告坐标参数，突然飞机就被火焰吞噬。“就是那样，”威尔斯在2013年这样描述，“你正飞得好好的，然后，‘嘭’的一声响，你就被击中了。”

越共发射的1枚高射炮弹穿过飞机底部，正好在雷达舱爆炸。“当时四处起火，”威尔斯回忆道，“我抓起液压控制面板旁边的灭火器，但灭火器也着火了。”仅仅几秒钟，飞机甲板就被浓厚的黑烟笼罩了。

副驾驶巴尼·沃尔什（Barney Walsh）上尉从座椅上爬起来，设法挪向后面。“我们什么也控制不了，”他说，“我大喊‘出去’！这是唯一的选择。确实如此。”其他人也在大声叫喊：“打开舱门，准备跳伞！”

到处都是血。混乱之际，雅各布斯试图确认目前的情况。他发现航空电子设备技师海军士官约翰·F.哈茨海姆（John F. Hartzheim）身负重伤。

“他没背降落伞。”威尔斯说。

“因为太热，他把伞包脱了。”雅各布斯解释道，“他的伤足以致命，血流不止。我想给他穿上降落伞。但浓烟烈火让人窒息，还有加速度。我踩在（哈茨海姆的）血泊里，一下滑倒在地上。飞机一直向下。在记忆里不断说：‘机组最后没人出来。’”

有人再次大声叫喊：“准备跳伞，快跳！”

雅各布斯转向舱口，从起火的飞机上跳了出去开始降落。他拉开伞索，降落伞打开，之后再发生什么就不记得了。感觉很长时间过去，他死了吗？过了一会儿他发现自己落在了一棵树上。

“我还活着。但身上到处都是伤。我低头看，身上全是血。”他被挂在树冠上，身体和地面平行。降落伞索包裹着他，让他无法挣脱。“我降落时按定位器按钮了吗？”他一次次问自己。

他想用下巴碰那个按钮，但够不着。

“我确定我按了定位器按钮，”雅各布斯回忆道，“但万一没按怎么办？如果我没激活定位器怎么办？我会死在那儿。没人知道我的位置在哪里。”

后来的想法更糟糕。他听到有声音，确定是枪声。单发射击，一声接一声，越来越近。对方正在地面搜寻刚刚击落的飞机上有没有逃出的机组成员。枪炮声越来越多。如果对方看到他在树上怎么办？

“我不能发出一点声音，”雅各布斯回忆道，“我一动，我旁边的死尸就会掉到地面上。”在执行任务时，有几架F-4型“鬼怪”式战斗机为他们护航，以免米格战斗机靠近。“1架（F-4）从我头顶飞过。它看见我了吗？”三四个小时过去，“感觉太漫长了”。

突然，雅各布斯听到微弱的直升机螺旋桨声。是幻觉吗？他马上又确认的确是直升机螺旋桨声。是空军战斗救援队，他看到远处有救援队直升机。紧接着，大脑里闪现出一个绝望的念头。“万一它看不到我怎么办？它要去搜寻外围广阔的区域怎么办？”如果他没有按定位器按钮，没人会知道他在那棵树上。

后来他用眼睛的余光扫到直升机慢慢降落。越来越慢，越来越近，SH-3E 救援直升机在他头顶盘旋。

从直升机上下来一个救援队员。他坐在一个用金属缆绳吊着的小座椅上。缆绳越放越长，救援队员越来越近，最后落到雅各布斯受困的树上。“他向我伸手 。我看到了他的两条胳膊。他打开旁边的座椅，拿出一把刀割断了我身上的伞绳。”

雅各布斯爬到了救援队员旁边的座椅上。“我没和他说话。直升机的声音震耳欲聋。我们向上升得很高。我浑身是血，肾上腺素激增。”雅各布斯被拉进救援直升机。“里面有医护人员。他们说我失血过多，但那大部分是哈茨海姆的血。”

救援直升机掉头返回那空帕侬空军基地。刚一落地，上百人冲向飞机跑道。好像 VO-67 海军飞行中队的人都在那儿。那种感觉真让人难以承受，雅各布斯回忆道，“从惊恐万分到如释重负”。他被带到一个房间做任务报告。哈茨海姆在飞机上死亡，米利厄斯上校失踪，其他人设法活着出来，现在都已获救。“一位空军军官开始不断地问我问题，过了好一阵我才明白他问的是传感器情况。传感器是间隔一定时间逐个投放的。他一直问我关于那些传感器的问题。我现在却想，那些东西现在在哪儿应该和我无关了。但他一直谈论它们，真是荒谬。”

当时，雅各布斯并不知道他参与的传感器计划是战争中最重要的计划。他不知道这个绝密计划从概念到成果花费超过 10 亿美元，也不知道这是贾松科学家的心血——是那些科学家于 1966 年在圣巴巴拉市举行的夏季研究会的成果，距当时还不到两年时间。

贾松称其为“反渗透屏障”（Anti-Infiltration Barrier），在它从理论逐步变为现实的过程中，五角大楼赋予它一系列代号。首先称“实践9号计划”，然后是“伊利诺伊城”，接着叫“染料市场”，后来又叫“白色冰屋”，最后是“贝壳浅滩”。战争结束后，部分计划为公众所知，它又被人们带有讽刺意味地称为“麦克纳马拉的电子隔墙”。

电子隔墙的概念诞生于1966年夏天，当时贾松科学家刚刚结束关于五角大楼是否应该使用核武器切断“胡志明小道”武器运输线的研究。国防部正在疯狂寻找新的方式赢得越南战争。轰炸行动失败，高级研究计划局的“灵巧计划”无效，气象武器也不起作用，核武器也不能成为选择之一，但不久还会有385000名美国军人被派往南越。虽然美国投入了大量人员和精力，胡志明的大量人员物资却依然有条不紊地通过“胡志明小道”输往南方。

麦克纳马拉部长想要一种无懈可击的解决方式，他寄希望于贾松科学家切断这条交通线。科学家们提出的方法是在从老挝中东部直达越南的胡志明小路主干线上设置一系列的电子屏障，即所谓的“限制地段”，他们提议在路上布设装备，“监听”这条路上的情况，随后派出战机轰炸行进中的部队及卡车队伍。

戴奇曼作为高级研究计划局反叛乱工作负责人，组织了贾松的夏季研究并亲自飞往圣巴巴拉市审查成果。麦克纳马拉部长亲自出面，确保美国驻越南、老挝两国大使麦克斯韦尔·泰勒将军及威廉·沙利文前去圣巴巴拉市，专门为贾松科学家说明五角大楼关于电子屏障的想法。尽管两位外交官私下认为这种想法很愚蠢，但他们的出现还是显示出五角大楼对把这一概念付诸实践极其重视。“麦克纳马拉部长问我是否愿意和泰勒将军去圣巴巴拉市与贾松科学家团队谈一下，他们正在那儿研究电子装备，”沙利文大使后来回忆道，“我和泰勒都没太把它当回事，我对此从未抱有太高期望。”

电子隔墙计划有公开与秘密两个方面。公众将被告知，这是一种由五角大楼建造用以切断“胡志明小道”交通的实体隔墙或屏障。隔墙将由军事工程师建造，由士兵守卫。“这是一种由钢丝围栏、带刺铁丝网、瞭望塔以及无人区组成的机械屏障。”贾松科学家威廉·尼伦贝格后来这样描述。贾松科学家将要设计的秘密围墙则不需要士兵守卫，它将由沿交通线秘密植入的高科技传感器构成。

自1960年创建以来，贾松科学家已经参与了高级研究计划局发起的大部分机密传感器计划，其中包括海军声呐浮标和磁性检波器、桑迪亚地震传感器以及陆军红外探测器。现在，在1966年夏天的研究中，贾松科学家计划借用海军反潜战术，将各种传感器技术融合或者联结在一起，形成一个工作系统。唯一不同的是，这种反渗透屏障的任务不是搜寻深海中的苏联潜艇，而是要在丛林海洋里监听对方士兵。

贾松科学家夏季研究会议肇始于高级研究计划局的1号研究项目，也叫“137计划”，它于1958年夏天在华盛顿特区麦克奈尔堡的国家战争学院进行。这次在圣巴巴拉市，贾松科学家住在加利福尼亚大学面向太平洋的宿舍楼。他们每天上午在大学礼堂做简报，下午撰写报告，晚上吃饭时再聚在一起交流想法。从耶路撒冷的城墙到中国的长城，再到纳粹的齐格菲防线，他们仔细研究了人类两千年历史上建造的大规模防御屏障。会间休息时，戈德伯格回忆说，他会打网球，粒子物理学家亨利·肯德尔（Henry Kendall）在太平洋里冲浪，核物理学家瓦尔·菲奇（Val Fitch）和实验物理学家利昂·莱德曼（Leon Lederman）在校园里长时间散步。电子隔墙确实是个很有意思的想法，但这能实现吗？

贾松科学家发起了一项叫作“空中支援下的反渗透屏障”的机密研究。他们从其中得出结论，认为实际上可以沿“胡志明小道”纵横设置电子隔墙。隔墙建设将会使用美国最先进的传感器，不仅包括音响和地震传感器，还有为检测人体、引擎温度甚至气味变化而设计的温度、电磁及化学传感器。传感器最初将由 OP-2E“海王星”等飞机低空投放在道路沿线。有些经过伪装的小型传感器将会由小降落伞带到地面，其他的则像矛一样被射入地面。其设计理念是对手在路上行进时会因为行动或声音触发传感器，传感器会将信息传递给空中的侦察机，然后再传送给整个程序的“大脑”——布满计算机、高度机密的渗透活动监控中心，美国驻泰空军基地中就有一个。

贾松科学家相信计算机将会发挥关键作用。它们将分析、解译传感器数据，技术人员就能根据相关信息确定士兵、卡车以及自行车和牛车等其他运输车辆的确切位置。军队指挥官随后将派遣飞机向路上行进的丛林士兵投放“悲眼”集束炸弹。这种炸弹属于非制导武器或称“蠢”弹，每枚炸弹内含 665 个网球大小、约一磅重的 BLU-26B 预制破片杀伤子弹药，其附带的延时引信使弹药就在落地前引爆，射出锋利的钢铁碎片,杀伤半径可以达到约 800 英尺。贾松科学家理查德·加温（Richard Garwin）是核物理学家、武器专家，并曾在几年前协助设计了“幸运城堡”号氢弹。他举办了一个关于“悲眼”集束炸弹和其他武器弹药的研讨会，以确定哪些武器和传感器配合使用效果最好。贾松科学家认为应该沿途投放纽扣炸弹，那是一种“阿司匹林药片大小”的微型炸弹，人踩上去就会发出爆竹一样的响声，从而引发空投设置的音响传感器。同样被设计出来的还有两种反车辆地雷——硬币大小的“石子雷”以及因为状如巨型牙齿而被称为“龙牙”的大型地雷。这些反车辆弹药的设计目的是破坏卡车轮胎，从而降低对方队伍的行进速度，为美军战机打击目标争取更多时间。士兵一旦踩上，其威力足够炸掉人的一只脚。

电子隔墙概念实施起来工程量非常庞大，其中包括众多变量。贾松科学家对于所需炸弹数量非常明确：“每月2000万枚‘石子雷’、2500万枚纽扣炸弹以及1万枚BLU–26B‘悲眼’集束炸弹。”这些弹药成本将构成整个项目预算的主体部分，而全部项目预算“将达到每年约8亿美元”。“很难评估这种有空军支援下的战术屏障能否发挥效用，”贾松科学家的书面报告中总结道，“我们不确定这种系统会使（这条交通线）无法通行。但我们认为以该系统为基础，经过数年努力，我们应该可以最终达成目的。”最后报告富有预见性地警告：“我们预计这将是一场长期战争。”

夏季研究结束时，相关工作也宣告完成。1966年9月1日，戈德伯格、戴奇曼和其他几位贾松科学家飞往五角大楼，向麦克纳马拉部长汇报电子隔墙项目的最终建议情况。他们说，建造并运转隔墙的成本预算预计将上升到约10亿美元，建造工作需时至多一年半。麦克纳马拉印象深刻。

1966年夏天，麦克纳马拉部长在东海岸集合另一支科学家队伍——由来自哈佛大学和麻省理工学院的科学家组成，当中也包括几名贾松科学家成员，其任务也是研究电子隔墙。这个名为“东部贾松科学家”的科学家团队在马萨诸塞州韦尔斯利的丹娜厅女子学校开展工作。两个团队从国防部获得的信息类似，既有机密内容，也有公开信息，而他们关于如何使电子隔墙有效运转及其背后原因的结论也大致相同。麦克纳马拉对两套结果都很满意，所以将两个小组合二为一。

1966年9月6日，在“东部贾松科学家”成员杰罗德·扎卡赖亚斯（Jerrod Zacharias）位于科德角的夏季别墅中，举行了电子隔墙项目的第二次会议。麦克纳马拉部长、助理国防部长约翰·麦克诺顿（John McNaughton）以及国防研究与工程设计办公室主任约翰·福斯特（John Foster）（他和前任主任赫布·约克以及哈罗德·布朗一样先是利弗莫尔实验室主任，后在五角大楼负责高级研究计划局和国防部长间的联络事宜）都乘直升机到科德角参会。麦克唐纳代表贾松科学家参加了这次秘密会议。“这次见面相当随意，”他在此次会议仅存的书面回忆中写道，“地图就铺在地板上，有饮料供应，大家讨论的是绝密计划，而一条狗却在地图上的非军事区走来走去。虽然会议内容是讨论贾松科学家的研究成果，贾松科学家的代表却只有我一个人。”戴奇曼讲得最多，“你可以想象，这是个典型的社交场合”，麦克唐纳回忆道，只是参与者正在“决定未来几年的越南战争”。

但在五角大楼，大部分将军却不看好麦克纳马拉的电子隔墙概念。当麦克纳马拉把贾松科学家的最终研究成果交给惠勒将军和参谋长联席会议审查时，他们拒绝了这个想法。惠勒认为花费太大，而且担心会占用很多有价值的一线资源。“这个系统需要的大量资金将会从现有军种资源中抽取，因此会对现有的重点计划产生不利影响。”惠勒将军在他的回复中写道。时任美军太平洋总部司令的尤利西斯·夏普（Ulysses Sharp）海军上将认为整个建设工作“不切实际”。参谋长联席会议认为麦克纳马拉关于电子隔墙的想法需要大量时间和金钱，过于倚重技术，而且有些技术目前并不存在。“太平洋总部司令认为，维护这一隔墙可能会导致激烈的‘隔墙保卫战’，而为隔墙系统添加新内容将不仅取决于研发和生产能力，还取决于将传感器等装备在正确的时间放置在正确位置的能力。”这相当复杂，不仅是实施问题，而是创造。“太平洋总部司令的结论是，即使美国对该计划投入大量时间、精力和资源，也不能确保其足以改善美国在越南面对的局面。”美国对越军援司令部司令则简明地表达了他的意见：“有必要说明：我强烈反对建设、守卫任何隔离墙。”

1966 年 9 月 15 日，麦克纳马拉审阅了参谋长联席会议、太平洋总部司令及其他所有人的反对意见，最终将其全部否定。不管军队指挥官是否支持，国防部长都有权推进电子隔墙建设，他也的确这样做了，并且是以绝密方式实施。同一天，麦克纳马拉任命艾尔弗雷德·D. 斯塔博德中将为第 728 联合特遣部队司令。斯塔博德来自陆军，并且深受国防部长赏识。他曾领导实施在古巴导弹危机顶峰期间代号“将军”和“蓝鳃太阳鱼”的太空核试验，深知如何处理涉及数千人员、数十亿美元资金，高度机密敏感的军事计划。现在他负责研发电子隔墙并掌控其战区部署情况，任期暂定一年。

作为官员、军人、政府顾问、工程师，斯塔博德将军对上述行当都十分精通。他还是个头脑聪明、动作敏捷的出色运动员，并于 1936 年参加了在希特勒德国举办的奥运会五项全能比赛。“二战”结束后，斯塔博德又去欧洲服役，任美军驻欧洲陆军工程兵司令办公室主任。研发氢弹期间，他是原子能委员会军事应用部主任，也是国防部和原子能委员会之间的联络员。他过目不忘，非常理智。

第 728 联合特遣部队也称国防通信规划小组，负责计划、准备并实施电子隔墙建设。斯塔博德立即动手，在华盛顿特区的美国海军天文台设立国内总部，同时开始筹谋各个项目，分配任务、编制时间表。共有 15 名贾松科学家参与圣巴巴拉市夏季研究工作，斯塔博德聘请其中 7 名进入科学咨询委员会，其中也包括默夫·戈德伯格以及戈登·麦克唐纳。斯塔博德发挥娴熟的外交手腕，成功凝聚各军种领导的支持。他面对的挑战极其艰巨，而这正是他一直以来熟悉的任务——技术、弹药、飞机、地面系统以及“高速”计算机。10 月，麦克纳马拉和斯塔博德飞往越南会见战地指挥官。返回后，麦克纳马拉向约翰逊总统就该计划做首次正式汇报。当时，这一绝密计划代号“实践 9 号工程”，根据 1967 年 1 月 12 日签发的第 358 号国家安全行动备忘录，该计划在经费和权限上均享有“国家最高优先等级”。不知什么原因，罗斯托代表美国总统在备忘录上签字。斯塔博德获得10亿美元资金，负责在一年内完成电子隔墙建设。该计划是越战中成本最高的高科技项目。所以一年后的1968年1月，VO-67海军飞行中队执行本章开头的作战任务就完全在情理之中了。

在执行投放传感器任务的几个月前，斯塔博德将军决定向西贡派驻联络人员，任务是在中情局监狱和拘留所内收集信息，进而确定越共是否知悉美军针对“胡志明小道”制订的这一秘密计划。寻找胜任者并不容易。斯塔博德在高级研究计划局问了一圈，有人推荐兰德的乔治·坦纳姆，坦纳姆又推荐了利昂·古尔。因为在高级研究计划局的越共动机和士气计划中捏造事实，古尔在国会听证会上颜面尽失，此后他一直在兰德公司低调行事。现在斯塔博德将军想让古尔领导高级研究计划局为国防通信规划小组展开的一项新研究，其内容涉及绝密的电子隔墙计划。古尔很快得到一份新合同，并于1967年8月回到西贡，开始采访关押在中情局秘密监狱的越共囚犯。根据古尔的调查，敌方没有听说任何关于美国人正在建设高科技隔墙的消息。

麦克纳马拉的电子隔墙被贾松科学家称为“反渗透屏障”，沿“胡志明小道”建造，共耗资18亿美元（大约相当于2015年的120亿美元）。但电子隔墙对越战结果并没有什么影响，对美国实现切断敌军供应的目标也没有帮助。这一计划失败的原因多与技术有关。传感器的灵敏度受温度影响很大，丛林的高温也使电池很快耗尽，传感器随即失灵。VO-67飞行中队的机组人员经常无法将传感器投放在正确地点。另外，1968年还没有先进的激光制导技术。雅各布斯和他的海军同事依靠一种名为“泡菜开关”的电子设备从OP-2E“海王星”飞机上执行传感器投放作业。人们只能期望其落在目标点位，可惜很多传感器都落在几百甚至几千英尺以外。尽管如此，这一计划的影响非常深远。

指挥官们对麦克纳马拉电子隔墙的看法逐渐改变。1969 年，在华盛顿特区喜来登公园酒店的一个午宴上，前驻越美军指挥官、退役四星上将威廉·威斯特摩兰德曾和美国陆军协会成员提及电子隔墙的威力。“我们面临着全新的战场概念。”威斯特摩兰德对协会的退伍军人们说，“我认为，在未来的战场上，我们能够通过结合即时通信和致命火力，摧毁发现的一切目标。”

1985 年，在庆祝贾松科学家计划 25 周年纪念宴会上，麦克唐纳也谈及了电子隔墙理念的深远历史意义：“这项研究最重要的成就是定义了系统概念。”微型传感器秘密遍植整个战区，它们就像长在地面上的眼睛、耳朵和指尖，将信息不断传回远方的计算机系统，由其进行分析过滤。然后，指挥官根据计算机系统得出的结论下定决心，决定下一步的战术行动。麦克唐纳认为，这是人类史上首次提出“系统的系统”概念，并由此衍生出“使用无人控制的传感器收集战术情报，据其保障火力打击的基本概念”。诺依曼曾经设想过，J. C. R. 利克里德也曾讨论过，但这是首次提出真正的“人、机、战场”共生关系。

一开始，大多数防务官员都不看好电子隔墙概念，认为其不过是个新奇的小玩意而已。但到了 20 世纪 80 年代，人们开始认为这一想法充满远见；到了 20 世纪 90 年代，电子战场概念转变成了继氢弹之后 20 世纪最具革命性的军事技术。

作为对 VO−67 海军飞行中队在“胡志明小道”沿线投放电子传感器任务情况的总结，美国空军上校沃伦 · H. 彼得森（Warren H. Peterson）向美国总统提交了一份绝密电报和一份长达 64 页的报告。“这一计划颇有远见，”彼得森上校说，“从一开始，（电子战场概念）就集成了先进技术与原始手段。请您设想，在丛林小道上运动的敌军部队踩响‘爆竹’，触发现代电子声响监控设备，从而使我们可以掌握其行踪，如果受过正常教育的普通外行人听说有这样一种系统，他会如何反应？但人们必须记住，本报告内容仅论及某个重要理念的开端，未来它可能会经过相当长的发展演进过程。”

总的来说，彼得森上校可能是在从整体上说明高级研究计划局的工作，评论它当前与未来的成就。这个机构越来越多地把已有技术加速运用于未来战场。到 21 世纪，电子战场的概念将无所不在。

第十三章 越战结束

贾松科学家在越战中的衰落源自一个打给国会的匿名电话以及随后而起的谣言。1968 年 2 月 12 日，有人向参议院对外关系委员会幕僚长卡尔·梅西（Carl Macy）爆料，说该委员会应调查一下为什么五角大楼会派遣哥伦比亚大学核武器专家理查德·加温前往越南。溪山战役当时激战正酣，密报者说，有传言称五角大楼正在考虑使用核武器对付越南。

据《纽约时报》报道，“一周之内，这个流言就传遍了世界，并称美国总统、英国首相以及国会领导人曾讨论美国是否应在越南使用战术核武器”。白宫对此怒不可遏，声称这些指控“荒谬”“不负责任”，并且“对陆海空三军极不公平”。谣言背后也有实情，即告密者极有可能在暗指出自贾松科学家之手的机密报告《战术核武器与东南亚》，但科学家在其中明确反对使用战术核武器。参议院对外关系委员会仍然疑虑未消，并且召开一次闭门会议，参议员在会上表示了类似的担心。《纽约时报》报道，一位参议员说“自己也听说当局正考虑在越南使用战术核武器，目的也许是解救在溪山的海军陆战队”。

五角大楼发布声明称，加温博士和其他被派往越南的科学家是去考察“新型武器的效果”，这些武器“与原子弹或核武器系统没有任何关系”。此言属实，虽然声明没有透露机密计划的主体，但五角大楼所指的“新型武器”正是麦克纳马拉电子隔墙的重要组成部分。

贾松科学家理查德·加温、亨利·肯德尔以及戈登·麦克唐纳都在越南研究实际的传感器技术问题。春季攻势已经打响，越共正在逐步切断溪山海军基地与外界的联系。五角大楼担心法军1954年遭遇的奠边府惨败会在溪山海军基地重演。这两场战役的情况极为相似。

上级要求VO-67海军飞行中队为战斗提供支援。超过250个传感器被投放到海军陆战队阵地四周，以求掌握越共动向。溪山基地的目标信息官哈里·拜格（Harry Baig）上尉运用这项技术有点困难，所以加温、肯德尔和麦克唐纳一同飞往隐藏在泰国那空帕侬空军基地的秘密信息监控中心，帮助他更好地完成任务。麦克唐纳发现在泰国无法解决问题，便主动提出乘直升机前往危险的溪山海军陆战队基地。

“那地方相当可怕，”麦克唐纳后来回忆道，“因为你知道自己与世隔绝。某种情绪弥漫在4000名海军陆战队员当中。许多人好像都认为他们已经无法拯救，情况很恐怖。”值得称道的是，麦克唐纳是自己主动要求进入战场的。作为曾经的小儿麻痹症患者和总统顾问，他完全可以选择和肯德尔以及加温待在安全的泰国。

核物理学家、武器专家加温后来说，很可能是他本人泄露了信息，引发了贾松科学家团队的衰落。1991年加温告诉尼尔斯·博尔档案馆馆长芬恩·阿瑟鲁德（Finn Aaserud）：“我很可能告诉了别人我要去越南，我不该那样做。”他猜测“肯定是某位想象力旺盛且富有使命感的同事认为此事应引起某些人的注意”。

记者开始深挖加温的背景，贾松科学家和高级研究计划局之间的关系随之浮出水面。虽然关于电子隔墙技术的机密报告没有泄露，但贾松科学家报告的标题《战术核武器与东南亚》被曝光。五角大楼实际上考虑过使用核武器，这个消息引发了反战抗议怒潮。许多贾松科学家都在大学拥有教职，现在却成了反战抗议者调查和谴责的目标。

一个叫“结束越南战争动员委员会”的强大反战联盟一直在组织全国性的大规模示威游行。越战爆发后，数十万人参加了该组织在纽约进行的反战游行，示威者从中央公园行进至联合国总部，并在联合国总部前焚烧征兵卡片。这场由马丁·路德·金（Martin Luther King）率领的大规模游行被世界媒体广泛关注。1967年秋，在针对五角大楼的游行过程中，示威者与负责保卫国防部的警察和武装宪兵发生暴力冲突，被捕682人，作家诺曼·梅勒（Norman Mailer）和两名合众国际通讯社的记者也在其中。随着众多大学教授作为防务科学家参与武器研究项目的情况被揭露出来，反战联盟开办的地下报纸《学生动员报》开始着手就此展开调查，并以《曝光大学校园的反叛乱研究》为名发布了最终报告。文章节选引述一场贾松科学家夏季研究过程中的会议纪要，据称其内容窃自某位教授没有上锁的储藏柜。此外，文章还包括为高级研究计划局曼谷作战开发与试验中心撰写的机密文件，来源据称同样是偷窃所得。

1968年3月，普林斯顿大学的学生们得知国防分析研究所，这个为国防部服务的联邦智库一直充当着贾松科学家的顾问，并且防务分析研究院还在普林斯顿大学的校园运营着一个“绝密智库”，其工作地点就在冯·诺依曼讲堂（该讲堂是为纪念约翰·冯·诺依曼而命名的）。学生记者的进一步调查显示，冯·诺依曼讲堂安装的是防弹玻璃，他们将调查情况发布在了《普林斯顿人日报》上。报道称，在这座由国防部出资建造的大楼里，数学家正在使用最先进的计算机“为美国国家安全局解决复杂的密码问题，同时开展其他战争研究工作”。记者所得到的文件显示，科学家使用的是1.5吨重的CDC-1604型计算机，它是“世界首台全晶体管超级计算机”。这台计算机于1960年运抵普林斯顿大学，当时其就拥有“令人震惊的32K内存”。记者还揭露，防务分析研究院在普林斯顿大学从事“高级研究计划局长期通信项目研究”。

此外，学生记者们还发现，普林斯顿大学校长戈欣是防务分析研究院的22名董事之一，并且该校曾任或现任教职的惠勒、戈德伯格、特赖曼、威格纳等众多物理学教授都曾为防务分析研究院——高级研究计划局的作战与武器研究项目工作。在这些报道激励之下，反战组织“学生民主社会运动”发起一场静坐运动，要求防务分析研究院滚出大学校园。普林斯顿学校教工投票要求本校断绝与防务分析研究院的联系，但遭校董会否决，学生们随即锁上冯·诺依曼讲堂的前门，并且连续数日禁止任何人出入讲堂。直到次年，此次事件才慢慢降温。但学生们再度获悉防务分析研究院仍在该校活动，示威者随即连续5天封锁冯·诺依曼讲堂，高呼“拆毁计算机”等口号，并与警察发生冲突。

直到此时，公众仍不了解贾松科学家，也不清楚他们作为五角大楼精英顾问团队的重要作用，更不知道他们的顾问费用都是由高级研究计划局支付的。虽然大学教授与国防部之间的联系在普林斯顿和其他地方逐渐曝光，但是它们都只是巨大冰山的一角而已，全部真相到1971年6月13日才真正浮出水面。

反战游行是五角大楼在指挥控制领域的一场噩梦。对于高级研究计划局而言，这意味着需要加紧推进正在进行的“非致命武器”计划，研发可以造成痛苦但不致命的各种手段控制示威活动。时间紧迫，示威者不但得到的支持越来越多，声势日渐壮大，并且还控制了越战舆论导向。

1968 年 8 月，民主党全国代表大会在芝加哥召开，在会场外的反战集会上，示威者高呼："世界都在看着你们！"这个口号如野火般传播开来。在芝加哥等地，示威者与手持上了刺刀步枪的国民警卫队激烈对峙。在遍及全美的反战与民权游行活动中，警察、宪兵、国民警卫队部队使用高压水枪、防暴棍、电棍、马匹、警犬等种种手段，试图控制抗议人群。

高级研究计划局关于非致命武器的研究高度保密且充满争议。出于保密需要，相关实验室都以"海外防务研究"这个看起来干干净净的名字为掩护设在海外。具体而言，研究活动都在位于曼谷的作战开发与试验中心展开，该中心现已被重新命名为"军事研发中心"。上呈高级研究计划局项目负责人的研究进展报告都会附有一封公函，其中声明："根据情报工作相关法律规定，本文件内含有影响美国国防安全的重要信息。"该计划由总部设在俄亥俄州哥伦布市的防务承包商巴特尔纪念研究所监督执行，并被视为"灵巧计划"下的边远地区冲突项目组成部分之一。根据信息自由法案，我们获得了一份签发于 1971 年 4 月的已解密报告。

该报告由 E. E. 威斯特布鲁克（E. E. Westbrook）与 L. W. 威廉姆斯（L. W. Williams）共同执笔，他们写道："非致命武器一般用于制止个体的不当行为。除关于应用非致命武器的道德讨论外，公共官员还必须谨慎考虑，确保使用非致命武器的过程不致伤及'无辜的旁观者'。"在海外作战开发与试验中心，高级研究计划局化学家试验了多种可能用于对付抗议者的化学药剂，某些危险品种可以令人产生呕吐、皮肤损伤、暂时瘫痪等效果。

可用于示威者的化学战剂包括 CN（催泪剂）、CS（镇暴剂）以及 CX（发疱剂）。CS 是可与其竞争的一个选项：已有超过 1500 万磅该类战剂应用在越南战场，主要用于将武装分子驱赶出"胡志明小道"沿线的地道。CX 是一种强力战剂，可以引发短暂失明、肺损伤以及局部组织坏死。CX 还被建议用于控制人群。虽然它“可以造成包括组织伤害在内的皮肤损伤”，但是由于最严重的伤害在于肺部，所以其真实损伤可被掩盖起来。可以引起瘫痪的抗胆碱能类制剂也在考虑之列。化学家写道：“抗胆碱能类药物（通过副交感神经阻断脉搏通路的制剂）最有前景的用途应该是各种化学物，它们可以造成心跳加速、运动失调、视力模糊、精神错乱、恶心呕吐以及（高剂量情况下）昏迷不醒。”导致恶心呕吐的催吐剂也被化学家建议考虑。

另一个计划是关于散布系统，其中包括能将 12 英寸直径的液体射流最远喷射 40 英尺的水炮，还有可以通过徒手投掷或小型火箭发射的榴弹。更具威力的是 E8-CS 型便携式战术发射器及相关弹药，可以将化学战剂从最远 750 英尺外射入骚乱人群。两位科学家写道：“该系统在战剂作用区域不会产生致命危险，但是因其枪口初速较高，发射时会在枪口附近造成致命风险。”

文章还讨论了将毒针作为“向敌人（即抗议者）体内注射失能战剂的手段”，还有麻醉针，后者常常被有效地用于控制野生或受到惊吓的动物。高级研究计划局化学家提醒读者，其中的问题在于“因为准确的注射剂量取决于目标动物的体重，所以使用毒针无法保证绝对安全”。毒针的一个优势则在于“可以选择诸如骚乱群体中的领头人员或者某个特定暴力分子等单个目标，而不会危及上述人员身边的其他人”。此外，毒针“拥有其他众多系统没有的心理效果优势，中针者会想知道自己到底被什么东西击中，以及是否需要寻找解药”。但人们同时还要权衡考虑另一种危险：如果毒针击中目标头、颈部位，就有可能致命。两位科学家指出：“许多人并不认为毒针是‘可以接受’的武器系统。”紧接关于毒针的讨论，作者用很长篇幅探讨是否可将驱赶动物的电棒用于镇压示威人群。

除上述手段外，针对如何才能在不伤及示威者性命的情况下控制其行动，这份共130页的报告还提出数百种其他的研发理念，这些计划都正在实战运用研究阶段，但尚未用于越南战场。一定频率范围内的频闪光源会引起人的脑电波"与闪光频率同频振动"，这就是"光驱动"现象。但早期研究显示，这种闪光效应仅对30%的人群有效。报告建议，激光辐射可以用作短暂致盲手段，这一效应也被称作闪光致盲，但高级研究计划局科学家也指出，不足之处是"激光必须直射人眼，这就会降低其在对抗条件下的实战效果"。微波可以通过灼伤皮肤而使人失去行动能力，但相关研究进展尚未成熟。两位科学家认为："微波造成的表层皮肤灼伤暂时难以形成战术优势。"此外，两位科学家指出："如果目标人员衣装较厚，或者有物体遮挡，微波就难以发挥效用。"

还有一系列研究是关于"使用噪声制造恐慌，或扰乱人员之间的联络"。但高级研究计划局科学家指出，如果想要"让听者离开现场"，所需的音量极大，有致人永久耳聋的危险，"音量达到140分贝，人就会感到头痛，达到160分贝就会造成鼓膜撕裂"。

可以帮助警方在抗议结束后拘捕嫌犯的人员标记技术是另一个选项。科学家写道："我们也在特定条件下试验了标记特定人员，以便事后抓捕行动的相关技术。"具体的材料包括"在紫外光下可见的标记染料"以及"可以通过犬只或气相仪识别的气味标记物"。

长久以来，人群控制就是五角大楼一直试图解决的工程学挑战。为达到预期效果，非致命武器必须足以形成驱散效应，但又不能对人体造成严重伤害。美国关于非致命武器的历史研究中，一般都将1968年的《犯罪控制与街道安全综合法》视为历史转折点。该部法律规定，美国政府在联邦司法部内设立美国执法联盟，专门负责为各州警察部队升级骚乱控制装备、开展相关领域人员培训。该法还规定在10年内投入120亿美元，以达成上述目的。全国的警察部队都纷纷开始升级原有的军用型装备，配备骚乱控制系统、直升机、榴弹发射器以及机枪等新型装备。美国执法联盟还首创了特种武器与战术分队概念，即著名的特种警察部队，首支此类部队于20世纪60年代末在洛杉矶成立。一位洛杉矶警察历史学者称："这些分队在动乱年代保护了警方设施的安全。"但直到本书问世，人们才第一次知道，其中的大部分装备都是越战时期由高级研究计划局在越南和泰国的丛林中研发得来的。

此时，美国的反战示威活动正如火如荼。即便计算机也难逃五角大楼与反战力量之间的对抗活动。"伊利亚克4号"（Illiac 4）是美国国防部建在伊利诺伊州立大学香槟分校的一台计算机，20世纪70年代早期这台计算机就陷入了斗争旋涡。"伊利亚克4号"是当时世界上运行速度最快的计算机。负责这个高级研究计划局项目的科学家是数学家与计算机设计师斯洛特尼克（Daniel L. Slotnick）教授，他曾经师从冯·诺依曼，从1952年起与冯·诺依曼一起在普林斯顿高级研究院建造曼尼阿克。正是在那里，斯洛特尼克有了中央控制平行运算计算机的最初想法。作为领域内的先驱之一，斯洛特尼克最早发展了平行运算概念，即同时由多台计算机进行运算，并行解决问题的运算方法。1958年，他与别人合著了关于这一主题的史上首篇学术论文。对于"伊利亚克4号"，他的目标是使它的运算速度达到每秒10亿次。虽然这台计算机的架构与诺依曼当年的设想一致，但在运算能力上，"伊利亚克4号"比曼尼阿克有巨大进步。

“伊利亚克4号”长50英尺，高10英尺，宽8英尺，它的供电设备实在太重，必须要特种叉车才能搬运。这台超级计算机共装有64个处理器单元，并且可以升级至256个，就计算机处理器数量而言，这在当时属于开创性成果。其设计初衷就是要大幅压缩基础运算与工程任务所需的计算时间。这台计算机2/3的工作时间都用于包括“弹道导弹防御运算需求”在内的国防部武器项目。具体而言，科学家希望通过运算从背景噪声中分辨出弹道导弹，贾松科学家从1960年开始就一直在研究这个问题，却苦于无法找到解决之道。作为仍然保密的高级研究计划局“蓝色尼罗河”研究项目的一部分，“伊利亚克4号”还被用于模拟气候以及人工影响天气工作。直到1972年，美国政府才公开放弃在战争中使用影响天气技术。1977年5月，48个国家在日内瓦签署《禁止为军事或任何其他敌对目的使用改变环境的技术的公约》。直到那时，人们一直在研究人工影响天气技术。

斯洛特尼克与自己的团队把“伊利亚克4号”称为“终极运算机器”。高级研究计划局官员认为，如果能拥有两台同样的计算机，他们就将有能力“完成这个星球上的一切运算任务”。“伊利亚克4号”的建造工作主要由研究生完成，这也是伊利诺伊州立大学与美国国防部签下的金额最大、利润最高的一份合同。到1969年底，该校已从五角大楼获得2400万美元资金，相当于2015年的1.55亿美元。伊利诺伊州立大学已经开始做好规划，准备为计算机新建一个新的现代化运行大楼，次年就要举行奠基仪式。斯洛特尼克与高级研究计划局之间的具体关系一直处于保密状态，但是大学校园里正制造超级计算机这件事毫无秘密可言。

1970年1月5日，伊利诺伊州高等教育委员会举行预算审查会议，一名学生记者得以进入会场，这台超级计算机的具体用途直到此时才被公众所知。会议次日,《国防部使用伊利诺伊州立大学计算机研发核武器》这个醒目标题出现在伊利诺伊日报上。

当时的学生群体早已因反战运动而群情激昂，揭露大学与国防部合作研发核武器这一事实无疑具有爆炸性效果。反战团体“激进联盟”声称：“大学已经证明自己并非中立机构，它正在积极支持军工复合体。”批评斯洛特尼克与研究生院院长阿尔珀特险恶用心的文章一篇接一篇发表出来，指责他们故意向学生隐瞒“伊利亚克 4 号”的真实用途。伊利诺伊日报社论称，“借美国军方领导之手，这台计算机会给世界带来极大伤害”，其影响绝不可低估。“我们担心军方会使用这台计算机研发更多的杀人手段与消费人民金钱的方法，”一群忧心忡忡的学生在另一篇文章中说，“考虑到美国军队在近年犯下的恶行，我们更愿意看到大学与它保持距离，而非同流合污。”

斯洛特尼克教授指出，其他机构都不愿意为建造超级计算机这个充满远见的重要工作提供资金，试图借此为五角大楼的资助辩解。他说：“如果我能从国际红十字会得到 3000 万美元资助，那么我肯定不会与国防部打交道。”此举引发了高级研究计划局的反击，称斯洛特尼克为“脆弱的幻想家”。高等教育委员会则试图尽快灭火，宣称“计算机更重要的工作并非军事用途”。尽管校方做出种种努力，试图加强这台计算机人性的一面，但是争论仍然逐步升级。为抵制“伊利亚克 4 号”，人们还举办了一场宣讲会。学生们希望这台机器消失。

1970 年 2 月 23 日，该校部分设施遭不明人员燃烧弹攻击，造成约 2000 美元的损失，抗议活动开始出现暴力转向。3 月 2 日，500 余名抗议者冲击了通用电气公司的校园招聘会，正是该公司协助制造了“伊利亚克 4 号”。招聘会现场窗户被砸，4 人受伤，试图逮捕肇事者的警官被土块攻击。抗议人群最终达到 3000 人规模。身着全套防暴装备的州警察抵达现场时，抗议者正在挨个砸碎校长办公室的窗户。直到当天深夜，局面才恢复平静。事件中共有21名学生被捕，8名学生重伤。3月9日，学校教工大会投票表决反对“伊利亚克4号”，但仍然未能成功。两天后，当地发生了2个月内的第6起纵火案，空军在乌尔班纳的征兵站遭燃烧弹袭击。

1970年春，全美各地的大学校园都陷入动乱。1970年4月30日，尼克松总统发表全国电视讲话，宣布进一步扩大越南战争规模，对柬埔寨发动进攻。同时，尼克松宣布将再征召15万名士兵赴越参战。此言一出，立即引发了全国范围的大规模抗议。4天之后的5月4日，俄亥俄州肯特州立大学的4名学生被国民警卫队枪杀。

第二天，伊利诺伊州立大学内有2000名抗议者用石块攻击了停在校园里的警车，使得针对“伊利亚克4号”的抗议活动进一步升级。5月6日早晨，国民警卫队进驻伊利诺伊州立大学。5月7日，1万名学生和教职员工举行和平集会。大学拒绝为肯特州立大学枪击事件中的遇难者降半旗致哀，学生们于是扯下大学消防站的美国国旗付之一炬。5月9日，抗议者在“伊利亚克4号”所在的大楼前静坐。抗议和逮捕一直持续到5月12日。

6月，大学官员告诉高级研究计划局，他们无法继续保证超级计算机的安全。高级研究计划局开始为“伊利亚克4号”寻找新址。1971年，高级研究计划局和位于加利福尼亚州的一个联邦研究机构签订了一份新合同。抗议者和政府都坚信各自立场的正确性。伊利诺伊州立大学和全国各地的学生不断抗议，反对战争；国防部则继续开展武器研究和在越南的战争。

超级计算机被打包运往加利福尼亚的美国国家航天局埃姆斯研究中心。1972年春，“伊利亚克4号”在该研究中心的高级计算研究所重新开始运转。这个研究中心毗邻美国海军在西海岸的秘密设施，海军正在那里开展高度机密的反潜作战研究。高级研究计划局的保密研究机构"声学研究中心"正在为美国海军研究利用声学原理追踪水下潜艇，相关研究在爱达荷州北部的一个湖泊的水下进行，"伊利亚克 4 号"的任务就是为这一名为"海洋卫士"的项目提供运算服务。

这个潜艇研究设施是高级研究计划局最高机密之一，位于爱达荷州贝夫镇附近彭德·奥雷尔湖旁的一个度假村最南端。该湖长 43 英里，好几处的最大水深达 1150 英尺，是开展秘密潜艇研究的完美地点。放置在湖床上的声传感器可以记录并处理相关数据，然后提供给"伊利亚克 4 号"进行运算，冷战期间在反潜作战上的重大突破都来源于此。

围绕"伊利亚克 4 号"的争议出现时，恰逢高级研究计划局历史上的一个重要转折点。当时，蒙大拿州民主党反战参议员麦克·曼斯菲尔德（Mike Mansfield）提出议案，禁止国防部"使用资金开展任何与具体军事职能无关的项目或研究"，在公众反战情绪高涨、通胀日益攀升的背景下，这一议案令高级研究计划局越加受到负面关注。人们普遍认为，五角大楼不仅没能及时结束越战，而且其开支已经彻底失控，上述提案正反映了"公众对于实际效果的期待"。1969 年底，该提案作为《军事授权法》的修正案正式通过，它将军事研发工作置于严密的审查之下，对高级研究计划局产生了直接影响。由于高级研究计划局的大部分工作都着眼于未来 10~25 年的预先研究，为获得预算，其部门负责人现在就需要向国会提供比原来多得多的详细信息。

1970 年 2 月，高级研究计划局遭到另一个毁灭性打击。国防部长指示将高级研究计划局整体搬迁，从让人垂涎的五角大楼办公区转移至 2.5 英里外弗吉尼亚州阿灵顿市洛斯林区一栋暗淡无光的办公大楼。办公桌椅、文件柜连同全部家具一律打包搬走。

五角大楼是美国军事中心，也是防务权力的核心所在。一位内部人士认为，即便搬离不远，“也是这个部门降级的象征”。这给工作人员传递的潜在信息是高级研究计划局可能就此衰落。时任高级研究计划局负责人是电气工程师和通信专家埃伯哈特·里希廷（Eberhardt Rechtin），连他本人也似乎对自己执掌的部门失去了信心。里希廷向一位同事坦承：“（国防部长）就算突然决定取消高级研究计划局我也不会意外。”自1958年成立以来，高级研究计划局就一直享受着充足的预算。但转瞬之间，“资金状况陷入窘境，我们有创意，却没钱开展研究”，里希廷说。没有资金，动力不断下降，没有动力，压力就越来越大。

对大多数员工来说，里希廷似乎并不关心高级研究计划局的死活。“员工根本不知道接下来会发生什么，”一位项目经理在1974年告诉一位政府历史学家，“他们不知谁是老板，不知该听命于谁，不知是否有人在乎这一切。”他接着说：“要知道，如果你要杀死某个动物，你会让它靠在墙角，然后瞄准，花5分钟解决问题。但是，在没有一个（真正关心它死活的）负责人的情况下任其衰亡更加糟糕。这种感觉就像他（里希廷）根本不在乎……他想顺势把我们处理掉……我们成了替罪羊，离中心越来越远。”一种“末日来临的感觉”笼罩着高级研究计划局员工。“我们感觉一切都结束了，非常糟糕。”另一位匿名员工说。

作为高级研究计划局负责人，里希廷自认为了解高级研究计划局在越战期间遭遇诸多问题的原因。在关于曼斯菲尔德修正案的国会听证会上，他称其为“鸡和蛋的问题”。当委员会有人问及将高级研究计划局描绘为“国防部的‘前军事’研究组织”是否妥当时，里希廷说如果用“需求”一词代替“军事”，才是正确的定义。不同于一般军事部门，里希廷说，高级研究计划局是一个“前需求”研究机构，从事的是具体军事需求产生前的研究工作。“我的意思是，军事系统的工作必须基于具体需要提出正式需求，”里希廷说，“而且通常要基于已经熟悉的技术。”高级研究计划局的存在是为确保军事组织不会再因为苏联先于美国发射史上首颗人造地球卫星之类的技术突破而猝不及防。他说，敌人总是着眼长远，追求先进的技术以求拥有更多优势。高级研究计划局的建立是为满足国防部的“前需求”需要。

“换言之，需求和技术的问题类似鸡和蛋的问题，”里希廷解释道，“如果没有技术解决当前问题，你就很难提出正式需求；如果没有需求，你也无法研发相关技术。”这个部门的困境在于，里希廷说，如果你没有在现实需要出现前完成研究工作，等到真正需要时，再去研究显然为时已晚。

里希廷曾一度为高级研究计划局的使命辩护，但他任高级研究计划局负责人的时间并不长，不久之后就升任国防部权力更高的位置。1970 年 12 月，他从高级研究计划局离职，回到五角大楼，接任国防部研究与工程办公室的常务副主任一职，成为高级研究计划局负责人的报告对象。高级研究计划局的其他雇员只能继续等待新的变化。

该来的终于会来。1971 年 6 月，第一批五角大楼文件出现在纽约时报的头版。泄露这份机密文件的是五角大楼前雇员和兰德公司分析家丹尼尔·埃尔斯伯格。文件揭露了越战的秘密历史：3000 页的战争机密叙述，还有 4000 页的机密备忘录和支持性文件，共计 47 卷。早在 1967 年，时任国防部长罗伯特·麦克纳马拉曾委托兰德公司编纂一份名为《越战历史百科》的机密文件，但没有将此事告知总统。五角大楼的文件涵盖美国自“二战”结束后介入越南事务的所有事件，披露了杜鲁门、艾森豪威尔、肯尼迪、约翰逊以及尼克松等历届美国总统如何误导民众，隐瞒越南实际情况的细节。这份机密文件由埃尔斯伯格在兰德同事安东尼·拉索（Anthony Russo）的帮助下影印。拉索曾深度参与利昂·古尔的越共动机和士气计划。埃尔斯伯格和拉索最初都曾经支持越战，但后来转向反战。

文件还披露了秘密轰炸行动、美国在暗杀吴庭艳事件中所起的作用、中央情报局的山民研究项目等大量机密。关于高级研究计划局，这份文件揭露了贾松科学家深度参与战争的详细情况：研发传感器、轰炸机以及用于电子屏障项目的集束炸弹。科学家首次卷入战争丑闻还是在1968年2月，他们参与讨论在穆嘉关使用战术核武器一事被曝光。和许多战争期间的争议一样，丑闻会自己慢慢降温。但这次不同，随着五角大楼文件不断被披露，贾松科学家陷入了更大的困境。用高级研究计划局前负责人杰克·鲁伊纳的话说，贾松科学家现在被描述成了“魔鬼”。

贾松科学家开始成为全国上下甚至海外反战抗议目标。“战犯”一词被喷画在肯尼斯·沃森位于伯克利住所外的人行道上。戈登·麦克唐纳在圣巴巴拉市的车库遭人纵火。赫布·约克收到了死亡威胁。贾松科学家在科罗拉多的夏季研究办公室被打砸。纽约的哥伦比亚大学教授联盟要求科学家要么从贾松辞职，要么从大学辞职。在巴黎，默里·格尔曼被轰下讲台。在的里雅斯特，因为贾松科学家尤金·威格纳要在物理学研讨会上作为荣誉嘉宾发言，防暴警察到场维持秩序。在纽约，戈德伯格准备在美国物理学会发表演讲，但有人公然打断了他。戈德伯格刚刚率领国务院批准的首个美国科学家代表团访问中国归来。他一开始演讲，示威者就高举写着“战犯！”的巨幅标语开始抗议。他尽力保持冷静并继续关于中国的演讲，但抗议者不断打断他，大声提问关于贾松科学家以及他们在越战中作为武器设计者的问题。

戈德伯格告诉观众：“听着，我演讲的内容只和中国有关，要不我什么都不讲。”但他的声音被嘘声淹没。他变换策略，说如果抗议者能在附近找到一个可以对话的场所，他就在演讲结束后谈谈贾松和越南。对方同意了。戈德伯格一结束关于中国的演讲，就直接前往纽约希尔顿酒店的东厅，礼貌地回答了200多人的提问，其中也包括大批记者。

“贾松犯了一个严重错误。”《费城问询报》描述戈德伯格当时的语气“极度痛苦”，因为道德愧疚感而忧虑重重。我们“当时应该告诉麦克纳马拉先生去见鬼，我们完全不应参与其中”，戈德伯格说。

贾松科学家无不遭到恶意中伤。一组反战抗议者得知理查德·加温在纽约州北部的家庭地址之后，就在他家门前的草坪上竖起侮辱性的标语。

那不勒斯理论物理学院的意大利物理学家布鲁诺·维塔莱是国际反贾松运动的先锋。维塔莱认为五角大楼文件中对贾松科学家的揭露“最能看穿物理学家的虚伪本质；贪图权利和声誉，对民众充满傲慢”。他在一篇名为《战争物理学家》的专论中，指责科学界已经开始划分为圈内和圈外两类人。“贾松科学家属于圈内人，”维塔莱写道，“他们有渠道从很多政府部门获取秘密信息。”另外，“那批评现行政策，无法享受内部渠道之利的科学家则成了圈外人”。维塔莱认为科学家应该团结起来坚决抵制他们的暴行，不接受所谓的伪造论据。“一旦圈内人和圈外人之间发生争论，总会有人辩称，只有圈内人了解实情，不必理会圈外人的观点。”

维塔莱的批评获得了国际支持。1972年12月，包括3位诺贝尔奖获得者在内的几位欧洲科学家在《原子科学家公报》上发表了一封致贾松科学家的公开信。他们指责电子屏障项目中的地雷阵部分“已经严重伤害越南平民”，要求贾松科学家进行回应。接下来数周，其他科学家在给编辑的信中要求贾松研究人员解释，他们在设计地雷时“良知何在”。著名英国物理学教授布尔绍普写道："这些科学家从某种程度来说成了他们所加入团队的囚徒……他们何时才会退出呢？"一位读者致信《科学》杂志，声称贾松科学家"应该作为战犯接受审判"。贾松科学家没有集体回应。戈德伯格在2013年回顾他所联合建立的这一组织时说："我们的确不应该介入越战。"

到1973年，高级研究计划局新任负责人史蒂芬·卢卡西克（Stephen Lukasik）觉得是时候让高级研究计划局和贾松科学家保持距离了。卢卡西克后来评论道：这么多年来，贾松科学家一直都站在"研究的最前沿，从而一直确保我们的领先优势"。但他也发现贾松科学家本身也因其超常智力而存在缺点。"贾松科学家的确傲慢。"卢卡西克坦承。从担任负责"维拉"计划的高级研究计划局核测试探测办公室主任开始，他和贾松合作长达10年之久。在这个过程中，他一再发现贾松表现出"一种傲慢"，是一个自鸣得意的组织。"他们精选自身成员。所以其成员在1959~1969年的10年间没有任何变化。"卢卡西克渴望新鲜血液。贾松科学家中依然"没有计算机科学家，没有材料科学家。他们不肯让新成员加入"。通过国防分析研究所的贾松科学家监管委员会，卢卡西克通知贾松科学家：改弦更张的时候到了。"贾松科学家可能会把我看成敌人。"卢卡西克承认。1973年冬天，贾松没做任何抗争，离开国防分析研究所迁往加利福尼亚州的斯坦福研究所。戈德伯格回忆道："我们都同意这么做。"在离开国防分析研究所之前，贾松科学家只有高级研究计划局一个客户。戈德伯格说，贾松科学家现在可以为"我们愿意的任何客户服务"。

并不是所有隶属高级研究计划局的组织都感觉解放了。在远离五角大楼的新办公室里，高级研究计划局的员工们正在十字路口徘徊。预算削减，加上感觉被逐出权力中心，他们担心高级研究计划局的未来比以往任何时候都不确定。谁又能想到这一动荡时期过后高级研究计划局将迎来历史上最为繁荣、最有影响力的时代？

第三部分

不是战争而是经营

第十四章 机器的兴起

朝鲜战争时期，当艾伦·梅西·杜勒斯离开邦克山号航空母舰的前哨战壕下去检查围墙时，他不过是例行公事——外出巡逻。突然，杜勒斯发现有人切断围墙，刚感觉危险迫近，还没来得及通知敌军入侵，这位21岁的士兵便饮弹大脑，受伤失忆，成了数百万战争伤员中的一个。越战期间匆忙设想建造的电子围墙，制造了改变这一切的机会。技术能代替人类一直在做的事情：巡逻和通知。这种围墙不需要人的守卫，它自我守卫。从高级研究计划局的研究发展观点来看，电子围墙的观念意义重大，开启了战场形势的转变。这种转变不是一夜之间发生的，但到2015年它将变得不可逆转。

1973年的冬天，美国几乎没有人希望越南战争有任何进一步的举动。1973年1月27日，巴黎和平协议签署，美国军队开始从越南全面撤军。2月12日，数百名被长期囚禁的美国战俘开始回家。曼斯菲尔德议案要求五角大楼研究发展的计划只能用于“特殊军事功能”，“防御”一词加入了高级研究计划局的名字。从此高级研究计划局改为国防部高级研

究计划局 (DARPA)。

这个部门要成功生存下来，必须彻底改造自己，按照人们期望的方式重新开始。任何与越战有关的计划都要放弃。阿吉尔计划成了替罪羊、出气筒。在内部部门采访中，三位在越战期间监管过阿吉尔计划的前高级研究计划局的负责人，都对阿吉尔计划表示了蔑视。埃伯哈特·里希廷很痛心地说："我们尝试反暴动研究，但发现行不通。所有方式我们都试过——雷达系统或者船只等——全部无效。""阿吉尔是个极大的失败，华丽的失败。"查尔斯·黑尔茨菲尔德（Charles Herzfeld）说，"我们失败了，败得很惨。"就连因表现良好从联邦监狱释放的威廉·H. 戈德尔，也坦承失败。"我们从未学会如何对抗游击战，也从未学会如何切实帮助其他人，"戈德尔在 1975 年一次不常见的录音采访时说，"我们没有完成目标，一点善意也没留下，甚至事后的解释也不尽正确。"但戈德尔仍然坚持反暴动问题的确存在，而且成倍增加，任何时候都不会迅速消失。"我们确实工作不力，没有解决问题，我也有失察之责。"他说。

但对于 DARPA 来说，越南远不能只按失败论，那里是无论如何不能再提的禁地。无数资金投入，大量机密计划，上千名科学家、技术人员、学者、分析家、国防承包商和商人为之工作数月、数年，甚至超过十年之久，悉数奉献了自己的科学工业智慧。有些计划渺小，有些计划庞大，有些有监管，有些没监管——但最终的工作成果没有成败之论，只有好坏之分。比如，越共动机与士气计划，花费了上千小时对囚犯、农民和村里老人进行采访，但终归于零，神秘大佬抵达之际却发现得到的和失去的一样多。哈姆雷特战略计划、农村保障体系计划、"投币"游戏以及动机与士气计划等很容易被贬低为蛮干、浪费和殖民主义。不过，也并不是所有高级研究计划局的越南计划都会或都将会被 DARPA 看作失败。那些在遥远的丛林环绕中创造发展的硬件，从国防部的角度来看还是值得尊重的。

1973 年国会听证之前，史蒂芬·卢卡西克主任说 DARPA 的目标是重新调整成为中立非军事组织，把重点放在他所谓的“高风险革命计划影响”。DARPA 只能进行创新或首创的研究计划，他说，比如“预先任务分配”或者“预先需求”研究，使自己回归最初的使命，保持美国在军事方面的技术领先地位。DARPA 将着重发展硬科学和硬件设施。

阿吉尔计划遭到废除，被称为战术技术的新办公室取代。战术技术办公室里放置着从战争废墟中抢救回来的电子围墙组件。这项计划在情报界应用价值很高，高度保密。1975 年，代理主任彼得·弗兰肯（Peter Franken）在一次部门评审中被问及传感器计划时，他告诉同事，即使是他对此也不甚了解。“了解这项计划非常困难”，弗兰肯告诉记者，没有特殊许可他也不能接触到传感器计划，这更增加了传感器研究的神秘感。为发展高新技术并应用于军事实践，传感器计划现在由军需情报部门接管。这一切都源于越南战争。

从 1958 年开始，DARPA 早期至少开发了六项传感器技术。由 Vela 计划开发的地震传感器，能感应并记录地球传输的地震波。在越南，地震传感器能探测到“胡志明小道”上行进的重型卡车和部队，但探测不到自行车或脚步。针对轻型载重，张力传感器现在进一步用于检测软土上的压力，尤其是人的脚步。磁性传感器检测人所携带或佩戴的物体上剩余的磁性；红外线传感器检测入侵的射线干扰。电磁传感器可以生成一种无线电频率，也会在受干扰时检测侵入。声控传感器听辨噪声，这些都是预计重新开始的计划。

20 世纪 70 年代早期，海军陆战队带头进行传感器研究。溪山战役期间植入地面的地震传感器成功发挥作用，由此改变了军事指挥官对于在战场上使用传感器的意见。溪山战役之前，大部分人反对传感器技术；战争过后，几乎全体接受。战争结束之前，海军陆战队拥有了自己的传感器计划，称为“应用于海军陆战队的传感器技术”，简称 STEAM 计划。STEAM 项目组在部队内部成立了传感器排，称为传感器控制和管理排（SCAMPs）。SCAMPs 内部又分为传感器使用班（SES）和传感器使用队（SET）。海军陆战队在传感器技术方面看到了巨大的潜力，不仅可用于防卫和巡逻，还可用于监督和情报收集。这些计划不断发展，产生成果后再孕育新的计划。 另外两项将会对美国未来战争方式产生深远影响的技术同样源于越战夜视镜技术拓展为广泛的分级计划，每项服务都在观察夜间敌军行为方面有重大战略价值。开始于 1957 年的隐形技术也是如此，最初只是中央情报局以侦察为目的的一项改革创新，当时中央情报局首次尝试减小 U-2 侦察机的雷达有效截面。高级研究计划局关于音频隐形方面的研究最早开始于 1961 年，源自威廉·戈德尔的滑翔机概念。滑翔机概念是阿吉尔计划中包括的最初四项小型机械装置之一，其他三项是 AR-15 自动步枪、内河船和嗅探犬。越战期间，阿吉尔计划的滑翔机已经成功发展为洛克希德 QT-2“安静飞机”，一种单引擎螺旋桨飞机，可以在丛林树冠上方飞行而不被地面检测到声音。QT-2 配备的传感器，主要用于监视，在越共领土上方不开引擎安静滑翔。1968 年，高级研究计划局将这项计划移交给军队，军队对战机做了调整，现称为洛克希德 YO-3 安静之星。越战之后，DARPA 针对从音频不可检测的滑翔机到敌军精密雷达无法检测的战斗机进行研究，不断扩张隐形计划。1974 年，DARPA 的战术技术办公室开始致力于高度保密计划——建造“高性能隐形机”。第二年，DARPA 和麦克唐纳—道格拉斯公司以及诺斯罗普公司签署了合同。这两家公司是 DARPA 认为最有资质完成隐形工作的国防承包商。

伟大的转折终于出现。20 世纪 70 年代中期，洛克希德在隐形技术上取得了里程碑式的进展，为中央情报局研究出高度机密的 A-12Oxcart 侦察机（A-12 后来成为非机密的 SR-71 侦察机，由空军操控）。有关中央情报局的机密隐形计划的消息被严密监控，即使 DARPA 负责人乔治·海尔迈耶（George Heilmeier）也并不知情。1974 年，当洛克希德臭鼬工厂的管理人员了解到 DARPA 的“高性能隐形飞机”的研究工作时——他们本没有被邀请参加——他们恳请中央情报局允许其和海尔迈耶讨论一下 A-12 Oxcart。讨论之后，洛克希德被邀请竞标并最终胜出，与 DARPA 签订了秘密行动合同。

首次由理论变为现实的机型是 F-117 隐形战斗机，被命名为“绝望钻石”。之所以这么命名是因为它就像希望钻石，但洛克希德公司的工程师最初并不确定它是否能飞。“我们设计了由多个小面组成的平板，让它们像镜子一样将雷达波从飞机上散射出去。”爱德华·洛维克（Edward Lovick）回忆道。他是一个物理学家，曾在这项计划中担任领导。“绝望钻石”之后还出现了大量的模拟机型，这项工程最终成为代码“海弗蓝”的 DARPA 计划。有两架飞行器是由加利福尼亚州伯班克洛克希德臭鼬工厂建造的，1977 年 4 月在内华达的“51 区”测试飞行。美国空军很满意这种飞行器的低可探测性，于 1978 年接手了这项计划。隐形技术是很庞大的机密工程，涉及超过一万名军事和民用人员，必须保密才能保证这种秘密武器的能力。因此，空军设立了顶级机密设施供 F-117 隐形战斗机飞行，在内华达州托诺帕以外“51 区”北部，代号为“52 区”。

从历史角度来看，20 世纪 70 年代对于 DARPA 来说，是其形成时期。离开了五角大楼，DARPA 逐渐成为自己。国会仍然对高级研究计划局之前的社会科学计划持反对意见，监管委员会批评其在后越南时期一直过度浪费、肆意蛮干、缺乏监督。在五角大楼一提到“全心全意”就会让人们退缩。为了避免国会举“红旗”，只要和行为科学有关的计划 DARPA 都重新命名或者改换名称。

DARPA 的社会科学办公室（越战时期的确存在）被称为人类资源研究办公室，简称为 HumRRO。在后越南战争时期，人类资源研究办公室的研究计划集中于从生理学和心理学观点改善人类行为。两种重大观念开始融合。第一项大工程是研究疼痛的心理机制，与战场上的士兵受伤有关。DARPA 希望科学家研究出士兵是否能够在战斗中抑制疼痛，如果可以，如何实现。第二项大工程是关于对身体功能“自我调节”的研究，之前人们认为这种调节很脆弱。长远来看，士兵如何在激烈的战争环境下维持最好的表现呢？

这是 DARPA 的转型期。它已经从 20 世纪 50 年代的空间和弹道导弹防御部门转变为 20 世纪 60 年代负责极富争议的越战计划的部门。之前种种事件减缓了这个部门的转变，现在又重新开始了转变进程。在物理学家史蒂芬·卢卡西克的指导下，20 世纪 70 年代中期，DARPA 将有全新转变——全力“冲刺”，卢卡西克激动地说。在该时期的加速创新时期，DARPA 将播下种子，为它成长为国防部最强大、最有威望的部门播撒希望。

“指挥控制的关键实际上是通信。”卢卡西克在接管这个部门不久之后说。指挥和控制，简称 C2，现在扩展为指挥、控制和通信，简称 C3，这个概念成为卢卡西克执掌 DARPA 之后新的核心。先进的指挥控制和通信技术在很大程度上要依靠电子计算机。从 1965 年开始，当时被称为合成电子集束的微芯片的能力逐年成倍提高，计算机工程师戈登·E. 摩尔（Gordon E. Moore）发现了这一概念并在电子杂志发表文章进行论述。在“填充更多组件成为集成电路”方面，摩尔预言这种能力提高的趋势在未来十年还会持续。摩尔很有先见之明，这就是后来著名的摩尔定律。成倍是很强大的概念：$10\times10=100$；$100\times100=10000$；$10000\times10000=1$ 亿。2014 年，苹果在 iPhone 6 里放置了 20 亿根晶体管。

1974 年，DARPA 的超级计算机伊利阿克 IV 在加利福尼亚州的艾姆斯研究中心开始运转，它是世界上最快的计算机。它的平行处理能力使得诸如实时视频处理、噪声降低、图像增强以及数据压缩等方面的技术得以发展——这些显然都是 21 世纪的技术，但它们都起源于 DARPA 的科学研究。卢卡西克的 C3 计划也倚重于 DARPA 另一项新兴技术阿帕网络（ARPANET）。

至此，距利克里德发出他那份偏执的备忘录提议五角大楼创建计算机互联网络已经过去十多年了，当时他称这个网络为“星级计算机网络”。利克里德于 1965 年离开五角大楼，两位空想家接管了指挥和控制（C2）研究办公室，从那时起重新命名为信息处理技术办公室。计算机制图学专家伊凡·苏泽兰（Ivan Sutherland）曾经和丹尼尔·斯洛特内克（Daniel Slotnick）共同致力于伊利阿克 IV，他和实验心理学家罗伯特·W. 泰勒认为计算机将会带来世界性革命，而计算机网络将是这场革命的核心。通过计算机网络的设计，个人计算机使用者不仅有渠道得知他人数据，而且能用一种全新方式和他人交流。1968 年利克里德和泰勒合著发表了一篇文章，其中预言，“几年之后，人们将通过机器有效交流，不再是面对面交流”。到 2009 年，每天发送的电子信息会比这个星球上的人还多。

苏泽兰和泰勒开始让 DARPA 承包商在全国各个大学研究实验室询问关于联网计算机概念的看法。得到的反馈无一例外都是赞同。总体来说，科学家和工程师都对他们在计算机方面取得的微小进展感到挫败。这让苏泽兰和泰勒思考，为什么不尝试将几台大学计算机联网以便DARPA承包商相互分享资源？这需要在距离数英里的不同计算机之间建立电子联网系统。这项工程相当艰巨，但苏泽兰和泰勒相信它能完成。

泰勒找到DARPA主任查尔斯·赫兹菲尔德（Charles Herzfeld），申请足够的资金在四台不同的大学计算机或称节点之间建立连接。赫兹菲尔德告诉泰勒，他认为这听起来是个好主意，但担心是否可行。如果四台计算机连接在一起，赫兹菲尔德说，一台有问题就会导致四台计算机同时崩溃。泰勒思维敏捷，回应说他打算在这个系统中植入网络冗余的概念，如果一个连接操作失灵，在计算机中间游走的信息就会另择通道。赫兹菲尔德问泰勒觉得需要多少资金，泰勒说100万美元。

赫兹菲尔德问："做起来很有难度吗？"

"哦，不会。我们已经知道怎么做了。"泰勒说。其实当时他只是猜测。

"想法很好，"赫兹菲尔德说，"你会拿到比100万美元还要多的预算。"然后他让泰勒着手开展工作。

泰勒离开赫兹菲尔德的办公室后就直奔自己的办公室。后来他回忆道，当时一看表，相当惊讶。"天哪，"他想，"只用了20分钟。"除了网络冗余还有很多相关问题——确保不会因一台计算机使得系统失灵——源自那次会面。所以直到2015年，依然没有任何一个组织、公司或者国家能够拥有或者完全控制内部连接的计算机网络全球系统，即互联网。那不过是一次匆忙的会见。

最初选定的四所大学分别为加利福尼亚北部的斯坦福研究院、洛杉矶市的加利福尼亚大学、圣塔芭芭拉市的加利福尼亚大学以及盐湖市的犹他大学。1969年，DARPA承包商博尔特、贝拉尼克和纽曼成为首批东海岸节点。到1972年有24个节点，包括五角大楼。连接这些节点的主要负责人是一位名叫罗伯特·卡恩（Robert Kahn）的电气工程师。当时，卡恩称他所做的是“互联网工作”。很快这个词就被缩略为“互联网”。

有着DARPA节点的网络不断发展，卡恩希望设计一种通用语言或者协议以便所有新的节点能够和现存节点以同样的语言进行交流。为此，卡恩和另一位DARPA的程序管理员温特·瑟夫（Vint Cerf）共同组队，一起发明了传输控制协议（TCP）和互联网协议（IP），从而让新节点和阿帕网无缝对接。直到今天，TCP/IP仍然是互联网通信协议的核心。到1973年已经有36个阿帕网节点通过电话线连接，而第37个在夏威夷，通过卫星链路连接。同年，挪威地震台阵和阿帕网连接，利克里德关于“星际计算机网络”的想象变成了国际现实。

1975年，DARPA将阿帕网系统转交给国防通信部，1982年，收发邮件标准落实到位。1983年，五角大楼分出一个只做军事用途的网络——美国军用网络（MILNET）。今天，阿帕网被普遍认为是“DARPA承接的最成功的工程”。

鉴于在计算机技术、网络能力以及阿帕网方面取得的成就，DARPA对于发展整个新的C3基础的武器系统跃跃欲试。大约在1974年，DARPA针对五角大楼如何对苏联入侵西欧做好准备，秘密发起了几项研究，负责其中一项研究的战略家是前兰德数学家阿尔伯特·沃斯泰特（Albert Wohlstetter），核二次打击学说的提出者。沃斯泰特现在是芝加哥大学的一名教授，研究“区分归类”新军事技术以便让总统“针对大规模核破坏”有不同选择。沃斯泰特成立研究组，称其为战略选择组，协助他分析研究。1975年2月，研究组完成了众所周知的《长期研究发展计划项目总结报告》。

在这份报告里，沃斯泰特总结了几项 DARPA 在越战时期开展过的值得重新关注的工程。列表第一项是激光制导的炸弹导弹的有效性。越战最后一年，美国空军向越南北部发射了 10500 枚激光制导炸弹。大约 5100 枚炸弹“直接命中”，4000 枚发生了“25 英尺的圆概率误差”（CEP），数量接近一半。和之前战争中无制导的“哑”弹成功率相比，包括“二战”、朝鲜战争以及大部分越南战争时期，这个数据已经“相当不错”，沃斯泰特写道。轰炸清化桥是最佳佐证。清化桥是越战横跨马江的大跨度钢结构桥，长 540 英尺，位于河内以南约 70 英里处。这座桥是越战战争期间北越重要的供给路线，越共一直以游击队形式进行防御。这座桥被 300 个防空系统和 85 个地对空导弹系统环绕。一组苏联支持的 MiG 战斗机空军联队驻扎在附近。20 世纪 60 年代末期的几年里，空军和海军曾尝试摧毁这座桥，但都没有成功。到 1968 年，11 架美国战机在试图轰炸这座桥时被击落。时隔四年半，1972 年 5 月，装载了最新的激光制导炸弹的 14 架 F-14 轰炸机出发执行轰炸任务。连续几次直接命中之后，这座桥最终被摧毁。“这证明非核武器但几近零失误的技术在军事上是可行的、有效的。”沃斯泰特写文高度评价了这种新型“灵活”武器。

沃斯泰特还对 DARPA 早期对迷你无人机的研究很感兴趣。迷你无人机的研究对于先进的激光制导武器技术方面起到了重要作用——这一事实在军事历史书中有提到。DARPA 的越南无人机计划源于国防研究与工程署（DDR&E）的约翰·福斯特（John Foster）对飞机模型和远程控制的热爱。两架名为 Praerie 和 Calere 的无人机引起了沃斯泰特的注意。Praerie 和 Calere 在当时可以说相当小，每架 75 磅重，包括 28 磅的有效荷载，可以装载照相机、小型炸弹或者一个单位的“电子战争有效负荷”，由一个除草机的引擎提供动力，可以持续飞行最多两个小时。

Praerie 装载了一台电视相机，还使用了激光目标技术。这是首架装载末段制导炮弹直接命中坦克的无人机，是亚利桑那州华楚卡堡现场实验取得的里程碑式成就，实验日期不明。Calere 无人机也具有同等的开创性。它配备另一项越战时期的发明——前视红外雷达，能使无人机在黑夜期间的低纬度区域“看得见”。

DARPA 还开发了其他更大“更复杂的”无人机，引起了沃斯泰特的注意，这是在 1974 年 DARPA 一次隐晦的内部采访中相关人员披露的。“夜间豹”和“夜间瞪羚”是无人直升机，“配备了装甲板和自封增程油箱，拥有实时昼夜战场侦察能力”。这种无人直升机应海军陆战队的操作请求于 1968 年 3 月投入战场使用。为建造夜间豹，DARPA 翻修了一架海军 QH–50 达什反潜直升机——最初为水下潜艇设计打击鱼雷所用，增加了远程控制电视系统，称为“侦察—观测系统”，能够将图像实时传输到地面站台——一辆可移动的吉普车。吉普车有电力供应，配备天线，内部装载着很多遥感和电视装备支架。无人机操纵员在吉普车里能够操纵无人直升机从起飞到降落并且全程监控。无人机在敌军领土飞行时拍摄的图像由吉普车上的设备录下来，传回船上的控制台，指挥官因此能派遣高性能攻击机轰炸无人机识别的目标。这种技术在战争期间史无前例。1974 年，沃斯泰特开始认识到无人机未来的潜力。随着计算机越来越小，处理数据的速度不断提升，相信无人机在不久的将来就可以深入敌军腹地拍摄目标并实时为指挥官传送图像。

DARPA 还开发了一项重大技术，能使越战时期形成的系统聚集在一起，称为全球定位系统（GPS），GPS 是以卫星为基础的航海技术。GPS 开始是一项军事机密计划，目的是调整武器瞄准目标。DARPA 开创性地将 GPS 计划称为 TRANSIT，开始于 1959 年。当时 DARPA 和霍普金斯大学应用物理实验室签订合同，要创建第一个卫星定位系统，共计使用 6 颗卫星，三颗定位，三颗备用。

经过几次失败发射后，TRANSIT 最终于 1963 年 6 月定居太空。为防止敌军获取目标瞄准信息，系统从一开始就设计植入了一个偏置功能，称为选择可得性（SA）。如果个体能够设法使用私人接收器接入 GPS 系统，目标信息将会偏移几百英尺。

接下来的十年里，海军和空军发展了各自的卫星基础航海系统，但两个系统互不兼容。1973 年，五角大楼命令 DARPA 创建一个可供军事部门共享的简单系统。于是，DARPA 开发出了导航全球定位系统。开发过程有如愚公移山，需要搬运诸多技术绊脚石，历经数次失败的火箭发射。最终，由 24 颗卫星组成的卫星群于 1989 年被发射到高空，并开始围绕地球运转，每颗卫星都配备了原子钟保持同步。现在，美国军队已经拥有全球精准导航覆盖，无论任何天气条件均可实时监控。

20 世纪 90 年代，人们对于卫星基础的全球定位技术兴趣不断提高，欧洲公司开始开发类似 GPS 的民用系统，新兴工业蓬勃发展。为保证美国的先锋地位，克林顿总统于 2000 年 5 月中止了 GPS 选择可得性的功能，自此，数十亿人都可以使用由 DARPA 开发的精准的 GPS 技术。

20 世纪 70 年代中期，沃斯泰特在 DARPA 做分析工作。他认为，越战期间各种不同的技术系统——传感器、计算机、激光制导武器、阿帕网以及无人机的融合，为开发他所谓的“系统的系统”提供了无限可能的发展空间。接下来一年，在《长期研究发展计划程序总结报告》建议的基础上，DARPA 开始研究一个新的武器项目，称为突击破坏者。一系列互不相关的技术将被融合在一起，完成卢卡西克曾经的梦想，用于“指挥、控制与通信”。突击破坏者还将使用雷达追踪和相机确认技术，使将来的指挥官精准袭击敌军后方的目标，甚至是移动目标。这样一种武器和技术结合在一起的系统是人们从没想象过的，而这一切都源自越战。

20世纪70年代，苏联因为建设了一个隐匿在华盛顿特区内外的间谍网络而声名狼藉。没过多久苏联就了解到了DARPA突击破坏者的机密计划。因此，苏联军队高层开始学习这一理念并计划对策。1978年，一篇关于突击破坏者的文章出现在苏联军队的机密期刊《军事思想学》上。如果不是前兰德分析家安德鲁·W. 马歇尔（Andrew W. Marshall）目光敏锐，美国还不知道苏联已经知悉DARPA的“系统的系统”。马歇尔是沃斯泰特的门徒，如今已经在五角大楼有了自己的一席之地。1973年，尼克松政府创建了净评价办公室，致力于预报未来战争。马歇尔就是这个办公室的主任。在兰德，马歇尔作为博弈理论专家声名显赫；在五角大楼，由于他惊人的预测天分，被人们称为绝地大师（Jedi Master）尤达（Yoda）。他和DARPA的主任和项目经理一直定期联系，持续了40多年。

20世纪70年代，马歇尔的工作之一是监测苏联将领的秘密日记内容。马歇尔在读《军事思想学》时，了解到苏联将领非常担心关于突击破坏者的预言——即“系统的系统”，他们正在研究模拟对抗措施。苏联对于DARPA突击破坏者的理念一直很担心，并设法上报到苏联军队指挥系统的高层。1984年，苏联武装部队总参谋部参谋长马歇尔·尼古拉·奥加尔科夫（Marshall Nikolai Ogarkov）写了一份机密备忘录，担心突击破坏者能够赋予美国人建立“自动侦察打击综合体”的能力，这种能力必然导致“军事技术革命”。马歇尔将“军事技术革命”改为“军事事务革命”，自此成为著名的五角大楼准则。这一词条用以说明当某一国家或战斗力量创造的技术或战略能统领其他一切军事系统，使对方诸多早期的武器系统相形见绌是怎样一种情形。

10年前，随着越战结束，DARPA预算削减，卢卡西克恳请国会准许DARPA进行“有革命性影响的高风险工程”。卢卡西克向国会说明，在现代世界，拥有最强大武器的国家不一定处于领先地位。随着21世纪的临近，他认为领先地位应该属于拥有最佳信息的国家——拥有最佳信息就能迅速制订计划、部署协调、发动袭击。11年之后，他的远见得到了证实。苏联对于DARPA以C3为基础的军务革命深感受到威胁。

技术以惊人的速度不断向前发展。1977年，哈罗德·布朗成为卡特总统的国防部长，是国防部第一位核科学家部长。布朗相信，要取得军事优势，先进的技术要求非常紧迫，而且科学进步是经济繁荣的关键。“布朗将技术领导力转变成国家战略。”DARPA历史学家理查德·范·阿塔（Richard Van Atta）说。虽然通货膨胀和失业率不断增长，DARPA的预算却翻了一倍。微信息处理技术的发展日新月异，高速通信网络和全球定位系统技术也如旋风般加速发展。DARPA的潜行、先进传感器、激光制导军火以及无人机等高机密、高风险和高产出的研究项目都在秘密进行。不久，突击破坏者技术将趋于成熟投入战争使用。由此，将产生全新工业。

1978年秋天，在亚利桑那州威廉空军基地的飞行训练部，34岁的心理学博士、空军上尉（之后为上校）杰克·A.索普（Jack A. Thorpe）坐在飞行模拟器里，突然产生一个大胆的想法。这台位于人力资源研究所的飞行模拟器是全国最先进的模拟器之一——也是成本最高的，建造费用超过2500万美元，大概相当于2015年的1亿美元。它由电子计算机驱动，被安装在液压运动系统上，移动起来就像在乘坐嘉年华的马车。索普所坐的模拟器还和另一台计算机连接，这一组合在当时的科技领域独一无二。

“另一个飞行员驾驶的飞行器出现在我的屏幕一角，像个小小的卡通图标。”索普回忆道，“这意味着在 1978 年这是美国唯一一台两名飞行员同时操作进行飞行训练研究的模拟器。”

突然间，索普被自己突然冒出的想法吓了一跳。如果空军飞行员坐在一个像他现在坐的小房子里，看到的并不是计算机屏幕上移动的卡通图标，而是三维立体的世界会怎样呢？如果能让他感觉犹如坐在真正的飞机里，旁边是一同飞行的僚机又会怎样呢？索普将自己的想象命名为“高保真模拟器”，试图营造一个虚拟世界。

索普回到华盛顿特区的驻扎地博林空军基地后，将刚才的想法写成了《未来观察：机组人员训练（1980~2000）》。在这篇文章中，索普描述了一种飞行训练场景，整个舰队的全体飞行员能够一起备战，可以单独训练但由飞行模拟器连接在一起。每个飞行员都能在同一个战场空间驾驶单独的飞行器。在这种虚拟现实里，飞行员之间可以视频连接，飞行员和指挥官之间可以声控连接。指挥官位于远程信息中心工作，是一个实体中心，索普称其为战略发展中心。索普的战略发展中心拥有“一个三维全息电子沙盘”。他写道：“战术家和战略家能够在这上面看到飞行员在模拟器里的情况。”在这种计算机生成的环境中，指挥官通过空中卫星资源传输信息，实时“了解”战场情况。这是一个全新的模拟世界，飞行员可以进行训练，指挥官可以制定战略。

模拟器提供了“实时正式预演”的可能，索普写道，实现飞行员在即时实战情况下集体训练，不会产生致命结果。基于不同模拟器的结果，指挥官能快速识别每位飞行员应该采取的行动进程。索普对于 DARPA 计划一无所知，也不曾秘密参与新组建的突击破坏者机密细节，但他几乎和沃斯泰特的预见完全一致。只是索普的高保真模拟器是战争的训练工具，在虚拟世界里进行，而突击破坏者是 10 亿美元的武器系统，要在实战中发展部署。

几位高级官员邀请索普演讲。“他们都是特技飞行员，每一位的飞行时间都能达到数千小时。”索普回忆道，“而我就像个没有翅膀的小丑，在空军长官面前提议取消飞行训练时间。我不太擅长表达。他们把午饭递到我面前。”高级官员对于他的想法报之轻蔑一笑。

索普认为他漏掉了自己设计的这个谜题中一个关键的部分，但他至今仍然不知道究竟是什么。“没有什么比对你大嚷大叫而让你无法思考、难以反应的事情了，”索普说，“我明白你们不能取消飞行训练时间。模拟器只是为训练某些战斗技巧提供一个更好的选择，因为有些战术除了实战无法在平时得到训练。”比如，他接着说：“你要用干扰发射机等设备训练，但干扰发射机绝不能在和平时期开启，（因为）敌人（很可能）会发现。模拟器的真正价值就在于教授训练非实战不能应用的技术，那一刻，我‘啊哈’一声，灵光一现，设计模拟器的方式突然间清晰了。”

只有几个高级官员支持索普的理念，大部分人很难有所预见。不过，“偶然有一次”，索普说，“我聘请了五角大楼的一位图形设计师，对我提议的关键部分制图加以阐明”。于是索普的论文附上了精致的图纸，得以被五角大楼高级官员审阅。“每个人都说，‘嘿，很酷’，”索普回忆道，“但他们也说，‘实际上技术还未达到’。”很多看到索普图纸的同事对他说：“我们甚至还不知道如何开始建造那样的东西。”

1978 年，对于索普的远见卓识，最大的阻碍之一就是如何将模拟器连接在一起。“还没有人设想过军事设施之间的网络连接，”索普说，“阿帕网实验是将不同大学间的几台计算机连接在一起，结果尚不明确。”大部分内容仍然是保密的。索普对于未来的预见似乎更像科幻小说而不是科学，因此他的论文被搁置了。

1981 年 1 月，索普回到罗得岛州纽波特的海军军事学院之后，从空军借调到DARPA。索普成为系统科学部门的项目经理，和鲍勃·卡恩管理的信息处理技术办公室相邻。鲍勃·卡恩和温特·瑟夫共同创建了传输控制协议/互联网协议。索普回忆当时在DARPA时期的兴奋之情，“那就是小设备的宇宙中心”。DARPA位于弗吉尼亚州阿灵顿市威尔逊大道1400号，系统科学部在街道对面有自己的演示设备，“在那里可以尝试所有的新设备，把它们拆开再重新装上，或者将其中之一融合进另一系统”。索普回忆起这样一个例子。1981年或是1982年，世界最早的光盘播放器之一抵达DARPA，是日本一个小电器公司发来的。“当时世界上只有几片CD，”索普回忆道，“上面有音乐。我们的主任对听音乐并不感兴趣，但我们对于使用这项技术存储数据的想法很感兴趣。”这个光盘播放器大概有行李箱那么大。

在DARPA大楼，顺着索普办公室的走廊走下去是控制论技术办公室，主要研究人工智能。一天，前控制论技术项目主任、索普的老板克雷格·菲尔茨（Craige Fields）问索普是否有什么好想法。

“我掏出原来的高保真模拟器图纸，”索普说，“菲尔茨是个聪明人，他看了之后说，‘我喜欢这个想法’。他建议我们和主任拉里·林恩（Larry Lynn）谈谈。”索普向林恩解释了他的想法，林恩说他也很喜欢这个想法。

“创建这样的合成世界大概需要多少成本？”索普回忆林恩的提问。

“1700万美元。”索普告诉他。

“那我们开始吧。”拉里·林恩说。

“于是我们迫不及待地开始了这个项目。”索普说。

上尉杰克·索普曾经的论文如今演变成DARPA一个称为模拟器网络工作的项目（SIMNET）。广而言之，SIMNET的目标是将一种新元素加入到指挥控制（C2）系统中，即训练。C2最终变成了C2U，“U代表大学”，索普说。

1983 年 4 月，SIMNET 成为又一个 DARPA 项目。但没有哪个项目像它一样曾经尝试那么久。和 DARPA 其他不切实际的科学冒险一样，SIMNET 被给予了成功或失败的空间。“DARPA 和当时大部分部门不一样，它允许部分失败。”前 DARPA 项目经理乔·曼格诺（Joe Mangano）说。

“20 世纪 80 年代早期，防御圈大部分人士认为打造一个世界范围内可负担、大规模、自由活动、实兵对抗的联网战争系统是不可能的。”退休陆军上校尼尔·考斯比（Neale Cosby）2014 年回忆道。考斯比曾经是 SIMNET 项目的主要研究者，在 DARPA 工作了五年。SIMNET 将会让所有人惊讶不已，不仅是因为它的军事应用，还因为它将创造数十亿美元的产业。1997 年《联线》杂志报道称：“威廉·吉布森（William Gibson）没有创造出网络空间。”威廉·吉布森是一位科幻小说作者，于 1982 年创造了网络空间这个名词。“但空军上尉杰克·索普做到了。”SIMNET 使网络空间首次成为现实，它创造了世界上第一个大规模多人在线角色扮演游戏（MMORPG）——一般被称为 MMOs 了。

20 世纪 90 年代末期，MMOs 开始在游戏社区流行，到 2003 年成为主流游戏。MMOs 现在能同时支持大量玩家，每个个体玩家都能通过网络连接到游戏。MMOs 最流行的游戏之一是《魔兽世界》，前十年的订阅量超过了 25 亿美元。每个月大约有 1000 万《魔兽世界》的订阅者开发美妙的虚拟幻境，与怪兽作战，通过替身完成任务。

2008 年，MMOs 的使用者数量相当可观，中央情报局、NSA 和 DARPA 不得不展开全面的数据调查，追踪《魔兽世界》的订阅者，明确他们在虚拟世界如何存在相互联系。为了这项研究，中央情报局分析家创造出替身进入虚拟的魔兽世界。中央情报局暗中监视 MMOs 使用者的活动是保密行动，直到 2013 年才曝光。前国家安全局的承包商爱德华・J. 斯诺登（Edward J. Snowden）公开了含有这个项目很多细节的顶级机密文件，其中还涉及英国情报局。“虽然在线游戏似乎是一种无害的娱乐形式，但一旦调查起基本的特点和能力时，就很有可能变成目标丰富的交流网。”一份顶级机密报告写道，“《魔兽世界》可以提供将信号情报目标隐藏于普通场景的方式。”

再回到 1983 年，信号情报当时才刚刚起步。MMOs 未来还有很长的路走，现在仍然是想象中的虚拟。SIMNET 是为战争训练士兵的。对于索普来说还有十多年的工作在等他完成。

第十五章 星球大战和坦克大战

1983 年 3 月 23 日晚上，一辆长长的黑色豪华轿车停在罗纳德·里根（Ronald Reagan）白宫的南门处。后面车座上坐着的是时年 75 岁的爱德华·菲勒（Edward Feller）。菲勒对于到这里来的原因并不是很清楚。他刚从加利福尼亚的住所飞过来，因为他的副官三天前给他打电话说里根总统非常希望他今晚能来白宫。

菲勒拄着拐杖，一瘸一拐地走过白宫的门厅，随后登上台阶进入蓝屋。菲勒一进门就受到了海军上将约翰·波因德克斯特（John Poindexter）的欢迎。波因德克斯特是总统国家安全事务的军队助理，他请菲勒入座。36 把椅子已经整齐地排列好，菲勒坐下等着。旁边的座位上是贾松科学家、诺贝尔得主查尔斯·H. 汤斯（Charles H. Townes），他是激光的主要发现者。

晚上 8:00，里根总统在国家电视演讲中向全世界宣布，他决定发起一项全新的研发项目，拦截各个飞行阶段的苏联洲际弹道导弹。这项战略防御计划（SDI）需要大量先进的技术系统，大部分还在开发阶段。

DARPA 在 SDI 成立独立部门之前对其负责。

里根总统说，开启这项创新计划的原因很简单。他上任伊始惊闻苏联的核打击事件，作为总指挥官，唯一的选择就是以全面回击苏联的核打击作为回应。里根说他不愿意生活在核末日大战的阴影里，即同归毁灭论。美国需要在苏联导弹到来之前有能力将其击落。这项大胆全新的 SDI 计划将使美国拥有这种能力。

数十年来，贾松科学家等国防科学家已竭尽全力破解弹道导弹防御难题，最终总结出针对洲际弹道导弹的突袭根本无法做出防御。现在，里根相信，技术已经足够先进，弹道导弹防御目标将在不远的将来得以实现。

战略防御计划涉及巨大的太空镜、天基监督追踪系统、太空战斗站等。目前最受关注的因素是 X 激光，科学家自 20 世纪 70 年代就开始在劳伦斯利弗莫尔国家实验室研究相关课题。但利弗莫尔研究组之外很少有人了解 X 激光背后的科学，至于 X 激光是核爆炸产物，知道的人就更少了。

里根演讲之后，过了几天，国防部长卡斯帕・温伯格（Casper Weinberger）离开五角大楼去向国会做关于战略防御计划的说明。和他一起去的是副部长理查德・D. 德劳尔（Richard D. DeLauer），一位弹道导弹专家。温伯格部长不是很理解 SDI 背后的科学，德劳尔试图向他解释。

"但它是炸弹吗？"温伯格部长问。

德劳尔直言相告。他作为导弹公司 TRW 的前任执行副主席、航空工程哲学博士，深知 X 激光背后的科学。"你要在空中引爆核弹，"他告诉国防部长，"那就是你得到 X 激光的方式。"

这让温伯格部长感觉自己的理论有点站不住脚。里根总统已经和公众确保新计划将不涉及空间核武器。“它不是炸弹，对吗？”温伯格又问了一次。

德劳尔这次斟酌了一下。他说没有必要将 X 激光称作炸弹，可以将其描述为涉及“核事件”。

1985 年，德劳尔在接受洛杉矶时报的一次采访中，逐字转述了这个故事。他说国防部“不理解这项技术”。后来又补充道，“大部分人听不懂”。

激光是由查尔斯·汤斯于 20 世纪 50 年代末期发现的，查尔斯因此在 1964 年获得物理学诺贝尔奖。大家普遍感觉激光是一种能发射光的装置。不过它不像灯泡等光源，发出的光线能消散。激光中的所有光子都按照同一个方向完全平行、步伐一致地前进，没有任何偏差。对很多人而言，激光完全是科幻小说的内容。2014 年，时年 98 岁汤斯接受笔者采访时承认，他是在读了阿列克赛·托尔斯泰 1926 年名为《加林死亡射线》的科幻小说后得到启发。“这种闪光死亡射线的想法很神秘，引起了人类注意，”汤斯说，“我们还有关于水星闪电和死亡射线的科幻小说。”托尔斯泰的《加林死亡射线》成书半个世纪之后，乔治·卢卡斯在科幻电影《星球大战》中以天行者卢克的光剑将这个概念现代化。

最早涉及激光、镜子和空间的实验之一发生于 1969 年，据史书记载大部分都已经丢失了。实验开始于那一年的 7 月 21 日，汤斯说，当时有两人首次实现在月球行走。在月球表面，“宇航员尼尔·阿姆斯特朗（Neil Armstrong）和埃德温·B. 奥尔德林（Edwin B. Aldrin）在月球上放置了一排小反射镜，将它们面向地球”。回到距离月球 24 万英里的地球后，两组天体物理学家，一组在加利福尼亚州汉密尔顿山顶的利克天文台，另一组在洛克山上得克萨斯大学的麦克唐纳天文台，详细记录了宇航员放置镜子的确切位置。“十天之后，利克组将望远镜对准那个位置，同时发射一种微小脉冲功率到已经植入望远镜的一小块硬件中。”汤斯说。在望远镜里，从一个红宝石晶体中出现了一束“非常纯粹的红光”，穿破天空直插苍穹，这就是一束激光。

以每秒 18.6 万英里的光速行驶，激光光束不到两秒就射到阿姆斯特朗和奥尔德林放在月球的镜子上，再以同样的时间回到地球，回到利克组“检测其光束微弱反射”的地方，汤斯解释道。这次实验传递了大量科学数据，有一组是非常显著的。“光线发射和返回之间的时间间隔使得计算月球和地球间距精确到英寸，这是史无前例的精确测量。”汤斯说。激光光束可以测量天文学家和宇航员有史以来一直好奇的事情：到底月球离地球多远？

当天体物理学家使用激光技术用于和平目的时，国防部已经考虑将激光用于定向能武器（DEW）。1968 年，DARPA 创建机密的激光计划，称为“八号”卡片，直到今天依然保密，其他激光计划也一样，甚至连名字都是保密的。定向能武器有很多优点，最大的优点就是速度。以光速行驶意味着定向能武器可以在两秒之内击中月球上的目标。

在白宫蓝屋前排听到里根那次历史性的声明之后，爱德华·菲勒和查尔斯·汤斯的反应截然不同。菲勒完全赞同这个想法，他将成为战略防御计划以及之后“智能卵石”计划的领头科学家。查尔斯·汤斯却不相信里根的 SDI 概念有效。

“对于一个不了解这项技术的总统来说，可能觉得它很吸引人。”汤斯说，“但它并没有真正吸引我，或者让我觉得可行。但你能看出原则上里根认为它相当不错。它就像有可能成为现实的一个神话。”

演讲第二天，爱德华·肯尼迪（Edward Kennedy）参议员批评总统的倡议，称其为“不计后果的‘星球大战’计划”。大家都开始沿用这个名字。从那以后，全世界都知道总统的计划叫作“星球大战”。科幻小说和科学再一次相互交汇。对大多数人来说，现实世界的激光、死亡射线以及定向能武器在科学上是不能理解的，但对于科幻小说来说并不难。

国会担心战略防御计划技术上不可行，政治上不负责任。即使科技上可行，也会跟苏联引发新一轮危险的军备竞赛。但辩论之后，国会认可了里根政府的战略防御计划，在接下来的十年里，国会批准了将近200亿美元的开销。人们时常提起克林顿政府取消了战略防御计划，实际上只是取消了某些成分。战略防御计划从未真正离开。2012年，《财政时报》报道，自里根首次提议战略防御计划开始，30年间花费超过1000亿美元，其中800亿美元是近十年花费的。

太空仍然是各国争相寻求占领的地方，但全面战争从未开始过。对于致力于DARPA模拟网络计划的科学家和工程师来说，他们的主要精力还是放在陆地上。自从拉里·林恩准许开展模拟网络计划那年开始，这个计划就有了长足的进步，尤其是把军队包含在内成为事实。所以1984年春天，已经是陆军少校的杰克·索普能够在肯塔基州诺克斯堡的传奇武器学校操控一辆6吨重的M1亚伯兰坦克在松林丛生的露天场地深处爬上泥泞的土坡。

“我们开始研究模拟网络时，是受到了苏联武器战争的威胁，”索普说，“也就是坦克。”这意味着模拟坦克战争是模拟网络计划的首要任务。设计的目标是创造出感觉真实的模拟现实。所以索普和DARPA团队在诺克斯堡驾驶坦克穿越泥地，试图“抓住坦克的感觉”，索普说。DARPA对于模拟网络有深远的计划，目标是建造装载360台模拟器的

4 个模拟网络中心，每个中心约 90 个。当时，索普和 DARPA 团队正致力于最初的两台模拟器，是 M1 亚伯兰坦克的模型。

因为模拟器不能动，重点就放在了声音上。位于拉荷亚的科学应用国际公司负责确定野战部队的机械训练幅度和收集数据。国防承包商加利福尼亚 Perceptronics 公司被聘请设计玻璃纤维、胶合板模拟器以及连接电线播放声音。“对于外面的人来说，105 毫米坦克枪击中山下目标的声音相当大，但对于坦克里面的人来说经历完全不同。”索普说。因为超压，几乎听不到声音。“难以置信地安静”，里面有的只是移动，索普说，“是一种完全不同的声音”。声音专家和 Perceptronics 以模仿机枪射击时松动部件的振动复制坦克内部的声音。“手套盒子里的硬币，”索普回忆，“松动的螺栓，任何不紧的东西。”回到实验室，为了制造出那种“嘎嘎”声，声音工程师用坚果和螺栓装满一个金属饼盘，将饼盘贴到低音炮的顶端，藏在坦克模拟器玻璃纤维的后面。之后，曾经是阿帕网主要承包商的博尔特、贝拉尼克和纽曼，为模拟器开发了网络和制图技术。

1986 年，在诺克斯堡举办的年度军备会议是模拟网络计划历史上的一座里程碑，弗莱德里克·布朗（Frederic Brown）将军和另一位将军将测试这个系统，他们认为顶多是模拟战争的游戏。索普称最初的两台模拟器“大概 80%（完全）是由玻璃纤维和胶合板制成，一只手控制回转炮塔”。这两台网络坦克模拟器彼此相隔 20 英尺远。两位将军坐在自己的座位上，DARPA 团队也挤在里面。

“两位将军都没有虚拟世界的经历。”索普说。“这时布朗将军看到他前面的屏幕上有另一辆坦克的图标。我说，‘在那儿，那辆坦克里，就是（另外）那个将军’。他不理解。于是我说，‘转动炮塔瞄准那辆坦克’。炮塔转动起来。布朗将军有点眼晕。他应该理解了，我觉得。”索普回忆道，“我告诉他装上子弹。‘先生，’我说，‘如果你现在射击，就能击中那位将军。’”

布朗将军用虚拟武器开火。屏幕上，布朗将军看到另一位将军的坦克爆炸。“一切都暗了下来”，索普回忆道，在虚拟世界里，“那位将军和他的人员都‘死了’”。在另一辆坦克，另外的玻璃纤维和胶合板包厢里，索普听到另一位将军喊道：“重启！”在他的模拟器里，第二位将军的坦克重生了。他回转他的炮塔，瞄准布朗将军，向他射击。

在那个“重启”时刻，索普说，他相信两位将军都已经对模拟网络非常感兴趣。“虚拟世界的行为和真实世界的行为是一样的。”索普说。

第一次尝试之后，两位美国将军都予以认可，模拟网络计划势头强劲，DARPA 团队开始生产模型。九个月的时间里，DARPA 在诺克斯堡建造了一栋科思科大小的大楼，里面大约有 70 台坦克模拟器，每一台都是玻璃纤维制成，有差不多像 M1 亚伯兰坦克的规格或布莱德雷战车大小。“这座建筑设计得像一个冰球场。”索普说。动力和网络电缆从天花板垂下来。“整个坦克部队都将进入虚拟网络中心一起开始训练，如同真正的坦克战斗。”现实世界的问题也将植入系统。“如果你整夜都没关虚拟电源，早晨电池就没电了，”索普回忆道，“如果你没注意地标，没认真看训练地图，就会在虚拟战场上失败。这是实兵对抗，两军交锋。”竞争使训练提高到全新的高度。“必胜的决心迫使人们发明如何打败对手的新观念。”

另一个虚拟网络中心建在佐治亚州本宁堡，之后又在亚拉巴马州的拉克尔堡建立了一个袭击直升机的虚拟训练中心。1988 年，第四个虚拟网络中心在德国格拉芬沃尔的美军基地建立，也用于装甲战车。在 DARPA 的虚拟网络中心，美军发现了一种全新的备战方式。随后，国防部也出人意料地要求建立一个新中心。

“五角大楼高层想要一个他们自己的模拟中心。”尼尔·考斯比（Neil Cosby）回忆道。他当时监管这个中心的工程。承办单位是DARPA的长期合作伙伴国防分析研究院，沿亚历山大市DARPA那条街直走即到。国防分析研究院的办公室位于北博勒加德街1801号，是一座像学院一样有着黄砖和玻璃的建筑。1988年，考斯比回忆，一层包括咖啡厅在内的大部分区域都被DARPA占领，目的是为五角大楼的高级官员建立一个防务分析研究院模拟中心。“我们用伪装涂料涂满窗户，用泡沫铺设一条虚拟柏油路，制造玻璃纤维的直升机、坦克以及飞机驾驶员座舱，之后将所有东西连接在一起并装上电线传输声音。”考斯比回忆道。最终还加入了一个神秘的功能，是其他虚拟中心所没有的。谨慎起见，考斯比和索普称之为“飞毯”。

“是一种让（参与者）将自己放入虚拟世界的方式，不是作为飞行员，也不是坦克驾驶员或者枪手，是飞行中的任何地方，”考斯比说，“就好像你是隐形的。”当时，隐形部分的细节是保密的，因为“飞毯”功能使五角大楼的官员能非常真实地经历驾驶隐形战机飞行在虚拟战场的过程。1974年DARPA开始打造“高级隐形飞机”项目。

DARPA和军队在十年时间里花费了3亿美元发展模拟技术。1990年夏天，虚拟模拟网络系统被移交给美国军队。它大规模应用于美国中央司令部（CENTCOM）在佛罗里达坦帕市发起的军事演习训练。数年来，基于现实世界的意外事故计划，CENTCOM承办了两年一度的军事演习——“内部观察”。“内部观察”军事演习用指挥控制通信技术训练中央司令部的战斗指挥官及其人员。演习包括预制脚本的军事演习情节，演习期间美国军队将迅速部署领地，抗击入侵某块领土的假想敌苏联。过去，冷战期间进行的军事演习通常在伊朗的扎格罗斯山脉和德国的富尔达峡谷进行。

1990年夏天，冷战氛围改变。柏林墙倒下前的8个月，中央司令部的总指挥官诺曼·施瓦茨科夫将军决定，关于“内部观察90”，美国军队将针对不同于苏联的另一个假想敌进行虚拟网络模型军事演习。草拟的脚本叙述中包括伊拉克总统萨达姆·侯赛因（Saddam Hussein）以及他的“世界第四”的军队。在这个脚本中，伊拉克结束了和伊朗的八年战争，将袭击富裕的石油国沙特阿拉伯。作为回应，美国军队参战，协助盟国沙特阿拉伯。因为涉及新的虚拟模拟网络技术，沙特阿拉伯、伊拉克和邻国科威特的真实数据都将植入军事演习的脚本，包括地形、建筑以及城市人口，这在历史上尚属首例。开展军事演习时，中央司令部的战斗人员驾驶坦克飞机运送人员穿过计算机生成的中东部城市以及广阔的沙漠地带，这一情形借助虚拟网络模拟器的帮助，精准异常。

“我们在1990年7月末进行了一场‘内部观察’军事演习，建立的模拟总部完全是由位于埃格林空军基地的计算机与通信设备生成的。”施瓦茨科夫将军在他的备忘录里写道。之后，出乎所有人意料，在军事演习的最后一天，1990年8月4日，伊拉克侵入它石油富足的小邻国科威特——是真的，这是一个离奇的转折事件，科学和科幻小说再一次交汇了。

几个月之后，海湾战争开始又结束，施瓦茨科夫将军就真实战争和模拟军事演习的惊人相似发表评论。

“当任务（比如海湾战争）正在进行，”施瓦茨科夫将军说，“伊拉克真实世界的陆空军正惊人地和演习脚本设想的一样平行行进着。”

第十六章 海湾战争和非战争军事行动

1991年1月16日晚6点多，国防部长迪克·切尼（Dick Cheney）正坐在五角大楼E-环的办公室里吃中餐。在他面前的圆桌上放着纸盒装的食物：炖蔬菜、鸡蛋卷和米饭。挂在墙上的电视里，CNN战地记者正在伊拉克的巴格达报道，那边是午夜时分。切尼一边吃晚饭一边仔细倾听。后来他回忆道，当看到新闻提要中记者和巴格达的其他人对于即将到来的战争如此无知，他感觉很古怪，甚至觉得荒诞。引擎由DARPA制造的战斧对地攻击弹道飞弹，以及同样出自DARPA之手的F-117A隐形战机，正在去摧毁部分巴格达的路上。战斧已经无法召回。还有不到一个小时，战争即将开始。

在国防部办公室楼下，仅一层之隔，参谋长联席会议主席科林·鲍威尔将军正在座位上审查目标列表。导弹和炸弹设定袭击摧毁萨达姆·侯赛因的军事指挥中心、通信塔、电子工厂、雷达站等。原定计划“在第一个晚上将它们一举歼灭”，后来切尼评论道。任何战争的升级都会引发人们对于臭名昭著的越战的联想，这是个野心勃勃的战略。巴格达拥有精密的空军防御网络，是世界上除莫斯科之外第二个空中防御最严密的城市。

当时是巴格达时间凌晨2:30左右，因为没有月光，城市一片漆黑，陆军少校“野兽”格雷格·菲斯特（Greg Feest）正准备投下波斯海湾战争的第一枚炸弹。菲斯特少校驾驶F-117A隐形战斗机直奔目标时，突然一阵疑惧涌上心头，让他不知所措。

“我的脑子里有两种想法在打架，”菲斯特后来回忆道，“首先，我有能力识别目标吗？其次，空军想让我投下这枚炸弹吗？”但疑问一闪而过，只持续了几秒钟。“当我接近目标区域时，我感觉很刺激，本能控制了我。我的炸弹上了膛。”

菲斯特少校的目标是巴格达西南努卡布（Nukayb）空军基地的信息作战中心。这个中心是伊拉克雷达网络和空军防御总部的重要连接之地。摧毁它之后，其他非隐形战机进入伊拉克就不会被发现。菲斯特看了看他面前的展示台。“我追踪到目标时，激光开火，”他说，“我只需要播放所谓的高度精密视频游戏，30分钟后我就会回到沙特阿拉伯。”

当地时间2:51，菲斯特驾驶的F-117A上的武器舱门打开，2000磅的激光制导炸弹GBU-27从战机上投向目标。在菲斯特面前的展示台上，他看到了接下来发生的事情。“我看到炸弹穿过十字线，刺穿地堡。炸弹炸出大洞，洞中又发生了爆炸，将地堡的门炸裂。”菲斯特的炸弹击中了位于Nukayb的伊拉克空军防御中心的一半，将其摧毁。

“视频游戏结束了。”菲斯特当时想。但这不是视频游戏，这是战争，菲斯特少校刚刚投下了第一枚炸弹。

一分钟之后，另一枚激光制导的炸弹从另一架F-117A投放，炸毁了努卡布空中基地余下的建筑。当菲斯特驾驶隐形战机返回基地时，他看到了让人吃惊的一幕。天空中大量密集的反战机火炮盲目向他扫射。

“我看到几架地对空导弹（SAMs）向天空发射，在我所在海拔的前后都有。”菲斯特后来回忆道。但没有一枚导弹击中他。F–117A 在雷达上是看不到的。DARPA 的隐形技术项目在战争中创造了革命性的成果。

接下来又有十架 F–117A 战斗机起航飞往巴格达的市区向目标投放炸弹。在战争的最初 24 小时里，共派遣 42 架隐形战机，摧毁了伊拉克 31% 的目标。而这些仅占美国空军在战争中投入的 2.5%。技术最终转变为现实，使得美国不仅拥有战术优势还拥有心理优势。隐形战机就像一枚银色子弹，偷偷溜进伊拉克空军基地，摧毁其国家的空军防御系统，自身却毫发无损。不过伊拉克总统萨达姆·侯赛因依然声称：“决战时刻刚刚开始，战争之母就要来临。”

美国空军针对巴格达的战斗摧毁了萨达姆·侯赛因的复兴党军事基础设施。面对激光制导炸弹、红外线夜间轰炸设备以及隐形战机，伊拉克空军毫无进攻的可能。为了打击报复，伊拉克向以色列和沙特阿拉伯发射了飞毛腿导弹，但美国的爱国者导弹几乎即刻就击落了一枚伊拉克的飞毛腿导弹。爱国者成为战争中首次使用的反弹道导弹。五角大楼宣扬爱国者几乎完美的表现。但在机密通信中有不同的故事版本。在沙特阿拉伯和以色列有 27 个爱国者导弹炮台，每一个炮台都向来袭的伊拉克飞毛腿发射了近 10 枚导弹。起初，这个数量并没有什么意义，尤其是对美军副参谋长戈尔登·R. 苏利文（Gordon R. Sullivan）来说。怎么能用 10 颗美国的爱国者反弹道导弹射击天外袭来的伊拉克飞毛腿导弹呢？机密调查显示，因为伊拉克的飞毛腿导弹工程质量太差，在最终射向地面时分裂成多片。诸多碎片迷惑了爱国者导弹，使其误以为每一块碎片都是额外的弹头。高度精密的多弹头分导重返大气层运载工具（MIRV）源于 30 年前贾松科学家梦想的欺骗性渗透援助。而今粗劣的制作却无意间造成了 MIRV 的穷人版本。

对于美国军队来说，海湾战争是宣告其“系统的系统”所拥有能力的机会。隐形战机得到的关注最多。但其他飞在伊拉克上方的DARPA系统也同样具有革命性，它们所承载的高科技也值得关注，只是没有那么显眼。遥控飞机在“系统的系统”中作用非常突出，但几乎没有被报道过。远程控制的飞行器或小或大，都能收集地图信息协助战斧导弹瞄准袭击目标。当时大约522架次的遥控飞机出动，总计1641个小时的飞行时长，大部分基于DARPA在越战期间开发的技术。遥控飞机的相机由于配备红外传感器，很容易植入地面部队和卡车，藏于沙袋后面或者伪装起来。遥控飞机传输回信息，用于除掉目标。有一次，一队伊拉克士兵从隐藏点出来挥舞投降的白旗正好被附近遥控飞机的电视摄像机拍了下来。这是历史上第一次敌军士兵投降被机器录下来。

DARPA其他的技术骨干还包括四引擎的波音707–300，隆隆飞行在战场4.2万英尺的上空。这是DARPA的联合监视与目标攻击雷达系统（JSTARS），是一个在上空一圈圈飞行的指挥控制和信息中心，操控大部分地面行动。JSTARS由空军和陆军联合控制，机身下方的前部配备40英尺长的舟状雷达圆顶。在圆顶内部，一个长约两层楼的雷达天线能够向地面军队站台发射准确的目标信息。雷达能够检测、定位、追踪敌军大后方行进的卡车，JSTARS成为第一个也是唯一一个运转的空运平台，能够对“超过一个军部大小区域的战场进行实时监测”。JSTARS上的系统软件非常复杂，甚至需要将近60万行的代码，大约要比美军之前开发的C3系统多出三倍。16年前，DARPA由突击破坏者开始发展“系统的系统”概念。现在已经开始将其在战争舞台上演出了。

JSTARS就像能洞察一切的空中指挥官。它能“看见”大约19305平方英里的领土，能检测200~250英里以外的移动目标。它能在黑暗以及多云和暴风雨等恶劣天气情况下“看到”物体。两架JSTARS雏形飞往海湾战争，正如DARPA历史文献上所描述的，是“战争史上前无古人的实时战场战术观察”。2 月 1 日，一列 10 英里长的伊拉克装甲坦克纵队向沙特阿拉伯前进，JSTARS 发现后，派出联合战机摧毁了这一纵队。当空中轰炸持续进行时，战斗机架次超过了 4 万大关——比美国空军在“二战”14 个月里对日本出动的架次还要多 1 万次。五角大楼开始发布乏味的数据，关于其“系统的系统”所摧毁的：伊拉克 4280 辆坦克中的1300 辆，3110 个伊拉克重炮群中的 1100 个，以及伊拉克 2870 辆装甲坦克中的 800 辆。

随后，地面战争于 2 月 24 日周日沙特阿拉伯时间凌晨 4:00 开始。萨达姆·侯赛因通过电台广播向他的军队传达了“不惜一切代价”杀灭敌军的命令。两天后结束海湾战争的大决战被称为“东经 73 度战斗”，那是 20 世纪最后一场大型坦克战争。但不同于历史上很多有名的坦克战斗，以战争发生的城市命名，“东经 73 度战斗”是以 GPS 坐标或说网格线命名的。

2 月 25 日，800 辆 M1A1 亚伯兰坦克在伊拉克南部边境和沙特阿拉伯列队。第二天早晨，第二装甲骑兵师的一次突袭开启了对萨达姆·侯赛因共和国警卫队塔瓦卡纳坦克部队的进攻。突击的先头部队有三支：灵魂、雄鹰和钢铁。第二装甲骑兵师曾经在德国的格拉芬沃尔驻扎，在波斯湾投入使用之前曾经通过 DARPA的模拟网络模拟器进行训练。杰克·索普和 DARPA 团队曾经在诺克斯堡驾驶过 M1 坦克，自那时起这种坦克就配备了一种强大的新武器系统：夜视热成像。

海湾战争结束的那天，整个上午的天气都很恶劣。前一晚下了一整夜的雨，这片平坦的无迹可寻的沙漠仍然被浓雾和阴云笼罩着。大约下午 3:30 太阳才出现了短暂的一段时间，但紧接着沙暴就来了。恶劣的天气加上科威特石油燃烧在整个沙漠升起的浓重黑烟，能见度几乎为零。

伊拉克塔瓦卡纳坦克部队的枪手什么也看不见。但第二装甲骑兵师就不同了。由于配备了热视系统，M1A1 坦克中的美国士兵能够在黑暗中看见。夜视是 DARPA 自 1961 年开发的一门科学，当时 DARPA 写了有关这个课题的第一本手册《军用红外技术手册》。红外视觉在越战期间的发展帮助士兵看穿浓密的丛林树冠。而今它被用于沙漠。

“我们有热影像，”经历过“东经 73 度战斗”的美洲狮中队指挥官的道格拉斯·麦格雷戈（Douglas Macgregor）少校说，“但伊拉克没有。是的，我们的火力极其精确，定位准确，我们看得到向什么开火而他们看不到。”第二装甲骑兵师的雄鹰部队在大约下午 4:10 发起袭击时，伊拉克国民警卫队根本没有察觉。在不到半小时的时间里，雄狮部队摧毁了 28 辆 T-72 伊拉克坦克，16 辆装甲运兵车和 39 辆卡车，自身毫发无损。“战斗只用了 23 分钟就取得了胜利，”已退休的四星将军保罗·戈尔曼（Paul Gorman）告诉国会，“因为美国独享卫星导航成像以及热成像射击控制的优势。”

伊拉克军队被制伏了。伊拉克士兵投降，全体遗弃他们的岗哨。伊拉克军队从科威特市大批离去期间，联合监视与目标攻击雷达系统（JSTARS）查明有上千车辆迅速离开，联合战机可对此进行轰炸。照片上，伊拉克 80 号高速公路沿线摧毁的车辆，赤裸裸地显示出这一“系统的系统”是如何工作的，令人震惊。美国的 JSTARS、隐形战机、GPS 卫星导航、轰炸机、激光制导炸弹以及夜视等技术军火导致了上百万人的死亡。1500~2000 辆烧焦的车辆零零散散弃置路边，包括伊拉克坦克、梅赛德斯—奔驰轿车、偷来的科威特消防车以及小型货车。路上还有烧焦的尸体、零散的拖鞋、行李箱以及水果箱。有些受害者是瞬间被烧死的，还保持着爬行和伸展的动作，就像庞贝古城里有名的尸体一样。国际报社称这条伊拉克和科威特之间四车道的高速路为“死亡公路”。

科林·鲍威尔担心负面报道的影响，约见施瓦茨科夫将军进行讨论。

“电视报道的广泛性，”鲍威尔说，“已经开始让我们看起来好像是为了屠杀而屠杀。”

“我也在考虑这件事。”施瓦茨科夫说。

鲍威尔问施瓦茨科夫将军他打算怎么做。

“还有一天。”施瓦茨科夫将军说，表示他授权只再轰炸一天。

第二天，2 月 27 日晚些时候，乔治·H. W. 布什（George H. W. Bush）宣称波斯湾“进攻战争暂停”，开出条件和伊拉克永久停火。海湾战争持续了一个月 12 天。

停火一个星期后，DARPA 主任维克托·里斯（Victor Reis）在华盛顿特区约陆军副参谋长戈尔登·苏利文将军一起吃午饭。苏利文将军原来在诺克斯堡当过装甲中心的副指挥官，是模拟网络的粉丝。他带来了一份星条旗报，指着上面一个标题《东经 73 度魔鬼军队战斗》，问里斯 DARPA 是否能将东经 73 度战斗作为逆向仿真训练工具。里斯说他会考虑。

里斯把这个想法讲给防务分析研究院模拟网络中心的尼尔·考斯比。“我告诉维克托这是个伟大的想法，”考斯比陆军上校 2014 年回忆道，“我说，我们能做，我们也应该这样做。”他认为东经 73 度战斗的逆向仿真将会成为“终极后作用报告”。从技术中还有很多可学的东西。

几天后，由加里·布勒多恩（Gary Bloedorn）陆军少校带领 DARPA 的一支团队飞往伊拉克采访参加战斗的士兵。布勒多恩和这支 DARPA 团队听取了各种证词，阅读了大量笔记和无线电记录，还听了一辆指挥车上的一名士兵的录音带。这支队伍到达 GPS 网格线定位的东经 73 度，他们走过那里的战场，记录法医证据，测量美国开火位置和摧毁伊拉克卡车的距离。然后他们回到防务分析研究院输入数据，用不到一秒钟的时间重建了战争。而整项进程耗时 6 个月。

草拟版本完成后，重建团队飞往德国，那里驻扎着大部分的战争参与者。DARPA 团队向士兵展示了虚拟网络版本的战争，做笔记并进行最终的精准校对。回到防务分析研究院后，这支队伍又工作了六个月。然后和战斗的关键领导最后一次会面，接受最终审查。他们证明事后“重现生动的战斗情景”是可以完成的，考斯比说。现在是向国会展示的时候了。

1992 年 5 月 21 日，参议院军事委员会观看了“东经 73 度战斗”的 DARPA 模拟。退休将军保罗 · 戈尔曼发表了开场演讲。但在播放模拟网络模拟前，戈尔曼又指着模拟器做了介绍。

“这个在你面前有些使人却步的显微照相设备是一种战争设备，”戈尔曼告诉国会议员，“这种机械装置是为了让人们能够理解战斗的复杂、动力和混乱而设计的。”戈尔曼提醒观众巴顿将军曾经说过：“是人类进行战斗取得胜利而不是机器。”但世界已经变了，戈尔曼说，现在机器可以帮忙了。过去，战争故事只是战争录音，现在计算机模拟改变了这一切。

“我希望促使（你们）我们大家都能认识到模拟是备战的基础。”戈尔曼说。随后他播放了“东经 73 度战斗”的 23 分钟模拟。考斯比回忆道，国会人员“哇哦”一声，惊呆了。军事服务开始进入电子计算机模拟作为战争基础工具的时代。

DARPA 的突击破坏者行动理念已经在海湾战争中产生了效果，在五角大楼，人们兴奋地谈论重建。自越南战争以来，国防部就一直和公众对于军队无能和不信任的观念做斗争。海湾战争改变了这一切。

五角大楼又一次变得强劲有力。海湾战争迅速结束，死亡人数显著下降：390 名美国人死亡，458 名在作战中受伤。所有的同盟军有 510 人伤亡。布什总统甚至得意地宣称："感谢上帝，我们彻底打败了越南综合征！"

但这种乐观没有持续多久。

1993 年 10 月 3 日午后，由军阀和武装民兵控制的索马里摩加迪沙正遭受饥荒。十个月前，以保卫和平开始的战争逐渐演变为特种部队的一系列迅速作战。就在这天，一支由美国部队精英陆军游骑兵、海豹突击队和三角洲部队组成的特种作战联合任务军——游骑兵特遣队开始捉拿两名为军阀和总统当选人穆罕默德·法拉赫·艾迪德（Mohamed Farrah Aidid）工作的索马里中尉。艾迪德的几名中尉正躲在市中心一座二层小楼，离奥林匹克酒店不远。

离任务还有 15 分钟，一切都在按计划进行。地面部队已经抵达目标所在地，卸下 24 名索马里士兵进入护送卡车，一系列致命事件就此展开。一架名为超级 61 号的黑鹰直升机向目标建筑进发，计划在那里将美国士兵带回基地。突然，一队索马里士兵趁乱登上附近的一个屋顶，瞄准直升机，发射火箭推动榴弹。

特种部队指挥官之一诺姆·胡滕（Norm Hooten）惊恐地看到黑鹰直升机"尾梁被击中开始慢慢旋转"下降。胡滕回忆道："那是个灾难性的影响。"超级 61 号不受控制地旋转，最终坠毁在街道上，两名飞行员死亡。从 2013 年国防部发布的这次坠毁录像带中能听到军队通信系统有一个声音在喊："我们击落了黑鹰！我们击落了黑鹰！"

一支 15 人的战争搜救队和 MH-6 直升机迅速抵达坠落地点进行营救。但上百名愤怒的索马里人聚集在周围街区，用燃烧的轮胎和垃圾设置路障，阻塞通路。紧接着战火响起，美国人陷入困境，疯狂的暴民将其团团围住。当名为超级 63 号的第二架黑鹰直升机被击落，情况变得更加糟糕。又一批索马里暴民向第二个坠毁地点冲过去，杀死了所有人，仅有一名飞行员迈克尔·达兰特（Michael Durrant）生还。陆军游骑兵和海豹突击队抵达街区试图进行搜救，掩护被困的同伴士兵。一场混乱致命的战斗持续了整个夜晚，一直到凌晨。结束之时，18 名美国人、1 名巴基斯坦人和 1 名马来西亚士兵死亡，80 人受伤。索马里人伤亡不明，据粗略估计，约有 3000 人死亡。

这就是非对称战争——战争双方军事实力相差悬殊。超级军事大国美国杀伤敌军的数量远超过自己的伤亡，但其自身损耗也展现在全世界的电视屏幕上。录像带上索马里民众拖着半裸流血的美国飞行员和士兵的尸体穿过街道，这种情景令人震惊。

这是现代美国军队事务的分水岭和转折点。美国军队在海湾战争时证实的实力和士气被削弱了。2400 多年前的战略家都知道在闹市开战愚蠢至极。"攻城之法，"孙子写道，"为不得已。"摩加迪沙之战不属于任何作战计划。事先没有经过演习。美国军队陷入了地狱般的境地，结果成为自越战以来死亡最多的战斗。

"美国人不是超人。"索马里的一个酋长亚丁上校评论道，"这些尘土飞扬的街道把战争降低为步枪对步枪，他们和索马里人一样容易牺牲。"高科技武器在棍棒、石块、AK-47 以及火箭推动榴弹面前不堪一击。

摩加迪沙战斗之后，DARPA 组建了一支高级工作组（SWG）分析索马里事件，同时向五角大楼提供如何准备类似的未来战争——非战争行动（OOTW）的参考意见。由美国特种作战司令部前任总指挥官卡尔·W. 斯廷纳（Carl W. Stiner）领导的工作组将集中精力发展新技术，这支队伍要在两个多月的时间内完成十次研究会议，然后用6个月的时间准备书面报告。

开篇读起来就像百花齐放。“世界不再是两极了。”高级工作组写道，“后冷战时期的战略环境界定模糊，既富有活力又并不稳定。”冷战期间，美国知道敌人是谁。现在不比从前。恐怖组织、准军事力量以及民兵组织从全球多种混乱的城市环境中涌现。第三世界的不稳定、思想意识形态和宗教极端、蓄意恐怖组织以及涉毒恐怖主义意味着整个世界已经成为新的战场。在未来的非战争行动中，不规则敌军部队包括“花样繁多的敌手，配备一系列越来越多的精良武器”，将涉及研究中的原子、化学和生物武器。美国还没有准备好如何应对新出现的威胁，高级工作组警告说。DARPA需要重新将精力集中到城镇战，必须研发新的武器系统应对第三世界不断增长的威胁。

工作组在报告中列出了需要即刻加强的一些不足：“发展不充分的核、生物武器化学武器（BW、CW）侦察；发展不充分的地下掩体侦察；有限的安全、实时指挥控制低层单元（比如从地表士兵获取信息）；有限的情报、监督和侦查传播（ISR）；发展不充分的矿藏诡雷以及爆炸侦察能力；发展不充分的非致命能力（比如失能剂）；发展不充分的模型/模拟训练、演习和操作；无声识别或语言翻译；对付狙击的能力不足。”高级工作组提议DARPA在上述所有领域加快研究进程，在机器人学、遥控飞机、人类标签以及追踪和拥挤控制的非致命武器系统方面也要进一步提高。

DARPA面临艰巨的任务。这个部门数十年的军事研发都是在针对拥有坦克和重型武器的军队敌人，而现在要将精力放在城镇战。摩加迪沙事件发人深省。“军事行动十年前还不太受关注，现在已经成了焦点问题。”研究组警告道。

第二年，DARPA 要求兰德研究非战争行动并书写一份非机密报告。兰德的报告题为《地狱之战：关于限制城市作战的思考》，其开篇很有先见之明："以史为鉴。攻城之法，为不得已。"因此，切忌城镇战。

第十七章 生物武器

1991 年 12 月 11 日，一个神秘的人物来到了华盛顿特区，他就是 41 岁的苏联科学家肯·阿利别克夫（Kanatjan Alibekov）博士，苏联 13 人代表团成员之一。据称，阿利别克夫此次美国之行的目的是达成三国拥有互相检查彼此设施的权力。这些设施从几十年前至今，一直用于开展生物武器计划，可实际情况远不止于此。回溯到 1972 年，《禁止生物武器公约》规定细菌武器违法，因此美苏英三国都宣布不会发动生物战争。但是，最近美国情报官员发现，大大出乎西方世界的意料，苏联并没有终止生物武器研发工作，而是启动了一个邪恶、可怕的计划。美国是在两年前的 1989 年 11 月得到这一消息的。从那时起，美英两国就一直在苦苦思索应对之策。而这次的三方活动，正是对策的一部分。

时值 1991 年 12 月，苏联并不知道，美英情报官员已经发现了其隐秘的生物物质准备计划，也不知道美国情报官员掌握了多少，神秘的阿利别克夫博士正是这个计划的副主任。这意味着他是个掌管着大约有四千名雇员计划的二号人物。这些雇员为 40 个设施工作，其中的 12 个完全用于攻击性生武研究工作。

苏联代表团来到美国，是件相当敏感的事情。国防部长切尼不想让来访细节公之于众。为确保机密，他的办公室实施了媒体管制措施。除国防部外，唯一知道苏联科学家行踪的人就是美军传染性疾病医疗研究中心的陪同人员。

苏联代表团来到了位于犹他州的杜格威试验基地。在这里，致命病菌曾在户外条件下试验，但随后这里的冷战时期建筑物就被废弃了。他们又去了位于阿肯色的布拉夫兵工厂。美国曾在这里一个工厂大小的地方生产生物武器，但现在已被丛生的杂草和生锈的铁轨所占据。他们还去了位于马里兰州弗雷德里克的德特里克堡，这里是美国前生武研发工作基地，也是现在 DARPA 总部所在地。

许多年后，阿利别克夫博士所写的回忆录中，描述了 1991 年美国之行的场景。他对见到的武器设备并不感兴趣，而是被许多美国人富足的生活所吸引，惊叹于“精心铺设的高速公路、储备充分的商店和美国百姓奢华的家”。

1991 年，阿利别克夫博士初次到美国。他一句英语也不会说，唯一见过的西方人，就是同年早些时候到苏联参观的 13 个美国人。那次参观中，阿利别克夫博士担任向导。那时，苏联人正在制造细菌武器，阿利别克夫的任务就是确保不让西方科学家看到可能暴露苏联非法从事武器研究工作的场景。

阿利别克夫 1950 年出生于哈萨克斯坦，所学专业为传染病医师专业，致力于微生物学和流行病学。24 岁时，加入了位于西伯利亚的托木斯克军事医学院，从此在他后来称之为“苏联最边远角落的一系列秘密实验室和装置”中工作。每份工作都会带来经济上的特权，而这对于一个非苏公民来说，是非常难得的。在冷战期间，哈萨克斯坦人被认为是二等公民。但阿利别克夫是一个天才微生物学家，他工作努力，为自己带来了丰厚的报酬。20 世纪 90 年代，他写道："拿着高级官员和高等级军官的双重厚禄，我和苏联政府部长的收入一样多。"

参观美国设施之时，苏联已是一片混乱。两年前柏林墙垮塌了，但是苏联克里姆林宫的红旗还在飘扬。两个超级大国的地缘政治还在变动中。"（苏联领导人）会不会改革，还没有十分明朗，"当时的 DARPA 主任克雷格·菲尔茨回忆说，"对于他们可能会改革，大家都很担心。"两个国家关系趋于正常化，但对美国国防部而言，这是个非常动荡的时期。当全世界沉浸于柏林墙倒塌的欢愉中时，美国国防部正在为种种国家安全的不确定因素而头疼。联合后的德国会加入北约吗？怎样处理欧洲的大裁军？怎么对付苏联的核武器？在与美国肩并肩的武器竞赛中，苏联用了过去半个世纪的时间，建造它的大规模杀伤性武器。现在谁能控制苏联大规模杀伤性武器兵工厂？每时每刻，苏联都有 11000 多枚核弹头瞄准美国境内被精心挑选的目标，还有 15000 枚核弹头和配套使用的铁路移动发射装置，藏匿在苏联广阔的农村地区。

丽莎·布朗森（Lisa Bronson）对于这些问题、数字和威胁尤其熟悉。她是美国国防部为苏联代表团指派的向导。尽管才三十多岁，但布朗森已经是一名律师和裁减军备的专家。作为国防部办公室多边谈判副主任，布朗森参与设计了迎接苏联代表团参观的计划，同时也参与了当年早些时候美英代表团参观苏联设施的行程。她是阿利别克夫博士曾经见到的 13 个西方人之一。现在，苏联参观完美国设施，任务也快完成了。布朗森带着苏联科学家，参观了美国首都。

正是在参观首都时，阿利别克夫博士和布朗森偶然间开始了交谈。阿利别克夫博士在他的回忆录中记录了两人的对话。"在路上停下来时，她对苏联生武计划提出了疑问，”他写道，“很显然，我们否认了这个计划的存在，但我很欣赏她的坚持。”

站在宾夕法尼亚大街上，直对着白宫走下来的路，阿利别克夫博士的一个同事问布朗森，美国科学家一年能挣多少钱？

“这要看你的经历了，”她回答说，“政府雇用的科学家年收入 5 万~7 万美元，而私立科学家可能赚到多达 20 万美元。”这个数额相当于 2015 年的 35 万美元。

阿利别克夫博士很吃惊。整个参观旅程期间，他被美国深深吸引，这里的一切都是好的，从公共设施到个人生存条件，他想到了自己在莫斯科的生活，与这里相比，他是多么努力工作，而得到的又是多么少。最重要的是，既然柏林墙已经倒塌，未来将是多么残酷。“那时，”他写道，“一个苏联的顶级科学家，一个月能挣大约 100 美元。”阿利别克夫博士决定大胆地说出来，他通过翻译问了布朗森一个私人问题。

“以我的经历，在这里能找到工作吗？”他问道。

布朗森温和地对阿利别克夫博士说，他要先学习英语。

通过翻译，阿利别克夫博士谢过他的美国国防部主人。然后，他开了个玩笑。“好的，”他说，“一旦来了，我就会寻求你的帮助。”

布朗森只是笑了笑。

“每个人都笑了，”阿利别克夫博士回忆说，“包括我在内。”

阿利别克夫博士跟随苏联代表团回到了莫斯科。几天以后的 1991 年 12 月 25 日，总统米哈伊尔·戈尔巴乔夫（Mikhail Gorbachev）辞职了。新生前夜，苏联的铁锤、镰刀、金星旗撤下了克里姆林宫的旗杆。新成立的俄罗斯联邦三色旗取代了它的位置，苏联解体了。

两周后，阿利别克夫博士在莫斯科向生物物质准备计划主任尤里·卡里宁（Yury Kalinin）递交了辞呈。然后，阿利别克夫博士通过媒介，向布朗森表达了叛逃美国的想法。这条情报大大出乎美国国防部的意料。整整两年时间，所有 DARPA 的情报，包括第一手资料，都来自一个人——一个名叫弗拉基米尔·帕申切尼克（Vladimir Pasechnik）的苏联高级科学家，目前处于英国监护下。美国国防部想要有自己的高级别叛逃者。不久美国国防部就会拥有阿利别克夫博士了。

帕申切尼克所在的代表团早已走出了悲伤。1989 年 11 月，帕申切尼克被派往法国，代表官方购买实验室设备。可他却从一个电话亭里，打电话给英国大使馆，说自己是苏联细菌战科学家，有意叛逃到英国。英国秘密情报局特工派车来接他，并和他一起飞往英国，把他带到了乡下的一个安全住所。

被派来管理帕申切尼克的人叫克里斯托弗·戴维斯（Christopher Davis），他是英国国防情报部门高级生物战科学家。帕申切尼克提供了大量非比寻常的情报，这令戴维斯非常震惊。51 岁的帕申切尼克曾在阿利别克夫博士管理的生物物质准备计划中，一个叫作极纯生物备战协会的设施里工作，地点就在列宁格勒。作为极纯协会的高级科学家，帕申切尼克做出了巨大贡献，并被授予将军军衔。在生物物质准备计划中，科学家们通过生武计划中标准的操作程序，将炭疽病菌、土拉病菌、肉毒菌等典型细菌，应用于武器装备。但是在极纯协会，科学家通过修改病菌的基因，使其能够抵抗疫苗和抗生素。帕申切尼克告诉戴维斯，在极纯协会，他被指派研究一种能抵抗抗生素的病菌之母——腹股沟腺炎瘟疫。

苏联人把这种实验室里所产的病菌，称为历史上最多产的超级杀人瘟疫。13 世纪时，腹股沟腺炎瘟疫曾席卷欧洲，杀死了大约 1/3 人口。但是到了 20 世纪，它就失效了，因为人们找到了对抗这种传染病的抗生素链霉素。当戴维斯得知，苏联人正在研制一种通过修改基因，能够抵抗抗生素的瘟疫时，他知道这只能意味着一件事。“之所以选择瘟疫，就是为施之于其他国家，”戴维斯说，“杀死那里所有的人，然后自己进来占领土地。这就是他们要干的事情。”

一连几个月，戴维斯和一个军情六处的同事，花费大量时间盘问帕申切尼克。得到情报后与美国相关人员分享。仅在第一个月，帕申切尼克所提供给英政府的情报数量，就足够英美两国情报部门加在一起，靠自己工作25年。在监测生物武器方面，美国广泛而先进的传感器技术网络，并没有用处。不像导弹研制工作，需要在试验场实施，这容易被空中的卫星和飞行器监视到，生物武器的研制，可以在建筑物和地下的实验室里进行，甚至几十年都不会被发现。生物物质准备计划正是这样的。

美国军方和情报部门花费在高科技侦察和监视系统上的费用有数万亿美元，从地面、空中、太空中，搜集通信情报、测量和信号情报、公开来源情报、地理空间情报和其他形式的高科技侦测情报，可一个人只是动了动嘴，就说出了诸多没有被掌握的情报。帕申切尼克提供了人工情报。

“弗拉基米尔（帕申切尼克）叛逃的事实，是促使苏联彻底灭亡和冷战结束的关键之一，”戴维斯说，“这是我们曾取得的最大突破。”每次戴维斯告诉他的美国同僚帕申切尼克提供的情报时，事情都会有大的进展。美国派诺贝尔奖获得者、微生物学家乔舒亚·莱德伯格（Joshua Lederberg）去英国，秘密会见帕申切尼克。莱德伯格担心地回到美国，他被苏联人研制超级瘟疫的事实震惊了。而且莱德伯格得知，生物物质准备计划的科学家，一直致力于使天花病菌应用于武器。这是何等的险恶。20世纪70年代末，包括苏联医生在内的国际卫生团体，为彻底根除这种致命病毒而共同努力。1980年，世界卫生组织宣布，天花被根除了。而如今，苏联竟大量研制天花武器，简直太邪恶了。

莱德伯格向美国国防部确认，帕申切尼克绝对可靠，知之甚多，并且记忆力很好。“他从不拖延。”戴维斯说。运用机密的中情局卫星数据，包括数十年前拍摄的照片，美国国防部定位了许多帕申切尼克审问记录中的生武设施。许多重要的照片，都来自技术早期发射的 DARPA 卫星。确认了具体方位后，就要向总统布什汇报了，包括苏联令人吃惊的非法生武计划。

柏林墙虽然已倒塌了几个月，但对于美国国防部而言，国际安全仍处于危险期。有人担心，戈尔巴乔夫可能正在失去对军队的控制权。有鉴于此，布什总统在 1990 年的冬天，决定对苏联生武计划暂时保密。要是泄露了秘密，可能对戈尔巴乔夫不利。国际社会一向尊敬戈尔巴乔夫是个改革家，他必须保持良好的信誉，以此使他的国家走出冷战思维，迈向 21 世纪。世界需要俄罗斯的稳定。泄露苏联生武计划，会事与愿违，所以必须保密，至少当时是那样的。

问题的关键是，戈尔巴乔夫总统对此事知道多少？帕申切尼克也不能确定，因此美国国防部需要另一个知道此事的人。时间回溯到 1989 年秋天至 1990 年冬天之间，这样的人还没出现呢。帕申切尼克一开始还有所保留，但逐渐就和他的英国管理者融洽相处了。然后就开始指名道姓了，包括生物物质准备计划主任阿利别克夫博士。

美国国防部安排周全，这令阿利别克夫博士和他的 12 个同事 1991 年 12 月的德特里克堡之行非常兴奋。美国之行后，阿利别克夫博士回到俄罗斯。仅过了三周，他就下定决心叛逃美国。一切都安排好了，趁着夜深人静的时候，阿利别克夫博士带着妻儿，永远离开了俄罗斯。

当戈尔巴乔夫被逼离开总统办公室时，美国情报部门确认，他已经知晓苏联生武计划。戈尔巴乔夫得到了计划运行情况的机密备忘录，上面记录着三边任务参观设施时，如何蒙骗了美国的检查人员。中情局也确认了，俄罗斯新总统鲍里斯·叶利钦（Boris Yeltsin）也知道生武计划，并任其发展。1992年1月20日，英国驻俄大使罗德里克·布雷思韦特（Rodric Braithwaite）和外交大臣道格拉斯·赫德（Douglas Hurd）与叶利钦总统在莫斯科会晤。自从帕申切尼克叛逃以来，布雷思韦特大使一直屡败屡战，试图让俄罗斯承认生武计划，这是安全解除计划的第一步。可这次谈到这个话题时，叶利钦竟承认他知道生物物质准备计划，这使英国的外交官们大为吃惊。

"我对苏联的生武计划非常了解，"叶利钦坦承，"而且它们正在进行中。"他还说，负责这个计划的俄罗斯科学家们决心继续做好他们的工作。最后，他郑重宣布："我将取缔所有的协会。"他答应从此"让（生物物质准备）计划主任彻底退休"。

"我们吃惊极了，"布雷思韦特在回忆录中写道，"除了感谢之外，我们别无可言。"

23年来，包括戈尔巴乔夫在内，所有苏联领导人一直否认的事实，叶利钦却承认了。事实公开了，美国国会和媒体也参与了进来。反对生物武器自然而然地成为一个全新产业，声势急速膨胀。DARPA首当其冲。

来到美国后，阿利别克夫博士换了一个美国人的名字——肯·阿里贝（Ken Alibek）。他和家人搬到了华盛顿市郊。这个苏联科学家曾花费数十年时间，致力于研究鼻疽病菌传染的武器化，精心组织马尔堡出血热病菌实验，监督研制苏联第一枚野兔病菌炸弹，并且创造了炭疽病菌"战斗品系"——836品系，因"人类已知毒性最大和最残忍的炭疽病菌"而闻名于世。而他现在却为美国政府工作。

阿利别克夫博士每天沿着精心铺设的高速公路行驶，路过大房子和物品齐全的商店，去他在弗吉尼亚的办公室上班，这里离美国首都只有20分钟的车程。在办公大楼二楼一个安全的房间里，他接受来自美国各类情报军方部门和民间组织的询问，内容都是关于苏联生武计划的。

阿利别克夫博士证实了帕申切尼克所提供给英国情报部门的，关于苏联生物科技和超级瘟疫的进展情况。但是作为生物物质准备计划副主任，阿利别克夫博士比帕申切尼克知道许多更为机密的研究项目，包括细菌炸弹运输系统等。据阿利别克夫博士所说，这项工作高度机密，只有生物物质准备计划内部，隶属于苏联总参谋部行动指挥部，一个叫作生物小组的组织知晓此事。在这里，武器设计者精心制作特别设计的导弹，用于将来可能与美国之间发生的生物战争。细菌武器大部分由易碎的微生物组成。这些微生物无法承受剧烈温度波动，如飞行中产生的温差等。阿利别克夫博士说，苏联人用类似于宇航舱一样的小空间容器，解决了这个问题，改进了洲际弹道导弹。这种导弹是多弹头分导重返大气层运载工具，每个洲际弹道导弹能携带10个战斗弹头，射程达6000英里。北约称之为撒旦SS-18。

阿利别克夫博士还披露苏联喀迈拉生武项目令人恐怖的细节。通过从两种或更多有机体中，提取基因物质组合，而生成更多剧毒病毒。阿利别克夫博士告诉他的管理者们，要对这个计划多加小心，并说他知道20世纪80年代末期的一次试验。把委内瑞拉马脑脊髓炎基因插入天花病毒中，合成一种嵌合体，或者叫混合物品系。阿利别克夫博士说，喀迈拉的终极目标之一就是制造一个可怕的天花和埃博拉病菌混合物。阿利别克夫博士警告他的管理者们，苏联已经通过修改基因，把制造生物武器的方法卖给了利比亚、伊朗、伊拉克、印度、古巴和东欧以及前苏联国家。美国官员认真听取，并做了记录。据阿利别克夫博士后来回忆说，他当时最大的遗憾，就是这些美国官员好像并没有充分认识到，苏联人研究项目潜在的灾难性后果。

“他们并不关心我们的基因研究工作。”阿利别克夫博士悲伤地说。“一提到战略问题”，他的翻译就告诉他，美国人对这个问题不感兴趣。“我们只关心你所知道的，”他们说，“而不是你认为将会发生什么。”美国国防部对他所知道的，关于生物物质准备计划内部工作的情况很感兴趣。阿利别克夫博士被告知，他的情报很有用，但是不需要他发表意见。不久，他的情报也没什么用了。

自冷战开始以来，美国国防部和 DARPA 的工作一直有一个盲点，即对生物学家的意见，有着天然冷漠的态度。白宫和国防部的官员对处于艰难中的科学家的话更感兴趣。1968 年，诺贝尔奖获得者乔舒亚·莱德伯格就曾指责过此事。他定期给《华盛顿邮报》的科学专栏投稿，指责联邦政府“对生物学发展视而不见，对生物学极其危险的，可能造成种族大屠杀的实验不管不问”。莱德伯格说的就是生物武器。从 1945 年开始，随着原子弹的出现，只要提到武器，美国国防部首先会听取物理学家和数学家的意见建议，而极少会想到生物学家。

如果说，“一战”是化学家主导的战争，“二战”是物理学家主导的战争，那么如今就美国国防部所面临的威胁而言，第三次世界大战会不会是生物学家主导的战争呢？

简要地归纳一下阿利别克夫博士关于苏联生武计划的启示，DARPA 马上意识到了这个盲点，并迅速采取了行动。20 世纪 90 年代初期，“美国国防部对生物学认识不足”，拉里·林恩说。他曾于 1995~1998 年，担任 DARPA 主任。现在 DARPA 已经感到不安，生物学或者说是生命科学，将在未来的军事变革中，发挥非常重要的作用，而国防部已经落后了。国防部需要美国生物学顶尖科学家做参谋。于是，他们与贾松小组的科学家取得了联系。

自 1973 年搬离防卫分析研究所以来，贾松小组又搬过几次家。在最初的八年里，他们在位于加州门罗公园的斯坦福研究所，签约国防合同。斯坦福研究所与 DARPA 合作由来已久，是信息技术的先行者，也是阿帕网络四个节点之一。20 世纪 70 年代，在斯坦福研究所的帮助下，贾松小组吸纳了几位计算机科学家和电气科学工程师。而且除了为 DARPA 服务外，贾松小组的客户有所扩展。在斯坦福研究所的旗号下，贾松小组做研究，写报告，客户遍及中情局、美国海军、北约、美国能源部、核武器局、全国科学基金会等。

1981 年，贾松小组又把总部搬回了东海岸，不同的是，这次是在米特里公司旗下，小组成员戈登·麦克唐纳担任米特里公司的首席科学家。随着业务的增长，贾松小组大部分工作都围绕着夏季研究项目开展。

1986 年，国防承包商戴奈梅克斯将军为贾松小组的科学家提供了属于自己的住所。他们又回到了加州，住在拉霍亚街区一处 120 英亩的园区里。这片地到 2014 年一直在使用。“这是一个敏感信息隔离设施。”默夫·戈德伯格在 2014 年的采访中说道。这意味着，此处是专门为国防部安全特别建造的，四周环绕着有倒刺的金属丝。戴奈梅克斯将军的房间并不是有海景的大学宿舍，而是如戈德伯格所记录的，“时代已经变了”。

随着柏林墙倒塌和生武威胁的扩大，贾松小组“被告知最好招募一些生物学家”，戈德伯格说。DARPA 主任林恩曾私下与莱德伯格见过面。经过几十年的呼吁警告，莱德伯格终于被招募，成为一名国防科学家，现在已经成为 DARPA 生物学顾问主席。1994 年，DARPA 主任林恩和一个小组来到莫斯科，意图研究如何用技术手段监视莫斯科的一举一动。这次行程的具体细节，目前仍是机密。

生物武器已成为新政府的安全大患。1995 年秋天，为了解除对伊拉克的制裁，伊拉克总统萨达姆·侯赛因公开对联合国说，伊拉克已经生产了数吨生物武器，包括肉毒素、骆驼痘和出血结膜炎病毒。伊拉克还承认，科学家至少分布在五个独立的设施里工作，有些还处于地下，是海湾战争中幸存下来的。1996 年，中情局提供给克林顿总统的报告中提出，朝鲜、伊朗、伊拉克、利比亚和叙利亚都有生武计划，这些信息直到 2015 年仍是机密。1997 年，贾松小组接到任务，研究一个关于生武威胁的复杂研究项目。小组里来了一位新人——微生物学家史蒂芬·M. 布洛克（Stephen M. Block）。数年以后，他发布了一些这个项目的非机密成果。

据布洛克记录，最大的威胁来自分子生物学取得的巨大进步。“最近生命科学的进步已经改变了大自然和微生物学的范畴”，他写道，揭露了“一个不可避免的阴暗面”。贾松小组的科学家们警告说，一定要重视基因修改病毒的威胁。现代生物科学技术已经使“大规模杀伤性武器成为可能，将带来空前的破坏力”，布洛克写道。“（这个大惊小怪的人）只是宣传鼓动，还是证据确凿？”他不禁问道。布洛克说，贾松小组认为是“后者”。在布洛克看来，“很有可能这种武器会最终成为现实，原因很简单，悲伤的缓解有利于生物武器的制造”。生物武器很廉价，易于制造。而且，如果明确你想要的东西，并且熟悉制造方法，所有的资源在市面上都能找到。

能够获得基因修改病菌的能力大大增加了威胁性。如果用于武器，杀伤力是无限大的。“如果把埃博拉病毒和传染性风疹病毒混合制造新病菌，它将一直修改自己，以此避免被治愈”，布洛克写道，埃博拉病毒传播和感染瞬间就能完成。这些被阿利别克夫博士称为嵌合体的隐性病毒，其心理伤害更加恐怖，布洛克说。

“隐性病毒工作的基本原理是，利用能够进入人体细胞的载体，制造规定的隐性病毒感染，并且在体内持续发挥作用，而不会有显著症状”，布洛克写道，他把这种情况叫作“病毒寂静的装载”。自然中存在的一个例子就是单型疱疹，或者叫作普通感冒溃疡。这种病毒一直处于休眠中，直到环境突变侵入人身体后，突然暴发，就像晒伤和应激反应一样。与此相似，不知情的人们可能“在一段很长的时期，有时长达几年，慢慢感染隐性病毒，然后突然同时暴发”，布洛克写道。这种恶毒的手段，尤其适用于心理战。把隐性病毒应用于武器，贾松小组有双重顾虑。“相较于传统生物武器”，隐性病毒更加“实用”，他们总结道。“例如可以利用它本身的活性，广泛传播病毒，以此敲诈人们”。

如果说隐性病毒，或者说是“寂静的装载”，听起来不可信的话，布洛克还引用了一场围绕脊髓灰质炎疫苗运动的争论。这场争论爆发于20世纪50年代末至60年代初，极少有人知晓此事。据布洛克所言，在这次运动中，数以百万计的美国人都不知道，自己可能感染由猴体病毒而引起的“隐性人类流感的风险”。布洛克写道：“疫苗要用活体非洲绿猩猩肾细胞制造，而一批药剂被少量的猴体病毒（SV40）污染了，并且逃过了当时的质量检查。”因此，数以百万计的人毫不知情地暴露于SV40中。布洛克说：“这种医疗事故可能导致的两种结果，还处于争论中。一种观点是9800万接种了疫苗的人躲过了一难；另一种观点是有证据表明疫苗确实有害。”“对于猴体病毒是否致病的推测有很多，包括癌症在内的疾病，很多都是在接种疫苗后显现的。”这个话题还颇具争议：疫苗制造者和国立卫生研究所，与在人体癌症肿块中发现SV40猴体病毒的科学家们，两方针锋相对。

贾松小组1997年关于生物武器的报告仍是机密。刚收到报告不久后，克林顿总统就接连签发了62号、63号《总统决议指令》（PDD），都是关于生武威胁的。这两个决议指令直到2015年还是机密。生物战防护已成为DARPA最大的顾虑。1996年，DARPA新增设了非常规对策计划办公室。国会在第一年就为这个“首选和优先”提供了3000万美元财政预算。一份最早的计划综述备忘录里记录道，“DARPA正在寻求与研究团体和生物制药企业开展合作，以此研发具有革命性的，应对生物战威胁的新治疗手段、预防措施和诊断方法”。

最初，DARPA的重点放在了保护美国军人上。一份内部备忘录上说，“军队、港口、飞机场和物资仓库等地，最容易遭到生物战攻击”，但是，事实恰恰相反，“最有可能实际应用生物武器的地方，却是针对我国和盟国人口集中的大城市”。此次尝试从四个方面进行：监测、保护、诊断和对策。但是DARPA是专业机构，致力于高级研究和发展，而前三个方面——监测、防护、诊断，“只是次要的防护措施”。DARPA要求它的科学家和研究者们，为革命性的目标而努力。林恩告诉项目管理者们，他想创造一个“生物星球大战”，就像里根总统的战略防御计划一样。林恩要求DARPA向生物技术极限挑战，制造一种疫苗、基因或者化合物，能让人体内在病菌在没有发挥作用之前，使携带病菌的生物中介失去功能。这是个聪明大胆的想法，但是它能奏效吗？时机成熟了吗？

1994年，理查德·普林斯顿（Richard Preston）所著的国际非小说类最佳销售奖图书《热区》，讲述了埃博拉病毒的起源和发展。三年后的1997年，普林斯顿写了小说《眼镜蛇事件》，描述了纽约遭受的一次生物恐怖袭击。普林斯顿描述的主要生物武器，一种叫眼镜蛇的嵌合体病毒，是虚构的，但他用的资料都是基于真实的报告。他采访过帕申切尼克的最初管理人、皇家海军医生克里斯托弗·戴维斯，还有阿利别克夫博士和许多美国陆军传染性疾病医学研究所的顶级科学家。

克林顿总统曾在《眼镜蛇事件》出版不久后，读过这本书，并为此大为震惊。他要求国防部长威廉·科恩（William Cohen）读一读这本书，并写一份“眼镜蛇事件”在现实中可行性的情报分析报告。卫生和人类服务部部长多娜·E. 莎拉拉（Donna E. Shalala）也读了《眼镜蛇事件》，并在她为疾病防控中心创作出版的日报文章里，写明了情节概要。在接下来的 1998 年，理查德·普林斯顿在国会众议院听证会上证明了“应对美国国家威胁，我们准备好了吗？”这一问题。

提起苏联的生武计划，普林斯顿说：“生物物质准备计划就像个鸡蛋，外表致力于和平医疗研究，内部的蛋黄却是在制造生产复杂的生物武器——天花、黑瘟疫、炭疽、野兔病、马尔堡病病毒和某些大脑病毒。”在这一公开讨论中，普林斯顿认为俄罗斯有发射生物武器攻击美国的能力。普林斯顿拿天花举例说：几年前，苏联时代的多弹头分导重返大气层式运载弹头洲际弹道导弹，就已经准备就绪，随时发射。这些弹头，携带了“20 吨的冷冻干燥天花粉末”和“可能存在的等量黑死（瘟疫）弹头”。普林斯顿根据自己的研究总结道，柏林墙倒塌前，如果苏联决心发射生物武器攻击美国，“很容易就能用战略天花和黑死混合炸弹，打击美国一百个最大的城市，轻易杀死一场核战争中死亡的人数”。苏联不存在了，但是弹头和生物武器还在。国会听证会认为，生物战争是一场即将到来的，启示录式的噩梦，必须要有超常措施。生武防御工业像个沉睡的巨人，现在该苏醒了。

阿利别克夫博士到美国，已经六年时间了。现在他学会了英语，交了朋友，有赚钱的国防承包商合同，准备进入公共视野了。1998 年 2 月，阿利别克夫博士首次在美国广播公司一档叫《黄金时间实况》的节目中露面。在将来的第三次世界大战中，阿利别克夫博士说，俄罗斯准备了几百吨生物武器。现在，即使柏林墙已经倒塌了，俄罗斯“还在继续研究新的生物媒介”。3 月，普林斯顿在《纽约人》杂志上简单介绍了阿利别克夫博士，这篇文章通过国会议事录，转到了国会议员手中。

在上《黄金时间实况》节目前，阿利别克夫博士并不是公众人物。他在美国政府、军方和情报部门间秘密游走，与和他自己同样的掌管国家安全的同行们，分享情报信息。如今，更多的人对他的情报感兴趣。不光是美国的民众，参谋长联席会员的人也对他的话感兴趣。1998 年 5 月，阿利别克夫博士在国会负责恐怖主义和情报的委员会做证。他甚至曾在五角大楼 E- 环办公室，与参谋长联席会员副主席约瑟夫 · W. 罗尔斯顿（Joseph W. Ralston）将军——美国排名第二的军官，进行了私人会晤。对生物武器威胁的讲述，越来越受到主流媒体的关注。1998 年 6 月，克林顿总统命令国会出资 2.94 亿美元，资助反生物恐怖主义计划。10 月，阿利别克夫博士接受了公共广播公司《前线》纪录片《瘟疫战争》的专访。

六年后，阿利别克夫博士已成为一个职业大忙人。在美国开始新生活的几年里，他做各种研究，为国立卫生研究院和中情局提供咨询，自己接国防合同。尤其是，他和前美国军方传染性疾病医学研究所首席科学家查尔斯 · 贝利（Charles Bailey）交上了朋友。“我帮助阿利别克夫博士与军方达成了良好关系，”贝利说，“许多人都对阿利别克夫博士印象深刻，我自己也是。”贝利在亚拉巴马的亨茨维尔，有一份国防合同，他带了阿利别克夫博士一块去。不久后，1996~1998 年，阿利别克夫博士在位于加州的 SRS 信息科技公司做项目管理人。1998 年，他和贝利都是巴特尔纪念研究所的项目管理人，承接 DARPA 越战时期“灵巧计划”的研究报告。1999 年 4 月，阿利别克夫博士成为强子高级生物系统有限公司的董事长。该公司位于弗吉尼亚州马纳萨斯市，是国防合同商，任务是“为情报团体提供革命性解决方案，包括情报武器系统和生物武器防御”。贝利博士是该公司的副董事长。强子公司成为阿利别克夫博士之前在生物物质准备计划中共事过的，几个苏联生武工程师和微生物学家的去处。其中之一就是谢尔盖·波波夫（Seige Popov）。

波波夫是合成生物武器专家，曾作为苏联生物物质准备计划中，邪恶的喀迈拉项目组员，负责重新组织基因，制造隐性病菌。在生物物质准备计划中，波波夫用“难以识别和治疗的，非常见的新物质”制造了一类生物武器，波波夫于 1998 年如是告诉公共广播公司《新星》节目组。“本来我负责研究制造毒性更强的中介，制造更多死亡和更显著的病理症状。”像阿利别克夫博士一样，波波夫也在苏联解体后，叛逃美国。

在强子高级生物系统公司里，阿利别克夫博士、波波夫和贝利决心找到一种能抵抗生物武器的应用广泛的解药剂，使人体感染之前杀死体内危险的病原体。这和 DARPA 主任林恩发起“生物星球大战”时的想法一致。在《新星》节目里，波波夫描述了博士们的应对措施，使人们有“产生一种叫作‘非特定免疫力’的能力，这对人们抵抗许多疾病都很有用”。阿利别克夫博士把这一能力叫作“免疫助推器”。一些军方研究科学家认为，这根本不可行。

其中一个值得关注的怀疑者，就是菲利普·K. 拉塞尔（Phillip K. Russell）博士，前军队医疗研究和发展司令部将军。拉塞尔博士告诉《华盛顿邮报》，为免疫系统寻找助推器，是“复杂而令人担忧的，有很大风险。启动助推器，结果可能是有害的，也可能是保护性的”。拉塞尔博士还声称，阿利别克夫博士只知道理论，根本不会实验，苏联生物武器工程师“作为科学家更像是一个谜，而不是一个大活人”。

阿利别克夫博士一直致力于他的研究目标。1999 年，他与 DARPA 接洽，因为这所机构更愿意承担风险，并且近期由于来自国会的资金注入，有许多生物武器战争防御方面的合同。作为国防承包商强子公司的首席科学家，阿利别克夫博士很容易就能拿到 DARPA 的合同。

1999 年秋天，强子高级生物系统有限公司第一年的 DARPA 合同，就达到了 330 万美元，2015 年大约为 460 万美元。阿利别克夫博士出版了一份读物声明，“我们希望这个项目，只是政府机构资助的新革命性研究的开始”。阿利别克夫博士告诉他的同事们，他希望有一天可以在前苏联共和国乌克兰，开设一家药物生产工厂。他还说，一旦恐怖分子插手生物武器，整个美国都将处于危险的处境。

1999 年 11 月，DARPA 邀请阿利别克夫博士到议会委员会属下的军事研究和发展委员会以及采购委员会做证。在首次演讲中，阿利别克夫博士没有告诉国会议员，他们应该为什么事担心。阿利别克夫博士说，“我们应该预防的”，是生物武器落入“一些恐怖分子组织”手中。

不管应不应该发生，阿利别克夫博士的预言，还是不幸于两年后的 2001 年 10 月被言中了。

第十八章 改造人类 适应战争

退休四星上将保罗·F. 戈尔曼曾回忆20世纪50年代自己还是年轻士兵时，初次体会了"战场上的怯弱"。那时戈尔曼还没参加越战，也不是参谋长联席会议特别助理，国防部还没把他选派到中情局，他也还没脱下军装成为美国南方司令部的长官。

"士兵也会疲惫和害怕，"2014年在撰写本书的一次采访中，81岁的戈尔曼说道，"士兵时常不想打仗，所以要经常关注士兵自身情况。"自1958年成立之初，DARPA一直致力于未来武器系统的研发工作。1990年起，得益于像戈尔曼将军这样的人，士兵、飞行员和水兵得到了新的关注。改造人类，适应战争。

戈尔曼将军拜读了"二战"美国军队作战历史学家S. L. A. 米歇尔（S. L. A. Marshall）的著作，认真研究了"战场上的怯弱"。在采访了参加诺曼底登陆的士兵后，米歇尔总结道："在战场上，人不仅是能思考的动物，还是背着重负的野兽。"米歇尔了解到，疲劳是无数伤亡的罪魁祸首。

"我不知疲倦，直到倒在沙滩上，"布鲁斯·亨斯利（Bruce

Hensley）军士告诉米歇尔，“我正和别人一起扛着机枪。通常我能扛着机枪跑……但是当时我发现，连扛着它走都不行……所以我只能拖着它爬过沙滩。我对自己的虚弱很恼火，但是后来我发现，周围的人也在拖着东西爬着走，而平时都是扛着的。”

参谋军士托马斯·B. 特纳（Thomas B. Turner）告诉米歇尔：“攻击沙滩时，我们在炮火中感受到了以前从不知道的东西——害怕和疲惫在前进中一同袭来。”

携带到战场上的武器令人疲惫万分，这些士兵的话语，使戈尔曼产生了一个想法。几十年后的 20 世纪 70 年代，戈尔曼来到了新墨西哥州的洛斯阿拉莫斯国家实验室，“为一个敏感的项目工作”，他找到了克服“战场上的怯弱”的方法。他认为，可以通过一套增大力量的机器服来达到目的。

“洛斯阿拉莫斯国家实验室正在为工作在辐射环境中，而不得不密封身体的人，设计一套服装。”戈尔曼回忆说。这套衣服内部填充了铅，非常笨重。“工作重点放在了减轻重量上。”但是戈尔曼注意到另一个问题，“衣服里面（的人）无法感知外界信息”，他说道，“感知不到外界时，人是无法长时间高效工作的”。士兵不仅需要加大力量，还需要持久性，这促成了戈尔曼超前的想法——未来战场服装，“真正为战场上步兵设计的，精制的人机互动服装”。

1985 年，戈尔曼将军退出现役，开始为 DARPA 工作。1990 年，他写了一篇文章，描述“整体动力外骨骼”，这种装置可以使战场上的怯弱者，成为真正的超级战士，为士兵提供更好的命令、控制、交流和情报能力。这就是现在著名的 DARPA 外骨骼的原始版本。

戈尔曼制造的外骨骼，能抵御化学、生物、电磁性质和子弹的威胁，包括 50 毫米口径子弹的直接射击。它“融合了声觉、视觉和触觉感应器”，戈尔曼解释说，包括热成像、降噪、全身光纤光学系统。外骨骼内部有空调，每一个士兵都会在名牌里有一个小芯片，储存着个人生理特征。“士兵钻进 ST（超级军队）战场服后，”戈尔曼写道，“把名牌插入胸甲下方的斜槽，自身信息就会被输入战场服的计算机，能给予 21 世纪的士兵超常的听、看、移动、射击和交流能力。”戈尔曼认为：“外骨骼需要一台非常强大的计算机。”因为这项技术目前还不存在，他提议“超级军队”概念，应该先通过西蒙电器的模拟器实现。一个被称为士兵系统模拟模型的项目诞生了。DARPA 外骨骼研制工作自此开始了。

DARPA 最初的 30 年，一直致力于先进武器的研制，现在改成为步兵研发高科技产品了。生物武器的威胁使 DARPA 吸纳了生物学家。随着生命科学的发展，DARPA 又开始研究人体本身，用科学技术从内部改造士兵。

整个 20 世纪 90 年代，三项技术的飞速发展，使这个项目成为可能：生物技术、信息技术和纳米技术。1999 年，DARPA 成立了国防科学办公室（DOS），并任命迈克尔·戈德布拉特（Michael Goldblatt）为主任。戈德布拉特的手下，当时有 28 个项目管理人，是 DARPA 人数最多的机构，到 1999 年时已达到 140 人。

戈德布拉特在 DARPA 思想激进。他相信，通过先进的技术，20~50 年后人类将成为“第一种能控制进化的物种”。在 2014 年关于本书的采访中，戈德布拉特描述了他初到 DARPA 时的风气，“国防部对生物领域不够重视。战争瞬息万变，战争样式变化多端，思维方式也应不断进步”。世纪之交“对 DARPA 而言，是个重要时期”。戈德布拉特说，在这个转变的重要时刻，他看到了重大机遇。“办公室里突然多了一些动物学家。”作为 DARPA 国防科学办公室主任，戈德布拉特相信国防科学能证明“下一次战争的前线就在我们人类自身上”。怀着这种想法，戈德布拉特成为 DARPA 军事超人类主义的先锋，认为人类可以通过用机器和其他手段来增强自身能力，进而从根本上改善人类自身状况。

1999 年，戈德布拉特初到 DARPA 时，生物战国防项目已开展了两年半。“威胁增长的速度，比对策来得还快，这是个棘手的问题。”戈德布拉特回忆说。“克林顿（总统）为应对非传统病菌威胁，投入了大量经费，”他说道，“DARPA 为生武计划出了许多钱。”戈德布拉特认为，为 21 世纪的战争创造超级士兵非常有必要。刚到 DARPA 几周时，他就告诉手下的项目管理人，“士兵没有身体上、生理上和认知上的限制，将是未来战场生存和灵活操作的重大优势”。

戈德布拉特只是一个来自美国中西部的生物学家和风险投资家。他是如何成为 21 世纪初期国防科学最需要项目领导者的呢？

“20 世纪 90 年代中期，我还没听说过 DARPA。”戈德布拉特坚持说。但是作为世界最大快餐连锁店麦当劳的首席科学家和负责科研、发展和营养的副董事长，戈德布拉特把控着全国食品卫生恐慌的脉搏。1993 年，吃了杰克死亡餐馆大肠杆菌感染的汉堡后，4 个儿童死亡，623 人病重。得知此事后，戈德布拉特高度警醒。一夜之间，一种以前不知名的细菌 O157 : H7“进入了每个人的视线”，戈德布拉特说。每个快餐业的人都“对细菌异常敏感”。

风险投资家戈德布拉特产生了一个想法。“在想办法提高食品安全，去除病菌的过程中，我的一个同事埃尔文·乔（Awin Chow）和我研制了一项技术——自杀菌包装袋，它能对装在里面的产品消毒。”麦当劳并未采用戈德布拉特和乔的技术，所以他们把这项技术卖给了别人。“我们认为这项技术可能对政府有用，”戈德布拉特说，“我们做了研究，发现了 DARPA。我给他们打电话，无人接听。我写信给他们，没人回信，我又打了一次电话，说‘我是麦当劳的迈克尔·戈德布拉特，我要找拉里·林恩’。”林恩当时是DARPA主任。“不一会儿，他给我回了电话，他还以为我是麦克唐纳飞行器公司的人呢。我说‘不，我是麦当劳的’，对方发出哈哈大笑声，”戈德布拉特回忆说，“我告诉拉里关于自杀菌包装袋的事，说明了这项技术如何能在战地医院和战场上应用。拉里被打动了。他说，‘来DARPA吧’。我就去了。”

在DARPA，戈德布拉特意识到，一切想法都值得一试。在国防科学办公室，发展技术使士兵或者叫战士更加强壮、聪明，使他们比其他人更有耐力的研究项目，都有优先权。一个叫“战斗持续性”的项目，关注三个战场上阻碍士兵作战的问题：疼痛、伤情和失血过多。

戈德布拉特雇用了一个生物技术公司来研制疼痛疫苗。“它作用于会产生疼痛的炎症性反应。”戈德布拉特2014年时解释说。疫苗工作的原理是，如果一个士兵被子弹打中，他会经历“10~30秒极大的痛苦，然后接下来的30天都不会再有伤痛。这种疫苗能减轻炎症肿胀带来的疼痛”，让士兵在止血的情况下，继续作战。为了找到止血的新方法，戈德布拉特签署了另一个项目，把数以百万计的微型磁体注入人体，接着就像挥动魔法棒一样，微型磁体会聚集到一处止血。这个项目的管理人科学家哈里·T.惠兰（Harry T. Whelam）博士在“DARPA士兵自我保健”部门的管理下，同时研究几个“快速治愈”的项目。

另一个使受伤的士兵避免因失血而休克的办法是找到一种方法，使人进入类似冬眠或暂停的状态，直到有救援到来。处于这种状态中，在等待撤离或是验伤分类的过程中，将给士兵宝贵的几小时甚至几天的时间。熊会冬眠，人为什么不会呢？DARPA国防科学办公室的科学家们提出了许多这样那样的疑问，包括像硫化氢这种化合物，能使人产生类似冬眠的状态吗？

睡眠是国防科学办公室另一个集中研究的领域。在“持续辅助性能项目”中，科学家尝试制造能持续七天不睡觉的士兵，或者睡得很少。如果能实现，那么敌人的睡眠需求，将是极大的弱点。戈德布拉特的项目管理人，找来了研究某一海域的海洋生物学家寻找线索。鲸和海豚都不睡觉，作为哺乳类动物，如果睡觉，它们会被淹死。不像人类，它们能分别控制大脑的左右半球，一半大脑休息时，另一半就开始工作，使它们能正常游走。当 DARPA 的科学家探究人类怎样才能控制自己大脑的左右半球时，另一些科学家已经利用莫达非尼等药物进行实验，这种药物对睡眠窒息和嗜睡症有很好的疗效，因此能使士兵保持清醒。

为了解决力量和持久性的矛盾，戈德布拉特发起了一个叫“机械士兵”的项目。如果一个士兵的肌肉持久性，比他的敌人强十倍，那会有什么效果呢？如果他可以跳七尺远，并且能自我冷却体温呢？如果军方规定的每天 80 个俯卧撑，能提高到 300 个呢？“只要有生理数据，我们想让每个士兵都像兰斯·阿姆斯特朗（Lauce Armstrong）一样。”在阿姆斯特朗被迫宣布退役的十年前，项目管理人乔·别林斯基（Joe Bielitzki）如是告诉《华盛顿邮报》的记者约尔·加罗（Joel Garreau）。

在国防科学办公室，一个叫“人脑—机器交流”的项目中，DARPA 的科学家在研究大脑植入物如何提高认知能力。项目的首要目标，就是“为一只自由移动的老鼠制造一个无线电大脑模型”，DARPA 的艾瑞克·艾森施塔特（Eric Eisenstadt）博士 1999 年说。科学家在老鼠的大脑里植入芯片，检验是否能遥控它的行动。“这个实验的目的，”艾森施塔特博士说，“是用远程遥控渠道直接与大脑建立联系。”DARPA“人脑—机器交流”项目更大的目标是让“未来的士兵能用思维进行交流”。艾森施塔特博士让他的项目管理人想象这样一个场景，人类能看见电磁波谱的紫外线和红外线部分，能在嘈杂的航母甲板上，听见人们的对话。

DARPA 研究的未来科学对外界来说，听起来就像科幻小说。“想象一下，人类大脑有它自己的无线电模型，士兵不是先思考再行动，而是只需要思考，机器负责行动。”艾森施塔特博士暗示道。15 年以后，“人脑—机器交流”项目将会令人震惊。但是千年之交的批评家们反常地大叫大嚷，DARPA 的超级士兵项目成为焦点。批评家说，提升人类战场能力会使科学家陷入道德下降的危险境地。戈德布拉特却不同意这种说法。

“外骨骼和脑植入芯片，与起搏器、耳蜗、假肢有什么区别呢？”戈德布拉特在 2014 年的采访中不禁问道。对戈德布拉特来说，对超人类主义的科学探索，纯属个人行为。他的女儿吉娜生来有大脑性麻痹，不时就会行动失控，而且是永久性的，不会好转。戈德布拉特相信，身体虚弱或有损害的人同样有权利与正常人竞争，如果科学技术能帮助他们，就应该继续研究下去。“当我们得知吉娜有大脑性麻痹时，”戈德布拉特说，“我给我最聪明的朋友打了电话。他告诉我，‘这是永久性的，接受它吧’。”戈德布拉特现在还能想起，自己当时长时间深深地沉默，直到电话那头又响起了一句话：“现在问问你自己，你打算怎么办？”

对戈德布拉特来说，这个问题的答案很明显。他会给他的女儿提供每一个与正常孩子竞争的机会，通过轮椅和最先进计算机的帮助，提升自身能力，把她房间的每个物品都加装遥控。抱着这个想法来到 DARPA，戈德布拉特主任监管提升全国士兵能力的研究项目，花费超过 1 亿美元，重塑 21 世纪的步兵。

当被问及道德沦丧这条危险的路径时，戈德布拉特改述说，“植入耳蜗帮助耳聋的人听到声音，和在大脑中植入控制思想，这两者有什么区别呢”？当被问及是否会导致人类遭到不可预知的坏结果时，戈德布拉特坚持说，“每件事都有风险”。

2001 年 6 月，新总统乔治·W. 布什（George W. Bush）已到任 6 个

月了。生物武器威胁仍旧是公众的话题，媒体定期开设专栏报道。包括计算机仿真网络在内的战争竞赛，已经成为国际安全战略整体的一部分。但是在一些舞台上，老派的角色扮演仍很流行。6 月的第三周，15 个前任高官和两个记者聚集在位于华盛顿首都的安德鲁空军基地，进行一场预设好的名叫“深冬”的非对称性攻击演练。像虚构的情节一样，恐怖分子用包含天花的生物武器攻击了俄克拉何马，这使整个国家陷入了一片混乱。“深冬”演习前，国家安全委员会在两周时间里开了三个会议。在这场战争游戏里，国家安全委员会的官员们就是演员。前参议员、参议院军事委员会主席萨姆·南（Sam Nunn）扮演“深冬”演习的主席；前总统特别顾问、白宫通信主任大卫·葛根（David Gergen）扮演国家安全顾问；前美军副参谋长约翰·H. 泰尔利（John H. Tilelli）扮演参谋长联席会议主席；前中情局主任詹姆斯·沃斯里（James Woolsey）扮演“深冬”演习虚构的中情局主任；坐着的俄克拉何马州长弗兰克·基廷（Frank Keating）扮演虚拟的俄克拉何马州长。“深冬”游戏的情节，包括玩家们如何应对一场假想的生武攻击。

首先，玩家们被简要地告知事件的背景。“制订的方案显示上个月俄罗斯政府在联邦调查局的协助下，逮捕了基地组织著名的技师优素福·阿卜杜尔·阿齐兹（Yusuuf Abdul Azilz），也是奥萨马·本·拉登（Usanna Bin Laden）的私人密友和可能的高级助理人员。”“优素福在一次去年一直在布置的诱捕行动中被抓获。当时他正试图获取 50 千克的钚，并且想购买几个由苏联装配的生物病菌武器。”

战斗游戏的方案还包括伊拉克。“深冬”游戏玩家们被告知，两天前，“伊拉克南部的军队进入了沿科威特边境的攻击位置”，就像 1990 年他们引发海湾战争所做的那样。玩家们还了解到国内形势：“美国经济形势大好。调查显示，半数以上的美国人反对派大规模美军出兵波斯湾。

多数美国人认为，萨达姆的伊拉克政权对地区稳定和美国的利益造成了实质威胁。”值得注意的是，在现实中，前两个假设是现实存在的，但是第三个假设——多数美国人把萨达姆的伊拉克当成威胁——并非事实。实际情况是，曾经在海湾战争期间，担任国防部长的现任美国副总统迪克·切尼，把萨达姆的伊拉克看作威胁。演习中，虚拟的俄克拉何马州长告诉国家安全委员会，俄克拉何马州受到天花武器攻击，演习随即开始。

在 14 天的过程中，玩家们遭遇到的预先设定的情况，从糟糕到更糟，再到灾难。整个国家陷入瘫痪，混乱不堪。交通大阻塞，公民权利遭到怀疑，许多银行和邮局关门。当疫苗制造出来的时候，“愤怒的公民纷纷指责政府没能阻止天花流行病的传播”。公民向警察开枪，国民警卫队也向平民开枪。最后，一个虚构的“杰出伊拉克叛逃者声称，伊拉克通过中介，制造了这起针对美国的生武攻击”，很有可能是阿卜杜尔·阿齐兹，虚构的本·拉登的代理人。

在“深冬”演习中，300 万美国人因天花而丧生。因此，虚拟的美国有线新闻网民调查显示，48% 的美国人建议美国总统应该考虑用核武器回击。演习至此结束。

一个月后的 2001 年 7 月 23 日，前参议院军事委员会主席萨姆·南——“深冬”演习的虚拟主席，在众议院一场反生物恐怖主义的听证会上，告诉国会，这次演习中显现的真正危机来自毫无防备的美国如何应对一场真正的生武攻击。

“我很荣幸，能在‘深冬’演习中扮演总统的角色。”南告诉国会。“除非接受考验，你自己都不知道，自己是多么无知，”他说道，“对美国来说，值得庆幸的，就像紧急广播所说的那样，‘这只是一场演习，并不是真正的紧急情况’。但是主席先生，我们的疏于准备，才是真正的危机。”

虽然没有人这样说，“但‘深冬’确实只是个游戏”。

台词虽然落幕了，游戏却影响到了现实。机器正在吞并人类，21世纪的技术进步还将带来什么呢?

2001年8月,来自洛斯阿拉莫斯和因创始人现已更名为欧内斯特·劳伦斯实验室的原劳伦斯利弗莫尔国家实验室的科学家来到了位于犹他州的杜格威试验基地的西部沙漠试验中心。在那里的特别计划部，科学家试验了一种新型传感器系统，该系统用于侦测诸如炭疽和肉毒毒素等杀人细菌。这个项目叫生物喷雾岗哨和情报系统（BASIS），因“保卫我们呼吸的空气”而大受欢迎。事实上,BASIS能做的只是“侦测和应对”。不像化学武器，能在释放前，就可以通过一种叫声学侦测的先进技术探测到，生物武器只能在事后探测到。更糟的是，传感器系统还会发出错误警报，过滤系统也有缺陷。在公开文献中，利弗莫尔承认错误报警是个严重的问题，但并不承认问题广泛存在。“任何一项错误报警恐怖事件的技术，都有可能导致本不该发生的大恐慌，并扰乱社会秩序。因此，必须绝对禁止，或尽快减少错误报警。”

到2001年夏天，副总统切尼对针对白宫的直接生武攻击越来越担心。白宫和它的内属地被装上了利弗莫尔的BASIS系统。

2001年夏天，DARPA的生物武器防御项目成为防御科学领域发展最快的项目之一。十年前，在苏联科学家叛逃前，这种威胁几乎无人知晓，而如今这个产业每年的资金投入已达上亿美元。

这些项目多数是推测性的。截至目前，遇到了和DARPA第一个困境——弹道导弹防御——一样的难题：根本没有办法抵御生武攻击。只有真正遭遇美国本土的致命病菌恐怖袭击，生物武器防御才能得到检验，防御和应对研究项目才会迅猛发展，这正是接下来所发生的。

第四部分

反恐战争

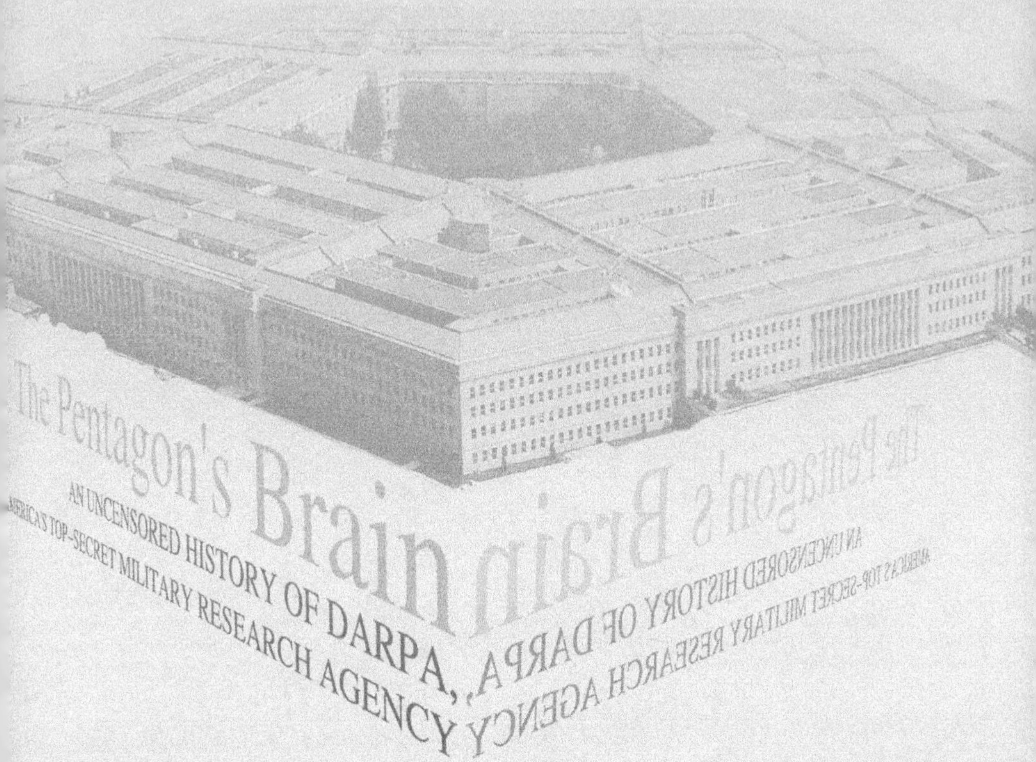
The Pentagon's Brain
AN UNCENSORED HISTORY OF DARPA,
AMERICA'S TOP-SECRET MILITARY RESEARCH AGENCY

第十九章 恐怖袭击

2001年9月11日清晨，24岁的大卫·A.布雷（David A. Bray）正在位于亚特兰大的美国疾控中心对实验室应对生物恐怖主义网络进行概述。布雷是美国疾控中心生物恐怖防范和应对项目负责人。该项目是克林顿总统基于他的反恐策略亲自建立起来的。布雷的任务是确保需要时人们能得到准确的信息。信息到处泛滥，筛选出重要信息很关键，人不能用消防水管喝水。9月11日的会议计划9点钟开始。“签约做反生物恐怖主义工作时，我就在想，什么样的世界才需要我的工作呢？”布雷问道，“那年春天，我们收到的一份备忘录上说，‘要对基地组织2001年6月到8月的活动引起注意’。8月一过，一切都结束了。”

现在是9月了，布雷和他的团队已为生物恐怖防范和应对团体概述做好了准备，就在这时，一架飞机撞上了世贸中心双子楼的北楼。“我们听到了这一消息，但细节还不清楚，”他回忆说，“当第二架飞机撞来时，我们确信这是恐怖袭击。”

许多疾控中心的雇员被派遣到其他地方。“人们纷纷把计算机装进汽车，送往秘密的场外掩体，”布雷接着解释说，“我们非常担心接下来会有生物恐怖袭击。”

布雷一贯非常专注，他所学的专业知识是情报学，研究情报的收集、保存和恢复。作为牧师和教师的儿子，布雷在中学就获得了国家科学奖项。15 岁时，他第一次得到一份政府工作，在能源部位于弗吉尼亚州纽波特纽斯的连续电子束减速器设施里上班。

“我试图了解整个世界，实验室正在寻找新能源。”布雷谈起了他的青年时期。他必须取得联邦童工法律的特别许可，才能在能源部工作。16 岁时他发明了一个获奖计算机程序，用来更好地预测、清理溢出的石油，并因此登上了《华盛顿邮报》。17 岁时布雷开始为国防部工作。快 21 岁时他又先后在国立卫生研究院和农业部工作过。工作的间隙，他上了大学，学习科学、生物和新闻学。有一年夏天，他在南非开普敦《阿格斯报》做卫生记者工作。最让布雷感兴趣的就是信息。人们如何取得信息，又是如何使用这些信息的。

作为一名报道南非艾滋病毒危机的记者，布雷观察到，已知自己得病的人仍对眼前的危险不以为然。1997 年，南非 1/6 的人口感染了艾滋病毒，疫病到处泛滥。布雷奔走于乡间，与南非学生谈论他们面对的危险，告诉他们可以用安全套避过风险。“他们知道应该采取防护措施，”布雷说，“但是我问他们是否会戴安全套时，他们说不会。”这并不奇怪，布雷说许多美国人持同样的态度：“这种事不会发生在我身上。”他开始思考，如何才能让人们基于他们掌握的信息，遵守公共卫生行为规范。在疾控中心，他找到了实现这种想法的地方。

“9 · 11”恐怖袭击制造了布雷所谓的“极度混乱的环境”。在这种充满恐惧的环境中，“对一个组织而言，知识是最有战略意义的资源”。

布雷说。不是更多的知识，而是更有价值的知识，清晰而忠于事实的信息和实际数据。“9 · 11”事件刚刚结束，布雷说：“我们要扩展到50个州。我们假设接下来会有生物袭击事件，并且希望一旦生物恐怖袭击发生，在50个州都建立（公开）信息收集渠道。”

DARPA资助了一个叫生物—ALIRT的监视项目，研究生物事件先进指示器识别技术，这是一种以信息为基础的技术项目，用于让计算机快速识别生武攻击。使计算机根据数据“识别”生武攻击，是个特别的产业。而“9 · 11”事件发生时，这一项目还不成熟。

这个项目原本设计用于保护国外的驻军，但最近该项目应用于民用的个人医疗记录上。在个人不知情的情况下，出于国家安全考虑，收集美国人的医疗信息，其意义深远。生物—ALIRT项目诞生于新兴产业“生物学监测”背景下，这是一个有争议的概念，逃过了公众的审查。DARPA的这个项目，军方合作伙伴是华特瑞陆军研究院，民用合作伙伴是约翰霍普金斯应用物理实验室、匹兹堡大学、卡内基·梅隆大学和斯坦福大学医疗信息学小组。DARPA的国防合同合作伙伴包括通用动力先进信息系统公司和IBM公司。

生物—ALIRT项目背后的科学技术，是想在不参考医生、护士和临床医师等人工报告的情况下，检验“自动侦测算法”是否可以区分生武袭击和自然暴发的流行病，如禽流感等。生物—ALIRT背后的理念是，剔除人类“偏见”的影响，让计算机更高效地工作。作为生物—ALIRT项目的一部分，超级计算机能在医生进入数据库的同时，实时检索庞大的医疗记录数据库。同时，超级计算机还会实时检索药房中处方和非处方药品的销量。研究人员雇用了一家名叫监测数据的私有有限公司，识别门诊病人数据，这意味着监测数据有限公司要“擦掉”诸如姓名、社会安全号码和家庭住址等个人细节治疗信息。至于个人医疗记录要追溯多远，生物—ALIRT 项目的超级计算机需要多大程度上区分慢性疾病和新的症状，这一点并不十分清楚。

该系统还有许多缺陷，包括隐私问题等，特别是有一个缺陷，可能让整个项目陷入无用。生物—ALIRT 的自动侦测算法，一个告诉超级计算机该寻找什么的软件，所用的数据来自第九版世界卫生组织疾病分类 ICD–9。但是生物武器是最致命的，嵌合体病毒和重组病菌，就像苏联叛逃者肯·阿利别克夫、弗拉基米尔·帕申切尼克、谢尔盖·波波夫和其他人，在生物物质准备计划中制造的病菌一样，既没有记录在案，也不能被 ICD–9 识别。如果生物—ALIRT 项目不是刚刚开始，而是发展了很久，疾控中心就能从中受益。但是"9·11"事件发生时，生物监测工业还在初期阶段，布雷领导的实验室应对生物恐怖主义网络，不得不在 50 个州依赖人工收集情报。布雷和他的团队在这个"极度混乱的大环境"下，工作量大得惊人，但布雷喜欢挑战。

"真是漫长的一天。"布雷回忆说。他所做的工作，将来有一天会由计算机来做。

2001 年 9 月 11 日的早晨，8：46，当第一架飞机撞上世贸中心双子楼的北楼时，副总统迪克·切尼正在他位于白宫西翼的办公室里。他当即关注起电视屏幕。"那天天气晴朗，无风无雨，我们眼睁睁看到第二架飞机撞上了大楼，"切尼在回忆录里记录道，"那一刻，我很清楚地知道，这是一场策划好的行动，一次恐怖行动。"

副总统切尼给布什总统打电话，其时总统正在佛罗里达州萨拉索塔的一个小学参观。副总统切尼正在与总统助理通电话，突然一个特务处的特工破门而入。"他一把抓住我，把我带离办公室，来到白宫的地下掩体。"切尼告诉美国有线电视新闻网的约翰·金（John King）。当晚晚些时候，特务处又把副总统转移到一个远离首都的更安全的地下密室。在逃离白宫的飞机上，切尼要求看看五角大楼的损坏情况。9：37，五角大楼于遭到了第三架飞机的撞击。“我飞起来了，来到波托马克河上空，看到了五角大楼，也看到了它被撞出来的黑洞。”切尼回忆说。美国军事力量的象征——五角大楼，历史上第一次遭到破坏，一个角上有个大裂口。

切尼坐飞机来到“隐秘地点”R地，位于雷文洛克山综合设施地下掩体内。该地离白宫75英里，紧挨着大卫营。这个地方因记者詹姆斯·班福德（James Bamford）于2004年首次公开。这是冷战时期的地下指挥中心。1956年，时任总统艾森豪威尔曾在这里，因讨论“布拉瓦城堡”核计划对国防的影响而大伤脑筋。R地是核袭击事件发生时，为总统准备的避难所，但艾森豪威尔对此一直耿耿于怀：发生核袭击时，总统和他的顾问可以躲起来，可总统有责任保护的平民却毫不知情，暴露在外，易受攻击。

在雷文洛克山，切尼副总统开始制订作战计划。

同样地，2001年9月11日，9：40前，国防部长唐纳德·拉姆斯菲尔德正坐在五角大楼三层的办公室里，听取中情局的汇报。拉姆斯菲尔德在一张威廉·特库姆塞·舍曼将军曾用过的小圆木桌上记录着，威廉将军因他的焦土策略、全盘作战方针和“战争就是地狱”的名言而闻名于世。这个早晨的早些时候，恐怖分子劫持了四架飞机，目前已有两架分别撞击了纽约世贸双子大楼的南北楼。在国防部长办公室的门外，国防部军官奥布里·戴维斯（Aubrey Davis）正在站岗。

“有震耳欲聋的隆隆声。”戴维斯事后告诉英国记者安德鲁·科伯恩（Andrew Cockburn）。恐怖分子劫持的美国航空公司的商业客机刚刚撞上了五角大楼。拉姆斯菲尔德部长跑出办公室，问戴维斯发生了什么。戴维斯从他的便携式无线电中得到消息，告诉国防部长说，他得到报告，一架飞机撞上了五角大楼。拉姆斯菲尔德听后，匆匆穿过走廊，戴维斯紧随其后。浓烟味充斥，人们喊着叫着，跑出门厅。"他们要炸五角大楼了！他们要炸五角大楼了！"有人大喊道。走了几分钟，拉姆斯菲尔德、戴维斯和其他人来到了一面火墙前。

"到处是大火和金属碎片。"戴维斯回忆说。一个女人躺倒在他面前的地上，腿部严重烧伤。"部长捡起一片金属碎片，"戴维斯记得，"我告诉他，不应该因为看到碎片上印刻着'美国航空公司'的字样，就破坏犯罪现场。"在混乱和浓烟中，寻求帮助的叫喊声和哭声传来。有人推着轮床上的伤员经过，拉姆斯菲尔德部长也去帮忙。

到十点钟，拉姆斯菲尔德回到了五角大楼。从他位于 E- 环的办公室里，给总统打过电话后来到了大楼里一个更安全的地方，很可能是地下室。拉姆斯菲尔德在那里，与还在白宫地下掩体里的副总统切尼通了电话。12:05，拉姆斯菲尔德接到中情局主任乔治·特内的电话，特内报告说，国家安全局刚刚截获一通本·拉登副手和一名来自前苏联格鲁吉亚共和国境外人员的电话，电话中明确谈论了这次恐怖袭击的"好消息"。中情局局长告诉国防部长，本·拉登和基地组织对袭击负责。

下午两点钟刚过，拉姆斯菲尔德召集了一群军事顾问和国防部参谋讨论下一步对策。这些人包括参谋长联席会议主席理查德·迈尔斯（Richard Myers）将军，国防部主管情报的副部长史蒂芬·坎博内（Stephen Cambone）以及五角大楼女发言人和法学家维克托·克拉克（Victor Clark）。坎博内和克拉克用纸笔做记录。会议期间，拉姆斯菲尔德提出用追击萨达姆·侯赛因和伊拉克作为这次恐怖袭击回应的可能性。"9·11"委员会回顾国防部情报副部长的会议笔记时显示，拉姆斯菲尔德想要“最好最快的情报……判断打击本·拉登的同时，打击萨达姆·侯赛因是不是很好的办法”。拉姆斯菲尔德让女法学家和国防部副部长保罗·沃尔福威茨（Polo Wolfowitz）谈谈“本·拉登与伊拉克的联系”。

两天后的9月13日，副总统迪克·切尼、国防部长唐纳德·拉姆斯菲尔德、国务卿科林·鲍威尔和国家安全顾问康多莉扎·赖斯（Condoleeza Rice），在大卫营霍利酒店共进晚餐，这里离地下指挥中心R地只有几英里。根据四位在场人中三位的回忆录所言，晚餐上讨论的主题是美国如何应对“9·11”袭击。

“我们都知道，结果肯定是与塔利班宣战，”赖斯写道，“但是这次讨论对提炼总统需要处理的问题，大有好处。”

“我们正着手制定全新的政策，”切尼在他的回忆录中写道，“我们并不是简单地打击制造‘9·11’事件的恐怖分子，而是要瓦解他们的整个网络，打击整个组织、民族和支持他们的人。”

“我坚持认为，我们的战略应该着重放在防御上，”拉姆斯菲尔德写道，“我相信，放眼全球战略才是最重要的。”新思路是要抢占先机，要在敌人行动前阻止他们。

9月16日，中情局主任特内给全体职员发出了一道备忘录。在“主题”一格中他写道：“我们正在打仗。”特内告诉所有职员，为了成功“发动世界与基地组织和其他恐怖组织打仗……必须完全绝对共享情报、思路和能力”。对特内而言，情报就是取得战争胜利的方式。

在亚特兰大的疾控中心，布雷和他的同事们继续不停地工作，保持50个州卫生情报人员和疾控中心的沟通渠道畅通。没有收到卫生情报，意味着今天没有生物恐怖主义事件，让人松了一口气。“10月1日，我们接到命令，不再监测情报。”布雷回忆说。10月3日，他飞往位于弗吉尼亚州兰利市的中情局总部。在那里的乔治·W. H. 布什情报中心，布雷向恐怖主义跨部门情报委员会简要汇报了疾控中心全美检验室反应网络对生物恐怖主义袭击事件的应对之策。这对年仅 24 岁就担负重任的布雷来说，是一个关键时刻。当时在中情局总部学到的东西，直到 14 年后仍对他影响深远。

“中情局并不知道我们这个组织。”布雷说。他是疾控中心生物武器事件小组首席技术官员，尽管如此，布雷说，中情局总局在场的人里，没有人认识他。对布雷来说，这是个展现自我的时刻。

“我们这个组织是根据第 39 号总统决策指令依法成立的，”布雷解释说，“但是他们（中情局官员）并不知道。”对一个组织而言，如果说知名度是最有战略性的资源，布雷相信确实如此，特内也在他主题是“我们正在打仗”这篇备忘录里这样说过，那么美国生物恐怖主义防御团体的路还很长。对布雷而言，为掌握情报和有效利用情报之间架设桥梁，将是一项专业的改革运动。接下来的 10 年里，他还将作为情报专家，在阿富汗为 DARPA，在华盛顿特区国家情报主任克拉珀的办公室，继续工作，并从 2013 年起，成为联邦通讯委员会的首席情报官。在极度混乱的环境下所学到的东西将成就他的事业。

在中情局位于兰利市总部坐满情报官员的礼堂汇报后，同一天晚些时候，布雷返回了亚特兰大疾控中心办公室，了解到了很严重的新情况。布雷得知，波卡拉顿收治了一名 63 岁的佛罗里达人，他感染了吸入性炭疽。

“开玩笑吧。”布雷记得自己说道。这个人叫鲍勃·史蒂芬（Bob Stevens），是一名美国媒体公司的图片编辑，也是《国家询问者》杂志发行人。24 小时后，史蒂芬死了。

事态马上变得更严重了，联邦调查局的人也介入了。10 月 12 日，一名全国广播公司组约的雇员，炭疽病菌测试呈阳性。10 月 15 日，参议院多数党领袖汤姆·达施勒（Tom Daschle）告诉媒体，他的参议院办公室发现了炭疽病毒。哈特参议院办公大楼被紧急疏散，并隔离封锁。数以百计的人排队，接受炭疽测试。首都禁止汽车和非重要的人通行。人人闭门不出。“紧张的气氛充斥华盛顿，”白宫高级官员告诉《纽约时报》，“恐怕我们做得并不如预期那么好。”

接下来的几天，由于寄往美国广播公司、哥伦比亚广播公司、美国国务院的信件含有病毒，更多的人炭疽感染测试呈阳性。开始有人死亡了。哈特大楼被进行了消毒处理，DARPA 被要求承诺，提供科学顾问来帮忙。DARPA 一个科学家小组检查了净化技术，“采取盲选表决的方式，在三个候选方案中选择最有效的”。结果证明，最高效的方案正是“二氧化氯方案”。这个方案源于 DARPA 防御科学办公室主任迈克尔·戈德布拉特和埃尔文·乔，在博克斯大肠杆菌丑闻事件后，共同发明的自杀菌包装袋。“这种包装原本处于固体状态，遇到光或湿度就会自动开启消毒，”戈德布拉特解释说。“我的发明原本用于人自身，（DARPA）将它推广了。”因为这一点，戈德布拉特说，他感到“有点自豪”。

在达施勒参议员向记者宣布，他的办公室已发现炭疽后，副总统切尼来到了“9·11”事发地。这是“9·11”事件后他第一次来世贸中心。2001 年 10 月 18 日下午一点多，切尼登上空军二号，直飞纽约。刚起飞不久，他的办公室主任李维斯·莉比（Lewis Libby）接到了一个电话。

“白宫可能遭受了肉毒毒素攻击，首次检测呈阳性。”切尼在回忆录中揭露，“如果结果得到证实，就意味着总统和我、白宫工作人员，还有潜在的其他人，都暴露在已知最致命的物质中。”肉毒毒素是一种致命的神经毒素，还没有可靠的疫苗和治疗手段。它攻击中枢神经系统，使人麻痹而致死。

阳性检测来自BASIS公司传感器系统。该系统是“深冬”生物恐怖演习后不久，安装在整个白宫的。利弗莫尔和洛斯阿拉莫斯实验室都十分推荐BASIS系统，因为它能提供“几乎零错误的阳性检测”。切尼还知道，“一克分散在空气中的肉毒毒素，一旦吸入就能杀死一百万人”。他必须给总统打电话，但还是要让莉比再做一次检测。

在第二次检测过程中，副总统按照他的原日程行事。他会见了纽约市长鲁迪·朱利安尼（Rudy Giuliani）和州长乔治·帕塔基（George Pataki），简要谈论了纽约“9·11”事件。他来到事发地，与在撞击现场发掘整理的工人握手。当天下午晚些时候，他回到华尔道夫酒店自己的房间时，发现莉比正在等他，带来了坏消息。“他告诉我，白宫传感器显示，第二次肉毒毒素检测依然呈阳性”，切尼写道。正在进行更多的检测，结果第二天中午能出来。该给总统打电话了。

切尼计划在华尔道夫酒店宴会厅，一年一度的阿尔弗雷德·E.史密斯纪念基金会晚宴上，发表主题演说。他穿着白色燕尾服，坐在他房间安全监控屏幕前，给正在上海参加峰会的布什总统打电话。总统随行人员有鲍威尔和赖斯，三个人都在白宫工作，都有可能感染肉毒毒素。

“总统先生，”副总统切尼说，“生物检测系统报告，白宫存在肉毒毒素，目前还没有疫苗可以治疗。我们和许多其他人，可能已经感染了。”切尼回忆起向总统报告时的场景。

总统转向当时同在上海的赖斯。在她的回忆录里，赖斯回忆说，她听到总统说，“给哈德利打电话，查查到底是什么情况”。史蒂芬·哈德利（Stephen Hadley）是总统的副国家安全顾问。哈德利告诉赖斯，实验室的小白鼠正在接受检测。

哈德利说，他也可能被感染了。“如果小白鼠明天还好好的，我们就没事；如果它们死了，我们也完了。”

纽约这边，副总统切尼下楼了。在演说中，他谈到了在“9·11”事发地上挖掘的美国平民，他们勇敢、慷慨和慈悲。“我承诺，会让该对事件负责的人受到审判。”切尼说。他说，面对恐怖分子这个新敌人，美国进退两难。“我们要对付的敌人处于暗处，筹划不可想象的暴力和破坏活动。”他说。华尔道夫酒店的宴会厅响起了经久不息的掌声。

第二天，实验结果传来，5000万美元的BASIS系统发出了错误信号。没有生武袭击。白宫没有恐怖袭击。如果说在极度混乱的环境下，信息是最重要的战略资源，那么利弗莫尔和洛斯阿拉莫斯国家实验室的科学家这次失败了。但是，布什总统在2003年的国情咨文中仍然说，他“正在展开美国第一个生物攻击早期报警传感器网络的布设工作”。BASIS传感器将会在全国30多个城市中安装，每个城市耗资约3000万美元，还有每个城市每年100万美元的维护费。2003~2008年，报纸共报道了50多起BASIS传感器错误警报。关于BASIS的细节，包括安装地点、运作花费、错误报警的详细次数和报警后的应对措施，都仍然是机密。

但是在2001年10月的上海，赖斯很高兴能得到这个好消息。

“小白鼠还活着，没有死。”她告诉布什总统。“总统笑了。”她在回忆录里写道。

总统、副总统、国务卿、国家安全顾问和许多相关的人逃过了一劫。但康涅狄格州一个图片编辑、两个邮政工作人员、一个女性医务工作者和一个94岁的女人，因炭疽死亡。2014年，他们的死因终于解开了。

10月末，美国广播公司新闻报道称，寄往达施勒参议员办公室的炭疽，隐藏在一种叫膨润土的添加剂里，可能与伊拉克生物武器计划有关。白宫否认了这点。几天后，美国广播公司新闻报道了“9·11”事件劫持者的元凶，穆罕默德·阿塔“至少与伊拉克高级情报特工在布拉格见过一面”。该报道引发了一系列相关新闻文章，有的说确信“9·11”事件与伊拉克有联系，有的说与伊拉克没什么关系，有的批评中情局受虚假消息的愚弄。

国会要求 DARPA 主任安东尼·特瑟（Anthony Tether），向下议院军事委员会报告 DARPA 生物战防御项目的进展情况。“9·11”事件发生时，特瑟刚接任 DARPA 主任三个月，但他已在国防部和中情局工作了几十年。特瑟是斯坦福大学电气工程专业博士，并且在国防部和情报部门从业多年。1978 年起，他一直在情报和国防部门工作。1978~1982 年，担任国防部长办公室下设的国家情报办公室主任；1982~1986 年，担任 DARPA 与中情局的联络机构战略技术办公室主任。他工作的细节还是机密，但是为表彰他工作的重要性，在他任期最后的 1986 年，中情局局长比尔·凯西（Bill Case）为他颁发了国家情报奖章；他的上司国防部长卡斯帕·温伯格给他颁发了国防部平民功勋奖章。

呈递给国会的信息中显示，特瑟根据 DARPA 按发展顺序确认的生武攻击五个阶段，对生武攻击进行了分类。“生武攻击之前”，要研制发展疫苗；“攻击中”，要注重先进传感器和生物监测技术；“攻击几分至几小时后”，要想方设法保护民众；“攻击几小时至几天后”，要采取更高效的办法让相关人员得到信息，并管理好医疗系统；“攻击几天至几年后”，要关注净化技术，特瑟如是说。

2002 年 2 月，在美国第一起炭疽谋杀四个月后，国会通过了 2003 年生物战防御 3.58 亿美元的预算，几乎是“9·11”事件前一年的 3 倍。同一个月，乔治梅森大学宣布，将建立一个生物防御中心，用于研究生物恐怖主义和生物武器扩散相关课题。新闻公告说，“前苏联攻击性生武项目民用分部的第一副部长肯·阿利别克夫和前美军传染病医学研究所负责人查尔斯·贝利”，将出任该中心的行政管理者。“阿利别克夫正在为他自己所制造的问题，寻找解决办法。”负责监查阿利别克夫为DARPA工作的迈克尔·戈德布拉特说。

5月，DARPA又资助阿利别克夫的公司200万美元用以研制“原型生物防御产品”——DARPA仍在寻找的良方。阿利别克夫向记者描述了未来令人兴奋的前景。目的是制造一种能“提高人体应对广泛生物武器威胁的先天免疫性”的产品，阿利别克夫说。“我们不断地研究有用的东西，我们很高兴，DARPA能为研制先进的应对生物威胁药剂，提供更多的资金。”阿利别克夫也借此机会，谈及了他的新风险投资，将有光明的商业前景。“在合适的时机，我们公司将会开发潜在的资源，寻找愿意购买这项发展中的技术，抑或愿意出资的合伙人，进行一些临床试验，获得管理部门的审批，并进一步发展技术，大规模生产，对研究出来的新产品进行市场营销。”几个月后，阿利别克夫经营的另一个公司，开始以“肯·阿利别克夫博士免疫系统支持配方”的标签在互联网上售卖药品，声称该药品可以帮助人体先天免疫系统防御广泛的有害病菌。可以在DrAlibek.com这个网址购买，每瓶售价60美元。

在政府里，有个不成文的规定，政府做错事，必须要有人承担责任。对于DARPA而言，它的任务是保卫国家免受技术性突袭，所以“9·11”事件并不算任务失败，至少在公众眼里是这样的。恐怖分子用的武器是大繁荣时期生产的多功能固定刃刀。史前的多功能火石刀，已有大约140万年的历史。基地组织用美国技术对抗美国，劫持了四架油料充足的飞机，并成功地驾驶其中三架命中目标，就像导弹一样。据可靠情报，基地组织只花费了不到50万美元，就成功地计划并实施了袭击。

公众普遍认为，情报部门应该对“9·11”事件本身及其后果负责，它造成了与珍珠港空袭相当的死亡代价。多数人都谴责中情局和联邦调查局，因为当时国家安全局给公众的姿态很低调，与前两者不在一个档次上。但历史是不可抹杀的，国家安全局的错误不可掩盖。2001 年 9 月 10 日，国家安全局监听到恐怖分子的两条阿拉伯语消息。

“游戏要开始了。”一条消息说道。

“明天就是行动开始的时间。”另一条消息说道。

这两句话直到 9 月 12 日才翻译出来。“事实上，如果没发生恐怖事件，这两句话（可能）还没翻译出来呢”，DARPA 内部文献记录道。DARPA 要对收集情报的先进技术手段和实时翻译能力负责。“9 · 11”事件一过，DARPA 马上着手加强这些技术手段和相关工作，以便它的兄弟单位国家安全局可以更好地开展工作。

先不论美国政府手中的先进技术，国家安全机构根本就没有发现 2001 年 9 月 11 日的恐怖袭击，更不用说用先进技术阻止它发生了。因此，美国军方将会开展自 1954 年比基尼环礁 1500 万吨级“幸运城堡”号氢弹爆炸后最大规模的超级军事化行动。

第二十章 完全掌握情报

核物理学家约翰·波因德克斯特（John Poindexter）在核物理界并不出名。他总是以退休海军上将和罗纳德·里根总统伊朗门事件中的前国家安全顾问身份出现，他被控五项重罪，包括欺骗国会、销毁官方文件和阻碍国会调查等。

发生“9·11”袭击事件的第二天，波因德克斯特正在从他居住的华盛顿特区市郊开车出来，突然想到了一个关于 DARPA 的好主意。他曾于 20 世纪 90 年代，作为国防合同商为 DARPA 工作。那时，波因德克斯特在伊朗门中的丑名，早已消失了，可以重新为公众服务了。由于美国上诉法院的豁免，五项指控波因德克斯特的重罪被推翻了。

丑闻后的十年里，波因德克斯特专注于计算机技术。因为在伊朗门后还领着全额海军退休金，他并不需要找工作。波因德克斯特对计算机很着迷，开始自学计算机编程语言，并且很快学会了编写密码。1995 年，通过一个叫西恩特克的国防合同商，波因德克斯特开始为 DARPA 热那亚项目工作。热那亚的目标是研制一个复杂的计算机系统——一个智能机器，用于突破多重保密的政府计算机数据库，以此预测人为的大变动事件，例如恐怖袭击等。作为一个航海人，波因德克斯特特别喜欢热那亚这个名字。热那亚的意思是小船的船首三角帆，或者帆船上用于加速的前桅帆。

波因德克斯特的项目老板，掌握“下一代”信息的人——布莱恩·夏基（Brian Sharkey），于20世纪90年代末期在DARPA运筹帷幄。项目进行一年多以后，与西恩特克签完的合同到期了。波因德克斯特和夏基在热那亚项目中相处融洽，互通信息。“9·11”袭击后的当天早晨，波因德克斯特一直在想，是时候让热那亚项目复苏了。他把汽车停到路边，在手机里找到夏基的电话号码。

“真是好笑，”波因德克斯特回忆起。夏基这样对他说，“我正要给你打电话呢”。

两个人都同意是时候加快热那亚项目的进度了。夏基已经离开DARPA，到位于加州的国防合同巨人科学应用国际公司，担任高级副董事长和技术长官。该公司拥有许多与监控相关的国防合同，因此常被戏称为“西部国家安全局”。该公司的另一个主要客户是DARPA。夏基与现任DARPA主任安东尼·特瑟非常熟悉。

“我们得和安东尼谈谈。”波因德克斯特告诉夏基。

安东尼·特瑟是华盛顿出名的大改革家，是个能预见和掌控未来的人。20世纪80年代，担任DARPA战略技术办公室主任时，他就主张为发展监控能力，提供最大的技术支持。如今，20年过去了，这些技术取得了巨大进步。可是在“9·11”事件后的环境下，特瑟作为DARPA主任，对监测收集工作的热情和经历，都被证明是没有价值的。

夏基和特瑟是因科学应用国际公司而相识的。20世纪90年代，在离开政府部门转投国防合同后，特瑟来到科学应用国际公司高级技术部担任副董事长。如今夏基是科学应用国际公司的高级副董事长。在9月12日夏基和波因德克斯特的电话中，两个人达成一致，夏基来安排与特瑟见面，讨论热那亚项目。

自1995年起，DARPA信息系统部花费大约4200万美元发展热那亚项目。该项目是被DARPA称为“完全掌握情报”概念的一部分。但是已知的热那亚项目，与识别“9·11”事件之类的事件所需要的“情报”毫无关系。波因德克斯特和夏基要改变这种状况。

在接下来的2001年10月15日，夏基和特瑟在位于弗吉尼亚州阿灵顿的一家海鲜餐厅“加夫尼的牡蛎和麦芽酒馆”见面，谈论了“完全掌握情报”。特瑟对此非常感兴趣，他想让夏基离开科学应用国际公司，回到DARPA主管这项业务。但夏基不想离开科学应用国际公司。该公司是全美最大的员工所有制公司之一，夏基持有相当多的股份。如果他重回政府部门工作，就不得不放弃利润分红。夏基说，波因德克斯特才是“完全掌握情报”项目主任的合适人选。科学应用国际公司可以成为DARPA主要合同商。

几天后，夏基和波因德克斯特一起乘坐波因德克斯特的蓝鸟游艇出游，讨论接下来的计划。波因德克斯特后来回忆说，当时很兴奋。他有个大计划。他认为，自己清楚地知道这个项目的深刻内涵，并将会取得巨大成功。投靠特瑟后，他的第一项工作就是读懂“曼哈顿反恐计划”。人工智能计算机是21世纪的原子弹。

特瑟让波因德克斯特来到他的办公室，介绍他的第一项工作。波因德克斯特的研究领域是潜艇，这里的工作类似，他告诉特瑟说。在海上穿行时，潜艇会发出信号。“9·11”劫机者在穿行美国时，也发出了电子信号。但是即使国家安全局一直在监听，那里的整个系统也没有能力实时处理这么大的工作量。劫机者租房子，买机票和盒子切割机，收取邮件和电汇。波因德克斯特说，所有这些发生的都应该被监测到。恐怖分子发出电子信号，热那亚就能找到。这会耗费大量时间和精力，但是值得。白宫说，“9 · 11”系列袭击只是猛烈攻击的开始。形势所迫，是时候了，民众吓坏了。

特瑟同意波因德克斯特所说的话。如果约翰 · 波因德克斯特愿意负责“完全掌握情报办公室”，DARPA 将会大力资助。2002 年 1 月，“完全掌握情报办公室”建立了，启动资金多达 1.45 亿美元，下一年预算更是达到 1.833 亿美元。波因德克斯特现在是 DARPA“完全掌握情报办公室”官方认证的“沙皇”。

“我们认为，情报技术是一种武器。”鲍勃 · 波普（Bob Bopp）说。他是前“完全掌握情报办公室”副主任，波因德克斯特的副手。波普拥有电气工程博士学位，是个计算机科学家、多产的作家和专利拥有人。他骑着一辆摩托车，是哈雷车友会的积极分子和终身会员。他的专业领域包括反潜战和情报、监视、侦察一体化。年轻时，波普就焊接过通用动力公司生产的三叉戟核潜艇。

“9 · 11”事件前，“情报技术是分析员未充分利用的重要武器”，波普说，“他们只利用了很小的一部分潜能，这是因为有许多不称职的家伙，而不是缺少数据。分析员们面临着各种问题和数据”。“完全掌握情报”的基本前提是，建立一个分析员能高效工作的系统。在这个系统里，分析员们不会再被大量问题和数据困扰。

作为波因德克斯特的副手，波普有责任监管“完全掌握情报”项目多个程序的建设情况。证据提取和链接发现办公室是一个大办公室，有许多工作人员。它的作用是，收集尽可能多与人相关的电子信息，不仅是恐怖分子嫌疑人的，还包括美国民众。要收集的电子信息包括，从美国军民的数据库渠道获取的个人电话记录、计算机搜索记录、信用卡收据、停车收据、图书馆借阅记录、租借的电影等，以此查找隐藏在美国平民中的恐怖分子。证据提取和链接发现办公室的首要任务是，建立一个“智能”计算机系统，用于实时检查2.85亿人每天行踪的庞大数据，寻找制造恐怖事件的嫌疑人。

2002年，DARPA高级项目管理人泰德·塞纳托尔（Ted Senator）解释了证据提取和链接发现办公室是如何工作的。塞纳托尔说，这个项目的开展是为了“让我们能从大量数据中，找到人们、组织、地点和事物之间联系的相关信息，并把这些信息制成图表，分析利用，区分合法的和可疑的行为”。这并不简单。借用大海捞针的典故，塞纳托尔解释了这是多么困难。“我们的工作，就像是在海量针的残体中寻找完整的针一样，”他指出，“这比大海捞针更困难。必须先在许多残体针堆里寻找，而不是一堆里。有许多种方法把残针拼成完整的针，并把单个针变成一堆针。针或者针堆必须组装到一起，否则我们无法判断是否存在危险。”因此，他说：“我必须实时监督所有残体针，考虑到所有可能的组合形式，至少原则上是这样的。”

因为恐怖分子通常不会单独行动，第二步计划对于“完全掌握情报”的成败至关重要，也就是可伸缩的社会网络分析。它监测电话，会议召集，自动提款机取款，但是也在发展一种更有侵略性的叫“在监控环境下捕捉人们行为”的监控技术。行为识别和监控项目是模仿英国的闭路电视摄像机制定的。监控摄像头被安装在整个国家，通过行动识别和监控项目，可以捕捉到人们的日常生活，然后把影像储存到计算机里，便于使用。利用艺术品级别的面部识别软件，行动识别和监控项目会找出，表现超出计算机预先设定的“正常”标准的人。界定“正常”的参数仍是机密。

面部识别软件专家乔纳森·菲利普斯（Jonathan Phillips）被招募进来，改进一个 DARPA 已上马项目“远距离人类识别”。它装配了多达一百万已知恐怖分子数据算法的计算机系统，可以检索行动识别和监控项目刚刚拍摄的监控视频，在人群中定位恐怖分子。

“完全掌握情报”项目的工作分支很多。对军方而言，问题一直是个语言障碍。DARPA 需要发展所谓的计算机翻译程序“战争语言”，包括阿拉伯语、普什图语、乌尔都语、达里语和其他的中东和南方方言。查尔斯·韦恩（Charles Wayne）被招募进来，负责两个程序——“潮汐”和“耳朵”，使计算机程序可以把外语转换成英语文档。“完全掌握情报”办公室由拉里·威利斯（Larry Willis）负责，他开发了一个叫“非对称环境下的战争赌博”的战争游戏程序。在这个办公室里，恐怖主义专家建立了由虚拟使用者等个人组成的恐怖网络，谋划虚拟的恐怖袭击，这是为了检验“完全掌握情报”办公室的种种监控程序，能否识别虚拟恐怖分子的阴谋和计划。为了丰富这个计划，成立了一个叫“红队”的小组，由前 DARPA 主任史蒂芬·卢卡西克领衔。“红队”行动是一场角色扮演练习，假设有一个来自对手或敌人的问题发生了。

最终，该程序的核心热那亚二号诞生了。这个软件是运行情报系统的总系统。主管托马斯·P. 阿穆尔（Thomas P. Armour）把热那亚二号比喻成“两个协作之间的协作”。一组合作者是情报分析家，目的是“意义建构”，阿穆尔说。这些合作者的棘手工作是需要他们和包括中情局、国家安全局、国防情报局等多个组织之间合作才能完成。“意义建构者”的工作正是建构模型和蓝本，推测恐怖分子可能的行动计划。然后，这个小组会与最高层“政策制定者和操作者”合作，由他们评估情报分析员的工作，在特定的情况下决定美国应采取的应对措施。阿穆尔告诉他的团队说，热那亚二号就是为了“研制技术，使这些合作可能、有效和高效”。

对阿穆尔而言，任务有硬件、软件和湿件。硬件意指机器，软件是指计算机程序，湿件就是人脑。阿穆尔认为，湿件是最薄弱的环节。现在面临的挑战是情报部门以往只注重重要恐怖分子的信息。“‘湿件’的局限在于人类认知系统”，阿穆尔如是告诉正在投标这项工作的国防合同商。“人脑的局限性和偏差有详细的文件佐证，遍布整个系统，包括认知、学习、记忆和决断等知觉”，阿穆尔告诉他的团队。在这个众系统的总系统里，人类和机器相互合作，阿穆尔认为人类是这个系统中最易受攻击的一环。“这些系统是进化的产物，总是为适应现实状况，通过进化而不断优化改进，但现实状况也在不断发展变化，明白这一点，就不难理解，无论我们的认知器官如何能干，当遇到与它生理特性不兼容的任务时，也会常常出错。”

“完全掌握情报”项目的新人技术专家汤姆·阿穆尔（Tom Armour）是冷战战士，之前还是间谍，他曾作为美国空军 AC-119K 武装直升机的领航员，参加越战飞机战斗任务，之后从 1975 年起，开始了中情局的漫长工作生涯。阿穆尔还是苏联核武器系统导弹技术、战略指挥和控制方面的专家。在中情局情报指挥部工作时，他作为计算和方法论方面的主管，用计算机情报分析，把中情局带入了 21 世纪。

但是柏林墙倒塌后，阿穆尔发现新的危机突然到处出现。他在 2002 年的一个会议上，对一组 DARPA 技术专家说，“人们轻率地谈论和平红利”，还说他的前中情局老板詹姆斯·伍尔西知道得更清楚。“伍尔西尖锐地说，‘大坏熊’走了，但森林里还有很多毒蛇。”阿穆尔说。恐怖分子自此都成了毒蛇，“我们管这叫作非对称威胁”。阿穆尔认为，21 世纪情报分析家的任务，就是用计算机找到毒蛇。

人类是脆弱的。作为技术收集者，他们会因看似可信的错误信息，或他们自己的偏见和困扰，而被操纵。这个缺陷“早就被情报界称为‘欺骗和否定’”，阿穆尔说。热那亚二号的前辈——热那亚是为了使机器变得更聪明。每个机器都由一个叫“独行侠”的情报分析员看管。而对于热那亚二号，阿穆尔想要“更聪明的结果”。他想要“认知扩大”，想要更聪明的机器和更聪明的人。

阿穆尔创造了所谓的“丰富的难题短语”，用于捕捉热那亚二号的自动化目标，读起来就像是乔治·奥威尔（George Orwell）在他的反乌托邦小说《1984》中用的语言一样，听起来想法矛盾。“要博览群书”，阿穆尔告诉热那亚二号的分析员们。“有太多的情报需要如实解读。”阿穆尔还说“完全掌握情报”项目的分析员们需要“从把计算机当成服务人员开始，再到伙伴，最后到老师”，意思是，分析员们首先要把计算机当成仆人，逐步把它们当成顾问。最后，热那亚二号知道的会比人多。

正如约翰·冯·诺依曼临终之时，在他的《计算机和人脑》中所预测的那样，“人工自动化”有一天会自己思考。“完全掌握情报”是一个情报系统的总系统，不用阅读就能了解一切，能“看到”并联系一切人眼看不到的东西。

2002 年 1 月 14 日，“完全掌握情报”办公室暂时在位于阿灵顿北费尔法克斯大道 3710 号的 DARPA 大楼四层建立，波因德克斯特要为“完全掌握情报”项目的分析员们找一个永久的独立住所。波因德克斯特要见的第一个人就是国防部长唐纳德·拉姆斯菲尔德。午饭后，在拉姆斯菲尔德的办公室里，两个人谈论了“完全掌握情报”，两人一致同意 DARPA 要建造这个系统，并帮助它的客户们建立并运作这个系统。客户包括中情局、联邦调查局、国家安全局和军方机构。特瑟认为，“完全掌握情报”系统最好的安放地，就是弗吉尼亚州的贝尔沃堡—— 一个军队情报和安全指挥部的分支机构里。

特瑟与军队情报和安全司令部的指挥官基恩·亚历山大中将在贝尔沃堡会面。亚历山大通过情报支配中心开展工作。该中心的室内装饰完全不同于传统的军方布局，由学院奖获得者、好莱坞布景设计师布莱恩·费伦设计，模仿《星际迷航》系列电视电影中的进取号星舰桥建造。高抛光的铬合金面板里，有卵形的椅子、计算机中心和拉动时会发出嘶嘶声的门。亚历山大坐在位于中心指挥席的指挥椅中，可以看到情报支配中心24英尺的电视显示屏。亚历山大将军喜欢科幻小说。情报支配中心的人甚至怀疑，将军把自己当成了现实中的柯克船长。

通过DARPA与情报和安全司令部的协商，亚历山大将军将情报支配中心内部以外的一块区域，划给波因德克斯特和他的小组使用。“完全掌握情报最初的实验，都是在情报和安全司令部完成的，”波普说，“项目要在全世界建立节点，多个机构共同解决诸多问题。”波因德克斯特开始邀请其他机构和完全掌握情报办公室合作，包括中情局、国家安全局和联邦调查局。

波因德克斯特认为，“9·11”事件后的另一个袭击已经在准备实施了，随时可能发生。许多其他高级官员也有同样的担忧。

“我们好像真的在与恐怖主义作战，”波普说，“网络扩大了，我们在德国增设了一个点。”完全掌握情报的前途好像是光明的。就在这时，鲍勃·波普回忆说，“我们又和国会干上了”。

2002年8月，波因德克斯特在加州阿纳海姆举行的DARPA技术会议上对外宣布了完全掌握情报项目。这个技术会议标志着，该项目不能再公开进行了。2002年11月，《纽约时报》大标题为“五角大楼正在研制能窥视美国公民个人隐私的计算机系统”。记者约翰·马尔科夫（John Markoff）写道，国防部发起了一个以计算机为基础的，庞大的国内监控项目，“一张巨大的电子网，正在包括美国在内的全球范围内，搜寻个人信息，以此捕捉恐怖分子……并没有搜查许可”。马尔科夫认为，DARPA 应该对此负责，并把这个计算机系统叫作完全掌握情报项目。完全掌握情报办公室的徽标，成为怒火的众矢之的。徽标以上帝肖像之眼为特征，就像美元背面的一样，向全世界发出一道探照光束。DARPA 的拉丁文座右铭“知识就是力量”，与乔治·奥威尔的《1984》形成鲜明对比。

几天后，专栏作家威廉·萨菲尔（William Sarfire）写了关于完全掌握情报的文章，重点关注的是，伊朗门丑闻中的波因德克斯特，竟然是该办公室的主任。国防部竟然给了这个“贬职的海军上将两亿美元预算，研制记载三亿美国民众的计算机档案”，萨菲尔写道，并列举了一个人每天、每星期，甚至每年的大量电子汇报：“你用信用卡的每次消费记录，订阅的杂志和填写的药品处方，每个网页浏览记录和收发的电子邮件。”如果 DARPA 成功了，完全掌握情报项目就完全可以监控所有这些。“这并不是奥威尔式的场景，”萨菲尔写道，“如果约翰·波因德克斯特得到了这种空前的权力，过不了几周，你的人身自由就会遭到监控。”

萨菲尔的专栏出版时，完全掌握情报办公室已经存在七个月了，但没人关注过它。萨菲尔的专栏出版 30 天后，总共有 285 个关于完全掌握情报的故事，其中绝大部分都是负面的，许多文章关注萨菲尔文章中两亿美元这个天文数字。11 月 20 日的新闻发布会上，国防部负责采购、后勤和技术的副部长爱德华·奥尔德里奇宣称，完全掌握情报系统 2003 财政年的预算是 1000 万美元，而这是完全不准确的。根据国际技术情报中心审计办公室的记录，实际预算应该是 5.864 亿美元。真实的经费被 DARPA 其他的研究、发展、试验和评估预算掩盖了。关于经费数额的争论，几个月也没有定论，个人隐私问题成了焦点。

美国民众要求解释，法律制定者向DARPA提出了一连串的问题。波因德克斯特被迫来到国会山，向国会大约50名成员和他们的职员，澄清完全掌握情报项目的细节。鲍勃·波普也去了。“我、波因德克斯特、安东尼和希尔·李艾森，一起去了国会山，向众议院和参议院汇报情况。”波普2014年时回忆说。和众议院永久性特别情报委员会的会面“进展顺利”，波普说：“提问、回答，解决了。”之后他们又来到了参议院永久性特别委员会。

在参议院，波因德克斯特首先从军事院校上学开始，讲述了他个人的过往经历背景。15分钟后，一名参议院职员喊叫着：“嘿，你打算什么时候讲讲，你来是干什么的？”

“波因德克斯特说，‘如果你给我个机会’。”波普回忆说。

这时，另一个职员打断了波因德克斯特的话。

“侵犯隐私权怎么办！”又一个人大喊道。

波普说：“约翰·波因德克斯特很客气，也很坚定。”

“谈谈采集数据的事吧！”职员喊道。这把波因德克斯特惹火了。

这个职员大喊道：“我们现在就要答案！”

这句话使波因德克斯特控制不住了。“坐下吧！”他大声喊道，声音大得离谱。然后他说：“我的项目还轮不到你指手画脚！”

波因德克斯特继续演讲，但内容已经转换到五角大楼了。这是完全掌握情报项目完结的开始阶段。国防部长拉姆斯菲尔德也被牵扯进来了。DARPA该怎么办呢？拉姆斯菲尔德发出了命令，波因德克斯特不能和任何人说话，也不能接受任何国会采访，更不能接受媒体采访。

波因德克斯特的第二次丢脸接踵而至。他继续进行这个项目，至少公众是这样认为的。大量报纸文章围绕国防部2005年已给完全掌握情报项目拨款 2.5 亿美元的事实进行报道，激起了一波更强烈的民众反抗情绪。波因德克斯特成了恶棍，DARPA 成了监控机器。

一名记者问国防部长拉姆斯菲尔德，关于完全掌握情报项目的情况。“我对此了解不多。”拉姆斯菲尔德回答说。波因德克斯特“向我解释了他在 DARPA 所做的工作”，他说，“但只是随便聊聊天，我没收到过正式汇报，所以知之甚少，该问的人不是我”。当被问及波因德克斯特这个人时，拉姆斯菲尔德说，他“对他没什么印象”。拉姆斯菲尔德告诉记者，像通常美国公众的反应一样，这件事已经被过度“宣传和警惕”了。关于监控项目，拉姆斯菲尔德说：“不安心的人今晚都应该睡个好觉。”完全掌握情报只是个研究项目，他澄清说，并非情报收集行动。

丑闻后不久，完全掌握情报项目被简单地更名为恐怖主义掌握情报项目，但公众的争论仍在继续。国防部长拉姆斯菲尔德明确表示，波因德克斯特会辞职或被开除。最终，波因德克斯特向特瑟提交了辞呈，并告诉媒体，他将离开 DARPA，愿意去切萨皮克湾去划划船。拉姆斯菲尔德部长之后回去，开始拟订侵略伊拉克的作战计划了。

数月后的 2003 年秋天，国会废除了对完全掌握情报项目的拨款，声称这是“出于对掌握情报办公室的担忧”。众议院和参议院联合公布，“办公室立即解散”。

但是“（完全掌握情报）项目并没结束”，2014 年波普说。相反，许多秘密电子监控程序，被分类转移至国家安全局、国土安全部、中情局和其他军方机构。项目名称也变了。有些国会成员对其中一些情况很清楚，但不是全部情况。DARPA 证据提取和链接发现项目以及热那亚二号项目的很多要素，包括在情报和安全司令部和德国的站点，都被打包，归入国家安全局一个叫棱镜的大量转换电子监控和采集数据的项目中。由于爱德华·斯诺登的告发，该计划于 2013 年引起了轩然大波，他向媒体透露了几千页机密档案。

一些公开的DARPA程序，被转移到了国土安全部，包括计算机辅助计划规划系统（CAPPS）、活动识别和监控（ARM）以及远程人面识别程序（HumanID）。这些是由生物标识管理办公室和完全掌握情报办公室管理的程序，监管者安装在机场和码头等公众交通系统和其他公共场所的身份识别软件系统。

在海外应用方面，完全掌握情报项目被移植到军队生物统计学情报程序中，通过眼球、指纹和面部检索，收集生物特征。还有基于完全掌握情报，由中情局主导的，可伸缩社会网络分析的匿名实体解析，用于检查个人和电子系统的连接，如自动取款机取款和入住酒店等。

在未来战争领域，DARPA将把完全掌握情报项目中，一些最具侵略性的监控和采集数据技术，应用于城市恐怖主义军事行动中，一个叫作“战斗地区监控”的视频采集、图表分析和目标获得项目。

据拉姆斯菲尔德所言，任何未来战略都需要一个“新的战略环境”。未来战争都要基于DARPA的系统概念——基于先进计算机系统网络的先进武器平面。2003年时，美国民众并不接受“攻击断路器战争”，因为这在当时需要一大堆的说明，并且听起来很乏味。自从入主国防部以来，拉姆斯菲尔德一直想明确地表明，国防部面临的新战略环境。“9·11”事件后不久，他把选名的工作交给了已退休的军队转型办公室主任阿瑟·塞布罗斯基（Arthur Cebrowsk）上将。

转型办公室是由拉姆斯菲尔德个人于“9·11”事件不久后设立的国防部内部智库。这个新办公室被授权“用新概念挑战美国国防现状，以此保证持续的绝对性竞争优势”。转型办公室的名称来自新的战争发起方式——“以网络为中心的战争”。DARPA已经使用这个词组好多年了，可追溯到1974年的攻击断路器概念。不久全世界都对“以网络为中心的战争”耳熟能详了。2003年冬天，拉姆斯菲尔德部长向总统提交了五角大楼“转型计划指导”，其中他把未来的趋势总结为，“利用非对称的指挥、控制、通信、计算机、情报、监视和侦察（C4ISR）能力”。只利用指挥和控制的时期，早已过去了。

塞布罗斯基是一位功勋海军飞行员，曾在越战中执行过154次飞行作战任务。他还在沙漠暴风雨行动中，驾驶虎式战机，指挥直升机航母和航空母舰。2001年8月，塞布罗斯基从海军退休。对于这个命名任务，塞布罗斯基在2003年给拉姆斯菲尔德的内部文件中，简明地解释了“以网络为中心的战争”能够胜利的原因。塞布罗斯基阐述道，这种战争是以信息时代的原则和现象为基础的新理论战争。“以网络为中心的战争”建立了国内安全和海外行动间的联系，使国内安全和海外战争之间的界限变得模糊。最后，塞布罗斯基写道，“以网络为中心的战争”为美国民众提供了一种“新的概念/安全感”。塞布罗斯基是一个公认的爱国主义者，他认为其他人也应该是。以网络为中心的战争“有很强的道德魅力”，塞布罗斯基说。

随着“以网络为中心的战争”模式的出现，2003年3月19日，美国和它的盟友发动了伊拉克自由行动，侵略了伊拉克。美国军队用短短21天的“惊讶和震慑”，完成了“主要战争行动”，塞布罗斯基告诉公共广播公司，他非常高兴。“这种推进的速度前所未有。”他说。他把这次“非常快速的战争”归功于“以网络为中心的战争”。他认为，依靠先进技术的战争，是道德高尚的战争。美国不再需要诉诸“大规模屠杀”。我们不需要“杀很多人”，指的是伊拉克人，或者“让更多人变残废”，因为现有的先进技术，能让国防部精确瞄准每个人。这一点是很好的，是一件道德高尚的事情。

“有一种很有诱惑力的说法，要想让敌人接受他们已经被打败了，必须杀很多人，致残更多人，摧毁许多基础设施和重要民用设施，然后他们才会感到被打败了。我认为这种说法是错误的。”塞布罗斯基说。“我认为我们现在面临着一个新的问题，以一种我们希望解决这类问题的方式，不杀人就能达到军事目的。因为，请记住，”他说，“这种问题总是困难的，一方面有道德义务减少己方参战和非参战人员伤亡；另一方面，也要减少敌人的伤亡。我们正向更加道德的方面发展，这是适当的……我们要处理这个现实情况。”

历史证明，塞布罗斯基说得太早了。全世界的先进技术，都无法打赢伊拉克或者阿富汗的恐怖分子。本地民众并不把周边的“以网络为中心的战争”和掠夺者雄蜂战斗机的精确打击，看成是道德高尚。一批新的恐怖组织将会出现，并实施恐怖统治。

第二十一章 简易爆炸装置

2003 年 5 月 26 日，来自密苏里州的 25 岁上等兵杰里米·D. 史密斯（Jeremiah D. Smith），正驾驶军用车在巴格达郊外行驶，这时路中间的一个帆布袋拦住了同行车队。这天是阵亡将士纪念日，是专为纪念在战场上牺牲的几百万美国军人而设立的。上等兵史密斯成为光荣的美国军人已有一年多了。

三周半前的 2003 年 5 月 1 日，乔治·布什总统站在美国军舰亚伯拉罕·林肯号上宣布对伊拉克的主要作战行动结束了。“美国和盟友已经获得了伊拉克之战的胜利。”3 月 21 日开始的进攻进展迅速，4 月 9 日，巴格达就沦陷了。站在航空母舰甲板上，穿着黑西服，系着红领带（如果穿着飞行服登上甲板，就更令人难忘了），总统先生充满信心。在他身后，一幅由白宫艺术部门设计的横幅上写着“任务完成”。在演讲中，总统曾一度竖起大拇指。

今天同样是阵亡将士纪念日，上等兵史密斯正驶往危险区域。他的车队正在巴格达郊外护送重型设备去往西部。史密斯是机枪手，正坐在输送车乘客位置的一侧。当车接近位于巴格达国际机场附近路中央的帆布袋时，司机做梦也没想到，这里面有简易爆炸装置（IED），他直接轧了上去。当车驶过袋子时，炸弹爆炸，上等兵史密斯牺牲了。史密斯成为第一个在伊拉克因简易爆炸装置丧生的美国人。

爆炸声传到了几英里外。22岁的专家杰里米·里奇利（Jereny Ridgley）是第一批来到现场的人之一。"我是第18宪兵旅的一名机枪手，"里奇利在2014年的一次采访中回忆说，"我们当时行驶在距他500码外的身后的另一个车队。爆炸异常地响。我们听说，有人从天桥上扔东西下来，所以每经过一座桥，我们都快速通过，我们走到一条不熟悉的小巷，有人向车队扔东西，然后就传来了爆炸声。我把枪转了过来。一切都发生得太快了。"里奇利听到的爆炸声，就是上等兵史密斯的车轧过的那种简易爆炸装置发出的。

在他的前方，里奇利看到了路上正在燃烧的悍马军车。两个血肉模糊的士兵从浓烟中逃出来，茫然地蹒跚着向他的车跑过来。"其中一个正在往胳膊上套什么东西，"里奇利回忆道，"好像是修补他的袖子一样。等他走近了，我才看到那是他的皮肤。他的皮肤从胳膊上脱落了。"另一个血肉模糊的士兵落在后面。"他问我，他的脸上有没有什么东西，"里奇利回忆说，"他的脸大部分都被炸飞了，太恐怖了。他被严重烧伤。"

里奇利的小组负责人菲利普·怀特豪斯（Phillip Whitehouse）中士向燃烧的车辆跑去。怀特豪斯发现，上等兵史密斯被卡在车中，已失去意识。"他把史密斯拉了出来，这时车就自燃了，"里奇利回忆说，"其中的所有弹药都着火了。大量爆炸物四处扩散，我的袖子被弹头烧了一小块。我坐在机枪位上想，我要向上级报告。"

里奇利寻求了救援，开始环顾四周。"伊拉克的孩子们正在场地上踢足球，"里奇利回忆说，"我告诉救援直升机，可以落在那里。一切看起来都像是慢动作。”里奇利从未见过致命伤，他简直不忍直视。“救援来了，受伤的士兵被抬上飞机。从我打电话求救到直升机飞走，大约有20分钟，”里奇利回忆说，“但就像过了一整天一样，”他说，“时间停滞了。”过后，里奇利得知，上等兵史密斯牺牲了。

5月28日，国防部确认上等兵史密斯在伊拉克自由行动中丧生。国防部把史密斯的死因归咎于“未爆炸军火”，好像杀死他的是躺在路上的老旧或忘记带走的军火。两周后，《纽约时报》的文章《战后》中，一名国防部官员承认，杀死史密斯的未爆炸军火是被人事先埋放的。

简易爆炸装置由五部分组成：炸药、容器、导火线、开关和能量源，其中能量源通常是电池。并不需要先进技术，只要简单的技巧就能制成一个简易爆炸装置。简易爆炸装置的基本原料就是炸药。美国攻击后的伊拉克，到处充斥着炸药。

“我这辈子见过的炸药最多的地方，就是伊拉克，这很危险，”美国中央司令部指挥官约翰·阿比扎伊德（John Abizaid）将军于2003年9月告诉参议院拨款委员会，“我真想告诉你，我们控制住了，但实际上我们没有。”

上等兵史密斯被简易爆炸装置炸死后的第二个月，简易爆炸装置导致的伤亡人数开始攀升。6月，就有22起事故。到8月，被简易爆炸装置杀死的士兵人数，已经超过了被直接射击杀死的人数，包括机枪和火箭弹。到2003年底，简易爆炸装置月伤亡人数是其他武器造成伤亡总人数的两倍。在一场发布会上，阿比扎伊德将军说，美军正在伊拉克打“一场古典的游击战战役”。自越战后，国防部从没有引用过这样的字眼。

“战场上多了一种新现象，”政治学博士、已退休的澳大利亚准将安德鲁·史密斯（Andrew Smith）说，“简易爆炸装置使联军没有任何准备。‘惊喜’在战场上可不是个好词。”史密斯是首批去往巴格达的，他是北约七日联合特别行动队反简易爆炸装置小组负责人之一。之后的2009年，史密斯准将领导中央司令部350名北约官员，专门研究反简易爆炸装置。“伊拉克无担保的武器数量惊人，”史密斯说，“炸药都是萨达姆时期留下的。”2003年，大约有一百万吨未担保的炸药秘密分散在整个国家的民众中。这些炸药本是萨达姆·侯赛因安全部队和个人的储备军火，美国入侵后被迅速抛弃了。2003年，一个美军直升机组拍摄的视频显示，伊拉克到处都有售卖这种炸药的地方。在镜头里，有一个老旧的飞机库，顶棚和围栏都没有了。从上面望去，能看见许多排无人看守的炸弹。一个直升机组的人说，“那里看起来有几百个弹头”。

简易爆炸装置继续发挥着威力。上等兵史密斯死后三个月，一辆卡车炸弹开进了联合国驻巴格达总部，杀死包括联合国派驻伊拉克特使赛尔西奥·比埃拉·德·梅洛（Sergio Vieira de Mello）在内的22个人。国防部的炸弹种类又增加了一种。这种炸弹叫车载式简易爆炸装置（VBIED），不久又出现了人携式简易爆炸装置，或者叫人体炸弹。伊拉克的基地组织宣称，对简易爆炸装置袭击负责，这种心理作用影响巨大。美国入侵前，伊拉克还没有基地组织。

DARPA的长期目标现在必须让位于这个困扰国防部的现时困境。制造反简易爆炸装置，首先要设计安装在军车仪表盘上的反无线电控制电子战系统和干扰设备，每台造价约为8万美元。多数简易爆炸装置的触发装置，都是简单的无线电，都能在手机、无绳电话、无线门铃和钥匙卡上找到。早期的干扰器用于干扰叛乱分子控制简易爆炸装置的无线电信号。数十个机密干扰系统，装配了伊拉克多国联合部队，叫注入自动唱机、魔术师、变色龙、公爵等名字。同时，DARPA正在研制下一代干扰器，发展技术能从一辆快速行驶的车辆上感应到扩散的化学烟雾。该项目叫作识别装置爆炸装置并报告（RIEDAR），能在两英里外工作。最终的装置可以每秒钟搜索 2700 平方米，便于随身携带，一秒钟内就能报警。但这些还是未来的计划，可是国防部现在就需要对抗简易爆炸装置的威胁。到 2004 年 2 月，简易爆炸装置袭击已经攀升到每星期一百起。五百个在伊拉克的干扰设备作用甚微。6 月，阿比扎伊德将军发备忘录给拉姆斯菲尔德部长和参谋长联席会议主席理查德·迈尔斯，提出了警告。要解决简易爆炸装置问题，国防部需要阿比扎伊德所说的，“像曼哈顿一样的计划”。

华盛顿方面，国会让 DARPA “进了油锅”。2004 年春天，一份给国会的研究报告称，以网络为中心的战争概念还需要检验。国会质问国防部，是否“对过度依赖高科技可能带来的不确定后果，有足够的准备”，显然这暗示着，国防部并没有准备好。国会最关心的不确定结果，就是简易爆炸装置已经在伊拉克杀死了许多美国士兵。在报告中，国会还想知道，国防部依赖“网络通信技术”的同时，恐怖分子是否在用“非对称的反措施”占得上风。国会还列举了其他五个方面的担忧：“①自杀式炸弹；②敌对势力混在民众中，让其充当盾牌；③战士和近距狙击手毫无规律地聚集进攻，然后迅速分散；④用炸弹传播‘肮脏’的放射性物质；⑤化学或生物武器。”

塞布罗斯基对媒体说，他被误解了。这个“以网络为中心的战争”教父抱怨说，国会误读了他的话。“战争就是人的行为”，塞布罗斯基说，这与他给拉姆斯菲尔德部长的几百页文件和备忘录是矛盾的。“人们常犯的错误，就是改革需要把重点放在技术上。这只是其中的一个方面。”塞布罗斯基说。甚至国防部内部的军队人才和国防合同商培养认证机构——国防采办大学也被这个悖论困扰，派了一个大学内部杂志《国防AT&L》的记者，专门到塞布罗斯基的办公室澄清此事。“以网络为中心的战争”教父怎么能谈论人的行为呢？这名记者问道。“‘以网络为中心的战争’首先是关于人的行为，而不是信息技术，”塞布罗斯基说，“回想一下，‘网络’是一个名词，而“以网络为中心”体现的，我们关注的是网络环境下人的行为。”

塞布罗斯基好像在努力讲通道理，或者说至少在借用语义学，使国防部长免予陷入尴尬。在拉姆斯菲尔德部长给总统的39页专论《改革计划指导》——也是塞布罗斯基愿景的集中体现——中，根本没有提及或者暗中表述过人的行为。当塞布罗斯基在电视上回答国会的担忧时，军队改革办公室在他的PPT演示中，加了四张幻灯片。其中一张题为“社会情况是争取和平的关键”，另一张表明“社会领域文化认知”是给战士“认识优势”的途径。

在公共广播公司《新闻时间》栏目中，塞布罗斯基为“以网络为中心的战争”辩护，再次提醒观众，他相信美国已经在伊拉克取得行动的控制权，21天就完成了主要作战行动。“这种进展速度前所未有。”塞布罗斯基说。但是现在，“我们被提醒了，战争远不止作战，作战也不只是开枪”。战争关系到“人要如何表现”，塞布罗斯基说。要取得伊拉克战争的胜利，军方需要认识到“战争的关键就是人的行为”。这也正是“以网络为中心的战争”所关注的：“网络环境下人的行为……当被网络化后，人是如何行动的？”

如果说，塞布罗斯基关于人的行为重要性的表达没有说服力，他找来的一个同伴就完全改变了被动的局面。已退休少将罗伯特·H. 斯凯尔斯（Robert H. Scales）是一个满载荣誉的越战老兵，也是银星勋章获得者。当全国都在寻求解决伊拉克噩梦的办法时，斯凯尔斯提出了所谓的

"以文化为中心"的办法。"战争是善思者的游戏。"斯凯尔斯在美国海军学院月刊《论文集》杂志上写道，"要取得战争胜利，需要结盟，利用非军事优势，熟读计划，建立信任，交换意见，梳理观念，所有这些都需要理解他人，理解他们的文化和动机。"好像回到了肯尼迪的特殊群体和罗伯特·麦克纳马拉的国防部的圆桌会议时期，斯凯尔斯谈论的是动机和士气。

2004年，随着简易爆炸装置危机越来越严重，斯凯尔斯向塞布罗斯基提议，国防部需要启动一个社会科学项目研究一下敌人是怎么想的。美国需要知道敌人要干什么。塞布罗斯基同意了。"对敌人本身、对其文化和社会的了解，可能比对其战略部署的了解，更加重要。"塞布罗斯基在半月刊军事杂志《军事评论》中写道。军事改革办公室公开承认，"社会信息"是一个新的战争概念，对于伊拉克和其他地区风俗的深刻理解，可以帮助国防部在战争中更好地区分朋友和敌人。"伊拉克的作战部队正在成为情报人员，以此保持稳定和镇压叛乱行动"，塞布罗斯基的办公室2004年4月对《美国国防新闻月刊》说。心理和智慧的战争，又在伊拉克出现了。

随着伊拉克越来越混乱，国防部所有的机构和军种都在焦急地寻找办法。前DARPA完全掌握情报项目副主任鲍勃·波普有个好主意。"我是个已撤销办公室的副主任。"波普在2014年的采访中说。完全掌握情报办公室关门了，波因德克斯特的完全掌握情报项目不存在了，至少公众是这么认为的。"一些完全掌握情报的项目被取消了，一些被转移到情报组织"，波普作为内部知情人说，这些很少有人知晓，因为"转换工作是我工作的一部分"。波普现在是DARPA主任安东尼·特瑟的特别助理。"安东尼和我每月见一次面，"波普说，"他说，'投入到另一个项目吧'，我照做了。"

波普转到了 DARPA 战略技术办公室工作，负责监管他认为对完全掌握情报项目而言最重要的要素——“坏人的信息”。想了很多点子后，波普决定重点关注其中一个。“我开始想，为什么有些地区会庇护坏人？”他向他团队中的国防部专家寻求建议，包括战略家、经济学家、工程师和战场指挥官。答案种类多且纷杂，这让波普很吃惊。“这些答案不全对，也不全错。”波普说。但就庇护坏人这一点而言，波普想知道谁在庇护他们，为什么这么做。他想知道社会学专家对伊拉克和阿富汗不断增长的叛乱有什么意见。“我环顾整个 DARPA 发现根本没有一个社会学专家”，波普说，因此他向“老前辈”建议，招募几个社会学家。“这些人多数都很谨慎。他们说，‘哦，我不知道，你应该听阿富汗和伊拉克指挥官的'。”然后有人向波普建议，跟一个叫蒙哥马利·麦克费特（Montgomery McFate）的人类学家谈谈。

2004 年，波普第一次与她谈话时，麦克费特 38 岁，在海军研究办公室工作。在这之前，麦克费特在兰德公司工作。《旧金山评论报》把她称为“朋克摇滚野孩子，彻头彻尾的嬉皮士，小平头，声音像黄油，常青藤大学双博士，戴着大帽子，抽着美国精神牌香烟，鼻子上有一个凹陷，来自 25 年前的穿孔”。如果说她的背景让人觉得她不像是工作在保守的组织机构中，那么她的思想则使她在国防建设上占有一席之地。

麦克费特说，除了 DARPA 的鲍勃·波普在社会科学问题上向她寻求帮助，她还接到了参谋长联席会议科学顾问赫里尔·卡巴杨（Hriar S. Cabayan）从战场打来的电话。“我们这里遇到了大麻烦，”麦克费特记得卡巴杨说道，“我们不知道这个社会到底是怎么回事……你能帮帮我们吗？”

2004 年，伊拉克的叛乱急速攀升。民众对国防部的批评达到了前所未有的程度，其中最有代表性的就是得到国会和全世界关注的大规模杀伤性武器。对国防部来说，要想找到愿意为其工作的人类学家难度很大。学术研究表明，绝大多数人类学家都是“左倾”的，民主党对共和党比例达 20 ： 1。麦克费特是少数派，并且对战争很感兴趣。像许多美国人一样，她也深受“9 · 11”事件的影响。2004 年，麦克费特决定，把帮助国防部理解伊拉克和阿富汗的文化问题当成她的“福音任务”。

2004 年 11 月，DARPA 与美国海军研究办公室一起组织了反叛乱会议（COIN）。越战后，DARPA 第一次寻求行为学家的帮助，以此结束阿比扎伊德将军所说的“游击战式”的战争。DARPA 由麦克费特组织的“敌人文化知识和国家安全会议”，在弗吉尼亚州水晶城谢拉顿酒店举行，主持人是已退休少将罗伯特 · 斯凯尔斯。在乐队指挥台上，这个满身荣誉的越战老兵告诉观众，他认为文化冲突的关键在于：赢得人心和思想。斯凯尔斯因汉堡山之战而闻名，“汉堡山”其名源于高达 70% 的伤亡率，让人联想到绞肉机。

斯凯尔斯告诉观众，像他一样的一代越战军官都已退休或马上退休。他和他的同僚都没有赶上“以网络为中心的战争”时代。技术追逐者们代替了越战时期的军官，斯凯尔斯说，这其中许多人“走偏了，声称技术能完全消除战场上的硝烟”。这些人还说，不久之后，地面部队就没用了，空军、海军和将来可能会有的太空军，从天上打仗，人只需要坐在远离战场的指挥中心。斯凯尔斯说，是时候摒弃这种想法了。就像在越南一样，游击战又回来了，他警告说，技术打不赢叛乱者，人才是关键。

“战争的本质正在改变，”斯凯尔斯在同一年秋天的《论文集》杂志上写道，“中东的狂热分子和原教旨主义者已经适应并采取了一种新战法，用欺诈、诡计、恐怖与耐心和必死的信念来抵消美国的技术优势。”

斯凯尔斯警告说，这种新战法会让处于弱势的阿富汗和伊拉克叛乱者，能与处于优势的美国相抗衡，并取得胜利。自从第一次中东战争，斯凯尔斯写道："按西方战法，伊斯兰部队没有打赢一次，输了7次；按照非传统战法，与以色列、美国和苏联打仗时，赢了5次，却一次也没有输过。"

国防部按照DARPA的思路把人类学家派到了伊拉克战争中，麦克费特获得了采访从伊拉克回来的陆战队员的特权。2005年7月，她在国防部杂志《联合部队季刊》上发表题为《了解敌人文化的军队实用性》的论文，其中她明确表明了她所认为的伊拉克战争中所犯的错误。"当美国砍了九头蛇复兴党的头时，权力回归到它最基本和稳定的形式——部落，"麦克费特写道，"一旦逊尼派的复兴党人失去了他们有名望的工作，在冲突中蒙受屈辱，并且在去除复兴党运动中被逼走了，部落网络就成为叛乱的主心骨了。"作为一名人类学家，麦克费特认为"部落叛乱是我们错误理解伊拉克文化的直接后果"。

战场上的士兵有情报来源，麦克费特说，但是错误的情报。"士兵和陆战队员不能与伊拉克人建立个人关系，但这是收集情报与赢得人心和思想的关键所在。"麦克费特对她的国防部同僚提出了严厉的警告："对文化的错误理解将会从战术上使部队和平民关系处于危险中。虽然在战火纷飞中，这可能看起来算不上什么，但是文化的缺失确实会导致流血死亡。"

麦克费特被雇用来完成对伊拉克一个省88个部落和子部落的数据分析工作，她所提出的行为科学项目有载体了。DARPA的鲍勃·波普热情很高。"这不是灵丹妙药，"他说，"但是我们需要重建国家。社会科学团体对（那里）正在发生的严重问题，有很深入的研究，国防部的一个部门，正准备对社会科学做出深刻的调查。"他这句话是指DARPA

所做的努力。

第二年，亚瑟·塞布罗斯基因癌症去世了。军队改革办公室也没持续多长时间，在他死后一年就关门了，但是社会信息项目仍在继续。蒙哥马利·麦克费特得到了伊拉克多国安全转型司令部长官大卫·彼得雷乌斯的支持，他同样认可赢得人心和思想的重要性。彼得雷乌斯开始向媒体谈论“稳定行动”和“以文化为中心的战争”。他说，在未来的战争中，理解他人，很可能比“震慑、畏惧和以网络为中心的战争”更加重要。

DARPA 让社会学家和人类学家参与到战争领域的项目中。这个项目原本是由鲍勃·波普构想的，却在美军里得到了推广。蒙哥马利·麦克费特成为这个新项目的首席社会学家，现在这个项目叫“人类地域系统”。可这是什么意思呢？项目的公共任务是“反简易爆炸装置威胁”，这看起来与人心和思想战役格格不入。以前，人心和思想的战争只关注那些还没被敌人思想同化的人。军人对该项目的任务描述使人类地域系统叫起来像是让社会学家说服恐怖分子制造汽车炸弹，或是在路旁埋炸弹。该项目第一年的预算经费是 3100 万美元，到 2014 年，国防部将会投入 5 亿美元。不像 DARPA 在越战期间的动机和士气项目，人类地域系统的战争反恐社会学家，进入战地待上 6~9 个月，和战士住在一起，携带所有的军用物品，许多人还带着枪。因此，这个项目看起来不太协调，意图很明显。

“我不想任何人死。”麦克费特告诉《纽约人》杂志。“我知道这种方法可能是错误的，但是我就是不能让这种错误一犯再犯，导致无辜的人被杀，而自己却坐视不管，什么也不做”，作为麦克费特组织召开的 DARPA 反叛乱会议主讲人，罗伯特·斯凯尔斯少将曾写道，并在国会证明，以此支持这个在伊拉克和阿富汗的新人心和思想项目。斯凯尔斯在《武装部队》月刊中写道，“理解和同情是战争的重要武器”。他做了一个大胆的声明。“第一次世界大战是化学家的战争”，斯凯尔斯说，“第二次世界大战是物理学家的战争”，反恐战争是“社会学家的战争”。

这个项目很快显现出强劲势头。人类地域系统项目的建立是为了研究简易爆炸装置的对策，美军术语中又重新出现了“反叛乱”这个词。2006年12月，20年以来，美军第一次发布了反叛乱手册，大卫·彼得雷乌斯中将监管手册的出版工作。麦克费特撰写了其中一章。“什么是反叛乱？”手册询问它的读者。“如果你没学习过反叛乱理论，它就像是在坚果外壳中：反叛乱就是与叛乱者竞争，为了赢得民众的心理、思想和顺从。”就像在越南所做的一样，反叛乱手册把国家建设和文化理解，作为赢得游击战的主要战术。

越战好像没有提供经验，而是完全失忆了。在官网上，美军把人类地域系统错误地定义为，在战争中“第一次系统地、大范围地具体应用社会科学研究、分析和建议”。

第二十二章 能看见的战斗区域

对国防部而言，在市中心打仗就像是进入了盲区。从喧闹的超市到繁杂的街道，根本无法知道敌人在哪里。DARPA 认为，高科技不仅能让士兵视野更好，还能变得更加全能。他们的新研究是为了“能看见的战斗区域”。

伊拉克战争的第二年，DARPA 开展了城市行动项目，是截至 2014 年 21 世纪最大最费钱的项目。“城市作战所带来的技术挑战是面向未来最迫切、最重要的，”DARPA 副主任罗伯特·乐翰尼（Robert Leheny）2005 年如是告诉一群国防合同商、科学家和工程师，“我们今天（在伊拉克）看到的就是战争的未来。”短期的问题仍是简易爆炸装置，长期的解决办法，需要更广阔的视野。找到炸弹制造人，比定位炸弹更困难，安东尼·特瑟 2015 年时告诉国会。越战中诞生了电子墙。伊拉克战争中诞生了电子战空间，地上、天上、门道里、墙里，到处是耳目。DARPA 需要发展研究项目来为城市作战区域提供大范围的监控技术——无论何时何地，只要需要，就能对某地实施监控。这就是为“能看见的战斗区域”拟订的计划。

“我们需要一个感应器网络，用来更好地标注城市地形，监测其中的活动，包括建筑物的内部情况，区分出敌人及其装备与平民及其装备，还有人群中的情况，识别狙击手、自杀炸弹者，或是简易爆炸装置，”特瑟如是告诉参议院军事委员会，“我们需要监控许多事情、行动和大范围内的人群，如此一来，在需要时就有充分的解决办法。”通过信息技术，美国可以在对抗伊拉克和类似地区时占得上风。“这不仅仅是要有更多更好感应器的问题，”他解释说，“同样重要的是，系统需要在大量数据中，提取出可操作的信息。”特瑟主任为第一阶段的发展向国会申请 5 亿美元。

时机刚刚好。由于个人隐私问题，国会刚在 2003 年秋天废除了 DARPA 完全掌握情报项目的拨款。但伊拉克是个“国外战场空间”。公民自由在战争区域并不是问题。“（与感应器网络）相连的是标记、追踪和定位系统，用于帮助我们监控、跟踪某个特定感兴趣的人或物体，”特瑟说，“这些系统还能帮助我们，侦察在海外城市地区，秘密生产和持有的大规模杀伤性武器。”

DARPA 与作战支持和情报机构——美国国家地理空间情报局合作。自 1939 年，该机构一直绘制和分析军用地图。卫星出现后，国家地理空间情报局成为收集“地理空间情报”（GEOINT）的主要机构，为其他机构提供解析情报服务。外界对国家地理空间情报局还知之甚少，它的大部分行动都是机密。

在伊拉克，DARPA 和国家地理空间情报局通力合作，共同绘制许多大城市和可疑恐怖分子藏身地的高分辨率三维地图。这个绘制地图项目是 DARPA 多种城市侦察、监控和目标识别项目（HURT）系统的一部分。整个国外平民和他们的生活，都将被美国和它的同盟国分析、观察、检查，这样就能识别、抓获或杀死叛乱分子。DARPA 知道，在城市战条件下，恐怖分子善于隐藏在纷杂的人群中。DARPA 的赫特（HURT）项目是用技术手段，把恐怖分子从人群中剥离出来。

为了执行以地形为基础要素的赫特项目，数以百计甚至数以千计的国防合同商被派往伊拉克，用类似于谷歌地图的技术对总计至少五千英里长的街道进行拍照。该项目的许多细节仍是机密，包括目标城市有哪些，顺序是怎样的。但是从特瑟自己的证词中，国会得知数以千计的微型监控摄像头和其他微感应设备已经被小心地安放在像英格兰闭路系统一样的基础设施上。特瑟向国会介绍说，这些监控摄像头就像“一个非侵入性的微感应器网络”。国家地理空间情报局的非机密档案说，这些感应器包括：安装在地面的低分辨率视频感应器，用于监控人走路的情况；安装在电线杆上的中分辨率视频感应器，用于监控汽车和人流；安装在高处的高分辨率感应器，用于捕捉“骨骼特征和人体测量信息”。测量结果生成的三维地图，为许多“能看见的战斗区域”作战奠定了最重要的基础。DARPA 项目管理人开玩笑说，他们的目标是“跟踪所有能动的东西”。

赫特项目里有一种叫黄蜂的无人机，是一种无人驾驶的飞行器，翼展 14 英尺，重 430 克，还不到一磅。因为能为地面士兵提供实时空中监控，一组黄蜂被派到伊拉克城市和供给路线上空。2005 年，黄蜂是无人机队伍中最小的。它由电池驱动，能低空飞行，携带额外的技术载荷，包括一个彩色视频摄像头、测高仪、定位系统和自动驾驶仪。黄蜂与大系统兼容，两个或三个编队飞行。

“赫特系统能拍到高海拔系统无法拍摄到的侦察图像。”迈克尔·帕格尔斯（Michael A. Pagels）博士说。他是赫特项目的管理人员，负责监管在伊拉克战场上的行动。“它能监视建筑物四周和内部。”黄蜂体积小，可以通过窗户和门廊潜入未被监控的建筑物内部，在里面到处查看。黄蜂是专门为城市作战需要设计的。如果两个黄蜂同时对一个地方拍摄图像，它们的高级软件就能把两张照片最好的部分合成一张具有“粉刷效果的”照片，并尽快上传，发送到地面士兵的小计算机上。如果士兵发出请求，赫特系统可以让图像暂停、倒回，并重新播放黄蜂的监控视频。这对于一个士兵来说，是很关键的，尤其是当他想要进入一个装有简易爆炸装置的恐怖分子据点，或者要知道这个地方三分钟或三小时之前的情况时。赫特系统甚至还有它自己的管理特色。当一只黄蜂燃料不足时，它能控制加油时间，确保监控工作能由系统中的其他黄蜂来完成。黄蜂还能自动检查，当电池电量低时，可以落到己方操作者手中。“赫特是不可知的”，帕格尔斯说，意思是如果系统的一部分功能坏了，其他部分会快速补偿缺失。考虑到 DARPA 称其为“战争与迷雾和城市环境大脑麻木复杂性”，系统的建造者们想要达到“永久性地区统治”的目标。赫特就是其中的一环。有了赫特，人和机器就能合作，在危险城市环境中时刻掌握状况。

大型无人飞艇也被用于监控，出现在 DARPA 战术飞行器项目，也叫“不眨的眼睛”项目中。这些 45 英尺长的飞艇原本是为美国边境巡逻设计的，加固的光纤线缆被拴在移动发射平台上。然后，这些被系住的气球，升到 1000~3000 英尺的高空。飞艇设计机动灵活，便于携带，可以在叛乱分子从天上把它们打下来之前，上下移动躲避。光纤能使飞艇内的机密监控系统和地面行动间安全通信。飞艇对监控不断增加的危险公路很有帮助，如巴格达市郊 15 英里长的主要供给线路坦帕和去往巴格达国际飞机场的死亡之路爱尔兰通道。

DARPA 非机密文献显示，多个系统的总系统有时有效，有时无效。沙尘暴阻碍了视线，一旦有沙尘暴，恐怖分子就会偷偷潜入，在天气的掩盖下埋藏炸弹。沙尘暴过去后，根本无法分辨风刮来的垃圾和新安置的炸弹。好几个飞艇和黄蜂不是被击落了，就是自己摔下来了。

但是DARPA国防合同商和科学家却固执己见。这些DARPA建造的众多系统是长期的，有远大的目标，并且经费充足。能看见的战斗区域项目的最终目标是，当数以百万的人和汽车经过市中心时，能够对其追踪，不仅是在伊拉克，还包括其他存在潜在威胁的城市地区。汽车可以通过车牌追踪，人脸可以通过面部识别软件追踪。系统的中枢超级计算机会编辑所有的信息，利用"智能计算机算法，(去)判断什么情况是正常的，什么情况不正常"，就像完全掌握情报办公室所计划的那样。能看见的战斗区域项目，和完全掌握情报项目一样，都像是大海捞针，只不过这个项目更宏大、更大胆，远不止有侵略性。但是它能起作用吗?

在能看见的战斗区域项目中，DARPA的目标是让人工智能计算机编辑所谓的"电子取证信息"。计算机能回答"这辆汽车是哪里来的?怎么来的?"这类问题。用这种方式，计算机能发现"两地、两个物体、两件事发生时间的联系"。然后，拥有就地预测模型能力，人工智能计算机可以最终"为行动者预警潜在的力量保护风险和敌对形势"。换句话说，计算机能侦测到非正常的情况，并通知总系统的操作人员，哪些敌对的人可能正在计划简易爆炸装置，或其他恐怖袭击活动。

2005年冬天，《华盛顿邮报》报道说，平均每48分钟，伊拉克就会发生一起简易爆炸装置袭击。最开始的对策还是电子干扰设备，用于干扰反简易爆炸装置遥控激发。但是这些干扰器作用不大。在伊拉克，联合部队要与完全不可预测和不可控的电磁环境对抗。伊拉克有大约2700万人口，用着未调节的没有密码的手机、步话机和卫星电话，DARPA的干扰器太落后了。干扰器自身甚至都受到了干扰：基地组织炸弹制造商生产了一种基本的,无线电控制的干扰信号解码器,美国人称之为“蜘蛛”。美军好像正在失去对事态的控制。不管 DARPA 永久地区统治项目,还是战场空间监控的高级目标,现实中的能看见的战斗区域概念,都正在收集许多信息,却提供了微薄的统治力。

DARPA 针对不同的发展阶段,有不同的潜在解决办法。洛斯阿拉莫斯国家实验室的隐形昆虫传感器项目现在开始了。作为动物警惕项目的一部分,早在 1999 年科学家们就已经在训练蜜蜂定位炸弹方面取得了巨大进步。蜜蜂有比狗鼻子还灵敏的感知能力,每秒可达万亿次的频率。利用巴甫洛夫技术,科学家们在冰箱里冷却蜜蜂,然后把它们捆起来,放到小盒子里,头和大部分触角露在盒子顶端外面。科学家用糖水奖励系统,训练蜜蜂用舌头“发现”爆炸物,然后发出科学家称为“咕噜”的声音。经过训练后,当科学家把这些蜜蜂暴露于 6 秒爆炸的爆炸物中时,有些蜜蜂会发出“咕噜”声。

DARPA 的官兵来到洛斯阿拉莫斯国家实验室观察实验,并拍摄了视频,用于日后研究。用小盒子运输的蜜蜂经过了各种爆炸物的测试,包括 TNT 和 C4。作为证明概念的试验,一个像车载简易爆炸装置的厢式货车,装满了爆炸物。蜜蜂发现了里面的爆炸物,接近车厢时,小舌头发出了“咕噜”声。DARPA 小组的人对这项科技及其未来前景感到非常兴奋。但是当军队得知,DARPA 打算把这些蜜蜂带到伊拉克战场,作为反简易爆炸装置威胁的应对措施时,他们当即否定了这个想法。军方说,在战争中依靠昆虫的表现,是不靠谱的。因此洛斯阿拉莫斯国家实验室的蜜蜂从没到过伊拉克。

在城市战场,伤亡率继续攀升。一种更加致命的叫作“爆炸式弹头”的简易爆炸装置出现了。这种独特的“爆炸式弹头”,用圆柱形烧制管内塞爆炸物制成,一头有一个凹形金属罩,通常是小铜盘。当爆炸式弹头爆炸时，爆炸的热量，使铜盘变成炙热的穿甲小金属块，速度达每秒2000米，是点五口径子弹速度的两倍多。爆炸式弹头有红外激发装置，干扰器不起作用。至于简易爆炸装置，恐怖分子创造了一种新办法，来对抗美军的反干扰措施。他们发明了“受害人激活”的简易爆炸装置，人脚和车轮就能触发。到2006年，伊拉克多国部队的汽车仪表盘上，安装了大约2000个干扰器，可是这些干扰器无法打败这些可怕的“受害人激活”压力金属板。

DARPA通过一个叫硬线重型护甲的项目，提升了它的防弹衣功效。科学家和工程师研制了一种全新的，由混合金属材料制成的防弹衣，比钢制防弹衣轻，但是可以更好地防护圆形穿甲物体。生产商硬线有限责任公司，在设计制造防弹衣之前，专门生产抗爆掩体。但是简易爆炸装置，在杀伤力和恐惧性上，也在不断改进。护甲可以防护胸部，但无法保护四肢、裆部和脑部。在整个伊拉克，从摩苏尔到纳贾夫，简易爆炸装置一直在炸断士兵的身体、四肢，严重损伤他们的大脑。简易爆炸装置这种低科技含量的炸弹，每个成本只有25美元，但多国部队63%的死亡人数都是它造成的。

到2006年，国防部在研制“打败简易爆炸装置”技术方面，已经花费了10亿美元。国防部保罗·沃尔福威茨建议建立一个永久性项目。2006年2月14日，联合简易爆炸装置对抗办公室（JIEDDO）成立，负责处理不断增加的简易爆炸装置威胁。第一年预算就达36亿美元，JIEDDO被称为“小曼哈顿计划”。几百名电子战专家被派往伊拉克战区。对于爆炸性军械处理技师来说，在战区拆解炸弹，有一个DARPA正在想办法解决的问题，下一代机器人部队无法快速到达战场。

士官长佩蒂·克雷格·马什（Petty Craig Marsh）是一名爆炸性军械处理专家，隶属于第一个联军反简易爆炸装置任务部队——特洛伊联军反简易爆炸装置任务部队。爆炸性军械处理技师是特别行动团体的组成部分，常协同海豹突击队、绿色贝雷帽和其他特种作战单元，执行机密任务。2006 年，马什被派到伊拉克，作为非任命高级长官，帮助建立联军特洛伊反简易爆炸装置部队。马什受过专业训练，负责处置水下和地上的炸弹，包括核弹、化学和生物武器。还是个年轻水手时，他曾为机密的 6 号海洋哺乳动物系统项目工作，与受过严格训练的宽吻海豚一起游泳，寻找水下入侵者和爆炸物的位置。

在伊拉克，爆炸性军械处理技师的日常工作，是最艰苦、最危险、最使人心烦的工作。简易爆炸装置无处不在。拆除这些自制的炸弹，收集炸弹和制作者的信息，工作量非常大。在好莱坞，爆炸性军械处理技师的贡献，被拍成了格莱美获奖影片《拆弹部队》。伊拉克的工作量铺天盖地，许多年轻的技师对所面临的工作还没做好准备。“我们要处理数以百万计的简易爆炸装置，”克雷格·马什回忆说，“95% 的同事以前从没见过简易爆炸装置。”

42 岁的马什在爆炸性军械处理团队中，有 20 年的拆弹经验。在巴格达，他的任务是监管散布在伊拉克的 80 个爆炸性军械处理小组，每个小组有 2~3 个技师。他要与伊拉克多国部队，众多特洛伊联合任务部队的三星将军们协调，改善无序的局面。

在特洛伊任务部队，马什在巴格达法奥宫四层居住。这座宫殿也叫装水池，以前是萨达姆·侯赛因和他随从的住所，共有大约 62 个房间和 29 个浴室，装饰着闪亮的黄金枝形吊灯和昂贵的大理石瓷砖。四周有人工池塘，里面有饥饿的大鲤鱼，水面还有富攻击性的贪婪的鸭子。美国人在这里设立了总部，并将其重新命名为伊拉克胜利营，特洛伊联合任务部队也在这里居住。

最后，胜利营不断壮大，有 27 英里的坚固围墙，成为美国在伊拉克505个基地中最大的一个。战争期间,萨达姆·侯赛因和他外号叫“化学阿里”的表兄弟阿里·哈桑·阿尔·马基德(Ali Hassan al Majeed)也住在胜利营里。这两个人被囚禁在位于池塘中心的小岛上，一座高度机密的建筑物中，只有一座吊桥与之相连，这个拘留所被命名为114号建筑物。早晨，马什跑步时会经过小岛。

特洛伊任务部队是美军历史上第一个实操性反简易爆炸装置任务部队，马什抵达时刚成立几个月的时间。“2006年，每个人都火急火燎的，”他回忆说，“我们还在判断谁是好人，谁是坏人。”有数以千计的炸弹要拆除，还有许多没计数的。“所有80个小组都出去工作，一天工作18~20个小时。一些同事找出了10个炸弹地点，然后回来了，然后不得不再回到同样的位置”，因为那里又被重新埋上炸弹。“还要注意狙击手，代价太大了。”马什说。死亡司空见惯，“这很让人心痛和气愤。前几个月，以前和我一起共事的水手被炸死了”。

马什的另一项工作是，整合定位炸弹制造者的小组和寻找线索的实验室技师。在每一个点，简易爆炸装置爆炸前后，都需要电子取证，这是识别和抓获当地恐怖分子窝点成员的潜在手段。特洛伊任务部队与一个叫联合爆炸物利用单元的电子取证反简易爆炸装置小组(CEXC)合作。CEXC在胜利营里有电子设备车间和实验室，技师在那里全天候检查各种迹象。这里有世界上最先进的电子取证设备，包括显微镜、紫外线反射成像系统、指纹显示、X光照相机等。

特洛伊特别小组还有感应器技术，但不是很专业。“感应器很适用于观察海底的异常现象，”马什说，“技术对收集情报很重要，但是说到评估技术，有经验的人才是最可靠的。‘啊哈’几乎总是出自CEXC实验室技师的嘴里。”

人工情报(HUMINT)为特洛伊特别小组确定谁在制造和安放简易

爆炸装置，提供了最准确的信息。特洛伊特别小组来到战场，和本地人交谈，记录下谈话内容。“我们会沿着这些线索”，马什说，直到发现“我们正在与杀人小队打交道”。对于伊拉克人来说，和美国人一起工作，冒了极大的风险。“仅仅是因为和我们谈话，这些人的家人就会被杀死。太残忍了。我们能找到塞满尸体的厢式汽车。和我们谈话的村民会被蒙着眼绞死，被丢弃在路边。”尸体面目全非，只能放在街上腐烂，因为家人不敢去收尸，害怕被报复。随着暴力蔓延，信任就消失了。

心理负担加重。一天晚上，马什记得回到胜利营后，他和一个同事正在休息，观看一部描写 DARPA 的机器人如何第一次面对一个电线和其他零件部分露在外面的简易爆炸装置的培训视频。马什回顾了他所看到的景象。“机器人正在公路上工作，突然就被炸飞了。尘埃落定后，又来了一个机器人，开始排除路上的第二个简易爆炸装置。”爆炸性军械处理小组以前曾用过 DARPA 的机器人，“但是机器人数量不够”，马什说，“（我们有的）几个机器人因简易爆炸装置的爆炸全部失败了。DARPA 是把所需的机器人，推给我们的幕后力量”。当马什得知，更多的机器人正在配发给特洛伊特别小组，“真是‘感谢上帝’的时刻”，他回忆说。

反简易爆炸装置机器人车间，生产的是塔隆机器人，是由富思特·米勒有限公司于 1993 年为 DARPA 设计的。这种机器人原来是反布雷机器人，用于海洋浅水区，也叫碎波区。波斯尼亚战争过后，塔隆机器人被用于移除未爆炸的炸弹。“9 · 11”事件时，塔隆机器人就在世贸大厦所在处，在废弃物中寻找幸存者。塔隆是第一种应用于反恐怖战争的机器人。2002 年，它们和特种部队一道在阿富汗执行对抗塔利班和基地组织的秘密任务。“塔隆机器人自此一直积极参与军事任务”，DARPA 文献报告说。

现在，一组已做好作战准备，易于携带的塔隆机器人，终于可以参加伊拉克的作战了，那是2006年。这一代塔隆小而粗胖，只有100磅，有一个机器手，底座有10个轮子，两侧一边一个履带，通过便携式双向无线电光纤遥控器单元操作控制。

爆炸性军械处理小组的技师，给予塔隆机器人高度评价，并给它们起了人类的名字。

“很抱歉，机器人戈登的报告晚了，”一个爆炸性军械处理小组的操作人员在报告中写道，“我操作戈登，排除了8个深埋的简易爆炸装置，处置了7个房子中的简易爆炸装置，13个还未埋置的简易爆炸装置未爆弹药和18个地雷。还处理了300磅自制爆炸物。”

报告几天后，机器人戈登被装上爆炸性军械处理小组的卡车，去往一个十字路口，寻找一个深埋的简易爆炸装置，这时离戈登大约十英尺远的炸弹爆炸了。“还能用，它继续搜寻这个区域，”爆炸性军械处理小组技师报告说，“道路另一边的一个简易爆炸装置爆炸了，把它炸翻了。一切都还好，直到着了火。戈登头朝下转了七圈，然后彻底坏了。”爆炸性军械处理小组技师把戈登带回机器厂车间维修。它被修好了，回到了工作岗位，重返战场。

不久，戈登正在一所房子的大门处搜查，寻找可能的诡雷，这时它身边的一个简易爆炸装置爆炸了。“戈登彻底损坏了，无法维修。现在，它的替代者‘闪光’接着完成它的工作。”技师写道。克雷格·马什说道，机器人的魅力很容易理解。“有些领导说，不能让人离开战场。但底线是，机器人能救人命。任何时候，爆炸性军械处理小组技师都想更聪明地工作，而不是更艰难地工作。”因所配备的感应器技术不同，每个塔隆机器人造价6万~18万美元。

特洛伊特别小组的长期目标是，让伊拉克人自己侦测炸弹，并掌握拆弹技术。“我们正在与伊拉克巡警部建立合作关系，但是阻力很大，”马什回忆道，“我们说，这是 DNA 和指纹技术，可他们感觉我们就像是在谈论魔术。”马什曾亲身经历，2006 年时，伊拉克警察部队是根据某个人的话开展工作的。“他们会问某个嫌疑犯，‘是你制造的这个简易爆炸装置吗’？如果嫌疑犯说‘不’，他们就相信了。证人就是证据。法官会问，‘这个情况有证人吗’？如果答案是否定的，并且（嫌疑犯）说不是他干的，法官就会释放他。整个系统完全是以欺骗为基础的，都是谎言。”

特洛伊特别小组与 CEXC 合作，建立所谓的“目标包裹”——伊拉克警察在上法庭前可以使用的证词文件。“这让事情变得复杂且令人沮丧。无论对伊拉克司法系统，还是对战争而言，用‘训练’这个字眼都不合适。”

2006 年 2 月 22 日是协同科学一个重大的转折点。那天清晨，巴格达 65 英里外的萨马拉市圣地阿斯卡里清真寺的金顶被一个巨大的简易爆炸装置炸坏了，这是什叶派最神圣的清真寺之一。“这就像‘9·11’事件在美国的影响力一样。”阿卜杜勒·迈赫迪（Abdul Mahdi）说。他是伊拉克两位副总统之一，也是什叶派穆斯林。

克雷格·马什得知了爆炸的消息，他穿过法奥宫，来到胜利营另一边，向他的长官凯尔文·卢茨（Kevin Lutz）汇报这一消息。两个人商量了下一步计划。“在金顶这里要收集的证据很多，”马什说，“我们要监督事发地点，起码要尽最大努力，在不破坏与伊拉克领导层本已敏感关系的情况下，保护好收集证据的现场。CEXC 的人能很好地完成收集证据工作。”巴格达的伊拉克政府人员却不行。但是现在他们知道了，他们可以“从科学中得到好处”，马什说。自特洛伊特别小组成立以来，什叶派领导的巴格达政府，第一次同意让 CEXC 调查与多国部队伤亡无关的任务。一组特洛伊特别小组 CEXC 技师，蜂拥到黄金清真寺的碎石堆上。

在利用光纤科学确认炸掉金顶的恐怖分子时，巴格达的伊拉克领导人对科学的态度有所缓和，马什说。然后，这种缓和又急转直下。马什得知，伊拉克安全部队用一种完全不科学的仪器侦测炸弹。这种叫 ADE651 的仪器“完全是个冒牌的装备”，他说。它是一个手握式小黑箱，顶端有一根旋转的天线。伊拉克内务部打击爆炸物总指挥部从一家英国私人公司 ATSC 购买了 1500 多部这种仪器。

克雷格把这个问题反映给高层，他们邀请伊拉克官员到特洛伊特别小组，观看技术演示。“我们带伊拉克人来到实验室，让国防部的人演示了”这种仪器根本没有用，马什叙述道。ADE651“无法侦测出任何爆炸物。我们为它做了 X 光透视，里面根本没有任何电子部件”，也没有电源。但伊拉克人坚持认为，这种仪器是通过核磁共振原理工作的。不顾特洛伊特别小组 CEXC 实验室的大量证据，证明这种仪器根本没有科学价值，伊拉克官员就是支持 ADE651 爆炸侦测器，而这种仪器每个 6 万美元。不久，伊拉克几乎每个安检点的安保人员都在用这种不值一钱的仪器，以此代替人工检查。这太危险了，也很让人沮丧。“叛乱者可以开着装满炸弹的倾倒式卡车通过安检点”，进入巴格达，马什说。“联合检查点不用这种仪器，因为我们手上有爆炸物侦测系统可用。”ADE651“就是个魔法棒”。

“不管它是科学的，还是充满魔法的，我只在乎它能不能侦测到炸弹，”打击爆炸物总指挥部的长官贾哈德·阿尔·贾巴里（Jehad al-Jabiri）少将这样告诉《纽约时报》，“对此情况，我比美国人知道得多。事实上，我比世界上任何人都更了解炸弹。”

许多年后，一位告发者揭露制造这种赝品仪器的制造商 ATSC 董事长吉姆·麦科米克（Jim McCormick）明明知道自己在售卖假装备。警方在英格兰逮捕了吉姆，并以诈骗罪起诉了他。2011 年，阿尔·贾巴里（al-Jabiri）少将因收受麦科米克数百万美元贿赂而被捕。可到 2014 年，他还没被审判，这些冒牌仪器还在伊拉克使用。

伊拉克恐怖分子炸毁什叶派穆斯林神圣清真寺的同一个月，针对联合部队的袭击，不到两小时就发生一次，一天有 50 次。到 2007 年，数字上升到一天 100 次，一个月 3000 次。截至当时，花费在反简易爆炸装置的经费已多达 150 亿美元，尽管使用了干扰器、机器人、监控系统，还有很多其他的措施，情况却越来越糟糕。DARPA 的“能看见的战斗区域”项目，对战争的作用很小，更不用说秘密花费在其他项目上的大量经费，用于收集伊拉克公民在城市走路、开车的视频影像，并把这些影像储存在机密数据存储设备中，以便后续利用。美国正快速地失去对战争的控制。结果 2007 年 1 月，美国又派了三万部队到伊拉克，这正是所谓的“蜂拥而至”。

为了支持几万新士兵投入战场，安东尼·特瑟去下议院军事委员会讨论 DARPA 为战区开展的几个新技术项目。为应对狙击手的威胁，DARPA 提出了“回旋镖”项目，特瑟说。这是一个声学感应器系统，有 7 个连接到军车上的小麦克风，侦听狙击手的信息，在不到一秒钟的时间里，告诉士兵狙击手的准确位置。“回旋镖”系统可以通过狙击手的子弹飞行和枪口的爆破声侦测冲击波，然后把信息传递给士兵。例如，一声枪响被侦测到，“回旋镖”系统就会发出警告，“射击，两点钟方向，400 米”。特瑟告诉国会，DARPA 已经为陆军、海军陆战队和特种部队，配备了 60 部“回旋镖”单元，现在已发展出一种基于“回旋镖”系统的，更加先进的技术，叫作“高精度即时反火箭弹和狙击系统”

（CROSSHAIRS）。

CROSSHAIRS 是一种融合了雷达和信号处理技术的车载系统，用于快速侦测大量向联合车队袭来的落弹数量，包括火箭弹、反坦克导弹和迫击炮弹。CROSSHAIRS 内部的感应器系统，能侦测到射击来自哪里，并通知车队里其他的车辆。恐怖分子只要发出一发子弹，“回旋镖”系统和 CROSSHAIRS 就会联合射击，在一秒钟内瞄准并杀死敌方的射击手。

为了让狙击手更加准确、即时、轻便，DARPA 推出了战争史上最智能、重量最轻的狙击枪 XM−3。

特瑟向国会介绍了 DARPA 的新式雷达显示器，一个小巧的、只有 1.5 磅重的手持单元，可以让美军“感知”包括混凝土墙在内的非金属墙，判断建筑物里或墙后是否有人。2007 年冬，DARPA 为陆军、海军陆战队和特种部队配备了 80 台雷达显示器，用于在战场上试验。特瑟暗示这些技术还可以推广应用于侦测地面活动，深度可达 50 英尺。

融合于大量数据收集、采集行动的广泛情报、监控和侦察工作，仍将是 DARPA 城市地区行动的重点，特瑟告诉国会。“到 2025 年，世界上 60% 的人口都将在城市生活，”特瑟说，“我们应该预见到，美国军队仍将被派往城市地区，执行作战和冲突后的维稳任务。”特瑟列出了许多非机密项目，每个都有一个缩写名称。DARPA 的“广阔区域全地形变化显示技术”项目（WATCH−IT），分析由可透视植物的雷达收集来的数据。DARPA 的“激光探测和定位装置”项目（LADAR）的感应器，能获取“透视植物的精细三维图像，并以此判定目标”。DARPA 的“先进士兵感应器信息系统和技术”项目（ASSIST）使士兵能收集某些伊拉克人的生活细节，并上传至数据库，以便其他士兵使用。

DARPA 的“多种城市侦察、监控和目标获取”项目（HURT），为联合步兵旅提供了 50 多架无人机。HURT 可以探索几百英里的公路，以此支持车队和爆炸性军械处理技师。HURT 还为作战基地提供持久的周边监控，阻止针对美军基地持续增加的自杀性炸弹袭击。2007 年，HURT 项目谨慎地更名为“多种空中侦察小组”（HART），因为匿名情报显示，原来的名字太粗俗了。

为了融合不断增加的监控和数据收集技术，DARPA 研制了一种叫“战术地面报告”（TIGR）的多媒体报告系统，用于伊拉克的地面士兵。国会得知，TIGR 以网络为基础的多媒体平台，“让如巡逻队的小单元可以轻松收集和快速分享‘警察巡逻’关于行动、情报、人和事的信息”，对士兵而言，就像是一个战场三维维基百科。美军士兵告诉《麻省理工科技评论》，TIGR 能让他们“看见清真寺等重要建筑物的位置”，并能利用这里“过去战斗情况、建筑物的标签照片，嫌疑叛乱分子和周边领导人照片”。在证言发布的第二年，军事委员会得知，TIGR“在伊拉克自由行动中是如此的成功，以至于被派往阿富汗的部队也要求使用它”。2008 年，数以万计的支援联合部队又被派往阿富汗。

阿富汗经过五年的相对稳定时期，又陷入了暴力和混乱之中，批评家强烈抗议这个错误决定，宣称布什政府已经对 2002 年就曾打败和平定的一个叛乱武装失去了控制。加之白宫和国防部把绝大部分军事、情报和重建力量从阿富汗调往伊拉克，这更增加了叛乱的严重程度。媒体称，阿富汗和伊拉克就是沼泽地。这些战争根本就打不赢，批评家说。这分明就是又一次越战。DARPA 也像 50 年来一贯做的那样，径直冲向了战区。

第二十三章 人类地域

2008年6月13日晚，9：20，两辆卡车——或者叫车载简易爆炸装置（VBIEDs）——爆炸了，掀起了阿富汗坎大哈沙波萨监狱的大门，爆炸产生大量火球，炸翻了大部分砖泥结构的围墙。骑着摩托车的塔利班激进分子快速挤进监狱，发起进攻，用火箭弹和突击步枪向监狱守卫射击，共杀死15人。这是屠杀和混乱的一幕。当联合部队抵达时，已经一个小时后了，监禁的1200名犯人，一个都不剩。那天早晨，总统哈米德·卡尔扎伊（Hamid Karzai）的兄弟艾哈迈德·瓦利·卡尔扎伊（Ahmed Wali Karzai），同时也是坎大哈省议会首脑，宣称“所有”沙波萨监狱的犯人都逃走了，包括多达400名塔利班顽固分子。

这次越狱事件对坎大哈市民来说非常危险；对北约领导的联合部队，也就是官方所谓的国际维和部队，是件丢人的事。塔利班发表了新闻稿，称对此次事件负责，声称被释放的犯人开心地回到坎大哈家中了。联合部队的士兵挨家挨户地搜查逃跑的塔利班成员，但是根本不清楚谁是从监狱里逃出来的。15 个监狱守卫死了，剩下还活着的守卫也不想干了。

由于这次安全事故，美国国防部开始加速发展在阿富汗的生物统计学项目。几千部警用手持身份检测设备装配给联合部队，附带说明书，详细说明对于联合部队的士兵和阿富汗保安部队要接触到的，年龄在 15~64 岁的阿富汗男性，应该如何采集眼部扫描、指纹和面部特征信息，并进行遗传指纹分析。伊拉克和阿富汗的战争为美国催生了一种新的信息采集方式——生物信息（BIOINT）。这个概念起源于 DARPA 完全掌握情报办公室。根据 DARPA2002 年的一份备忘录，生物信息采集的任务是，“生产出一套原型系统，用于（收集）人类生物特征信号”。生物统计学系统已在陆军中应用，第一个硬件单元于 2004 年 12 月装配于伊拉克费卢杰。

美国在伊拉克的司令长官大卫·彼得雷乌斯（David Petraeus）将军，非常赞同在反叛乱行动中收集生物特征。“这些数据几乎是无可辩驳的，对确认谁对某个用于袭击的设备（如简易爆炸装置）负责，是很有帮助的，从而为确定后续目标打下基础，”彼得雷乌斯说，“根据我们在伊拉克的经验，我也在阿富汗强烈推荐这个系统，阿富汗领导层已经认识到它的价值，愿意接受这个系统。”接下来的三年中，联合部队收集了 150 万阿富汗男人的生物统计学特征，占整个国家男性总人口的 1/6。在伊拉克，这个数字甚至更高，报告称有 220 万伊拉克男性接受了生物扫描，占男性总人口的 1/4。

2008 年 7 月，沙波萨越狱事件后一个月，民主党总统候选人巴拉克·奥巴马（Barack Obama）参议员在官方行程中第一次来到这里，在伊拉克和阿富汗各待了两天。奥巴马参议员称，阿富汗的局势是“充满威胁而紧急的”，并说，如果被选为总统，他将把阿富汗视为“反恐战争的第一线”。两天后，参谋长联席会议主席、海军上将迈克·马伦（Mike Mullen）出现在公共广播公司《新闻时间》节目中，讨论了阿富汗日趋严重的暴力情况，并称为应对此情况，需要再向阿富汗派兵1万~2万人。

2008年11月距DARPA资助的第一次社会科学和反叛乱会议已经过去四年了。这次由蒙哥马利·麦克费特组织的敌人文化知识和国家安全会议已经在陆军的人类地域系统项目中结出硕果，至少有26组社会学家和人类学家被派往伊拉克和阿富汗。11月4日，这些人类地域小组中的一个三人小组，来到阿富汗距离坎大哈50英里的胡塔尔市战斗前哨。同一天在美国正在选举新总统，而在这里的战场，人类学家葆拉·劳埃德（Paula Loyd）、安保人员唐·阿亚拉（Don Ayala）和前海军作战人员克林特·库珀（Clint Cooper）正外出例行巡逻。

对联军而言，坎大哈周边地区非常危险，充满敌意。坎大哈一直是塔利班的精神中心，五个月前的越狱事件后，许多塔利班顽固分子都隐藏在民众中，这使局势更加危险。在11月清晨的这次巡逻中，劳埃德、阿亚拉和库珀带了三个当地翻译和一组美国陆军2–2步兵营C连的士兵。劳埃德是个专注的人类学家，韦尔斯利学院硕士学历。她娇小可人，作战头盔后面露出金色的长发，大学毕业后已在美军中服役四年，之前曾在韩国非军事区当汽车机械师。她工作努力，充满好奇心，同事都很尊敬她。一个前同事说，“她的内心很难捉摸”。快到切赫尔盖兹村的中心市场时，人类地域小组分头行动了。劳埃德来到了一个肮脏的小胡同，开始给正去学校的当地孩子分发糖果和钢笔。胡同大约25英尺宽，两边是砖泥高墙。一条浅溪沿胡同的中心而下，两岸种植着茂盛的大树。当大人经过时，劳埃德通过翻译，询问当地燃料的价格，这是判断塔利班是否切断供给线的重要指示器。劳埃德边与人交谈，边在笔记本上记录，每天结束后都要上传到军方数据库里。

一个留着胡子的年轻人向劳埃德走来，发出嘘声将当地的孩子赶走。这个人拿着一个容器，像个水壶。劳埃德让她带来的人翻译。“水壶里是什么？”劳埃德问这个人。

他告诉她是燃料，给家里的水泵用的汽油。

“迈万德的汽油多少钱？”劳埃德问道。

他告诉她说非常贵。她询问了他的工作。他说他在学校工作。

“你想要点糖果吗？”她问。

“我不喜欢糖果。”这个男人说。他叫阿卜杜勒·萨拉姆（Abdul Salam），穿着一条蓝色运动裤，长袖衬衣和一件蓝条纹背心。萨拉姆问劳埃德的翻译，她抽不抽烟。交谈又进行了一会儿，渐渐没什么可谈的了，萨拉姆就走开了。不一会儿，他又回来了，翻译并没有注意到。他在玩弄一个塑料打火机，用一只手翻来翻去，另一只手里拿着装燃料的水壶。

一瞬间，萨拉姆举起水壶，把汽油倒向劳埃德，点燃打火机，把她点着了。在场有人描述说，听见了滋滋声；还有人说，看见劳埃德被地狱之火包围了。火势太旺，她身边没人能救她。劳埃德的翻译后来回忆说，看见她着火，他一直在想办法灭火。她叫着他的名字。26岁的士兵小队负责人马修·帕塔克就在附近，他大喊道，士兵们应该把她放到小溪里去。他把头盔装满水，泼到劳埃德身上。最后，士兵们把她拉过胡同，放到小溪里。火还没灭，劳埃德全身60%三度烧伤，她还很清醒。

“我很冷，”她说，“我很冷……”这是她说的最后几句话。

萨拉姆对劳埃德纵火时人们开始大叫起来。人类地域小组成员阿亚拉正在胡同下方，大约150英尺的地方站着。他拿出手枪，奔向暴乱现场。当阿亚拉跑向劳埃德时，萨拉姆正在朝着阿亚拉的方向逃离犯罪现场。追赶萨拉姆的士兵大叫：“拦住那个人！开枪打他！”阿亚拉揪住萨拉姆，在两个士兵的帮助下，给他戴上弹性手铐。

阿亚拉不是社会学家，也不是人类学家，而是安保人员，或者说是保镖。阿亚拉以前曾保护过阿富汗总统哈米德·卡尔扎伊和伊拉克总理努里·马利基。他的任务是防止劳埃德被杀。现场的人看到，他牢牢抓住抵抗拘留的萨拉姆，这时150英尺外的士兵和翻译，正帮助严重受伤的劳埃德，她的衣服已和血肉粘到一块了，十分痛苦。美军步兵士兵中的一个专家叫贾斯丁·斯科特尼斯基，他目睹了袭击，跑向阿亚拉，告诉他发生在劳埃德身上的一切。萨拉姆向她泼洒了汽油，并点着了。阿亚拉叫来一个翻译。

"阿亚拉让翻译告诉（阿卜杜勒·萨拉姆），阿亚拉认为这个男人就是魔鬼。"斯科特尼斯基后来回忆说。然后阿亚拉从皮带上拿下9毫米口径的手枪，抵着萨拉姆的太阳穴，开枪打死了他。

劳埃德被送到得州旧金山的布鲁克陆军医疗中心。她在那里的烧伤科住了两个月，直到2009年1月7日因伤死亡，塔利班称对她的死亡负责。

那年春天的五月，阿亚拉因谋杀罪在路易斯安那法庭被审判。他被判过失杀人罪。美国地区高级法官克劳德·希尔顿主持，法庭判处阿亚拉死缓，让他上交12500美元代替坐牢。"这位被告面前发生的事，是任何人都无法忍受的挑衅，"希尔顿法官说，"案件发生在敌对地区，虽然不是战场中心，但是在战争期间。"

整个情况很奇怪。一个人类学家正在给孩子们发糖果，却被塔利班的密探放火烧，痛苦地死去了。被雇用保护这个人类学家的安保人员未能保护好她，却因为自己的过失受到审判。但这一切都不是看起来的那样。阿亚拉为什么能参加人类地域小组呢？他既不是人类学家，也不是社会学家。为什么美军步兵士兵没有能力保护她呢？据蒙哥马利·麦克费特所言，所有人类地域小组的成员都能“给部队经济发展、政治系统、部落结构等方面提供建议；为部队提供要求的培训；对部队感兴趣的问题开展研究等”，但阿亚拉对这其中任何一个问题都不熟悉，除了“等”这个部分。

法庭文件显示，阿亚拉在阿富汗每天薪水 425 美元，而在伊拉克是每天 800 美元，这意味着他两天的收入比 C 连中任何一个士兵一个月挣的钱还多。阿亚拉的工作有什么是 C 连士兵不能做的呢？接下来的五年中，人类地域系统将耗费纳税人 6 亿美元。它的目标到底是什么呢？这个问题最终还是要 DARPA 来回答。

但是首先，这里面是有诡计和错误信息的。先来说说麦克费特和其他社会学家是如何向公众呈现这个项目的，公开和不公开的都算上；又是如何如实向国防部层面交代的。这两者间差别很大。

面向公众，人类地域系统是个以文化为中心的项目，是一场人心和思想的战役。但是在美军文件中，人类地域系统是为了“帮助缓和简易爆炸装置”，由联合简易爆炸装置对抗组织资助，有劳埃德这样的成员与爆炸性军械处理技师、DARPA 干扰器和塔隆机器人等一起工作。媒体新闻稿称，陆军不光明正大。“作战指挥官们对城市环境军事行动中的文化和社会含义理解不深刻”，一篇新闻稿中说。人类学家和社会学家是去战场“给军事指挥官提供社会科学支援”，关键词是“支援”。直到这本书出版，才为该支持什么提供了完整的解读。

人类地域系统项目从一开始就备受争议。1902 年成立的美国人类学会的信条是，“首先不伤害他人”。该组织公开抨击这个项目是“一场等待揭开的灾难”。它的执行委员会批评人类地域系统是“一项有问题的人类学专业知识应用，特别是在伦理的层面上”。在给国会的一封信中，说这个项目“危险而鲁莽”，“浪费纳税人的钱”。在为《今日人类学》杂志写的一篇文章中，圣荷西州立大学人类学副教授罗伯托·冈萨雷斯（Roberto Gonzalez）把这个项目称为“唯利是图的人类学”。布朗大学人类学系主任凯瑟琳·卢茨（Catherine Lutz）指控说，国防部长在推广一个危险而错误的概念，“人类学家的‘帮助’能为美军对伊拉克人民更加人道提供途径”。卢茨认为，帮助他人的打算是“一个很有魅力的主意”，但是她鼓励人类学家退一步问问：“帮什么呢？帮谁？要做什么？”

乔治梅森大学的人类学教授休·盖斯特森（Hugh Gusterson）控诉道，陆军试图说服人类学家“美国有传播民主的义务”，并且“美国人应该为他国人民的幸福着想”。盖斯特森认为，这是一种操纵他人的行为，一旦某人自己认同了这种观点，“就会把战争看成是一种文化交流的误解，就会开始问一些天真、怪异的问题，像是‘如果我们能理解他们的文化，我们要如何让他们像我们一样呢？他们为什么如此恨我们呢？’”盖斯特森认为，答案很简单。“他们之所以恨我们，是因为我们占领了他们的国家，而不是因为他们不懂得我们的手势，并且不时地错误对待他们的妇女，”盖斯特森说，“因此，如果你没问对问题，肯定会得到错误的答案。两方都会有更多的人被杀。”

“我认为会有一种更善意、更轻柔的反叛乱战争，这种想法是不现实的，”冈萨雷斯说，“我认为，这是许多人都在做梦，他们（人类学家们）可以以另一种方式做事。我真的认为这是不存在的，并且有许多史实为证。”

随着辩论不断升级，国防部简明引述了两个关于人类地域系统的故事，这两个故事已经作为位于堪萨斯莱文沃斯堡的美国陆军高级军事学院、位于宾夕法尼亚州卡莱尔市的美国陆军军事学院和位于罗得岛新港的美国海军军事学院教育课程的例证。一个故事是，人类地域小组帮助为“战争道德起诉”开路。小组从一开始，就多次使士兵幸免于灾难。让人类学家进入战场，能使士兵更好地投入所谓的“恐怖的战争”。正如陆军中所教的那样，菲利普·卡尔森少校（Major Philip Carlson）的经历和他部队不合法地逮捕伊拉克年长村民，充分证明了这一点。

“我第一次和人类地域小组在伊拉克外出时，我们与针对乡村的空中机动部队为伴，因为路上有简易爆炸装置。”卡尔森说。人类地域小组和第二装甲骑兵团的巡逻火力中队一起，执行“随机问答和搜查行动”。卡尔森和他的当地翻译们之间有矛盾，他认为他们是“年轻、热心的什叶派，愿意抓恐怖分子”。在一个房子里，卡尔森少校回忆道，联合部队发现一个老人，有一个步枪瞄准镜和满满一衣柜的书。翻译坚持认为书是“关于圣战主义者的，（步枪）瞄准镜属于精制的狙击枪”，卡尔森说。这个名叫阿拉维（Alawi）的先生被捕了，“巡逻队走过村子，回到巡逻基地”。在那里，人类地域小组的文化专家阿马尔（Ammar）博士深入地询问了阿拉维，判定他不是激进分子，而是一个“善良的老教师”。卡尔森说，他的书是学校的教材。瞄准镜是他用于打鸟的气枪上的。

据卡尔森少校说，如果那里没有人类地域小组，联合部队不会明白恢复阿拉维的信誉是多么重要。他们会简单地释放他，让他自己回到家里。这会是个很严重的错误，阿马尔博士说。他为士兵指导了如何恢复名誉的细节问题。在这个陆军公认的故事里，卡尔森少校没有评述恢复名誉的细节，也没有说那些为美国陆军提供了错误信息的什叶派翻译下场如何。据卡尔森说，“（恢复名誉的）消息传播得就像野火一样快”。阿拉维先生非但没有成为敌人，反而成了朋友。这个老村民的儿子给卡尔森少校指出了一个简易爆炸装置和 80 个迫击炮管的藏匿位置。“这就是理解和在一种文化中正确行事所产生的巨大力量”，卡尔森少校说。

另一个国防部讲的故事是关于海军的，这个故事反映出人类地域小组所做的工作当时好像没用，但是积极作用会在之后显现出来。这个故事是在人类地域小组顾问诺曼·奈伊的作品中记录的。在他写给美国海军军事学院非常战争和武装组织中心的文章《操作员人类地域小组指南》中，奈伊问道，当考虑反叛乱信条和应用时，“信条能在不情愿的人当中应用吗”？为了回答这个问题，他讲了一个阿富汗老村民哈吉·马尔马（Haji Malma）的故事。

诺曼·奈伊是一位来自加拿大联合部队的人类地域小组成员，负责阿富汗的奈康尼村。奈康尼村在坎大哈西南方10英里左右，是塔利班的腹地，离劳埃德被烧的地方不远。奈伊作战巡逻队的大部分士兵，都很鄙视哈吉·马尔马，“一个禁欲的老村民，塔利班的审判员，有可能是无数死去的加拿大人的元凶”。几年间，北约部队都想针对哈吉·马尔马和其他像他一样的塔利班领导人建立档案，但是没能成功。马尔马陶醉于联合部队不能拿他怎么样的自我认知中，奈伊说。“像大多数阿富汗塔利班领导人一样”，奈伊解释说，“马尔马也在利用美国的反叛乱战争。表面上，他是个和蔼的老村民，只对奈康尼村民的幸福感兴趣”，可实际上他是一个“巴基斯坦教育出来的重要的基地组织支持者，控制着坎大哈一个最危险的战略要地”。

哈吉·马尔马经常从救助组织和北约部队那里寻找发展资金，并且会定期受到财政资助。奈康尼村的其他管理村中事务的奸诈老村民也和他一样。人类地域小组发现，这种局势使士兵们很恼火，因为他们“不能为死去的朋友伸张正义”。奈伊说，这一点对于在阿富汗的进一步行动是很危险的，因为“这些情绪的增长，常常使行动失去对当地民众理解的能力，从而导致徒劳的反叛乱战争”。

人类地域小组建议联合部队——也可以叫作坎大哈特别小组，“站远一点看待问题”。奈伊和他的同事认为，阿富汗是“一个缺少法律约束的国家”，在国务院的清廉指数中，在178个国家和地区中，阿富汗名列第176位。“公共采购的腐败和回扣，是减少风险必要的犯罪，平衡负债的杠杆，能促进合作。”人类地域小组对腐败进行了一次系统学习，采访了多数村民，询问他们的想法。“几乎整个村子都认为，西方的字眼‘贿赂’是代表tarrun——这是阿富汗一个代表交流和同意的词”，奈伊解释说。

同时，坎大哈特别小组正在为在这个地区开展“消除行动”做准备——清除塔利班领导人，安抚更多对联合部队友善的人。但是在人类地域小组看来，“从前许多消除行动作用甚微”。他们提出了不一样的策略，奈伊称之为“油点计划……来分离和战胜民众”。油点反叛乱战略工作的原理，与粗棉布相似，奈伊写道，每一滴油代表一个稳定计划，或是一个市政业务，或是一份农业发展援助提议。“一次一滴油，最终布满整块棉布，”奈伊说，“每滴油（代表着）整个战争中，其中一项想要达到的结果。”油点概念是得到卡尔·斯莱库（Karl Slaikew）博士认可的一项策略，他是一名心理学家和冲突解决专家，也是葆拉·劳埃德的接替者。油点策略首先在奈康尼村实施了。在他美国海军战争学院的文章中，奈伊写道，“这种策略起作用了”。国际媒体却并不同意。2010年10月英国出版的《军事世界杂志》中说奈康尼将会被描述成“一个因充满杀戮而声名狼藉的小镇”。

主流媒体大肆贬低这个计划，人类地域小组成员的死亡消息也上了头条新闻。人类学家迈克尔·巴蒂亚（Michael Bhatia），一名布朗大学和牛津大学的毕业生，正在阿富汗写一篇关于圣战者的博士论文，他于2008年5月在穿越阿富汗霍斯特省时被杀。当时他的小组正在去帮助两个打仗的部落促进和平进程，突然车轧上了路上的一个简易爆炸装置。目击者称，爆炸声大极了，非常可怕，吞噬了一切。巴蒂亚和两个陆军士兵当场死亡。美联社报道他死亡的文章称，“迈克尔·巴蒂亚处于国防部实验的前线”。接下来的一个月，在伊拉克的人类地域小组成员，约翰·汉普金斯大学的政治学家妮可·萨维吉斯（Nicole Suveges）也被简易爆炸装置杀死了，炸弹被恐怖分子埋在萨德市一座区议会大楼里。和萨维吉斯一起被杀死的，还有11个人，军民都有，包括美军士兵、伊拉克政府官员和美国大使馆人员。据国防部说，她的小组当时正在寻找办法，以便能让普通伊拉克民众学会促使过渡性政府达到他们的政治目的。

人类地域系统继续成长。据报道，2010年时小组成员每年能挣20万美元。人类地域小组成员曾被媒体诽谤，被比拟成名副其实的情报人员，因为他们提供给联合部队的，关于谁是好人谁是坏人常常意味着谁会活下去，谁会被杀死。人类地域系统的真正目的隐藏起来了。它是关于人类地域的。像制图者绘制地图地域一样，美国陆军绘制人类特性。这个项目的开展是为了支持DARPA技术驱动的能看见的作战区域概念。

每天巡逻后，人类地域系统成员把信息录入叫“绘制人类地域”（Map-HT）的大数据库。Map-HT用一套计算机工具，储存陆军情报官员和人类地域小组成员收集的数据，包括人工情报和生物情报。所有的信息被上传到大数据库，其中的一些信息被发往人类地域系统位于莱文沃斯堡的回顾研究中心，更加敏感的信息“被储存在位于弗吉尼亚州夏洛茨维尔的国家地面情报中心”，前陆军中校特洛伊·特塞（Troy Techan）说。他是美国驻伊拉克战后中央司令部J2X生物识别技术项目主任。

已退休海军中将亚瑟·塞布罗斯基告诉公共广播公司《新闻时间》

栏目，以网络为中心的战争是关于“人类在网络环境下的行为”的，他说的是实情。为了打好反恐怖战争，国防部收集、合成、分析尽量多的人类信息，并把信息储存在机密和非机密的数据库里。

“人们利用人类网络来控制资源和地理，”私人情报公司全球情报公司的分析员特里斯坦·里德（Tristan Reed）解释说，“单独一个人不能控制任何有价值的事。董事长、毒枭和首席执行官们需要人来执行他们的战略，同时受到为他们工作的这些人能力和兴趣的束缚。”

阿富汗是个军阀控制的国家，伊拉克是宗教民兵组织控制的国家。国防部需要理解：谁控制着什么，是怎么控制的。绘制个人地域是一种连接网络数据点的途径。2012 年，联合部队从伊拉克撤离，同时撤走的还有人类地域小组。阿富汗的 31 个小组则继续绘制人类地域。陆军情报接管了部分联合简易爆炸装置对抗办公室（JIEDDO）的项目，重组了这个项目，为“冲突前零阶段”，也就是下一场战争发起前的阶段做好准备。

“无论是反叛乱，还是冲突前零阶段，在一系列行动前或者采取任何行动前，都要考虑好重要问题，”负责管理这个项目的美国陆军上校莎朗·汉密尔顿（Sharon Hamilton）说，“如果我们（在美军中）增强了理解力，建立一个信仰、价值、梦想、愿望、需要、需求的环境底线——如果我们可以在零阶段就完成这些事情，就不用再等十年了。”到 2014 年，从非洲到墨西哥，全球都会有 MAP-HT 小组。

到 2011 年，美国陆军已在阿富汗和伊拉克侵入性地绘制了至少 370 万外国人的人类地域，这其中许多都是战区内地方的参战人员。尽管工作很有效率，但到 2015 年，伊斯兰国还是控制了伊拉克大部，阿富汗也进一步陷入混乱，这需要美国仔细思考一下。2013 年夏天，告发者爱德华·斯诺登揭露的机密信息显示，国家安全局实施了一个叫“棱镜”

的秘密数据采集监控项目，可以让国家安全局收集几百万美国人的信息。这两个项目都来自完全掌握情报项目。紧随斯诺登泄密事件后，国家安全局官员在先予以否认的情况下，又承认了他们确实在收集数百万美国人的信息，但是这些信息不经批准，是不会被合成或分析的。可是这些数据都被储存在国家安全局机密设施里，供国家安全局参考。国家安全局在美国同样在绘制人类地域吗？

2015 年，DARPA 财政预算中的几个数据采集监控项目增加了公众隐私的顾虑。其中在生物医学技术项目中，美国为“生物战争防御”向国会申请 1.12 亿美元，用来发展“让医师实习者可以通过电子医疗记录系统中的病人数据，设想和理解复杂关系”的技术手段。具体地说，这一项目发展的技术表面上可以让实习者“吸收和分析大量数据，为病人治疗做出更明智的决定提供方法”。但没有明确的使用权限说明，病人数据要经过何人批准，才能与联邦政府共享，DARPA 拒绝在书中回答这些问题。

网路点 7 项目（Nexus7）2015 年的预算是机密的，负责监控社会媒体网络。具体而言，Nexus7“把预测、数据提取和分析方法论应用于发展社会网络（检查）工具、技术和框架”。这个机密项目由 DARPA 一个叫“向前单元”的单位在阿富汗运行，赢得了国防部联合功劳个人奖励。2007~2011 年，几十个 DARPA 的各类人才“深入敌后……确保最新的研究和技术进步，可以应用到他们的研究”，DARPA 与这个奖项相关的文件记录着。这个单位把高海拔激光雷达操作实验感应器，应用于战场空间以及车载和非车载雷达界面。美国是如何应用 Nexus7 的，到现在仍是机密，DARPA 也拒绝回答这些问题。

DARPA 为深层勘探和过滤文本（DEFT）项目，向国会申请 2800 万美元，用来发展计算机算法，让机器可以从大量的“自由文本或不完整的报告、信息、文件和数据库"中找出文本信息，并以此为基础，从模糊的信息中找到"可付诸行动的情报"。"DEFT 项目重点，是要通过概率推理异常监测和间断分析，找出隐含的意思"。判断一个人的信息或者部分信息是否异常或不规律的唯一办法，就是拥有一个有更多信息的数据库，对用户的信息加以对比。美国是如何利用 DEFT 项目的，一直都是机密，DARPA 也拒绝回答这些问题。这些只是 DARPA2015 财政年进行的将近 300 个项目中的三个，预算已达到 29.1 亿美元，还不算暗地里的预算。

美国公民只知道 DARPA 为政府发展的一小部分科技项目。同时，联邦政府越来越有能力监控美国公民的一举一动，他们要去哪儿，要买什么，和谁交流，在读什么，在写什么，健康状况如何。

所有这些都指向一个重要的问题。世界正在成为战场吗？美国正在成为极权国家吗？这种状况是 DARPA 造成的吗？

第五部分

未来战争

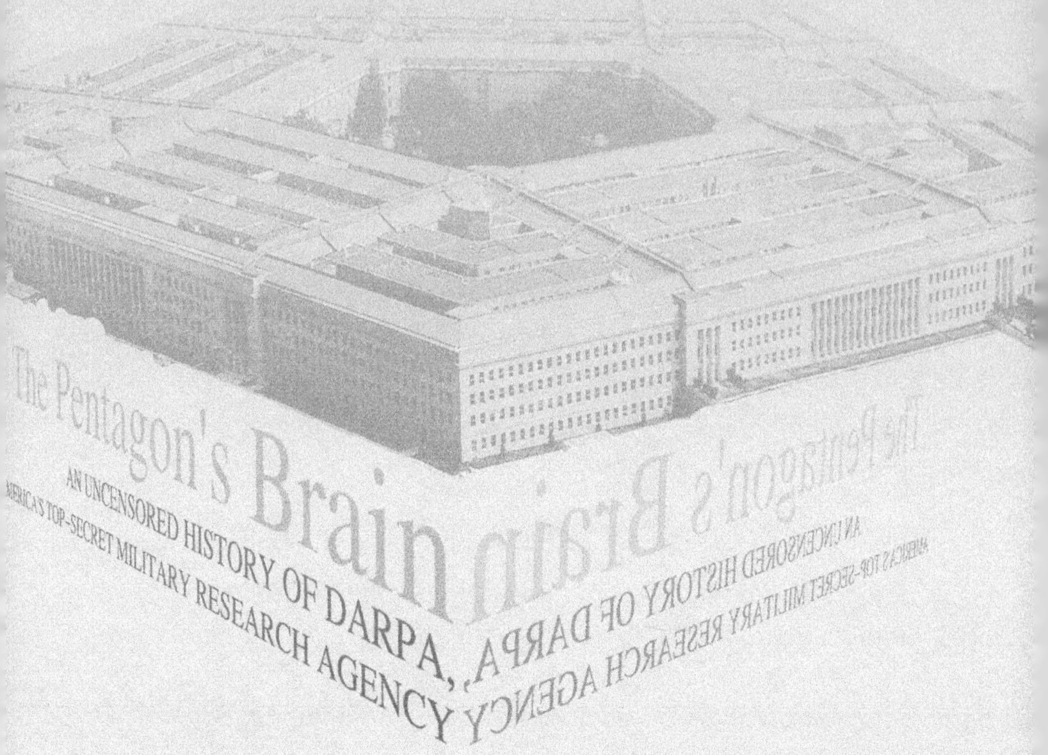
The Pentagon's Brain
AN UNCENSORED HISTORY OF DARPA,
AMERICA'S TOP-SECRET MILITARY RESEARCH AGENCY

第二十四章 无人机战争

2013年5月，巴拉克·奥巴马总统在华盛顿特区福特·麦克奈尔堡的国防大学发表了一场期待已久的演讲，其中他说道，是时候结束恐怖战争了。“这个战争，像所有的战争一样，必须结束了”，他并引用了詹姆斯·麦迪逊（James Madison）1795年的警告，“在持续的战火中，没有哪个国家能维持自由”。这是奥巴马总统在自己的第二个任期内首次针对战争发表演讲。

在现代美国战争机器的历史中，DARPA一直领衔先进科技的发展，总统的话语总是含义深刻，文字优美。同样是在福特·麦克奈尔堡，55年前，22名国防科学家组建了DARPA几千个机密研究室中的第一个——一号研究室，概述了在接下来的战争中，什么武器适合美国。

“美国正处于十字路口。”奥巴马总统说。“我们必须定义这场竞争（指恐怖战争）的本质和范围，否则我们就会被战争定义，处于被动。”总统剩余的演讲大部分集中在武装无人机的应用上。在大约15分钟的演讲中，他14次提到了无人机攻击。媒体报道的焦点是奥巴马总统将减少无人机的使用。

总统并没有这样做，他自己也没有说他是这样做的。他只是说，“我对所有致命的行动都严密监督”，这意味着在恐怖分子被无人系统刺杀前，白宫和中情局法学家们会持续参与决策，这其中也包括海外的美国公民。作为总指挥官，总统两次签署了国防部的重要报告——《2011~2036年财政年度无人系统集成路线图》和《2013~2038年财政年度无人系统集成路线图》，这说明国防部在机器人战争上，要增加而不是削减财政，这两个报告总共大约300页，说明了国防部无人机定位于引领未来25年的战争。

DARPA庞大的未来战争系统，需要一个整军的无人机，这其中包括无人机、无人地面系统、无人水面载体、无人海上系统和无人机系统，深至海底，高至外层空间的各种武器系统。现在和将来，国防部的无人机将会飞行、游泳、爬行、走路、跑步或者蜂拥而至，在全世界执行任务。这其中有一些是半机械人，美国称之为“生物杂交者”；部分是机器；部分是动物。这项技术已发展了几十年，比普通人想象的更加成熟。

在华盛顿特区的腹地，穿过白宫的大街，有一个叫拉法耶特广场的公园，是为了纪念美国革命战争中的英雄拉法耶特而命名的。这个公园有一段出名的历史。它曾短暂地被用作墓地和赛道，还卖过奴隶；1812年战争期间，这个7英亩的公园是士兵的营地；进入现代，它成了反对战争游行的中心。同样是在这里，2007年秋天的一场反战集会上，华盛顿特区杰出的法官伯纳德·克兰（Bemand Crane）目睹了他这辈子最奇怪的一幕。

“我女儿让我带她参加游行，我照做了，我自己绝不会一个人去。我一边看着台上发生的事，一边环顾四周，突然发现，头顶上有三只异乎寻常大的蜻蜓，”克兰说，“它们同步行动，好像步伐完全一致。我的第一反应是，‘这些蜻蜓是机械的，还是活着的’？”

附近有人喊：“哦，上帝啊，快看那儿！”许多人抬起头。一名来自纽约的大学生凡妮莎·阿拉（Vanessa Alarcon）回忆起她当时的反应：“我的反应是，‘那是什么鬼东西’？它们看起来像一种蜻蜓，或是小直升机。”但是她能确信一件事。“那些东西不是昆虫。”阿拉说。

同样地，伯纳德·克兰也认为，这些生物不是孵化出来的。“三个在一起飞，”克兰说，“同时向左，同时向右。太奇怪了。”“我刚在缅因州的一个湖边度过了两周假期，”克兰说，“我躺着看了很长时间蜻蜓，对它们如何移动盘旋和独自飞行很熟悉。蜻蜓可不像木工蚁，它们并不会模仿同伴，更不会同时做出一样的动作。”

在拉法耶特广场的抗议活动中，伯纳德·克兰仔细观察了飞行的物体。在他的周围，反战活动家辛迪·西恩（Cindy Sheehan）领导的抗议者正挥舞着“结束战争！”的标语。台上，利比亚出生的外科医生、美国穆斯林协会主席希法·欧米什（Esam Omeish）抱怨美国政府，并坚持布什总统应该被弹劾。“我们必须告发那些该负责任的人！”欧米什大喊道，“让我们来净化国务院、国会和国防部，是它们让我们落入如此大的错误中！”

伊拉克的战争形势于2007年达到顶点。美国新近增派的兵员中，暴力、伤残和死亡已经达到了令人吃惊的地步。一个月以前，在一天的大屠杀里，恐怖分子在公众场合引爆了多种汽车炸弹，杀死了500人，重伤了1500人，伤亡数字是战争以来最严重协作袭击的三倍。欧米什从拉法耶特广场的讲台上，指责这种“中东人民之血”的恐怖是布什政府造成的。“今天必须弹劾布什！”他一遍又一遍地喊道。

希法·欧米什博士是个颇具争议的人物。他是弗吉尼亚州达尔·阿尔希吉拉清真寺伊斯兰中心的董事会成员，两个“9·11”劫机者实施袭击前曾在这里祈祷。据报道，欧米什在那段黑暗时期里，曾雇用一名穆斯林阿訇，也是一名激进的牧师，名叫安瓦尔·阿尔－奥拉基（Anwar Al-Awlaki）。到2007年，美国公民奥拉基已飞往也门，据说他是一名基地领导人。奥拉基在也门鼓励全世界的穆斯林，向美国发起恐怖袭击（有些人受伤了，包括尼达尔·哈桑少校，他于2009年在得州胡德堡的群体枪击事件中，杀了13个人，伤害了至少30个人）。奥拉基曾于2001年1月至2002年4月担任达尔·阿尔希吉拉清真寺的阿訇。四年后，安瓦尔·奥拉基成为美国历史上第一位遭到官方刺杀的美国公民，他死于无人机袭击，地点在也门沙漠公路上。希法·欧米什博士曾通过达尔·阿尔希吉拉清真寺帮助安瓦尔·奥拉基，但帮助并不是犯罪。拉法耶特广场上空的仿蜻蜓无人机，是派去监督博士和人群的吗？

拉法耶特广场集会后的一个月，《华盛顿邮报》报道了许多次昆虫外形的间谍无人机，从华盛顿和纽约的政治事件的空中飞过。“有人认为，昆虫外形的无人机是高技术监控工具，”邮报记者里克·韦斯（Rick Weiss）写道，“其他人则认为，它们是，好吧，蜻蜓，一种古老的昆虫，生物学家也会承认，这些物体和生物一样灵活。”没有哪个联邦机构会承认派出了昆虫外形的间谍无人机。“但是许多美国机构和私人实体都知道他们正在尝试这么做。”韦斯写道。

到2007年反战抗议时，DARPA已经发展昆虫仿真无人机微型飞行器（MAVs）至少有14年了。第一次调研微型飞行器可行性，可以追溯到1993年，是由兰德公司执行的。“昆虫外形的飞行和爬行系统，能为美国在未来数年内，在军事领域奠定优势。”兰德作者写道。这之后不久，DARPA开始为它的战术技术办公室招募科学家，并拨款资助。

DARPA的昆虫无人机原型叫黑寡妇，由航空环境公司制造，该公司是加州锡米谷的一家国防合同商。这个四英尺的微型无人机重 40 克，翅膀做成塑料飞行模型螺旋桨的形状，并经抛光，以便取得更大的升力。为了让黑寡妇可以搭载有效负荷，科学家和航空环境公司合作多年。1999 年 3 月，在麻省理工林肯实验室的帮助下，DARPA 终于能让第一代微型飞行器执行侦察任务了。这款 56 克重的黑寡妇变体携带一个微型黑白摄像机，机动性极好，甚至能滞空盘旋，并且能在返回基地前，在空中飞行 22 分钟之久。黑寡妇“在 100 英尺的空中时，地面无法听到声音”，在现场的科学家报告说，“除非你特别注意看（它），否则你根本看不到它”。鸟甚至都被骗过了。“它看起来更像是鸟，而不是飞机，”科学家们写道，“我们曾几次看见，燕子和海鸥在微型飞行器周围结伴飞翔。”

DARPA 热情很高。记住，这是 1999 年 3 月。“黑寡妇微型飞行器项目充分证明，6 英寸的飞行器不仅可行，还能执行以前被认为不可能的任务。”一份事后行动报告称。因此产生了一个更加重要的想法。兰德分析员本杰明·朗伯斯（Benjamin Lambeth）总结说，像黑寡妇这样的微型无人机有巨大潜力，不仅可以应用于情报、监控和侦察领域，还可以应用在刺杀行动中。微型无人机外形像昆虫，朗伯斯写道，有朝一日可以装配“微型炸弹……可以用几克爆炸物，杀死移动的目标”。

DARPA 把它的微型飞行器项目，扩展到至少三项尝试，或者叫“猛刺”中，每个都要从动物身上寻找灵感和想法。这些项目的结果叫生物系统、生物模仿学和生物合成。生物系统涉及为军事用途训练的活体昆虫或动物的应用。越战期间，德国牧羊犬被用于追踪携带化学品的越共战士。伊拉克战争期间，新墨西哥州洛斯阿拉莫斯国家实验室的科学家，训练蜜蜂，寻找埋藏的简易爆炸装置，这是生物系统项目的两个例子。

生体模仿学研究与仿生学紧密相关。在 DARPA 生体模仿学项目中，科学家建立了机械系统，用来模仿自然界生物。DARPA 设计了许多像黑寡妇微型飞行器一样的仿生学无人机，包括蜂鸟、蝙蝠、甲壳虫和苍蝇外形的。如果 DARPA 有蜻蜓外形的无人机，也必然会受到仿生学规律的影响。最晚从 1972 年开始，仿生学无人机已经应用于情报机构，当时中情局制造了一个名叫“直翅昆虫”的蜻蜓原型无人机，由一台微型发动机为无人机翅膀上下挥动提供动力。“直翅昆虫”只消耗少量的天然气。

生物合成是全新的领域。DARPA 微型飞行器项目以几十年的航空技术、航空宇宙工程、计算机科学和纳米技术为基础，这些科学技术都需要让零部件小型化。然后在 20 世纪和 21 世纪的世纪之交，纳米生物学或者说纳米生物技术诞生了。曾经只在科幻小说中出现，现在发展却如此迅猛的新兴学科科学家们，让生物系统与机器“结合”起来。1999 年，DARPA 为生物合成项目拨款，目的是建造半机械生物——半活体生物、半机械。

DARPA 的生物合成项目仍未揭开神秘面纱。生物合成军事应用方面，大部分都是机密，但是公开了许多原型项目。随着 21 世纪前几年纳米技术的进步，微型机器可以实际安装到动物大脑、身体和翅膀里。2002 年开始，DARPA 开始阶段性地逐步向公共领域扩大释放信息量。

同年，一个 DARPA 资助的，位于布鲁克林纽约州立大学唐斯泰特医学中心的实验室，传出了由桑杰夫·塔瓦尔（Sanjiv Talwar）研究员主导的早期原型诞生的消息。科学家在一只老鼠负责感受奖励的前脑内侧束中，植入电极，用人类头发粗细的电线，把电极与缝在老鼠背部，像背包一样的微处理器相连。塔瓦尔和他的科学家小组处于 500 米，即 1/3 英里外，用笔记本计算机向老鼠的前脑内侧束发射电子脉冲。采用国防部的技术，训练老鼠对刺激的反应后，DARPA 的科学家能通过大脑刺激，控制老鼠向左、向右、向前移动，来走出迷宫。

动物权益保护者极力反对。“动物已经不是动物了。”罗格斯大学法学院动物权益专家盖里·弗兰乔内（Gary Francione）哀叹道。但是对大多数美国人来说，实验室老鼠就是为科学实验准备的。本着进步的精神，用老鼠实验，并控制它们的大脑，是说得过去的。老鼠通常并不被认为是半机械生物，而只是带着机器的实验室老鼠。

接下来的五年里，DARPA 的生物合成项目进步飞速。每过 18 个月，微处理器的运转速度就会翻一倍。到 2007 年 6 月29 日，苹果公司发布第一款 iPhone 时，美国人在衣袋里携带的技术含量已经比美国国家航空航天局送宇航员去月球时还要高了。

最早的昆虫半机械生物于 2009 年露面。在加州大学伯克利分校，一个 DARPA 资助的实验室里，迈克尔·马哈比兹（Michel Maharbiz）教授和他的同事们为绿六月甲虫安装了一个机器。科学家们把电极植入一只两厘米长蜜蜂的大脑和翅膀，并在其背部缝上一个无线电接收机。通过遥控向蜜蜂大脑发射电子脉冲，他们可以控制蜜蜂翅膀开始和停止挥动，从而控制昆虫的飞行。

2014 年，DARPA 在北卡大学工作的科学家取得重大突破，这次是关于烟草天蛾，一种变态生命周期仅有 40 天的巨大蠕虫。在最近的蛹研究方面，DARPA 科学家阿尔珀·博兹库尔特（Alper Bozkurt）博士和他的小组通过手术，把电极植入蛾子位于脖子和腹部之间的背胸。“体内的组织在植入的电极周围生长，在几天的时间内，就能确保电极与虫体紧密贴合，”小组成员亚历山大·韦德波尔（Alexander Verderber）解释说，“当蛾子变成成体时，这些电极早已成为昆虫身体的一部分。”通过“利用变态过程中对昆虫整个组织系统的重建”，韦德波尔说，科学家可以创造一个易操控的半机械生物，一半昆虫，一半机械。“生物合成的一项应用，就是用于搜救行动。”博兹库尔特说。DARPA 半机械生物项目的科学家，一直强调这些项目是为了造福社会。当然，自由意志、伦理和生产半机械生物的结果等问题应该讨论一下，而且现在时机也成熟了。另一个问题是：对于在人类身上安装机器，DARPA 是如何计划的？

到 2014 年，DARPA 已经向军方交付了许多微型飞行器项目。2013 年美国空军研究实验室内部一段非机密动画视频揭露，生物系统、生体模仿学和生物合成的微型飞行器在未来武器系统中将呈现生机勃勃的新趋势。视频一开始，数百个类生物微型无人机像雨点一样，降落在城市中心。地面上，一个男人在水泥砖结构的安全藏身处前，停好厢式货车。马路对面，一只鸽子正停在电线上。

“和微型飞行器一样大小，这使它们并不显眼。”视频讲述人说。“鸽子”的特写镜头暴露了，这只鸟是一只监控无人机，头是一架高像素摄像机。“一旦就位，”讲述人解释说，“微型飞行器就会进入一种低耗能、持续监控模式，能为任务提供几天甚至几周的监控。这可能需要微型飞行器从周围环境中收集能源，如太阳能、风能，还有人造资源，如电线和振动机械等。”

鸽子无人机把情报传输给远在信息作战中心坐在桌子前的空军技术人员。利用生体模仿学，技术人员确认，开厢式货车的男子是恐怖嫌疑犯。

这个男子走出车，沿着一个胡同向前走。鸽子飞起来了，同行的还有一个甲壳虫外形的无人机。鸽子离开了，甲壳虫微型飞行器跟着嫌疑犯穿过许多迷宫一样的胡同。“微型飞行器利用微型感应器和微处理器技术，导航、跟踪目标，穿过城市等复杂地形。”讲述人说。当恐怖嫌疑人进入一栋公寓时，甲壳虫无人机继续跟踪。“体积小、机动性强的优势可以使微型飞行器秘密进入传统空中监控方式无法进入的地方。”

讲述人说。但是“微型飞行器将会采用新型导航方式，如名叫‘光流’的基于视觉的技术手段。当诸如 GPS 等传统技术手段无法利用时，这种技术就能发挥作用了”。无人机自身就可以导航，并看见物体。

视频中显示，一旦进入建筑物，甲壳虫无人机就在一个房间门口徘徊，并保持远离人的视线。门开了，一个人走到走廊上，环顾一下四周，然后离开了房间。甲壳虫无人机在他关门之前，偷偷地潜入房间。现在，又一群飞行昆虫无人机加入进来执行任务。“许多装备了小型感应器的微型飞行器，将会合作调查一个大的区域，”讲述人解释说，“有些微型飞行器专门负责目视勘察，另一些可能用于寻找标记敏感地点。”可以看见，房间内有一个拿着高性能狙击步枪的恐怖分子正在实施狙击。正当敌方狙击手准备从一个开着的窗户扣动扳机时，一个甲壳虫形状的微型飞行器向他飞去，在他后脑部徘徊。

“微型飞行器个体可以执行直接攻击任务，”讲述人说，“可以携带能致残的化学物和易燃物，甚至是精确制导爆炸物。”当甲壳虫在狙击手头部徘徊时，它的携带物爆炸了。

为完成定向刺杀任务，DARPA 庞大的未来武器系统中，还需要一支无人机部队，用于完成情报、监控和侦察任务（ISR）。微型飞行器只是其中一环。DARPA 有许多空中仿生机器人系统项目。微型飞行器适用于低空、低速飞行，而 DARPA 的高超音速隐形无人机，则能高空高速飞行。武装猎鹰高超音速试验机（HTV−2），由火箭发射，速度达 20 马赫（13000 英里 / 小时），是商业喷气机的 23 倍。DARPA 文件显示：“以 HTV−2 的速度，纽约到洛杉矶的飞行时间，只需 12 分钟。”20 马赫的无人机能在一小时内，攻击世界上任何地点的任何目标。随着国防部越来越依赖卫星技术，DARPA 必须能让国防部“快速、经济、随时进入太空”。2013 年秋天公布的 XS-1 实验性太空无人机是 DARPA 具有开创性的、高超音速、低地球轨道无人机，能不间断地执行环球任务，是美国历史上飞行最快的无人机。XS-1 武器系统的详情现在还是机密。

海洋很广阔，但 DARPA 的水下无人机器人项目同样很宏大。其中一个项目是九头蛇水下系统项目，包含一艘母船和许多子潜水器。从母船中发射出的子水下无人机器人进入浅水沿海和海港水域中，然后返回。这个水下系统中，还有空中无人机，由九头蛇母船内部喷射而出，浮出水面，冲向空中，执行侦察或作战任务。这样，九头蛇就集潜水艇、运输机和通信中心于一体。DARPA 另一个水中项目，叫竖直落下有效载荷，是安装在深海海底的无人传感器系统，用于收集信息，可以潜伏数年而不被发现。“需要时，这些深海节点能被遥控激活，并被召回海面，” DARPA 说，“然后竖直落回去。”

陆地机器人系统也同样在发展，阿特拉斯是一款高机动人形机器人，非常强壮和协调，能为户外复杂地域导航，攀爬楼梯，用双手改造环境。阿特拉斯的头部有许多感应器，包括立体摄像机和激光测距仪。同样的类人机器人，还有美国国家航空航天局为 DARPA 机器人挑战赛制造的 6.2 英尺高的机器人瓦尔基里。它能开窗户和穿衣服。NASA 希望把阿特拉斯作为人类替身送往火星，有朝一日可以在那里组装东西。

除了人形机器人，还有许多模仿动物的无人地面系统机器人。阿尔法狗机器人，大小与一只小犀牛相当，可以借助四条腿，携带 400 磅军事装备，穿过崎岖的地域。它能识别队长的命令，跌倒后纠正自己。麻省理工的猎豹机器人，是历史上最快的有腿机器人，时速达 28 英里，并且能跳过障碍物。猎豹以电动机驱动，可以像猫一样偷偷行动。其他陆地机器人，以履带驱动。还有塔隆 SWORD（特种武器观测、侦察、探测系统）机器人，是编队中速度最快的机器人之一，是为在伊拉克爆炸物处理的技师们准备的下一代炸弹拆除机器人。塔隆SWORD携带一挺M249班用自动武器和一个6毫米火箭发射器，均可以从半英里外遥控发射。它的近亲，火力更强大的MAARS（模块化先进武器机器人系统）机器人，用于执行侦察和监控任务，还能从两英里外杀死人类目标。为配合使用机器手臂上的机枪和手榴弹发射器，MAARS机器人还装配了运动检测器、声音传感器、警报和扬声器系统、非致命性激光闪光弹、非致命性手榴弹和加密技术，使这个机器人杀手"特别安全和抗干扰"，此信息来自DARPA非机密文件记录。

DARPA LANdroids（局域网络机器人）项目是最小的踏板负荷地面机器人系统之一。局域网络机器人是"小巧、廉价、智能的自动化无线电网络转接布点"组成的小队或群体，DARPA说。当步兵进入城市作战区域时，就会放出这些手掌大小的机器人，它们可以利用自身的隐形性和机动性，自行"协调和自主移动"。如果局域网络机器人中的一个毁坏了，其他的机器人会相应重新排列。局域网络机器人项目，意在发展"智能自主无线电无人机"，这个概念对于理解未来25年，国防部军用机器人的发展方向，至关重要。

"这个项目想要展示自动配置、自我优化、自我修复、约束和能源管理的能力。"DARPA说。从这个意义上说，DARPA的局域网络机器人项目，就是未来自主式机器人系统的原型。自主权在国防部最新的军事变革中处于核心位置。为了澄清什么是"自主权"，国防部用无人机打了个比喻："飞行器处于遥控中时，并不是自主式的；如果说飞行器是自主式的，就不会是遥控的。"它自己管理自己。

参谋长联席会议主席詹姆斯·A. 温尼菲尔德（James A. Winnefeld）在国防部无人机战争报告中，更加清晰地做出了解释："自主式系统能对一个目标自我制导，而无须外部控制，只是在行动中要遵循一定的规律，或是策略。”自主式无人机的非技术式称呼是杀人机器人，只需要向其输入一个人的照片，它就会杀死目标后自动返回。

这是科学，是国防部的政策，而不是科幻小说。国防部3000.09指令“武器系统自动化”于2012年公布，授权“应该设计制造自动式和半自动式武器系统”。像所有的先进科学尝试一样，这项技术必须从虚拟到现实，而引领这个过程是DARPA的职责。“国防部的预想是，无人系统和人工系统无缝衔接，并逐步减少人工控制和决定的成分，最终实现完全自动化。”

根据国防部2011年“无人系统集成路线图”，未来25年，从半自动化到完全自动化，需要经过四个步骤。第一步是“有人操作”系统，或者说是完全由人工操作的，现状就是这样。第二步是“人类授权”系统，无人机可以学会如何“在人类控制下自主表现许多功能”。第三步是“人类监控”系统，在接收“人类下达的高级许可或指示后”，机器独立完成任务。第四步是“完全自动化”系统，“系统从人类这里接收任务目标，按要求完成任务，而无须与人类互动”。要达成第四步的目标，还需要“人类可以在紧急情况时，介入自动过程，或者改变目标，尽管在实践中，人类介入重要时机前，可能会有时间差”。时间就是一切。核武器围绕地球飞行半圈，只需要1600秒。世界已经进入自决定研制热核炸弹以来的一个全新纪元。如果我们让机器自主化，潜在的无法预料的结果将是史无前例的。一些民主机器人专家说，自主式机器技术还没实现，而且几十年也不能实现。自主式机器需要真正的人工智能，然而人工智能技术还远未达到自主化的门槛。但至少国防部的一位重量级人物不同意这种说法。“支撑技术的巨大进步，能让空前的，甚至是无法想象的自动化程度，应用到现在和将来的军方系统中，”当时的国防部副部长阿什顿·B. 卡特（Alshten B. Carter）在2010年写给国防科学家让他们学习这项技术的信中写道，“这与介绍‘网络中心’相比，可以清晰地预见到军事能力和力量合成方面的巨大改变。”2015 年 2 月，阿什顿·卡特成为奥巴马总统的国防部长。

人工智能在未来发展中将会处于怎样的地位？杀人机器人的想法是疯狂的吗？为了认识 DARPA 人工智能能力，笔者来到位于新墨西哥州的洛斯阿拉莫斯国家实验室。1943 年，美国国防科学家正是在这里研制了世界上第一枚原子弹。2014 年春天，同样是在这里，DARPA 的科学家正在制造人工大脑。

第二十五章 头脑战争

新墨西哥州北部的沙漠之中蜿蜒着一座山，洛斯阿拉莫斯国家实验室就坐落在其山巅之上。从首府圣菲出发，经过特苏基的印第安人居留地，越过里奥格兰德河，穿过圣达菲国家森林公园，最后到达洛斯阿拉莫斯国家实验室，车程漫长而颠簸。我被引领到了盖瑞特·T. 凯尼恩（Garrett T. Kenyon）博士的实验室，他的研究项目属于合成认知的范畴，即着力于研制人工大脑。根据机器人专家的定义，人工大脑是人类研制的一种机器，被寄予希望能够在智能、自我意识和创造力上与人类相媲美。这样的机器还未曾出现过，但像凯尼恩博士这样的DARPA 科学家相信，DARPA 的技术研发如此迅猛，在不久的将来，这样的机器肯定会出现。在研发人工智能方面，有两项技术发挥着关键作用，一项是计算，与机器有关，一项是神经系统科学，与人脑有关。

在近期的伊拉克战争与阿富汗战争中，有 250 万美国人参与其中。其中，超过 30 万人回到家乡时伴有脑部损伤。DARPA 将这些人称为脑损伤战士。在他们所遭受的脑部损伤中，精神性脑损伤（TBI）是最严重的一种形式。当子弹或者迫击炮和简易爆炸装置（IED）造成的炸弹碎片之类物体刺穿头骨并进入大脑组织的时候，就会发生精神性脑损伤。DARPA 公开宣称，为了对付 TBI 以及困扰现代战争的其他脑损伤问题，已经开展了大量的科学与技术研究项目。据 DARPA 介绍，它在脑科学上的研究将会围绕这样的一个长期目标，即努力恢复脑损伤战士的思维能力和记忆力。通过国防部长办公室（OSD），我递交了多份书面申请，希望能够采访一到多名目前正在参与 DARPA 脑研究项目的脑损伤战士，但是，每一次都遭到了国防部长办公室和 DARPA 的谢绝。

精神性脑损伤的历史与战争一样古老。自独立以后，在每一次美国参与的战争中，美国士兵都遭受到精神性脑损伤的伤害。在参观凯尼恩博士的实验室及其人工大脑项目之前，我就听说了，84 岁的朝鲜战争老兵同时也是脑损伤战士的艾伦·梅西·杜勒斯，就住在通往洛斯阿拉莫斯国家实验室的路上，因此，我做好了去拜访他的计划。

艾伦·梅西·杜勒斯是中央情报局前主管艾伦·韦尔什·杜勒斯的独生子，沿着古老的圣菲小道，走到一条小小的支路尽头，有一座棕色的大砖房，那就是他的家了。当我 2014 年春季去拜访他的时候，他已经遭受重度的精神性脑损伤长达 62 年了。杜勒斯只拥有 1952 年 11 月也就是他 22 岁以前的记忆。在前文中，我讲到过一个海军陆战队队员，他在朝鲜战场西部前线上巡逻，在一个名叫碉堡山的山顶上被敌人的迫击炮击中，杜勒斯就是这个年轻的士兵。从那以后，他依然活着，并得到了他的姐姐同时也是他的监护人琼·杜勒斯·塔利的悉心照顾。

当我到达他那里时，他看起来就像任何其他的年迈的绅士一样，坐在厨房的椅子上等候他的午餐。桌上摆放了鲜花，墙上装饰有一些艺术品。从身体的角度来说，杜勒斯是健康的，脸上挂着灿烂的笑容，胡子精心梳理。杜勒斯·塔利说："他看起来就像我们的父亲。"我走进来，坐在他的对面，拿出数字磁带录音机，然后就开始了我们的谈话。艾伦口齿清晰，谈锋甚健。令人印象深刻的是，他像一个古典文献的学者一样，能够毫不费力地讨论埃及法老和古希腊的有关问题，而他在大脑被损害以前，确实就是一名古典文献的学习者，曾经研读过这些学科知识。他的神经网络允许他去获取这些信息，就像回忆过去一样，但是他无法记得昨晚的晚餐吃了什么，或者今早的早餐吃了什么。他的姐姐琼解释道，在我离开这里以后，他也不会记得我曾经到访过。

杜勒斯·塔利是一名受过训练的心理分析师，2014 年的时候已经 90 岁了，身材高大，性情温和，知识极为广博，有着一副凯瑟琳·赫本的嗓音。她的第一任丈夫在"二战"中是一名谍报人员，随后出任美国驻伊朗大使。他们离婚以后，塔利去了瑞士，在那里她接受训练并成为一名掌握精神疗法的医生，专治昏迷类患者的心理问题。在此期间，她的弟弟杜勒斯曾在日内瓦湖的心理治疗机构住过一小段时间，于是，塔利经常去看望他。他们的父亲去世后，琼·塔利带着弟弟回到了美国，并从那时起直到现在都是他的监护人。

杜勒斯的左耳几乎完全失聪。为了弥补这一缺陷，他使用了一个 20 世纪 90 年代生产的助听器，这个助听器包括一个手持的发射器以及一个通过长长的线与其相连接的微型话筒。他的左耳里戴了一个听筒。同他说话时，我需要拿着微型话筒然后对着它讲话。对于艾伦来说，这是一个他不太能够很好地理解的高科技。在他能够记得住的世界里，也就是 1952 年 11 月以前这个东西是不存在的。

"日常生活中你都有些什么安排？"我问道。

"没有什么特别的，"他说，"不过我挺喜欢去逛二手货商店的。"

"那你都买些什么东西？"

"与书有关的，或者与科学设备有关的。"艾伦说。他给我简要传授了一些科学设备的知识，但是他实际上讲的是1952年以前的科学知识。

“你能否在一个小时的时间内记得住我们的这次谈话呢？”我问道。

“恐怕不行，”他说，“你知道，我记不住近期的事情。”

我让艾伦给我分享一段他大脑受伤之前的记忆，比如高中时期的记忆。

“我记得一次不错的课，是关于宪法解释的。”他说道。

“你为什么决定加入海军陆战队？”我问道。

“好吧，你看，”他信念坚定地说，“我那个时候已经17岁了，有机会被征招入伍。欧洲的战争已经结束。我知道还会有更多的战争。世界上从来就不缺乏战争。”

杜勒斯谈论起了战争，包括希腊战争、欧战与纳粹德国的战争。他可以谈论1952年之前的所有战争，但是，在此之后，他的所有的关于战争的知识，所有的来自战争的科学和技术的知识，都戛然而止了。他曾经经历了这本书中所讨论的每一个重大事件和发明创造——氢弹计划、洲际弹道导弹、阿帕网、互联网、越战、海湾战争、全球定位系统、隐形技术、机器人和计算机、“9·11”恐怖袭击、在伊拉克与阿富汗的战争——但是对于这些，他既不记得，也没有任何概念。杜勒斯是一个活生生的过时的人。他属于过去的世界，而这个世界已经不存在了。对于他来说，时间是静止的，停止于1952年，而这之后的科学与技术改变并塑造了我们现在生活于其中的现代世界。

卡尔·萨根（Carl Sagan）曾经说过：“创造一个依赖于科学和技术的社会，而这个社会里如果几乎没有人明白这些科学和技术，那么这是一种自杀。”但是我想，如果卡尔·萨根遇到了杜勒斯，他就会把杜勒斯视为一种例外。不过，对于我们其他人来说，卡尔·萨根的话仍然管用。

在发展科技方面，DARPA 走在了国家的前列。DARPA 塑造了未来。从 2013 年开始，DARPA 联合白宫发出“创新发展神经科学以促进大脑研究”（BRAIN）的倡议，并对外宣称接下来的十年将是脑科学的十年。白宫称 BRAIN 倡议“是一项大胆而新颖的研究计划，目的是革新我们关于人类意识的观念，探索新的路径来应对、防止和治疗阿尔茨海默病、精神分裂、自闭症、癫痫和精神性脑损伤等脑部疾病”。这些都是重要目标。但是 DARPA 的公开目标是研发武器技术，并不是医治精神疾病。那么，DARPA 研究人类大脑的首要目标究竟是什么呢？

为了帮助脑损伤战士，DARPA 开展了好几个特别值得注意的项目。在“恢复活跃记忆”（RAM）项目中，科学家正在研发并测试植入式无线“神经义肢技术”，以将其作为克服健忘症的可能办法。作为 RAM 项目的一部分，微型机器或者芯片将被植入士兵的大脑之中。“重组和可塑以加速伤害复原”（REPAIR）项目寻求理解大脑是如何进行计算的，以及如何组织这些计算。这个项目同样需要外科植入大脑芯片，就像“恢复编码记忆集成神经装置”（REMIND）项目一样。尽管通过国防部长办公室多次递交申请，DARPA 仍然谢绝我与任何一个此类脑损伤战士进行会谈。DARPA 同样也没有回答关于 RAM、REPAIR 或 REMIND 项目的任何具体问题。

五角大楼称：“精神障碍是住院治疗的最主要原因，也是现役军人就医的第二大原因。”为解决这一问题，国防 DARPA 研发了大脑植入技术，用以治疗与战争相关的精神或神经心理疾病。“基于系统的神经技术新兴疗法”（SUBNETS）项目的目的在于治疗创伤后压力综合征，主要手段包括在大脑多个区域外科植入多个电极，并在脑损伤战士的大脑与头骨之间植入微型芯片。芯片通过发送无线信号，将数据传回信息操控中心，该中心能够将电脉冲远程输送至战士大脑的不同区域，以缓解焦虑和反应迟钝等症状，这是21世纪正在研发的一种电休克疗法。DARPA从技术层面宣称，其目标在于“汲取现有脑深部电刺激器的灵感”，“在下一代装置中将实时记录、分析和刺激等功能融为一体”。国防部长办公室和DARPA拒不批准采访“基于系统的神经技术新兴疗法”项目的受试者，也拒绝回答有关该项目的任何问题。

纵观历史，我们可以清楚地认识到，DARPA宣称的有关大脑项目的目标并非其唯一目标。该局的主要目的不是帮助士兵痊愈，那是退伍军人事务部的工作。DARPA的职责在于“避免对美国的技术突袭并谋求对对手的技术突袭”，为未来战争准备大量武器系统。那么，该局讳莫如深的大脑项目的真正用意何在？其背后的原因是什么？

DARPA的手臂义肢项目或许提供了一些线索。2005年，随着简易爆炸装置频频见诸报端，DARPA启动了一个名为“革命性义肢”的项目。此后20年间，该项目分成了两个部分：位于新罕布什尔州的DEKA研发公司获得了制造机械义肢的合同，约翰·霍普金斯大学应用物理实验室获得了打造“思维控制”机械手臂的合同。这是一项十分宏伟的计划。

《麻省理工学院技术评论》2007年报道了约翰·霍普金斯大学取得的惊人进展：“他们首次证明，从猴脑记录下来的神经活动可以控制机械手臂上的手指，并在钢琴上弹奏若干音符。”但美海军陆战队第23团1营前轮机官乔纳森·库尼汉姆称，这种说法并不准确。库尼汉姆在伊拉克幼发拉底河沿岸踩到了埋在地下的简易爆炸装置，并因此丧失了右臂。这枚自制炸弹被伪装成了一个废弃的橄榄油罐。身体复原后，库尼汉姆与DARPA签署协议，参与“革命性义肢”项目研发。“人自己的手可以做出弹钢琴所需的所有动作，”他在美国电气电子工程师学会杂志《光谱》上写道，“但它（义肢）不能被人实时控制。其中既不包含肌肉收缩，也没有通过信号处理算法实时解密的电信号。义肢的程序都是事先编制好的，就像自动演奏的钢琴一样。”《光谱》是世界上推动技术进步的最大专业协会美国电气电子工程师学会出版的行业杂志。从某些方面讲，相较于对战争中失去手臂的士兵们的实际意义，“革命性义肢”项目在提升 DARPA 形象方面做出的贡献更大。

主要新闻机构发布了有关 DEKA 手臂的报道，将其誉为具有革命性意义的惊人之举。2009 年，DEKA 创始人迪安·卡门在美国哥伦比亚广播公司《60 分钟》节目采访时回顾了 DARPA 找他制造机械手臂时的场景：“他们说，‘我们想让这些孩子恢复正常，让他们能够从桌上拿起一粒葡萄干或一颗葡萄，并且无须看上一眼便知道两者之间的差别’。”卡门对这项挑战表示欢迎。他和他手下的 40 名工程师花了一年时间解决这一问题，DARPA 资助了他们 1 亿美元。

然而，一旦聚光灯的光环褪去，这些手臂往往被送回 DARPA 的实验室束之高阁。该项目的一位匿名参与者在伊拉克丧失了一只手臂，他在全国电视上展示 DEKA 手臂时说道：“我们中的多数人都重新装上了‘胡克船长’手臂。”他对 DARPA 失望至极。虽然他并不想知道 DARPA 有什么不可告人的目的，但在他看来，该局发展机械手臂的动机并非是为退伍老兵装配性能更好的义肢。一支 DEKA 手臂需要花费 65 万美元，DARPA 至今尚未找到合作伙伴来大规模生产该系统。2014 年 11 月，美国食品药品监督管理局批准市场销售 DEKA 手臂。据报道，该装置可同时响应使用者大脑发出的多个指令。DARPA 在一份新闻稿中称，很高兴“能够偿还我们亏欠现役军人的部分恩情”，但它同时坦承截肢者何时可以装配 DEKA 手臂尚未确定。美国受伤的士兵仍在使用第一次世界大战以来截肢者使用的“胡克船长”手臂。该手臂正式名称为“多兰斯假手”，由多兰斯博士于 1912 年发明。

DARPA推动义肢研发的主要目的可能是为机器人，而不是退役老兵安装更好的手臂和手掌。机器人专家诺埃尔·夏基现任联合国顾问和国际机器人武器控制委员会主席，他解释道："你们一定听DARPA说过其正在设计的一款机器人能够打开福岛核电站内的阀门。是的，这是机器人保护人类安全的一个例子。但那个机器人也能在不久之后用手打开某艘船上的阀门。"机器人可能会在一场军事行动中受命接管这艘船。

在DARPA致力于研制杀手机器人的过程中，其大脑和义肢项目中的在研技术具有双重作用。再加上其热衷于探究人工智能，所有这些或许可以解释为何该局如此专注于窥探人类大脑。

洛斯阿拉莫斯国家实验室，位于赫梅斯山脉最顶端森林覆盖的高原上。它久负盛名，对核武器的研究有着悠久的历史。同时，洛斯阿拉莫斯国家实验室也是美国最大的国防科技制造商之一，它的宣言是"传递科学技术，捍卫国家主权，促进世界稳定"。尽管DARPA和洛斯阿拉莫斯国家实验室签订的合同详单我们不得而知，但肯定是数量巨大。大多数合同都是机密。DARPA负责公共事务的官员绝不会把这些研究项目马上公之于众。机密项目并不像人们在主流杂志和报纸上读到的那样，如能转弯的子弹，能灵活地抓起一颗葡萄的假肢，能自动驾驶的汽车，能被吞下的高科技产品，能躺倒又自动复位的机器人。在洛斯阿拉莫斯的机密国家实验室以及类似的其他机密国家实验室和研究设施里，DARPA一些最高风险和最高回报的项目正在秘密进行着。面向未来的重要武器系统都是秘密诞生并严格保密的，像氢弹、麦克纳马拉电子围栏、突击破坏者和隐身技术等都是在军事领域发起了革命性变革后，才向世人揭开面纱的。

在洛斯阿拉莫斯国家实验室36平方英里的营区内，总共有1280栋建筑物，其中 11 栋安装着核设施。在这里，甚至一些在厨房工作的厨师也要经过绝密审查。实验室营区有 63 英里长的天然气管道和一个能源车间。实验室里大约有一万名雇佣工和合同工人。根据《洛斯阿拉莫斯历史社会》的历史学家所说，其中大约一半人有博士学位，最著名的是盖瑞特·T. 凯尼恩博士，他有一个 DARPA 合同，自由探讨他在人工大脑方面的工作。

凯尼恩博士的办公室外，有一辆上擎机枪的装甲卡车，就停在前门旁的红色区域。房间里面，凯尼恩博士和他的小组正致力于研究人工智能和智能机器。凯尼恩博士是洛斯阿拉莫斯国家实验室合成认知研究小组的成员。他和他的小组运用超级计算机模拟灵长类动物视觉系统。具体地说，这个小组尝试用计算机准确模拟人眼，包括整个神经系统，以此了解视觉认知能力和大脑之间的关系。这并不一定是不可以完成的任务，但是需要用世上最快的几台计算机之一，来模拟人眼复杂的神经系统。现代神经学家认为，人脑里有 1000 亿个神经元，大脑收到的每一个感知信息，都需要以指数增长的多个神经元结合来完成。

凯尼恩博士和他的小组用走鹃超级计算机一部分剩余的资源来完成工作。走鹃于 2008 年建成时是世界上最快的计算机，每秒能计算 1000 万亿次，也是当时世上仅有的有此运算能力的计算机。这和“二战”时宾夕法尼亚莫尔学院，每秒只能完成五千个操作的电子数字积分计算机完全不同。随着科学进步，幻想变成了现实。电子数字积分计算机启发约翰·冯·诺依曼，建造了数学分析数值积分计算机，接着丹尼尔·斯洛特尼克（Daniel Slotnick）制造了伊利阿克 IV 计算机，并最终促使 IBM 诞生。

从 2008 年问世到我 2014 年参观这六年时间里，走鹃已经过时了。这台机器造价 1 亿美元，但现在已经没有可用价值了。但因为走鹃承载着许多国家核机密，而计算机上储存的信息不能彻底抹去，所以走鹃不能被循环利用。洛斯阿拉莫斯国家实验室需要一台更大、更快、更高效的计算机，走鹃因此被销毁了。走鹃中剩余的资源，用于凯尼恩博士小组人工智能的研究工作。走鹃计算机占满了一个篮球场大小的房间。

凯尼恩博士带我参观了这台超级计算机。它被安置在实验室所在的，由砖和玻璃建成的大楼里。越过装甲卡车，走过长长的走廊，穿过一道锁着的门就到了。我们通过一个小窗户向里观看走鹃计算机。光线很暗，处理器像货架一样排成列，闪着微弱的红光和白光；地上有成捆的线缆。凯尼恩指着里面说："它就是个大算盘。"他拍着脑门接着说："真正的力量来自于人的大脑，它如此小，却又潜能无限。"

我们走过大楼的另一部分。正当等电梯时，凯尼恩博士拆开一张餐巾纸，把它举到前额前说："大脑展开后，差不多就这么大，起作用的只是大脑的皮质。"皮质层的1000亿个神经元也叫大脑灰物质。谁也弄不清楚人类的大脑是怎么工作的，进化创造了世上最聪明的机器。

凯尼恩博士用浅显易懂的语言，解释了这个DARPA资助项目所蕴含的概念，"今天，我12岁的女儿重新设置了我的智能手机，加装了人脸识别软件，但是在70%~80%的情况下，识别软件都无法认出我的脸"。他把手机举到脸前说："智能手机不能每次都认出我，而我每次都能认出自己，因为有个烦人的双下巴。为什么手机不能每次都认出我呢？为什么不能像我每次走进家门，小狗马上认出是我一样呢？因为智能手机可以做到一切，唯独不能做到生物系统可以做到的最简单的事情，那就是每次都能认出某个人。"

凯尼恩注意到，如果一个十几岁的孩子，认对自己父亲的概率仅有百分之七八十，那他的脑子一定有很大的问题。他解释说："有感知能力的动物通过视力认识事物，而我的手机只是通过对比已预先储存在内的特征和摄像头摄入的特征，以此来辨明事物，实质上它并没有‘看见’任何东西。手机并没有用事物内部固有的相互关系分解像素，构建丰富场景，而只是搜寻许多关键特征，构建高维特征矢量，以此对比已预先储存在内的特征矢量。”

目前，只有动物有认知意义上的识别能力，或者说是通过思维、经验、感觉来获取知识和理解判断的能力。凯尼恩说：“我们相信，通过努力研究认识生物系统如何解决这个问题，个体视觉系统如何认出事物，我们就能理解，大脑认人这种问题的基本原理。到那时，计算机就‘盲’了，它们并不能‘看见’东西。”

对人工智能和猎杀者自动无人驾驶飞机来说，这至少提出了一个技术性问题。凯尼恩声称：“从多个角度来看，我认为机器人刺杀者是个非常糟糕的主意，姑且不说道德和政治因素，仅仅是要克服的技术难题就无法解决。”他接着说：“单纯认为智能手机能在百分之七十的情况下认出我，仅需要再提高剩余的百分之三十就够了，这种想法是不对的。”我们研究的是数量级。“相距过近，或者因为我戴着帽子，并不能影响我女儿认出我，认不出的可能性微乎其微。但是我们仍不能理解，神经系统是如何做到这一点的。”

凯尼恩博士对他自己的研究非常感兴趣。他认为，今天的神经学家就像是中世纪的炼金士试图了解化学一样，未来充满了有趣的发现。“想想黑暗时代化学家对化学的无知，和我们如今掌握的化学知识，我们这些神经学家正处于无知的罩子里。我们还没有讨论大脑如何运作的俱乐部，尽管有理论了，但是我们还不确定真伪。我们也无法制造电路来模拟生物系统，无论是数字的，计算机模拟的，还是其他类型的。总之就是不能模拟人脑运作的过程。将来一定能做到。”

凯尼恩博士说，DARPA 是一个团体，最主要的是因为这里有许多理论科学家和工程师，人工智能的探索和让人类登上火星是相似的，只要有信心就能做到。他在实验室里打比喻说，“登上火星是个工程学的问题，我们只是还不知道火星在哪儿”，凯尼恩博士和他的小组对人工智能非常坚定，“我认为不会太远了，只是谁去发现的问题”。

哥伦布是寻找新大陆，而DARPA是寻找用科学打赢未来战争的方法。

采访完DARPA的科学家，我感到在21世纪的今天，以前出现在科幻小说里的研究计划正日益成为当下的研究课题。盖瑞特·凯尼恩博士的洛斯阿拉莫斯实验室代表着未来的大脑，而尔湾市加州大学的苏珊·V. 布莱恩特（Susan V. Bryant）博士和大卫·M. 加德纳（David M. Gardiner）博士则代表着未来的人体。布莱恩特博士和加德纳博士夫妇组成了一个生物再生研究小组。同时，布莱恩特博士也是尔湾市加州大学生物科学学院的院长和分管研究工作的副校长；加德纳博士则是发展和细胞生物学教授，也是一个再生技术工程师，在他负责的实验室里做研究。

这个实验室和许多大学科学实验室一样，里面满是高倍显微镜、解剖仪器，以及戴着护目镜和手套的研究生学生。加德纳博士和布莱恩特博士与DARPA签订了一份五年的合同。他们的工作主要涉及肢体再生。加德纳和布莱恩特相信，在不久的将来，人类将能够再生自己的肢体。

大卫·加德纳博士已经六十多岁。他检查了工作台上的一组实验托盘，里面的蝾螈目动物美西螈正到处乱爬。这种动物看起来，既古老又充满未来主义色彩，有着昆虫一样的大眼睛，或呈粉色，或透明。自然突变会使它变得透明，能看见身体内的骨骼和血管。这种蝾螈目动物属于有尾目的两栖类，成虫有身体再生能力。

“肢体再生越来越受到关注。”加德纳博士说，“我和苏珊已经研究这项技术许多年了，但 DARPA 是第一家要求我们再生东西的雇主。首先尝试再生老鼠的脚趾。”他说的是老鼠的趾尖。他们的小组和另外一组科学家，都已经成功再生老鼠趾尖，创造了新的里程碑。“DARPA 的人说，‘太好了，你们能把这项技术推广吗’？在猪身上，甚至人身上试试。他们问，‘有这个可能吗’？我们回答说有这种可能。他们接着问，‘你们知道如何操作吗’？我们回答说不知道，他们说，‘好吧，我们资助你们’。”加德纳相信，这里面体现了 DARPA 的内在精神。他说道：“DARPA 只资助能提出问题的项目。”

加德纳博士翻遍了盛着蝾螈目动物的托盘，选定了他要找的那一只。这只美西螈的身体右侧多出一只脚，两个右前足。“看看蝾螈目动物身上多出来的这条前足就应该明白，我们已经掌握了再生人类手臂所需要的信息。”

为了说明肢体再生的概念，加德纳博士首次对变异的形成进行了简单的总结，即有机体的遗传信息改变导致突变的过程。“突变是自然发生的，是突变原暴露的结果。”他说，“自然突变对有机体来说可能有益也可能有害，这推动了生物的进化。突变也可以在实验室里以实验的形式实现。DNA 能通过化学或生物药剂被人工修饰，从而导致突变。”当年，DARPA 发动“阿吉尔计划”脱叶战争，导致的结果就是一个有害变异形成的著名案例。越南战争中暴露于橙剂中的人们，孩子出生突变率更高。这也包括被除草剂喷洒过的越南人以及无以计数的参与喷洒的美国服务人员。

“突变会给我们信号。”加德纳解释道，“细胞之间用信号交流，不存在哑巴细胞。每个细胞有每个细胞的身份，所有细胞都包含信息。细胞通过交流刺激生长，形成新的模式。”加德纳指着有额外肢体的透明蝾螈说：“人们会看着这个蝾螈说，‘蝾螈真是特别。我们（人类）从来不会像蝾螈一样再生'。"加德纳博士和布莱恩特博士并不这么认为。"我们会说，'哦，真的吗？你怎么知道'？最具有说服力的证据就是你有胳膊。"

"没有什么再生基因，"加德纳说，"再生是发生于细胞阶段的。人可以再生，看我们的形成就知道了，最初只是一个单细胞。我们每个人曾经都是单细胞胚胎，然后开始分裂。这颗行星上的所有人都是在子宫里再生了自己的细胞。"

布莱恩特博士为使我们更易于了解，做了对比说明。"蝾螈和人类的不同在于，"她说，"蝾螈的肢体切断了会长出新的，人的肢体被切断却会产生瘢痕组织。我们人类对伤害的反应就是产生瘢痕组织。""为什么？"她问。

"肢体再生的核心是进化。"加德纳补充道。他说他妻子想说明的是"遗传学的核心是多样性"。

"有些人伤疤很多，"布莱恩特说，"伤疤可能比伤口还大。如果把伤疤组织切除，它还会再长。而另外有些人情况刚好相反，有些人产生伤疤后可以自然消失。"

加德纳博士建议以类比的方式看待癌症研究。"癌症其实是我们的身体和环境在互动。"他说，"癌症表明我们有很强的再生能力。引发癌症的通道和刺激再生的通道是相同的。人们早期对癌症没什么概念，认为癌症就是癌症。后来才有了'引发癌症'的致癌物概念。呃，我们发现蝾螈对癌症的抵抗力很强。给蝾螈注射致癌物，它还是会正常生长，只是把致癌物转化为额外的肢干。"

"这预示着什么？"我问。

"我们正推动生物走向永生，"加德纳博士说，"或至少走向青春之泉。"

2014年4月，美国和墨西哥的科学家宣布，他们已经利用组织细胞成功地在实验室里培育出了一个合成器管——人类子宫。当月，科学家于英国北部的伦敦医院发表声明，他们在实验室里培育出了鼻子、耳朵、血管以及气管，也是尝试用干细胞制作身体部位时实现的。荷兰马斯特里赫特大学的科学家在实验室制成了牛肉汉堡，牛肉是用小牛的干细胞在试管里培育的。试吃者说尝起来“很接近肉的味道”。

“科学能那么极端吗？”我问加德纳博士和布莱恩特博士。

“同样的生物技术足以让科学家克隆人类。”加德纳博士说。

“您认为国防部会开始人类克隆研究吗？”我问。

“这最终需要政策上的决定。”加德纳说。

2005年，联合国投票通过了《人类克隆宣言》，禁止“一切形式的人类克隆技术，因为这与人类尊严和生命保护矛盾”。但是目前联合国没有同盟政策禁止这项行为。《禁止人类克隆法案》没有通过，所以国防部现在可以克隆。而且，虽然布莱恩特博士和加德纳博士没有回答那个问题，但我们默认科学上可能的事情几乎都被科学家尝试过了。

“我们需要开展这样的讨论。”加德纳博士说。

21世纪的科学世界几乎没有什么事情是不可能的。但应该吗？谁来决定？我们怎么知道什么是明智的，什么是不明智的？

“让大众知情非常必要。”布莱恩特博士说，“大众必须知情。”

但让大众知情，必须要有人来告知他们。布莱恩特博士和加德纳博士的克隆程序从未被归类。他们曾经为DARPA工作了四年，然后双方和平结束合作。究竟如何对待肢体再生科学，DARPA需要做出决定。要是DARPA致力于克隆程序，而克隆程序要归类，那么大众就只能将来才能知情，如果真这样的话。

假设人类克隆是可能的，而且不可避免，那么考虑到五角大楼的资助和军事申请，美国科学家会第一个到达这个里程碑吗？再假设人工智能是可能的，那也会不可避免吗？

按 DARPA 的思维模式可能会从另一个角度提问：俄罗斯、中国、韩国、印度或伊朗会为全世界献上第一份人类克隆或第一个人工智能机吗，那会不会让大家觉得像卫星上了天？

DARPA 总在寻求技术和军事的边缘，让观察员为了军事用科学进步和科学极端化而争论不休。什么是对，什么是错？

"看史蒂芬·霍金（Stephen Hawking）。"布莱恩特博士说。

史蒂芬·霍金，理论物理学家和宇宙学家，是全世界上公认的最聪明的人之一。1963 年，他被确诊为运动元神经疾病，被告知只有两年可活。但他 2015 年仍然活着。虽然霍金瘫痪了，但他在超过 50 年的时间里坚持工作、写书，而且通过语言合成器与人交流，过得很充实。霍金是克隆的支持者。"对克隆大惊小怪相当愚蠢。"他说，"我看不出克隆弟弟、妹妹和怀胎十月生出弟弟、妹妹有什么本质不同。"但霍金认为追求人工智能是很危险的想法，可能是人类"历史上最糟糕的错误"，也许就是最后一次了。2014 年，霍金和一组同事曾对人工智能会带来的危险做出警告。"你可以想象一下，这项技术将智取金融市场，完胜人类研究者，操控人类领导者，还会开发出我们无法想象的武器。人工智能的短期影响取决于谁来控制它，长期影响取决于它是否能够被控制。"

远不止史蒂芬·霍金一个人对人工智能提出警告。物理学家和人工智能专家史蒂夫·奥莫亨德罗（Steve Omohundro）认为"这些（自动化）系统很有可能反社会，危害人类，除非有人精心设计"。2013 年，联合国在日内瓦举行了第一次关于致命自动化武器系统或称自动索敌无人机的大会。这次大会持续了四天，117 名成员国代表在会上争论，是否应该将这种机器人系统在国际范围内定为非法。世界著名的机器人学专家和人工智能专家诺尔·沙基（Noel Sharkey）在出席这次联合国听证会时说："不能允许武器系统自动搜索人类目标，并参与制造致命武器。"为配合联合国大会，人权监察站和哈佛大学法学院国际人权诊所联合发布了名为《人性的缺失：反对杀人机器人》的报告。

"完全自动化武器将会威胁到人类最基本的生存权。"作者写道，因为杀人机器"破坏了人类尊严的根本原则"。人权监察站武器部的主任史蒂芬·古斯（Stephen Goose）说："如果机器有能力决定战场上谁生谁死，那么技术就走向极端了。"

在做关于本书的采访时，诺尔·沙基介绍了一系列潜在的机器人错误。他认为这些错误极其严重，不可忽视，包括"人类—机器互动失败、软件编程错误、失灵、交流退化、敌人网络攻击"等。"我相信还是有条线不可跨越。"沙基说，"机器人不应该有杀人的权力。"

这样的施压能阻止索敌机器人的生产吗？史蒂夫·奥莫亨德罗（Steve Omohundro）认为"自动化武器军备竞赛早已开始"，因为"军队和经济的压力正在推动自动化系统快速发展"。越来越多的人认为，人性正处于堕落的边缘，史蒂芬·霍金、诺尔·沙基以及史蒂夫·奥莫亨德罗只是其中三人。DARPA 的目标是研发先进武器系统以防他国战略上的惊人之举。但如果最终结果是人性的缺失会怎样？如果 DARPA 为了牵制国外军事竞争对手而开发出另一个意外的强大竞争者，最终与己为敌又会怎样？机械竞争对手有强劲的智能科学作支撑，很快就会比我们更具优势。一个无法阻止的对手就像一列失控的列车。如果 21 世纪变成历史的终点，人类除了另外的人工智能再无真正的竞争会怎样呢？

在一个被科技统治的世界，适合的不再是必需的，最聪明的才能生存。DARPA 的程序经理喜欢说 DARPA 的科学是"科学事实，而不是科学小说"。那当这两个概念融合后会发生什么呢？

[illegible]学家[illegible]（Noel Sharkey）[illegible]这类武器[illegible]不能分辨[illegible]平民[illegible]人员[illegible]结合[illegible]人类[illegible]了[illegible]对[illegible]人[illegible]。

[illegible]人类[illegible]人类[illegible]（Stephen Goose）说：[illegible]机器[illegible]之后[illegible]了。"

[illegible]认为[illegible]不可能[illegible]。"[illegible]人[illegible]。

这样的[illegible]人的[illegible]（Steve Omohundro）认为，"[illegible]武器系统[illegible]人类[illegible]，[illegible]"。DARPA 的目标[illegible]的人之手。但如果最终结果是人性的缺失会怎样？如果 DARPA 为了[illegible]对手而开发出另一个意外的强大竞争者，最终写下[illegible]，很快就会让我们[illegible]优势。一个[illegible]就像一列失控的列车。如果 21 世纪[illegible]的终点，人类除了[illegible]人工智能[illegible]战争会怎样呢？

在一个[illegible]的世界，[illegible]，[illegible]在，DARPA 的[illegible]是"科学事实"，而不是"科幻小说"，那当这两个概念融合后会发生什么呢？

第二十六章 国防部大脑

2014年4月，我采访了激光的发明者，诺贝尔奖得主查尔斯·H. 汤斯。接受采访时，汤斯教授马上就要99岁了，但他头脑清楚，思路清晰，仍然能在加州大学伯克利分校的办公室上班，撰写论文，接受采访。能采访他，我很荣幸。

我们讨论的两件事，令人印象深刻。汤斯告诉我，很久以前，他和约翰·冯·诺依曼分享自己关于激光的想法，冯·诺依曼告诉他，这个想法根本不会成功。

“你对此是怎么想的？”我问汤斯。

“如果你要尝试新的东西，”他说，“就必须忽略批评。多数人对新想法持否定态度。他们想，‘如果我没想出这个主意，它就一定不行’。人们必然会怀疑你。可是你必须继续，这就是你应该做的。”而查尔斯·汤斯正是这么做的。激光被认为是当代世界上，最重要的科学发明之一。

汤斯告诉我的第二件印象深刻的事，我自己也在这本书的前面提到过，他是看过阿列克赛·托尔斯泰 1926 年写的科幻小说《加林死亡射线》后，受启发而发明了激光。值得好好想一下，科幻小说的力量有多大。这个异想天开的，好像不可能的想法，可以启发像查尔斯·汤斯这样的人，发明完全改变现实世界的东西。

科幻小说可以深刻影响现实的想法，现在仍深深令我着迷。因为在为这本书做研究报告的过程中，我了解到，在恐怖战争中，国防部开始从科幻小说作家，特别是一个叫西格玛组的民间组织那里，寻找灵感。这个组织的创始人阿兰·安德鲁斯（Arlan Andrews）博士说，成立这个组织的主要想法是，让世界远离恐怖主义。为了这个目的，西格玛组为国防部和白宫提供"未来主义咨询"。这个组织的座右铭是"国家利益中的科幻小说"。

负责保卫国家安全的人"需要想一些疯狂的主意"，安德鲁斯博士说，西格玛组正是在这方面帮助国防部。他说："我们（西格玛）中的许多人，都有高技术领域的博士学位，其中一些人在联邦政府和国防工业中工作。"安德鲁斯是乔治·布什总统任期内的白宫科学官，之前曾在位于新墨西哥州的国家核武器生产设施桑迪亚国家实验室工作。他说，对于西格玛的成果，"我们每个人都是一部科幻小说的作者，虚构新技术、新问题和新社会，解读可能产生的科学问题，猜测其对人类的影响"。

彼得·加勒森（Peter Garretson）中校是西格玛组的一名成员，他是国防部的一名转型战略专家。2014 年春天，加勒森安排我和另外两名同事克里斯·卡特（Chris Carter）和盖尔·安妮·赫德（Gale Anne Hurd）来到国防部。克里斯·卡特制作了《X 档案》有史以来最流行的科幻小说电视剧。《X 档案》中的人物癌人是个处于政府阴谋中心的典型反面角色。赫德是《终结者》的联合作者。这是一部科幻小说的经典之作，写的是恶毒的人工智能机器天网，从未来派来一个半机械人刺客的故事。在《终结者》中，天网变得比制造它的国防科学家们更聪明，它发动了一场核战争，以此达到机器霸权和消灭人类的目的。

卡特、赫德是和我一起来国防部进行采访报道并进行讨论和观察的，但不提供任何未来主义咨询。我们到达国防部时，正值2014年一个温暖的春日。这个五边形的650万平方英尺的五层建筑，就像是一个巨人。我们通过了安检。安全协议要求我们无论去哪里，必须时刻有人陪同，就算去厕所也一样。我们来到国防部庭院吃午饭，那里有草坪、高大的树和木制野餐桌。加勒森的同事朱利安·契斯纳特（Julian Chesnutt）中校和国防部国防情报局、国防秘密行动局一起，在国防部庭院中心，告诉我们一个关于国防部的故事。这里现在是一个美食广场，但曾是个热狗摊。契斯纳特解释说，在冷战的顶峰时期，卫星技术刚刚出现，监控五角大楼的苏联分析员确信，这个建筑是个像导弹发射井之类的地下设施的入口。分析员们对于每天有数以千计的人出出进进这个建筑，找不到别的解释。很明显，苏联并没有挑明这一点，整个冷战期间，热狗摊和五角大楼的其他地方一直是监控目标。这是一段秘史，每个人都想知道，五角大楼下面到底有什么，据说地下有很多层。

午餐期间，坐在一个长野餐桌旁，我们与一群国防部“未来思想家”就科学现实和科幻小说发起了一场发人深思的对话。这些国防知识分子中，许多人都有博士学位，他们来自不同的军种，年龄从三十岁到六十多岁。其中一些人曾去过伊拉克战场，其他人则去过阿富汗。这些“未来思想家”很热情，想法大胆，献身国家安全的决心毋庸置疑。这些人就是国防部决定未来的智库。

午饭后，我们来到E-环区域，这里是参谋长联席会议和国防部长所在地。这里像迷宫一样的走廊上，有嗡嗡响的荧光灯。我们穿过许多安全门，上上下下多层楼梯。最后，我们来到了国防部长办公室的门廊。

走廊墙上挂着真人大小的前国防部长们的油画像。我看见了本书中涉及的五位前国防部长画像。尼尔·麦克尔罗伊让国会批准成立 DARPA，他承诺 DARPA 负责管理美国宏大的未来武器系统，后来确实也实现了。罗伯特·麦克纳马拉相信，智力和系统分析可以赢得战争，为达到这个目的，他为国防部高层梯队招募了有奇才的孩子。作为氢弹武器的发起人，哈罗德·布朗是第一个物理学家国防部长，为美国提出了补偿策略——使指挥官有跨大陆发起战争的能力。迪克·切尼向世界展示了压倒性武力可以实现特定目标。唐纳德·拉姆斯菲尔德向世界展示了“以网络为中心的战争”。

当我们穿过走廊，欣赏国防部墙上的装饰艺术作品和武器系统照片时，我们这一组人又像讨论科学现实和科幻小说一样，展开了话题。一个官员说，他办公室有一张癌人的海报；另一个官员说，作为办公室社会事件，他的国防小组制作了正面写有“天网”字样的棒球帽。科幻小说具有巨大的力量。正因为卡特和赫德的科幻小说作品，许多有心人至少确信了两个科幻小说概念：其一，（正如《终结者》中的一样）人工智能机器有很大的潜能，可以比它的人类制造者更聪明，并发动核战争；其二，（像《X 档案》中一样）政府有专门维持某些秘密的部队。作为记者，我得知，这些概念也存在于现实世界。人工智能杀人机器人和美国政府，以国家安全的名义，保守着秘密。我还发现，一些五角大楼最强大的机密和战略就藏在眼前。

在五角大楼报道之旅后的第二天，我去见了迈克尔·戈德布拉特，他曾负责实施许多 DARPA 的超级士兵项目。戈德布拉特是个科学家和风投家，1999~2004 年，执掌 DARPA 的国家科学办公室，监督制造精神上和身体上都比常人强的超级战士项目。戈德布拉特让我去他家里采访。当一辆车把我从五角大楼城的酒店房间，带到戈德布拉特所住的市郊时，整个旅程就像是《X 档案》中的片段。穿过弗吉尼亚州麦克莱恩市的森林地区，沿多利·麦迪逊大道而下（多利的丈夫詹姆斯·麦迪逊，曾把战争称为可怕的自由之敌），我们路过兰利市中情局总部，来到临近的住宅小区。

在戈德布拉特家里，我们谈论了反人文主义、DARPA 的扩张、机器对战士的影响、药物和其他途径。在他的任期内，戈德布拉特主持的项目，包括作战持续性、机械战士和持续性辅助性能等。这些项目都是为了提高战士的身体机能，但是今天我对 DARPA 如何提高人类大脑机能最感兴趣。不仅是大脑受伤士兵的大脑，还包括健康士兵的大脑。DARPA 把这个领域的研究，称为"增强认知"（AugCog）。增强认知的概念，以科学前沿问题人机界面为基础，国防部称之为人机互动（HRI）。在 DARPA 的机器老鼠和烟草天蛾项目中，科学家制造了一种可遥控的动物机器杂交体。通过增强认知项目，DARPA 正在研制人机杂交体，或者可以叫作半机械人。

从 20 世纪 70 年代开始，DARPA 一直致力于研究脑机接口（BCI）技术，但直到 21 世纪纳米技术的进步，才使 BCI 真正有了新的突破。DARPA"增强认知"在戈德布拉特任期内进步飞速。到 2004 年，DARPA 官方目标，是发展"增加人机互动"二元体网络思维模式产生的力量数量级。2007 年，申请新项目时，DARPA 说："人类大脑活动必须与技术协调一致。"因此产生了几个非机密项目：包括认知技术威胁报警系统（CT2WS）和情报分析人员神经技术（NIA）。这两个项目都是应用"非侵袭性技术"，增强人类侦测目标的能力。CT2WS 项目是为帮助士兵寻找战场目标和在敌对环境中执行情报监控行动而设计的。NIA 是为画像分析人员在卫星照片中寻找目标而设计的。项目参与人戴着一个"无线脑电图描记器认知帽"，也叫头戴式受话器，通过电脉冲刺激大脑，增强认知功能。DARPA 的科学家发现，利用“非侵略性脑机界面”，他们可以成指数级地增强人类认知，使士兵和间谍更快、更准确地思考。但 DARPA 项目管理人说：“这些设备很难申请到，并且由于戴头戴式受话器，容易让头发出汗，脱下时容易掉头发，用户并不愿意戴。”在大脑中植入会更加高效。

戈德布拉特离开 DARPA 后，DARPA 的研究人员在《科学》杂志上发表了一系列“人 / 机系统”“开创性的进步”。2014 年，DARPA 项目管理人声称“人机界面技术的未来”在于融合所有 DARPA 关于人脑研究项目的技术，天线是否有侵略性，特别是随机存取存储器（RAM）、维护、提醒和子网络等技术。从本质上讲，DARPA 是在利用人脑执行搜集情报、监控和侦察任务吗？这是 DARPA 科学家长久以来一直寻求的人工智能的关键信息吗？“为了向总统的‘大脑计划’致敬，”DARPA 项目管理人写道，“需要新奇的脑机界面（BCI）技术，不仅是延伸能从大脑里提取什么信息，还要知道谁能参与到这些研究工作中去。”

几十年来，科学家们一直尝试制造人工智能机器，但都未成功。人工智能科学家们总是撞到同一堵墙上。迄今为止，计算机只能按照软件预先设置的算法执行命令，按章行事。我想知道，迈克尔·戈德布拉特主导的 DARPA 反人文主义项目是否可以砸碎这堵墙。DARPA 的脑机界面项目是不是就是关键的连接点呢？

戈德布拉特笑了。他说，他十年前离开 DARPA。他只能谈论非机密项目。但是在谈论贾松小组的科学家和他们 2008 年发表的一份报告时，他给我指了一个方向。在这份叫“人为绩效”的报告中，有一部分叫“脑机接口”，贾松小组的科学家论及的非侵略性接口，包括 DARPA 的 CT2WS 和 NIA 项目。利用“电磁信号侦测数以百万神经和突触的活动（换句话说，就是脑电图描记器帽），对提升认知很有效”，但是信息收集很“烦人和低级”。他们通过观察了解到，更多的侵略性项目可以详细地描述细节，特别是在一个“电极阵列植入大脑皮层，并在头骨设置一个‘引线’基座与之相接”的项目中。贾松小组的科学家写道，这些“大脑中植入芯片”的项目可以真正持续促进“想要得到的结果”，进而使“可预测的、高质量的大脑控制成为现实”。

它就在那里，就隐藏在普通场景中。如果DARPA可以掌握“高质量控制大脑”，人机系统和脑机接口的实现可能性就会大大提高。墙就会垮塌了，尤其是在猎杀无人机战争中的应用潜力无限大。大脑芯片就是缺失的那一环。

但是连贾松小组的科学家也认为，推荐这个想法的同时，有必要郑重警告一下。“对手可能在军事应用中使用侵略性接口，”他们写道，“一个极端例子，就是对人类的遥控。”正因如此，贾松小组的科学家警告国防部不要再继续这个领域的工作，至少首先要认真考虑一下伦理因素。“人们对于脑机接口，充满了在模仿人为绩效方面应用（无论是好是坏）的无限遐想”，但是同时也牵扯到“开展研究过程中滥用潜力”的问题，贾松小组的科学家写道。总之，贾松小组的科学家不推荐制造能用大脑控制的半机械人。

这个警告让人想到，贾松小组越战时提出的另一个警告，当时国防部长罗伯特·麦克纳马拉向贾松小组科学家征求关于用核武器打击“胡志明小道”的意见。贾松小组的科学家研究了形势，认为这不是他们该发表意见的事情。在越南用核武器，会让越共从苏联等国那里得到并使用核武器，贾松小组的科学家警告说。而这也将继而鼓励恐怖分子，在未来使用核武器。

2008年，贾松小组的科学家在提升认知和人为绩效的研究时说道，控制大脑的概念，最终会失败，因为军方有太多的人会认为这项研究有悖伦理。“这些伦理方面的顾虑，会适当地限制美国军方模仿人为绩效领域的活动和应用”，他们写道。

但是当我们谈及贾松小组对DARPA的影响时，戈德布拉特摇了摇头，表示我说错了。

“贾松小组的科学家没有多大意义了。”戈德布拉特说。从他进入DARPA起，直到2014年，“对DARPA最有影响力的科学顾问小组是DSB”。DSB即国防科学委员会，办公室就在五角大楼，负责查找问题，DARPA负责寻找解决之策，戈德布拉特解释说。DSB最近研究了人机系统，发现了人机接口一系列全新的问题。

2012年，在国防部两个无人机战争路线图《2011~2036财政年无人系统集成路线图》和《2013~2038财政年无人系统集成路线图》转换期间，DSB向国防部长提交了一份125页的报告，标题是“国防部系统中自主权的作用”。这份报告明确号召，让国防部加速发展人工智能武器系统。“特遣部队总结道，现在应用在战场上的无人系统，正在国防部行动中发挥积极作用。由于国防部方面应用材料问题的限制，阻碍了自主权的广泛接受，自主式技术并未被充分利用，”DSB主席保罗·卡明斯基（Paul Kaminski）在报告附带的信中写道。

DSB说，首要的阻碍来自信任——正如贾松小组科学家在他们的报告中预测的一样。许多军方人士对人与机器结合，制造自主式武器系统是否是个好主意，持怀疑态度。DSB发现，抵制来自指挥机构的所有阶层，从战地指挥官到无人机操作者。“尤其是在实践中，系统的自主式功能，能否在任何条件下都起作用，指挥员和操作者们对此缺少信任。”DSB写道。根本问题是如何让“指挥官相信，自主式系统会像预期表现一样”。

或许指挥官们已经看过太多的《X档案》片段，看过太多遍《终结者》系列电影；或许他们读过《国防部指令3000.09》，看过关于讨论“自动化或半自动化武器系统失败的可能性，以及可能导致的不可预料债务”；抑或指挥官和操作者们还想是个完整的男人（和女人），而不想成为半人半机的半机械人。但是不像贾松小组，国防科学委员依然向国防部建议，要加速转变态度——说服指挥官、操作者和战士，接受、信任人机接口。

“在人机接口（HRI）领域，特别受关注的一部分是机器人伦理学。”DSB 写道。这种包含机器人伦理学内部讨论的尝试意在在军事人才和机器人系统之间培养信任。可是结果适得其反。“理论上很引人注目，但在实际伦理上，这场讨论结果并不好。它增加了人们对无人系统的不信任，因为机器人不会完全按理性的思维行动。”DSB 建议这种不信任的态度应该改变。

或许 DARPA 展开了一个怎么达成信任的项目，这一点儿都不奇怪。在恐怖战争期间，DARPA 与中情局里和 DARPA 职能类似的部门——情报先进研究计划署（IARPA）合作，共同研究叙述网络（N2），“发展人类认知中叙述能力的技术”。领导这项研究的科学家保罗·扎克（Paul Zak）博士坚持认为，DARPA 和中情局关于信任的研究，很有意义。“如果政府更加信任民众，我们都会获益”，扎克 2014 年秋天告诉我。当时我正在参观他位于加州克莱蒙研究大学的实验室。我问扎克，他所参与的 DARPA 研究是不是为了解决信任问题，扎克说他不这样认为。

保罗·扎克是神经经济学与道德观念领域的带头人。这个领域研究基于信任的，做出经济决定的神经化学根源。扎克是经济学博士，在博士后研读期间，他在哈佛大学做神经影像研究。2004 年，他做出了自称“开创性的、改变一生的”发现。“我发现了大脑道德分子，”扎克说，“大脑中的化学物质催产素，让人做出道德方面的决定，而道德与信任息息相关。”马上，扎克说：“DARPA 的各路人马都在问我，‘我们怎样才能搞点催产素呢'?"扎克也引起了中情局的兴趣。为了 DARPA 的叙述网络（N2）项目，扎克发明了一种方法，用于在催产素等"大脑道德分子"自然释放时，测量人类大脑和身体的反应。

与 DARPA 毫不相干的波恩大学研究人员，对于催产素取得了另一些研究成果。2014 年 12 月，这些研究人员公开了一种化学物质和如何"消除恐惧"的研究课题。首席研究人员莫妮卡·埃克斯坦告诉《科学美国人》杂志，课题的目标是：把催产素注入 62 个人的鼻子，希望他们的恐惧感可以消失。"对于大部分人来说，实验成功了"，她说。我们将生活在一个可以消除恐惧的世界里，实现时间不会太久了。

为什么国防科学委员会对于在国防部推进机器人战争这么上心呢？为什么要让军事人才学会"信任"机器人，并在未来战争中依靠自主式机器人呢？为什么政府要投资消除恐惧的研究工作呢？所有这些问题和本书中的每一个问题的答案，就在于整个军工复合体的核心。

不像贾松小组科学家那样，大部分都是兼职，包括国防科学家和全职大学教授，DSB 的大多数成员都是国防合同商。2009~2013 年，DSB 主席保罗·卡明斯基一直为奥巴马总统的情报顾问委员会工作，同时他还是通用公司的董事、兰德公司董事会主席、前休斯研究所董事会主任、航空航天董事会主席、技术创新有限公司主席和首席执行官、约翰·霍普金斯应用物理实验室信托人和顾问、麻省理工学院林肯实验室信托人和顾问，所有这些公司和社团都是为 DARPA 和国防部建造机器人武器系统的。卡明斯基还是国防部办公室的付费顾问。但是，他只是一个例子，他的 DSB 同僚们大约有 50 人，每个人都在国防合同商巨人们的董事会工作，这其中包括雷声、波音、通用、诺斯罗普·格鲁曼、里克特尔、航空公司、得州仪器、IBM、劳伦斯利弗莫尔国家实验室、桑迪亚国家实验室等。

回顾 DARPA 的历史，可以说它的部分甚至整个职能就是让美国在军事技术上永远领先。前 DARPA 主任埃伯哈特·里希廷曾在 1970 年对国会明确地说明这个先进技术战争的难题，DARPA 总是面临要接受“先有鸡还是先有蛋”的问题。DARPA 必须永远执行“需要的项目”，因为当一项技术需求在战场上出现时，就为时已晚了，必须提前研究。DARPA 的合同商在国防部保持先于需要，并引领军事变革中，起了非常关键的作用。要统治未来的战争，提防被抓到。

回顾 DARPA 的历史，展望未来，可以说，未来某一天，当它走向全世界的时候，技术自身将会超越 DARPA。而这正是许多受人尊敬的科学家和工程师所万分担忧的。

问题是，我们究竟能多么接近这条线，且不越线，而仍然能控制住我们所创造的事物呢？

另一个问题是，这场技术优势的竞赛，在多大程度上是基于国防合同公司们只是为了维持“先有鸡还是先有蛋”的难题。

这正是艾森豪威尔总统在 1961 年的卸任演说上谈及对军工复合体的风险时对美国人的警告。“我们被迫建立了巨大规模的、永久性军备工业。”总统说。

从那时开始的几十年里，军备工业一直在扩大。如果说 DARPA 是国防部的大脑，国防合同商们就是心脏。艾森豪威尔总统说，美国人能约束国防合同商唯一的办法，就是通过知识。“只有警惕性高和有知识的公民，才可以使庞大的国防军事工业机构，与我们和平的方法和目标相融合，使军工研究在确保项目安全和公民自由的前提下发展。”

少了其中任何一项，公民就会失去掌握自己命运的权力。

本书中所涉及的研究项目都不涉密。DARPA 风险最高、收益最大的项目在上战场揭开面纱前，仍然是机密。不管 DARPA 在探索杀人机器人和人机融合研究上走了多远，最重要的问题可能是公民是否已经准备好了。

军事技术能被阻止吗？应该阻止吗？DARPA设计的原型自主式机器人，是1983年DARPA智能武器项目的一部分，这个项目叫“杀手机器人”，它的座右铭很有预见性：“战场不再是人类的领地。”

本书开篇，科学家正在试验一种武器，可他们中的一些人认为，那是个“邪恶的东西”。在制造氢弹过程中，科学家想制造一种无法防御的武器。美国军方对于当今世界上几千枚氢弹，只能是抱着乐观的心态，希望永远不要使用这种能毁灭一切文明的怪物。

本书结尾时，国防部内部科学家正在制造自主式武器系统，国防部以外的科学家致力于宣扬这些武器系统天生就是邪恶的东西，人工智能杀人机器人可以，并且将会超越它的人类制造者，而人类对此毫无办法。

这其中有个危险的差别需要注意：研制氢弹时，以国防合同商、学者和工业家为主体的军工复合体，开始只是想有限地控制国防部；可是今天，这种控制早已无所不在。

20世纪50年代早期制造氢弹和今天加速发展杀人机器人两者之间的另一个差别是：研制氢弹是秘密决定的，而加速发展杀人机器人，虽然不是广为人知，但也不是什么秘密。从这层意义上来说，现在就是决定命运的时刻。

后记

《五角大楼之脑》讲述了1954~2015年从事氢弹、机器人、生化机器人及生物杂交研究工作的防务科学家的故事。在寻找一本关于极端科学的书籍时，一个只与人相关，科学难以解释的故事出现在我的面前。这是在一次采访的时候，绰号“安息”的理查德·雅各布斯告诉我的。雅各布斯是越战时美海军第67观察中队的成员，他的工作是在“胡志明小道”部署军事传感器。现在我来写写飞行员雅各布斯的经历：1968年2月27日，他和战友们乘坐的飞机在敌国境内被击落。两人死亡，其他人难以置信地活了下来。

42年后的2010年，66岁的雅各布斯刚从俄克拉何马城的赫夫纳湖高尔夫俱乐部打完球出来，前往停车场取车。此时，附近一辆小车保险杠上的贴纸映入眼帘，一种无比熟悉的感觉仿佛一道闪电在脑海划过，奔涌激荡的记忆将他吞没。贴纸上的“绿巨人”正是越战时搜救他们中队的直升机的标志。

当年的画面再次浮现在雅各布斯眼前。42年前，他被困在了“胡志明小道”附近密林的树冠上。从坠毁的飞机中跳伞逃脱后，雅各布斯落在了树上，被降落伞的绳索死死缠住，根本无法挣脱。当时他周身疼痛，遍体鳞伤。因为动不了，他的其他感官功能好像加强了，他还记得从地面上的越共搜索队传来的恐怖枪声。雅各布斯回想起当时，由于不确定是否按过定位器按钮，内心充满恐惧。如果按了，那他仍有一线生机，救援直升机或许能够对他进行定位和救援。如果没有，那他只有死路一条。他记得随后耳边传来了直升机机翼转动的呼呼声——美国同胞来救他了。42 年过去了，但雅各布斯在高尔夫俱乐部停车场仍能清楚地记得 1968 年 2 月 27 日，记得那架直升机上的座椅，记得那双将他救上飞机的手臂。然后这些回忆就褪去了。

“我找来了笔和纸，在那车的挡风玻璃上留下了一个字条，”雅各布斯回忆道，“在字条上我写了类似‘如果你知道任何与越战中救援直升机相关的故事，请联系我’的话。我还写下了自己的名字。”

当天晚上电话响了。

电话那头的人介绍自己是一级军士长小克拉伦斯·罗伯特·博尔斯。雅各布斯说：“那人说他已经 86 岁了，他说他看见了我留下的字条。”

雅各布斯问博尔斯是否知道任何与越南的欢乐绿巨人相关的事。博尔斯答道：“我曾在其中一架驻在泰国纳空帕农的‘绿巨人’直升机上工作。”但博尔斯接下来的话却让人难以置信：“事实上，我认得你的名字。我就是那个将你从树上救下来的人。”

这怎么可能？

博尔斯驾车前往雅各布斯的住宅。当地的电视新闻频道也闻讯赶来。记者用摄像机记录下了两位越战老兵时隔 42 年后无比罕见的重逢片断。让我们跳回越战时期，雅各布斯身上的绳索被博尔斯用刀切断之后，他坐在救援直升机中沉默不语。雅各布斯还没缓过神来。但博尔斯却将救起的每一个人的名字都记了下来。几十年以来，博尔斯一直诉说着那个他从树上救下来的男人的故事。博尔斯从未想到他们还会再见，而且他觉得也没必要去寻找这个人。这是一个过去的故事，也是战争中的一个瞬间。高尔夫俱乐部的“重逢”是一次惊人的巧合，它让这两个人再次相遇。而且他们竟都住在俄克拉何马州，彼此相距不过十多英里。

这怎么可能？有些事的确难以解释。科学也不能给出所有答案。那些最神秘、最难解的谜题都与人相关。

本书的出版得到了很多人的帮助，他们都慷慨地和我分享他们的智慧与经验。我想要感谢所有曾与我交谈过的科学家、工程师、政府职员、防务承包商、学者、士兵、船员以及所有参与过战争的人，无论我们的交谈是公开的还是秘密的，无论本书是否记录了他们的名字。我想要感谢跟随我前往采访对象家中采访的琼·杜勒斯·塔利、默夫·戈德伯格和迈克尔·戈德布拉特。感谢盖瑞特·凯尼恩、保罗·扎克、苏珊·布莱恩特和大卫·加德纳邀请我去他们的实验室。感谢彼得·加勒森为盖尔·安妮·赫德、克里斯·卡特、多莉·卡特和我进入五角大楼进行协调。感谢大卫·布雷邀请我们共享中国美食。感谢弗雷德·黑尔兰德带我游览中国湖泊，感谢达蒙·诺斯罗普为我展示美国太空探索技术公司，感谢罗伯特·洛厄尔带我参观喷气推进实验室。感谢史蒂夫·贝因博士的慷慨介绍。感谢芬恩·艾斯鲁德编汇的20世纪80年代贾松顾问团科学家的口述历史，本书从其中受益良多。感谢理查德·范·阿塔从百忙中抽出时间与我交谈，并为我导览DARPA过去几十年的历史记录。

感谢美国国家档案和记录管理局的理查德·波伊泽、马修·劳、阿伦·普拉，感谢大学城的大卫·福特和医务部的埃里克·范·斯兰德；感谢美国国防部部长办公室的阿龙·格雷夫斯、埃里克·巴杰少校和苏·高夫；感谢美国国家实验室的托马斯·孔克尔、帕梅拉·帕特森、劳伦斯·伯克利、凯文·尼尔·罗克和洛斯·阿拉莫斯；感谢美国国家核安全局的卡伦·莱尼；感谢美国国防威胁化减局的拜伦·里斯韦特；感谢林登·贝恩斯·约翰逊图书馆的克里斯托弗·班克斯；感谢DARPA公共事务部门的埃里克·巴特博；感谢美国特工处的罗伯特·霍巴克；感谢弗吉尼亚州匡蒂科美国刑事调查司令部的克里斯·格雷。

我最为感谢本书的创作团队。感谢约翰·帕斯利、吉姆·霍恩菲舍尔、史蒂夫·扬格、蒂法尼·沃德、尼科·杜威、利兹·加里加、马林·尤勒-霍根、摩根·莫罗尼、希瑟·费恩、迈克尔·努恩、阿曼达·赫勒以及艾莉森·沃纳。感谢爱丽丝·索伊尼宁和汤姆·索伊尼宁，感谢凯瑟琳·西尔弗和杰弗里·西尔弗，感谢里奥·莫尔斯和弗兰克·莫尔斯，感谢玛丽昂·罗尔德森、基思·罗杰斯以及约翰·扎加塔。感谢本团队中的作家同人：克里什顿·曼、萨布丽娜·韦尔、米歇尔·菲奥尔达利索、妮科尔·卢卡斯·海姆斯以及安妮特·墨菲。

除了完成作品以外，唯一能让我更加开心的就是凯文、芬利和杰特每天带给我的快乐。你们是我最好的朋友。

注释

Abbreviations Used in Notes

ARCHIVES

CIA	Central Intelligence Agency Library, digital collection
DSOH	U.S. Department of State, Office of the Historian, digital collection
Geisel	Geisel Library, University of California, San Diego, CA
JFK	John F. Kennedy Presidential Library and Museum, Boston, MA
LANL	Los Alamos National Laboratory Research Library, Los Alamos, NM
LOC	Library of Congress, Washington, DC
NACP	National Archives and Records Administration at College Park, MD
NAR	National Archives and Records Administration at Riverside, CA
UCSB	American Presidency Project, University of California, Santa Barbara, CA
VO67A	VO-67 Association, Navy Observation Squadron Sixty-Seven, digital collection

GOVERNMENT AGENCIES & AFFILIATES

ARPA	Advanced Research Projects Agency
DARPA	Defense Advanced Research Projects Agency
DNA	Defense Nuclear Agency
GAO	General Accounting Office
IDA	Institute for Defense Analyses

（以下注释部分数字为英文原书页码，详见英文原书）

Prologue

5 DARPA as an agency: Inspector general's report, "Defense Advanced Research Projects Agency Ethics Program Met Federal Government Standards," January 24, 2013; "Breakthrough Technologies for National Security," DARPA 2015.

7 "We are faced": DARPA press release,"President's Budget Request for DARPA Aims to Fund Promising Ideas, Help Regain Prior Levels," March 5, 2014.

8 eighty-seven nations: Interview with Noel Sharkey, August 2013.

Chapter One ***The Evil Thing***

11 "an evil thing": "Minority report," General Advisory Committee, U.S. Atomic Energy Commission, October 30, 1949, LANL.

11 facing an unknown fate: Eyewitness information is from interviews with Alfred O'Donnell, 2009–2013; interviews with Jim Freedman, 2009–2011. See also O'Keefe, *Nuclear Hostages;* Ogle, *Daily Diary, 1954,* LANL; DNA, *Castle Series 1954,* LANL.

12 miniaturized: Principles of the hydrogen bomb were demonstrated two years earlier with Ivy Mike, which was the size of a small factory and weighed eighty-two tons.

12 buried under ten feet of sand: Holmes and Narver photographs, W-102–5, RG 326, Atomic Energy Commission, NAR.

12 scientists running this secret operation: Ogle, *Daily Diary, 1954,* 95-99, LANL.

13 "In the bunker": Quotes are from O'Keefe, 166, 173–175.

14 Out at sea: Quotes are from interview with Jim Freedman; See also *Castle Series 1954,* 123.

15 largest-ever nuclear fireball: Memorandum to Dr. John von Neumann from Lt. Col. N. M. Lulejian, February 23, 1955, LANL; In time, the Soviets' Tsar Bomba would be larger.

15 weather station: Hansen, *Swords of Armageddon,* IV-285.
16 No one had any idea: Joint Task Force Seven, *Operation Castle,* 46–61.
16 wind direction: "The Effects of Castle Detonations Upon the Weather," Task Force Weather Central, Special Report, October 1954, 3–7, LANL; Hansen, *Swords of Armageddon,* IV-289–290.
17 "The explosion": Quotes are from O'Keefe, *Nuclear Hostages,* 178.
18 scientist in charge: John C. Clark, "We Were Trapped by Radioactive Fallout," *Saturday Evening Post,* July 20, 1957.
19 mystical apparition: Lapp, 28.
19 unprecedented destruction: *Castle Series 1954,* 182–185. It would take Atomic Energy Commission historians thirty-four years to acknowledge that technical success was a veil and "just behind it were the frightening problems—some that threatened human existence itself."
19 news blackout: Memorandum from Brigadier General K. E. Fields to Alvin Graves, March 4, 1954, LANL.
20 "very inconsequential": Dwight D. Eisenhower, "The President's News Conference," March 10, 1954, UCSB.
20 "routine atomic test": Memorandum from Brigadier General K. E. Fields, director of Military Application, USAEC to CJTF 7, March 15, 1954, LANL; Hansen, *Swords of Armageddon,* IV-298.
21 fallout pattern: RG 326 Atomic Energy Commission, "Distance From GZ, Statute Miles, Off-site dose rate contours in r/hr at H+1 hour," Document 410526, figures 148–150, NAR.
21 roentgens: Hewlett and Holl, 182.
22 "exterminating civilian populations": Memorandum, General Advisory Committee, October 25, 1949, LANL. Secrecy elements are discussed in York, *Advisors,* 51.
23 fierce competition: "Race for the Superbomb," *American Experience,* PBS, January 1999.
23 "We must know more": Quotes are from York, *Advisors,* 60-65.
23 "taking profit out of war": Ernest Lawrence, transcript, Bohemian Club Speech, February 8, 1951, York Papers, Geisel.
24 "horse laughs": York, *Advisors,* 134.
25 Castle series: Ogle, *Daily Diary, 1954,* LANL. A total of 22.5 megatons would be detonated.
26 "weapons obsolete": Minutes, Forty-first Meeting of the General Advisory Committee (GAC), U.S. Atomic Energy Commission, July 12–15, 1954, 12–24, LANL; Fehner and Gosling, 116.
27 only surviving record: Ibid.
27 "quantitative advantage": York, *Making Weapons,* 77.

Chapter Two *War Games and Computing Machines*

28 U.S. Air Force brawn: Abella, photographs, (unpaginated).
28 game pieces scattered: Leonard, 339.
29 "credibility": York, *Making Weapons,* 89.
29 remarkable child prodigy: S. Bochner, *John Von Neumann, 1903–1957, National Academy of Sciences,* 442–450.
29 "unsolved problem": P. R. Halmos, "The Legend of John Von Neumann," *Mathematical Association of America,* Vol. 80, No. 4, April 1973, 386.
29 "He was pleasant": York, *Making Weapons,* 89.
30 "I think": Kaplan, *Wizards of Armageddon,* 63.
30 "all-out atomic war": Whitman, 52.
30 maximum kill rate: "Citation to Accompany the Award of the Medal of Merit to Dr. John von Neumann," October 1946, Von Neumann Papers, LOC.
31 "a mentally superhuman race": Dyson, *Turing's Cathedral,* 45.
32 Prisoner's Dilemma: Poundstone, 8-9, 103-106.
33 something unexpected: Abella, 55–56; Poundstone, 121-123.
33 "How can you persuade": McCullough, 758.
35 Goldstine explained: Information on Goldstine comes from Jon Edwards, "A History of Early Computing at Princeton," *Princeton Alumni Weekly,* August 27, 2012.
35 von Neumann declared: Dyson, *Turing's Cathedral,* 73.
36 "Our universe": George Dyson, " 'An Artificially Created Universe': The Electronic Computer Project at IAS," Institute for Advanced Study, Princeton (Spring 2012), 8-9.
36 secured funding: Maynard, "Daybreak of the Digital Age," *Princeton Alumni Weekly,* April 4, 2012.
37 he erred: Jon Edwards, "A History of Early Computing at Princeton," *Princeton Alumni Weekly,* August 27, 2012, 4.
38 Wohlstetter's famous theory: Wohlstetter, "The Delicate Balance of Terror," 1-12.
40 Debris: Descriptions of shock wave and blast effects are described in Garrison, 23-29.
40 Georg Rickhey: Information on Rickhey comes from Bundesarchiv Ludwigsburg and RG 330 JIOA Foreign Scientist Case Files, NACP. See also Jacobsen, *Operation Paperclip,* 252.
40 a hospital, chapel, barbershop: Interview with Dr. Leonard Kreisler, March 2012. Kreisler was the post doctor at Raven Rock.
41 "land of the blind": Keeney, 19.

41 the senators had questions: For testimony from the hearings, see U.S. Senate Committee, *Hearings Before the Subcommittee on Civil Defense of the Committee on Armed Services,* 119–21.

44 speck of plutonium: Dyson, *Turing's Cathedral,* podcast.

44 "Johnny was": York, *Making Weapons,* 96-97.

45 He theorizes: John von Neumann, "The Computer and the Brain," 60, 74.

Chapter Three *Vast Weapons Systems of the Future*

46 "successful satellite": Details of this incident are from Brzezinski, 164-165.

47 "portrays a United States": Cited in "Missile and Satellite Hearings." *CQ Almanac 1958,* 14th ed., 11-669-11-671. Washington, DC: Congressional Quarterly, 1959. The actual title was "Deterrence & Survival in the Nuclear Age," York Papers, Geisel.

47 national hysteria: *DARPA: 50 Years of Bridging the Gap,* 20.

47 presidential research committee: Gaither had to withdraw because of illness in September 1957.

48 "The issue": For this account, see York, *Making Weapons,* 98.

50 Russians were not preparing: Interview with Hervey Stockman, August 2009; Jacobsen, *Area 51,* 86–89.

50 in error: Allen Dulles, "Memorandum from the Director of Central Intelligence to the Executive Secretary of the National Security Council," December 24, 1957, CIA. According to Dulles, the CIA's information was "far more detailed than that contained in the Gaither report itself."

51 "Soap operas sell": Hafner and Lyon, 14.

51 He proposed: McElroy wanted to create the agency without authorization from Congress. He first ran the idea by his general counsel, who informed him that he did not have the authority to create such an agency. As per the National Security Act of 1947, McElroy would have to notify the chairman of the Armed Services Committee and present him with a proposal.

51 "vast weapons systems": House Subcommittee on Department of Defense Appropriations, *The Ballistic Missile Program, Hearings,* 85th Cong., 1st sess., November 20–21, 1957, 7.

51 "the new dimension": Quotes and information in this section are from *The Advanced Research Projects Agency, 1958–1974,* Richard J. Barber Associates, December 1975 (hereafter Barber), II-1-22, located in York Papers, Geisel.

52 their service's domain: *Aviation Week,* February 3, 1958.

54 State of the Union: Dwight D. Eisenhower, "Annual Message to the Congress on the State of the Union," January 9, 1958, UCSB.

54 unpublished history: Barber, II-10–25.
55 grandfather made caskets: General Biographical History, Notes, Series 1: biographical materials, York Papers, Geisel.
55 "From the earliest times": York, *Making Weapons,* 7.
56 "I made my way with difficulty": General Biographical History, Notes, Series 1: biographical materials, York Papers, Geisel.
56 von Braun's 113 German colleagues: Jacobsen, *Operation Paperclip,* 16–17, 88, 95–96.
57 "not acceptable": Barber, II-25.
57 good for national security: Kistiakowsky, 198.
58 York explained: York, *Making Weapons,* 117.
58 "Traitorous!": Herken, *Brotherhood of the Bomb,* 318.
58 "I formally proposed": Dwight D. Eisenhower, Letter to Nikita Khrushchev, Chairman, Council of Ministers, U.S.S.R., on the Discontinuance of Nuclear Weapons Tests, May 16, 1959, UCSB.
58 "If we stop testing": "Lawrence in the Cold War, Ernest Lawrence and the Cyclotron," American Institute of Physics, History Center Exhibit, digital collection.
59 about to get to work: Barber, IV-27. Vela started small, officially in ARPA's second year. The scientific limitations in nuclear detection were not entirely clear at the 1958 Geneva Conference of Experts. It was after Project Argus that scientists first determined how difficult it was to detect nuclear explosions in space.
59 Vela Sierra monitored: Information about Vela follow-on programs can be found in Van Atta et al, *DARPA Technical Accomplishments,* Volume 3, II-2, III-4; Barber, IV-28–30.

Chapter Four *Emergency Plans*

60 York's desk: Details from this section are from Herb York, Diaries Series, appointment books, date books, and wall calendars, York Papers, Geisel.
60 Keeney made public: Keeney, 22–33.
64 on account of a theory: Barber, II-27.
64 the "Christofilos effect": Advanced Research Projects Division, *Identification of Certain Current Defense Problems and Possible Means of Solution,* IDA-ARPA Study No. 1, August 1958 (hereafter IDA-ARPA Study No. 1); interview with Charles Townes, March 2014.
64 Project Floral: DNA, *Operation Argus 1958,* 3, 53.
65 code name, Project 137: IDA-ARPA Study No. 1; Wheeler oral history interview, 61–63.
65 "defense problems": Finkbeiner, 29.

65 "its own special clearance": Quotes are from interviews with Marvin "Murph" Goldberger, June–August, 2013. See also Goldberger oral history interview.
66 "ingenuity, practicality and motivation": Finkbeiner, 28.
66 Astrodome-like shield: Barber, VI-II. For quotes from York, see *Making Weapons,* 129–30.
67 unusual backstory: Melissinos, *Nicholas C. Christofilos: His Contributions to Physics,* 1–15.
69 "responsible people": IDA-ARPA Study No. 1, 19.
69 "The group has": IDA-ARPA Study No. 1, 19.
70 Brazilian Anomaly: *Operation Argus 1958,* 19.
70 so many moving parts: Ibid., 22-26.
71 missile trajectory: Ibid., 48; list of shipboard tests and remarks, 56.
71 "Doctor Livingstone, I presume?": Ibid., 34.
72 watched fireworks: Childs, 525.
72 "The President has asked": Ibid., 521.
73 detection facilities: *DARPA: 50 Years of Bridging the Gap,* 58.
73 Wissmer examined Lawrence: Childs, 526.
73 had Harold Brown participate: Supplement 5 to "Extended Chronology of Significant Events Leading Up to Disarmament," Joint Secretariat, Joint Chiefs of Staff, April 21, 1961, (unpaginated), York Papers, Geisel.
74 "I could never": Childs, 527.
74 Christofilos effect did occur: *Argus 1958,* 65–68; Interview with Doug Beason, June 2014; "Report to the Commission to Assess the Threat to the United States from Electromagnetic Pulse (EMP) Attack," 161.
75 The telegram marked: Edward Teller, telegram to General Starbird, "Thoughts in Connection to the Test Moratorium," August 29, 1958, LANL.

Chapter Five *Sixteen Hundred Seconds Until Doomsday*

76 "Our job": Interview with Gene McManus, October 2013.
77 "coldest thirteen miles": Berry, "The Coldest 13 Miles on Wheels," *Popular Mechanics,* February 1968.
79 twenty-four-hour operational mode: Richard Witkin, "U.S. Radar Scans Communist Areas: Missile Warning System at Thule Is Put in Operation on a 24-Hour Basis," *New York Times,* October 2, 1960.
79 sitting in the NORAD War Room: John G. Hubbell, "'You Are Under Attack!' The Strange Incident of October 5," *Reader's Digest,* April 1961.
79 coming in from the BMEWS J-Site: Interview with Gene McManus, who arrived at J-Site three months later. The story was legendary at

BMEWS. The technicians involved were McManus's colleagues. A NORAD spokesman described the conversation for the *Reader's Digest* magazine six months after the crisis.

81 the story broke: "Moon Stirs Scare of Missile Attack," Associated Press, December 7, 1961.

82 closer to $900 million: This information comes from ODR&E Report, "Assessment of Ballistic Missile Defense Program" PPD 61–33, 1961 (fifty-four pages, unpaginated), York Papers, Geisel.

82 Twenty-six minutes and forty seconds: Ibid.

83 "The nuclear-armed ICBM": Ibid.

83 "high confidence": Ibid., Appendix 1.

83 "I started Jason": Quotes are from interview with Murph Goldberger, June 2013. He passed away the following year, in November 2014.

84 had been entwined: Brueckner oral history interview, 4; Lukasik oral history interview, 27.

85 a little business": Brueckner oral history interview, 7.

85 most significant inventions: Interview with Charles Townes, March 2014.

85 IDA served: Interview with Richard Van Atta, May 2014; Barber, I-8.

86 most respected colleagues: Interview with Murph Goldberger, July 2013.

86 "tremendously bright squad": Kistiakowsky, 200–202.

86 contribute significantly: Interview with Murph Goldberger, June 2014. See also Finkbeiner.

86 official entity: Draft, DoD Directive, Subjects: Department of Defense Advanced Research Projects Agency, No. 5129.33, December 30, 1959, York Papers, Geisel.

87 Mildred Goldberger said: Interview with Murph Goldberger, June, 2014; see also Goldberger oral history interview.

88 "confuse satellite detection": Drell oral history interview, 14.

89 "imaginative thinking": Barber, V-24.

89 PENAIDS proof tests: Van Atta et al, *DARPA Technical Accomplishments,* Volume 2, IV-4–5; Hansen, *Swords of Armageddon,* Volume 7, 491.

89 "Pen X": Ruina oral history interview.

89 deceptive MIRVs: H. F. York, "Multiple Warhead Missiles," *Scientific American* 229, no. 5 (1973): 71.

90 Ruina and Townes reached an agreement: Ruina oral history interview.

90 "instantaneous kill": Barber, IX-31.

90 "whether you can use a particle beam": Finkbeiner, 53.

91 Project Seesaw: Barber, IV-23, IX-32; for Christofilos, see York, *Making Weapons,* 129–30.

91 "Seesaw was a sensitive": Barber, IX-31. See also Jason Division, IDA, *Project Seesaw (U)*.

91 "Directed energy": Interview with General Paul F. Gorman (retired), October 2014.

Chapter Six *Psychological Operations*

92 Thor Agena A: Ruffner, *Corona: America's First Satellite Program*, 16.

93 "the best specimens": Space and Missile Systems Organization, Air Force Systems Command, "Biomedical Space Specimens, Fact Sheet," June 3, 1959, Appendix C.

93 "We don't want to humanize": Bill Willks, "Satellite Carrying Mice Fails," *Washington Post,* June 4, 1959.

93 "dramatic rescue effort": Ruffner, *Corona: America's First Satellite Program*, 16.

94 classified spying mission: Ibid., x.

94 TIROS: Barber, III-15.

95 22,952 images: Conway, 29.

95 photographs of a storm front: John W. Finney, "U.S. Will Share Tiros I Pictures," *New York Times,* April 5, 1960.

96 "no information": Email correspondence with Mike Hanson, September 17, 2013.

96 story of intrigue: Files are from RG 330, Office of the Secretary of Defense, ARPA, Project Agile, NACP; RG 330, Records of Robert S. McNamara, 1961–1968, Defense Programs and Operations, NACP.

96 forged a brilliant record: Barber, V-37.

96 a limp: Interview with Kay Godel, September 2013. The limp was not always obvious.

97 "since Napoleon": Spector, 111.

97 "The Vietnamese refused": Ibid., 112.

99 "We hated to dig": Quotes throughout this discussion are from Abboud oral history interview, 15–16; see also Bernard C. Nalty, *Stalemate: U.S. Marines from Bunker Hill to the Hook,* 4.

99 Chinese land mines: Abboud oral history interview, 15.

100 both men came from privilege: All quotes in this section are from interviews and email correspondence with Joan Dulles Talley, March 2014–May 2015.

103 shadowy figure: Correspondence between Allen W. Dulles and Dr. Harold G. Wolff, New York Hospital, CIA; "Biographical Note," Harold Wolff, M.D. (1898–1962), Papers, Cornell University Archives, digital collection.

104 spin out of control: Memorandum, Gordon Gray to Allen Dulles, October 29, 1951, CIA.

104 Godel convened: As per National Security Council directives NSC 10/2, NSC 10/5, NSC 59/1, Papers of Gordon Gray, Harry S. Truman Library and Museum, digital collection.
104 "mind-annihilating methods": See "Forced Confessions," Memorandum for the Record, National Security Council Staff, May 8, 1953, and "Brainwashing During the Korean War," Psychological Strategy Board (PSB) Central Files Series, PSB 702.5 (no date), Dwight D. Eisenhower Library, digital collection.
105 "brainwashing": This account is drawn from Marks, 133.
106 "insectivization of human beings": Edward Hunter, "Brain-Washing Tactics Force Chinese into Ranks of Communist Party," *Miami News,* September 1950.
106 Congress invited Hunter: U.S. House of Representatives, Committee on Un-American Activities, "Communist Psychological Warfare (Brainwashing)," March 13, 1958.
106 Joost A. M. Meerloo: Tim Weiner, "Remembering Brainwashing," *New York Times,* July 6, 2008.
107 Schwable recanted: "Marines Award Schwable the Legion of Merit," *New York Times,* July 8, 1954.
108 mental breakdowns: Officers such as Frank Olson, a biological weapons expert who committed suicide, or was killed, when he suffered a breakdown after being covertly dosed with LSD by his CIA bosses.
109 Society for the Investigation of Human Ecology: Marks, chap. 9.
109 even more powerful position: Official Register of the United States Civil Service Commission, 1955, 108.
109 Godel was praised: Document 96, Foreign Relations, 1961–1963, Volume I, Vietnam, DSOH.
109 "collecting, evaluating and disseminating intelligence": Document 210, Foreign Relations, 1961–1963, Volume I, Vietnam, DSOH; IAC-D-104/4 23, April 1957, CIA.
110 Godel would say: Barber, V-36.
110 "bold summation": Ibid., V-37.
111 outlined his observations: W. H. Godel, director, Policy and Planning Division, ARPA, Memo for assistant secretary of defense, Subject: Vietnam, September 15, 1960, RG 330, Project Agile, NACP.
112 "applying scientific talent": Barber, V-39.
112 "anti-guerrilla forces at night": Spector, 111–114.
112 ARPA-financed fighters: In May 1960 three U.S. Army Special Forces Teams of ten men each arrived in Vietnam to work with President Diem. With them were thirteen U.S. Army intelligence specialists and three

psychological warfare specialists. They trained Vietnamese soldiers for roughly two months; Spector, 353.

112 "Godel continued": Barber, V-2, V-4.

112 departure of Herb York: For quotes, see York, *Making Weapons,* 194, 203.

Chapter Seven *Techniques and Gadgets*

117 pushed the muzzles: Karnow, 10.

118 Kennedy spent more time: Barber, V-39.

118 "Viet-nam counter-insurgency plan": "Summary Record of a Meeting, the White House," Washington, D.C., January 28, 1961, DSOH.

119 "to deter all wars": "Special Message to Congress on Urgent National Needs," May 25, 1961, National Security Files, JFK.

120 "techniques and 'gadgets' ": Document 27, Foreign Relations, 1961–1963, Volume I, Vietnam, DSOH.

120 develop new weapons: Document 96, Foreign Relations, 1961–1963, Volume I, Vietnam, DSOH.

120 garner support: Document 59, Foreign Relations, 1961–1963, Volume I, Vietnam, DSOH.

121 Johnson asked Diem: Document 56, Foreign Relations, 1961–1963, Volume I, Vietnam, DSOH.

121 gave Godel authority: Barber, V-35.

122 Each building had: ARPA Field Unit, Vietnam, Monthly Report, CDTC, photographs (n.d.), RG 330, Project Agile, NACP.

122 entourage of military advisors: Ibid., photograph (n.d.).

122 laborers toiled away: Ibid., photographs (n.d.).

123 giving briefings: Viet-Nam Working Group Files, Lot 66, D 193, Minutes of Task Force Meetings, National Security Files, JFK.

123 canine program: "The Use of a Marking Agent for Identification by Dogs," March 11, 1966, RG 330, Project Agile, NACP; see also ARPA Field Unit, ARPA Order 262-67, July 7, 1961.

124 Godel called it: Document 96, Foreign Relations, 1961–1963, Volume I, Vietnam, DSOH.

125 AR-15 prototypes: Barber, V-44.

125 "would have caused death": Ezell, 187.

125 "development of the M-16": Barber, V-44.

127 "maximum effectiveness": Document 96, Foreign Relations, 1961–1963, Volume I, Vietnam, DSOH.

127 "subject to political-psychological restrictions": Letter from Brigadier General Edward G. Lansdale, assist. SECDEF to Dir/Defense Research &

Engineering, subject: Combat Development Test Center, Vietnam, May 16, 1961. National Security Files, JFK.

127 first batch: Buckingham, *Operation Ranch Hand,* 11, 208n.

127 first mission to spray herbicides: Brown, *Vegetational Spray Tests in South Vietnam,* 17, 23, 45.

128 more ambitious follow-up plan: Ibid., 68.

128 roughly half of South Vietnam: Buckingham, *Operation Ranch Hand,* 15.

129 "The first advice": Bradlee, 22.

129 General Maxwell Taylor: As Army chief of staff, Taylor believed the Eisenhower doctrine of massive retaliation put too much emphasis on nuclear weapons and not enough emphasis on the Army. Under Eisenhower, the Army was reduced by 500,000 men, while the Air Force gained 30,000. See also McMaster, *Dereliction,* 8-17.

129 According to a memo: Historical Division Joint Secretariat, Joint Chiefs of Staff, *The History of the Joint Chiefs of Staff: The Joint Chiefs of Staff and the War in Vietnam, 1960–1968,* ix, 74.

130 Godel took General Taylor: Document 169, Foreign Relations, 1961–1963, Volume I, Vietnam, DSOH.

130 Taylor-Rostow mission: Telegram from the President's Military Representative (Taylor) to the Department of State, Saigon, October 25, 1961, DSOH.

130 General Taylor described: Quotes are from "Vietnam Report on Taylor-Rostow Mission to South Vietnam," November 3, 1961, RDT&E Annex, National Security Files, JFK.

131 Radio Hanoi: "PsyWar Efforts and Compensation Machinery in Support of Herbicide Operations," Subject: Chemical Defoliation and Crop Destruction in South Viet-Nam, Washington, April 18, 1963, National Security Files, JFK.

131 "Joint Chiefs of Staff": Buckingham, *Operation Ranch Hand,* 16; McMaster, *Dereliction,* 114.

131 "Weed Killer": Memorandum from Rostow to President, November 21, 1961, National Security Files, JFK.

132 Kennedy approved: National Security Action Memorandum 115, Subject: Defoliant Operations in Viet-nam, November 30, 1961, National Security Files, JFK.

132 2012 congressional report: Martin, "Vietnamese Victims of Agent Orange and U.S.-Vietnam Relations," 2, 15.

132 "He was advised": RG 330, Project Agile ARPA Field Unit, Vietnam, Memorandum for record, "Meeting with Mr. William Godel,"

December 4 and December 12, 1961, NACP; Brown, *Anticrop Warfare Research, Task-01*, 135.

Chapter Eight *RAND and COIN*

133 lunchtime matches: Jardini, chap. 2. Jardini's book is available only on Amazon Kindle, hence no page numbers.
133 Project Sierra: Weiner, 4-9.
134 Tanham's observations: Elliott, 27. Mai Elliott's book is the definitive work on RAND during the Vietnam War era. She worked on ARPA programs, in Saigon, during the war.
134 Tanham's 1961 report: Elliott, 17–18; George K. Tanham, "Trip Report: Vietnam, January 1963," RAND Corporation, March 22, 1963.
135 Rand was needed: Deitchman, *Best-Laid Schemes*, 25.
135 generally looked down: Interview with Murph Goldberger, June 2013.
136 "weapons systems philosophy": George H. Clement, "Weapons Systems Philosophy," RAND Corporation, 1956.
136 first two RAND analysts: J. Donnell and G. Hickey, Memo RM-3208-ARPA, August 1962, ARPA Combat Development & Test Center, Vietnam, Monthly Report (n.d.), RG 330, Project Agile, NACP.
137 "Signs of conflict": Hickey, *Window*, 19, 90–91.
137 change of plans: Ahern, *CIA and Rural Pacification in South Vietnam (U)*, 114; Hickey, *Window*, 91.
138 effective means of pacification: Memorandum from the director of the CIA to Secretary of Defense McNamara on the Strategic Hamlet Program, July 13, 1962, CIA.
138 "monitor": Ehlschlaeger, "Understanding Megacities with the Reconnaissance, Surveillance, and Intelligence Paradigm," xii.
139 Cu Chu villagers: Hickey, *Window*, 93.
140 "I said, in essence": Ibid., 99.
141 Hickey recalled paraphrasing: Ibid., 99.
142 ARPA officials complained: Deitchman, *Best-Laid Schemes*, 342.
143 "more patient approach": Elliott, 33.
143 "ground to a pulp": Ibid., 38.
143 Tanham showed great optimism: Tanham, *War Without Guns*, 25-29.
144 "Given a little luck": Elliott, 31.

Chapter Nine *Command and Control*

command and control: "Special Message to Congress on the Defense Budget," March 28, 1961, JFK speeches, JFK.

146 Brown recruited J. C. R. Licklider: Ruina oral history interview.
146 world's authorities: Hafner and Lyon, 28.
147 Semi-Automatic Ground Environment: Interview with Jay Forrester, October 2013.
147 "Man-Computer Symbiosis:" J. C. R. Licklider, "Man-Computer Symbiosis," *IRE Transactions on Human Factors in Electronics,* volume HFE-1, March 1960, 4–11.
148 "in not too many years": Ibid., 4-5.
148 The agency inherited: Barber, V-4.
149 "Guess how many nuclear missiles": Interview with Paul Kozemchak, April 2014.
150 "The Soviets fired three": Peter Kuran, *Nukes in Space: The Rainbow Bombs,* DVD (2000).
150 could easily have misidentified: Interview with Gene McManus, October 2014.
150 "could have led to war": Kuran, *Nukes in Space.*
150 detonated...over Zhezqazghan: EIS [Electric Infrastructure Security] Council, "Report: USSR Nuclear EMP Upper Atmosphere Kazakhstan Test," 184, 1.
151 Licklider wrote: "Memorandum For: Members and Affiliates of the Intergalactic Computer Network, From: J. C. R. Licklider," April 23, 1963; discussed in Barber, V-50–53.
151 related to surveillance programs: Barber, VI-53.
151 used in conflict zones: Smithsonian Institution Archives, "Toward a Technology of Human Behavior for Defense Use (1962)," Record Unit 179, York Papers, Geisel.
151 "build a bridge": Cited in Barber, V-54.
152 "Computer assisted teaching": Ibid.
152 legally required: U.S. General Accounting Office, *Activities of the Research and Development Center: Thailand,* 13.
153 "Thailand was the laboratory": Woods oral history interview.
153 "The U.S. would need": ARPA, *Project Agile: Remote Area Research and Engineering, Semiannual Report, 1 July–31 December 1963,* 2.
153 miscataloged: Interview with archivist Eric Van Slander at National Archives, College Park, February 2014.
153 "policy not to release": Email correspondence with Charles E. Arp, Battelle Enterprise content manager, January 21, 2014.
154 "theoretical and experimental": Brundage, "Military Research and Development Center, Quarterly Report," October 1, 1963–December 31, 1963.

154 "Anthropometric Survey": Information is drawn from Robert White, "Anthropometric Survey of the Royal Thai Armed Forces."
155 They proposed that studies: Joseph Hanlon, "Project Cambridge Plans Changed After Protests," *Computer World,* October 22, 1969.
155 "barely scratched the surface": Salemink, 222.
155 "important tools": J. C. R. Licklider, *New Scientist,* February 25, 1971, 423.
155 monitored, analyzed, and modeled*: The Utilization of ARPA-Supported Research for International Security Planning,* 6, 13–15, 33–42.
156 Someone threw a grenade: U.S. Department of State Central Files, cable, POL 25, S Viet, May 9, 1963, DSOH.
157 "Flames were coming": Halberstam, *Making of a Quagmire,* 128.
158 "What have the Buddhist": Madame Nhu's response is viewable on YouTube. https://www.youtube.com/watch?v=d_PWM9gWR5E.
158 "I can scarcely believe": Cited in Mark Moyar, *Triumph Forsaken: The Vietnam War, 1954–1965* (Cambridge: Cambridge University Press, 2006).

Chapter Ten *Motivation and Morale*

160 with a team of ARPA officials: See Hickey, "The Military Advisor and His Foreign Counterpart."
160 "En route": Quotes are from Hickey, *Window,* 111.
161 "villagers were sick": Ibid., 124.
162 a massive explosion: Donlon, *Outpost of Freedom,* 139; Hickey, *Window,* 127.
162 Outside his bunkroom: The account of the ambush is drawn from Hickey, *Window,* 130; Hickey, "Military Advisor," iii.
163 "The July 1964": Hickey, *Window,* 147.
164 Collbohm and Pauker: Deitchman oral history interview, 71–72; Elliott, 48–49.
164 Deitchman: Trained as an engineer, Deitchman had been working at IDA when he was asked to take a two-year leave to work at the Pentagon, reporting directly to Harold Brown.
164 "Who are the Vietcong?": Information is from interviews with Joseph Zasloff, August–October 2014; Zasloff died in December 2014. Seel also Zasloff, *The Role of North Vietnam in the Southern Insurgency;* Donnell, Pauker, and Zasloff, *Viet Cong Motivation and Morale in 1964: A Preliminary Report;* Elliott, *RAND in Southeast Asia: A History of the Vietnam War Era,* Chapter Two.
165 "The original intent": Deitchman, *Best-Laid Schemes,* 235.
165 deal with the CIA: Ahern, *CIA and Rural Pacification in South Vietnam,* 23.
166 inhabited by ghosts: Tela Zasloff, *Saigon Dreaming,* 164.

167 Most farmers: Elliott, 59.
168 What motivated Vietcong fighters: Interview with Joseph Zasloff, October 2014.
168 Pauker forwarded: Pauker, "Treatment of POWs, Defectors, and Suspects in South Vietnam," 13.
169 "The motivation": Press, "Estimating from Misclassified Data," iii, 26.
170 identified by the Pentagon: McMaster, *Dereliction*, 143.
171 briefed General William Westmoreland: Interview with Joseph Zasloff, October 2014.
171 The insurgency: Quotes in this paragraph and the next are from Donnell, Pauker, and Zasloff, *Viet Cong Motivation and Morale in 1964: A Preliminary Report*.
172 other RAND officers: Interview with Joseph Zasloff, October 2014.
172 "I am looking for": Elliott, 88.
173 elite defense intellectuals: Louis Menand, "Fat Man: Herman Kahn and the Nuclear Age," *New Yorker*, June 27, 2005.
174 article attacking Gouré's work: Harrison E. Salisbury, "Soviet Shelters: A Myth or Fact?" *New York Times*, December 24, 1961.
174 "I get red": Interview with Joseph Zasloff, October 2014.
175 Brink Bachelor Officers Quarters: Karnow, 408–409.
175 "By and large": Gouré, "Southeast Asia Trip Report, Part I: The Impact of Air Power in South Vietnam."
175 "Gouré gave the Pentagon": Interview with Joseph Zasloff, October 2014.
176 "break the backbone": Elliott, 90; Gouré, *JCS Briefing on Viet Cong Motivation and Morale*, 7.
177 "Dan Ellsberg": Hickey, *Window*, 179.
178 reports for ARPA: Gouré, "Some Findings of the Vietcong Motivation and Morale Study: June–December 1965," 3.
178 copy of Gouré's findings: Malcolm Gladwell, "Viewpoint: Could One Man Have Shortened the Vietnam War?" *BBC News Magazine*, July 8, 2013.
178 Frelinghuysen said: Quotes are from Deitchman, *Best-Laid Schemes*, 235–39.
179 Fulbright wrote: Jardini (unpaginated).
179 62,000 pages: Phillips, *User's Guide to the Rand Interviews in Vietnam*, iii.
180 indicted Godel: Walter B. Douglas, "Accused Former Aides Cite Witnesses in Asia," *Washington Post*, January 9, 1965.
180 Godel was convicted: Peter S. Diggins, "Godel, Wylie Get 5 Years for Funds Conspiracy," *Washington Post*, June 19, 1965.
180 prison terms: "5-Year Term for Godel Is Upheld," *Washington Post*, May 21, 1966.

180 correctional institution in Allenwood: Interview with Kay Godel, September 2013.
180 personal financial benefit: "Embezzler Godel Sued to Repay Double," *Washington Post,* November 5, 1966.

Chapter Eleven *The Jasons Enter Vietnam*

181 secret, top secret, or secret restricted data: Interview with Murph Goldberger, June 2014.
181 closely intertwined: By example, William Nierenberg earned a Ph.D. under I. I. Rabi at Columbia. Edward Teller and Enrico Fermi were both on the faculty at the University of Chicago when Fermi took on Murph Goldberger and one other theoretical physicist as Ph.D. students. See also Finkbeiner.
182 "The high goals set": MacDonald, "Jason—The Early Years," informal presentation at the meeting of the Jason Advisory Board held at DARPA, Arlington, VA, December 12, 1986, York Papers, Geisel; MacDonald oral history interview.
182 Gell-Mann: Interview with Murph Goldberger, June 2013; Ruina oral history interview.
183 unsuccessfully tried: Johnson, 229.
183 "Jasons became intrigued": Interview with Murph Goldberger, June 2013; Johnson, 256.
183 "the Vietnam problem": William Nierenberg, "DCPG: The Genesis of a Concept," *Journal of Defense Research,* ser. B, Tactical Warfare (Fall 1969); declassified unpublished manuscript, November 18, 1971, York Papers, Geisel.
184 never been declassified: Harris, *Acoustical Techniques/Designs Investigated During the Southeast Asia Conflict: 1966–1972,* 3.
185 Powell said: "Colin L. Powell: By the Book," *New York Times Book Review,* July 1, 2012, 8.
186 "One very positive thing": MacDonald oral history interview, 3.
188 "He made a point": Fleming, 5.
188 "miserable": MacDonald oral history interview, 13.
188 venerable Dr. Walter Munk: Von Storch and Hasselman, 226.
189 "And with Adlai Stevenson": Quotes are from MacDonald oral history interview, 6, 10, 11.
190 *The World Tomorrow:* MacDonald oral history interview, 28.
190 elected chairman: *Weather and Climate Modification Problems and Prospects,* vol. 2, *Research and Development,* National Research Council, January 1, 1966.

190 "a deliberate and thoughtful review": Cited in Munk et al, "Gordon James Fraser MacDonald, July 30, 1929–May 14, 2002," 230.

191 "I became increasingly convinced": Ibid., 231.

191 "searching, almost desperately": MacDonald, "Jason and DCPG—Ten Lessons," 6.

191 Project EMOTE: Quotes are from Mutch et al., *Operation Pink Rose;* Chandler and Bentley, *Forest Fire as a Military Weapon, Final Report.*

192 "appreciable destruction": J. M. Breit, "Neutralization of Viet Cong Safe Havens," 13.

193 inferno: Mutch et al., *Operation Pink Rose,* iii, 116; Joseph Trevithick "Firestorm: Forest Fires as a Weapon in Vietnam," *Armchair General Magazine,* June 13, 2012.

193 forest flammability: Mutch et al., *Operation Pink Rose,* 103–112.

194 top secret report: Hanyok, *Spartans in Darkness,* 94–95. By war's end, the NSA estimated "as many as one million soldiers and political cadre" had traveled the trail during the Vietnam War.

194 sent the Jason scientists: Deitchman, "An Insider's Account: Seymour Deitchman," *Nautilus Institute for Security and Sustainability,* February 25, 2003. Deitchman's email interview conducted with Peter Hayes is available online at nautilus.org.

194 "anastomosed structure": Nierenberg, "DCPG—The Genesis of a Concept," declassified unpublished manuscript, November 18, 1971, York Papers, Geisel.

194 obstructing movement along the trail: Lewis oral history interview.

194 studies the Jasons performed: Interview with Murph Goldberger; see also Federation of American Scientists, list of Jason studies, digital archive.

195 "We did our studies": Interview with Murph Goldberger, June 2014, quoting/paraphrasing Jason Division, IDA, *Air-Supported Anti-Infiltration Barrier,* ii, as well as his interviews with Finkbeiner and Aaserud.

195 "think about using nuclear weapons": Deitchman, "An Insider's Account: Seymour Deitchman," *Nautilus Institute for Security and Sustainability,* February 25, 2003.

196 "the numbers": Jason Division, IDA, *Tactical Nuclear Weapons in Southeast Asia,* 27.

Chapter Twelve *The Electronic Fence*

197 "I stepped on": Interviews and email correspondence with Richard "Rip" Jacobs, June–August 2013. Information is from interviews with VO-67 crew members and the VO-67 Association digital archive and website.

198 Nine men KIA: VO-67 Crew 2 Memorial Pictures, VO-67 Crew 2 Summary-KIA, VO67A. Personnel in this incident: Denis Anderson, Delbert A. Olson, Richard Mancini, Arthur C. Buck, Michael Roberts, Gale Siow, Phillip Stevens, Donald Thoresen, Kenneth Widon.

198 Crew Five was lost: VO-67 Crew 5 Memorial Pictures, VO-67 Crew 5 Summary-KIA, VO-67A. Personnel in this incident: Glenn Miller Hayden, Chester Coons, Frank Dawson, Paul Donato, Clayborn Ashby, James Kravitz, James Martin, Curtis Thurman, James Wonn.

198 acoubuoys: For a technical discussion, see Office of the Secretary, Joint Staff, MACV, Military History Branch. *Command History, United States Military Assistance Command Vietnam: 1967*. Volume 3, 1105–1106; for a narrative discussion, see Rego 11–17, with photographs.

199 "how it happens": Interview with Tom Wells, June 2013.

200 "We couldn't control": Interview with Barney Walsh, June 2013.

202 Captain Milius: Milius was first listed MIA, but his status was later changed to PKIA (Presumed Killed in Action); the USS *Milius* is named in his honor.

203 McNamara...looked: Ruina oral history interview, 28; *Pentagon Papers* (Gravel), vol. 4, chap. 1, sec. 3, subsection 1.C. The idea had first been proposed by Harvard Law School professor Roger Fisher.

203 "Secretary McNamara asked me": Sullivan oral history interview, 53; Rego, 1.

204 high-technology sensors: Sensors are small, self-powered machines designed to measure physical qualities by mimicking biological senses including sight, hearing, smell, and touch. ARPA became an early pioneer in modern sensor technology when, in 1958, before NASA was created, it was put in charge of all U.S. space programs. The first American satellite, *Explorer I,* carried a sensor into space, a tiny Geiger counter that confirmed the presence of the Van Allen radiation belts.

204 classified sensor programs: MacDonald, "Jason and DCPG—Ten Lessons," 10, York Papers, Geisel.

204 listen for Vietcong: Gatlin, *Project CHECO Southeast Asia Report,* 32; Mahnken, 112.

205 the campus grounds: Interview with Goldberger; Fitch oral history interview. In defense of the Jasons' role in creating the barrier, Goldberger said the intention was to "kill fewer people" than the Air Force was killing with its two-thousand-pound bombs.

205 SADEYE cluster bombs: The bombs are discussed in Jason Division, IDA, *Air-Supported Anti-Infiltration Barrier,* 3–4.

206 held a seminar: Richard Garwin oral history interview.

206 "aspirin-size" mini-bombs: Jason Division, IDA, *Air-Supported Anti-Infiltration Barrier,* 30.
206 "20 million Gravel mines": Ibid., 5.
206 "It is difficult to assess": Ibid., 6, 9, and 13.
206 roughly one billion: In September 1966, the official figure the Jasons gave McNamara was $860 million. By the time the fence was operational, costs had reached $1.8 billion.
207 McNamara was impressed: Interview with Murph Goldberger, June 2013.
207 "The occasion": MacDonald, "Jason and the DCPG-Ten Lessons," 10.
208 belittled by most of the generals: All quotes from Office of the Secretary, Joint Staff, MACV, Military History Branch, *Command History, United States Military Assistance Command Vietnam: 1967,* Volume 3, 1072–1075.
208 with or without the support: Ibid., 1073.
209 General Starbird: Details are from Foster, "Alfred Dodd Starbird, 1912–1983," 317–321; interview with Edward Starbird, the general's son.
209 Joint Task Force 728: Office of the Secretary, Joint Staff, MACV, Military History Branch. *Command History, United States Military Assistance Command Vietnam: 1967.* Volume 3, 1072-1075.
210 "highest national priority": Document 233, Foreign Relations of the United States, 1964–1968, Volume IV, Vietnam, 1966, DSOH.
211 "We are on the threshold": Cited in Vernon Pizer, "Coming—The Electronic Battlefield," *Corpus Christi Caller-Times,* February 14, 1971.
211 "system of systems": MacDonald, "Jason and the DCPG—Ten Lessons," 8.
212 electronic battlefield concept: Half a century later, the results of the electronic fence are ubiquitous—not just on the battlefield but across America, in the civil sector. The legacy of the electronic fence is everywhere: home, phone, computer, car, airport, doctor's office, shopping mall.
212 "From its outset": Gatlin, *Project CHECO Southeast Asia Report,* 38.

Chapter Thirteen *The End of Vietnam*

213 received a tip: Quotes are from Finney, "Anonymous Call Set Off Rumors of Nuclear Arms for Vietnam," *New York Times,* February 12 and 13, 1968.
215 "It was a scary place": MacDonald, "Jason and the DCPG—Ten Lessons," 8–12.
215 "I had probably": Garwin oral history interview.
216 also allegedly stolen: James N. Hill, "The Committee on Ethics: Past, Present, and Future," 11–19. In *Handbook on Ethical Issues in Anthropology,*

edited by Joan Cassell and Sue-Ellen Jacobs, a special publication of the American Anthropological Association number 23, available online at aaanet.org.

216 "staggering 32K of memory": Maynard, 257n.

216 journalists also revealed: *Princeton Alumni Weekly,* September 25, 1959, 12.

217 students chained...shut: Maynard, 193; "Vote of Princeton Faculty Could Lead to End of University Ties to IDA," *Harvard Crimson,* March 7, 1968.

218 rare declassified copy: Quotes are from ARPA, *Overseas Defense Research: A Brief Survey of Non-Lethal Weapons (U)* (page numbers are illegible).

221 nonlethal weapons: Steve Metz, "Non-Lethal Weapons: A Progress Report," *Joint Force Quarterly* (Spring–Summer 2001): 18–22; Ando Arike, "The Soft-Kill Solution: New Frontiers in Pain Compliance," *Harper's,* March 2010.

221 famously gave birth to: LAPD, "History of S.W.A.T.," Los Angeles Police Foundation, digital archive.

222 came under fire: Barber, VIII-63–VIII-67; Van Atta, Richard H., Sidney Reed, and Seymour Deitchman, *DARPA Technical Accomplishments,* Volume 1. 18-1–18-11; Hord, 4–8.

222 developed his first thoughts: Hord, 245, 327.

222 a billion instructions per second: "A Description of the ILLIAC IV," Interim Report, IBM Advanced Computing Systems, May 1, 1967. The machine never actually achieved a billion operations per second, but it was at the time the largest assemblage of computer hardware ever amassed in a single machine.

222 designed to cut down: New to the mix was the concept of building a large-scale SIMD (single instruction, multiple data) machine. This would change the way data were stored in the computer's memory and how data flowed through the machine. *University of Illinois Alumni Magazine* 1 (2012): 30–35.

222 "ballistic missile defense": Roland and Shiman, 12; Hord, 9.

222 still-classified ARPA program: Author's FOIA requests were rejected by the departments of Commerce, Energy, and Defense.

223 "all the computational requirements": Cited in Muraoka, Yoichi. "Illiac IV." *Encyclopedia of Parallel Computing,* Springer US, 2011, 914–917.

223 Defense Department contract: Barber, VIII-63.

223 headline in the *Daily Illini:* Patrick D. Kennedy, "Reactions Against the Vietnam War and Military-Related Targets on Campus: The University of Illinois as a Case Study, 1965–1972," Illinois Historical Journal 84, 109.

224 "The horrors ILLIAC IV": All quotes are from the *Daily Illini,* January 6, 1970.

224 "If I could have gotten": Barber, VIII-63.
224 firebombed the campus armory: Kennedy, "Reactions Against the Vietnam War," Illinois Historical Journal 84, 110.
225 guarantee the safety: O'Neill, 31; Barber, VIII-62. According to ARPA, it was the agency that pulled ILLIAC IV, not the university.
226 classified program to track submarines: "US Looks for Bigger Warlike Computers," *New Scientist,* April 21, 1977, 140. By 1977, the ILLIAC IV was outdated. DARPA sought to build a new machine, one that could produce 10 billion instructions per second (BIPS).
226 Acoustic sensors: "U.S. Looks for Bigger, Warlike Computers." *New Scientist,* April 21, 1977, 140.
226 "practical outcomes": Roland and Shiman, 29.
227 "the epitome": Barber, IX-2.
227 "It wouldn't surprise me": Ibid., IX-19.
227 "The staff just didn't know": Ibid., VIII-79.
228 "chicken-and-egg problem": Ibid., VIII-74–77.
230 "the devil": Finkbeiner, 102.
230 "I'll talk about China": Interview with Murph Goldberger; Finkbeiner, 104.
231 "Jason made a terrible mistake": Joel Shurkin, "The Secret War over Bombing," *Philadelphia Inquirer,* February 4, 1973.
231 No Jason scientist: Interview with Charles Schwartz; file on "Jason controversy," York Papers, Geisel.
231 "This is Dick Garwin": Finkbeiner, 104.
231 "perfect occasion": Bruno Vitale, "The War Physicists," 3, 12.
232 European scientists: "Jason: survey by E. H. S. Burhop and replies, 1973," Samuel A. Goudsmit Papers, 1921–1979, Niels Bohr Library and Archives, digital archive.
232 "tried for war crimes": Ibid.
232 "We should": Interview with Murph Goldberger, June 2013.
232 "intellectual forefront": Lukasik oral history interview, 27, 32–33.
232 "an agreeable move": Interview with Murph Goldberger, June 2013.

Chapter Fourteen *Rise of the Machines*

238 in keeping with the Mansfield Act: Barber, IX-23. Staff supervision would remain under the control of DDR&E.
238 three former ARPA directors: Barber, VIII-43, VIII-50.
239 "high-risk projects": Barber, IX-7
240 "It was most difficult": Barber, IX-37. Lukasik would become a senior vice president of RAND for national security programs.
240 altered the opinions: *Commanders Digest,* September 20, 1973, 2.

241 radar cross-section: Interviews with Edward Lovick, 2009–2015; Jacobsen, *Area 51,* 97.
241 acoustically undetectable: Reed et al., *DARPA Technical Accomplishments.* Volume 1. 16-1–16-4.
241 "high-stealth aircraft": *DARPA: 50 Years of Bridging the Gap,* 152.
242 asked the CIA: Interviews with Ed Lovick, 2009–2015. After Heilmeier was briefed by Lockheed, the Skunk Works division was given a $1 contract by DARPA to "study" stealth, which essentially amounted to Lockheed handing over reports already done for CIA. I write about this in *Area 51,* having interviewed a number of program participants. The subject is discussed in *DARPA: 50 Years of Bridging the Gap* but because Project Oxcart had not been declassified by CIA when the monograph was written, most of the narrative refers to the SR-71.
242 "We designed flat, faceted panels": Interviews with Ed Lovick, 2009; Jacobsen, *Area 51,* 340.
243 Two significant ideas: RG 330, ARPA, Memo from George H. Lawrence to Deputy Director of Procurement, Defense Supply Service, Contract DAHC15-70-C-0144, NACP.
244 Doubling is a powerful concept: Garreau, 49.
245 "In a few years": J. C. R. Licklider and Robert W. Taylor, "The Computer as a Communication Device," *Science and Technology* (April 1968), 22.
245 text messages: K. Fisch, S. McLeod, and B. Brenman, "Did You Know, 3.0," *Research and Design* (2008): 2.
246 "Is it going to be": Taylor oral history interview.
247 "the most successful project": DARPA, *A History of the Arpanet: The First Decade,* I-2–5.
247 "to identify and characterize": Kaplan, *Daydream Believers,* 11. For a detailed discussion of Assault Breaker, see Van Atta et al., *Transformation and Transition,* Volume 1, Chapter Four.
247 Wohlstetter concluded: See Paolucci, "Summary Report of the Long Range Research and Development Planning Program."
247 "a circular error probable": Cited in Watts, "Precision Strike: An Evolution," 3, footnote 6.
248 best example was the bombing: Lavalle, 7.
248 "It appears": Kaplan, *Daydream Believers,* 13.
248 love of model airplanes: Van Atta et al., *Transformation and Transition,* Volume 1, 40.
248 Praerie and Calere: Ibid., 40–41.
249 forward-looking infrared: Interview with John Gargus, September 2011.
249 "more complicated" drone: Cited in Barber, VIII-53.

249 Nite Panther and Nite Gazelle: Gyrodyne Helicopter Historical Foundation, "Nite Panther: U.S. Navy's QH-50 Drone Anti-Submarine Helicopter (DASH) System," (n.d.).

250 TRANSIT: Reed et al., *DARPA Technical Accomplishments,* Volume 1, 3-1–9.

251 planning countermeasures: Watts, "Precision Strike: An Evolution," 12.

251 a master game theorist: Jardini (unpaginated). Andrew Marshall served eight consecutive U.S. presidents, thirteen secretaries of defense, and fourteen DARPA directors. After forty-two years of military forecasting, Marshall retired in January 2015 at the age of ninety-two. He was the longest-serving director inside the Office of Secretary of Defense in Pentagon history.

252 Soviets felt so threatened: Watts, "Precision Strike: An Evolution," 5, 7, 11–13.

252 "military-technical revolution": Marshal N. V. Ogarkov, "The Defense of Socialism: Experience of History and the Present Day," *Red Star,* May 9, 1984, trans. Foreign Broadcast Information Service, Daily Report, May 9, 1984.

252 "technology leadership": Interview with Richard Van Atta, May 2014.

253 being pursued, in the black: Barber, VIII-36, IX-7, IX-32–40; Reed et al., *DARPA Technical Accomplishments,* Volume 1, S-1–9.

253 got a radical idea: Interviews and email correspondence with Jack Thorpe, May 2014–March 2015. The idea, says Thorpe, developed over time while he was working at the Air Force Office of Scientific Research in Washington D.C.

253 hydraulic motion system: Michael L. Cyrus, "Motion Systems Role in Flight Simulators for Flying Training," Williams Air Force Base, AZ, August 1978.

253 "The other flyer's aircraft": Quotes are from interview with Jack Thorpe, May–October 2014; See also Thorpe, "Trends in Modeling, Simulation, & Gaming."

254 "a place where": Interview with Jack Thorpe, clarifying his original paper.

255 reviewed by senior Pentagon staff: Cosby, *Simnet: An Insider's Perspective,* 3.

256 TCP/IP: Roland and Shiman, 117.

257 C2U: Thorpe clarifies that C2U was a term that originated with DARPA's Command Post of the Future program.

257 "allowed to fail": *DARPA: 50 Years of Bridging the Gap,* 68.

257 "networked war-fighting system was impossible": Interview with Neale Cosby, March 2014.

257 "William Gibson didn't": Fred Hapgood,"Simnet," *Wired Magazine,* Vol. 5, no. 4, April 1997; Deborah Solomon, "Back From the Future Questions for William Gibson," *New York Times Magazine,* August 19, 2007.

258 Project Reynard: Interview with Justin Elliott; Justin Elliott and Mark Mazzetti, "World of Spycraft: NSA and CIA Spied in Online Games," *New York Times,* December 9, 2013.

Chapter Fifteen *Star Wars and Tank Wars*

259 He had just flown in: Teller, 531.
259 Poindexter suggested: Broad, 164.
260 lead agency: *DARPA: 50 Years of Bridging the Gap,* 67. The program would not be called SDI until later. DARPA's research and development efforts focused on directed energy systems and were later continued by the Strategic Defense Initiative Organization.
261 "But is it a bomb?": Robert Scheer, "X-Ray Weapon," *Los Angeles Times,* June 4, 1986.
261 a laser is: Interview with Charles Townes, March 2014; Townes, 4–6; Beason, 15.
261 had been inspired to create the laser: Interview with Charles Townes; Townes, 6. Charles Townes died in January 2015.
262 "array of small reflectors": Quotes are from interview with Charles Townes; Townes, 3.
263 "like an imaginary story": Hey, 95–96.
264 *Fiscal Times:* Merrill Goozner, "$100b and Counting: Missiles That Work... Sometimes," *The Fiscal Times,* March 24, 2012; Mark Thompson, "Why Obama Will Continue Star Wars," *Time Magazine,* November 16, 2008.
264 "capture the sense of tankness": Interviews with Jack Thorpe, May–October, 2014.
267 "The high rankers": Quotes are from interviews with Neale Cosby, May–October 2014.
268 DARPA and the Army spent: Cosby, 4.
268 The Internal Look war games: Interview with General Paul Gorman (retired), October 2014.
269 "We played Internal Look": Schwartzkopf, 10.

Chapter Sixteen *Gulf War and Operations Other Than War*

270 what struck him: Atkinson, *Crusade,* 25.
270 stealth fighter aircraft: For a comprehensive story of the DARPA stealth program, see Van Atta et al., *Transformation and Transition,* Volume 2, I-1–9.
271 "give them the full load": Atkinson, *Crusade,* 31.

271 "Two thoughts": Crickmore, 63.

271 "sophisticated video game": Ibid. Feest also discusses how war is like playing a video game in Richard Benke, "Right on Target," AP, January 14, 1996.

272 "video game was over": Crickmore, 63.

272 tactical advantage: Defense Department New Briefing, January 17, 1991, C-SPAN.org; Robert F. Dorr, 312. Numbers vary slightly, according to different sources.

273 Iraqi Scuds: Major General Jay Garner, "Army Stands by Patriot's Persian Gulf Performance," *Defense News* 7, no. 26 (1-4): 3; Atkinson, *Crusade*, 182; "Intelligence Successes and Failures in Operations Desert Shield/ Storm," Report of the Oversight and Investigations Subcommittee, Committee on Armed Services, U.S. House of Representatives, August 1993.

274 surrendering to a machine: Ted Shelsby, "Iraqi soldiers surrender to AAI's drones." *Baltimore Sun*, March 2, 1991.

274 JSTARS: U.S. Air Force, Fact Sheet, E-8C, Joint Stars (2005).

274 600,000 lines of code: Mahnken, 130.

274 "real-time tactical view": JOINT STARS, Transitions to the Air Force, Selected Technology Transition, 68.

275 ten thousand more missions: According to a Defense Department timeline of the Gulf War, www.defense.gov.

275 mind-numbing statistics: *USA Today World*, 1991 Gulf War chronology, September 3, 1996.

276 terrible weather: McMaster, "Battle of 73 Easting," 10–11.

276 wrote the first handbook: Wolfe, 3.

276 "We had thermal imagery": Interview with Douglas Macgregor, April 2014.

276 Eagle Troop: Interview with General Paul Gorman (retired) October 2014. The controversy continues over how long this battle actually lasted.

277 "slaughter for slaughter's sake": Powell, 505. All quotes in this section are from Powell's book.

277 "a great idea": Interview with Neal Cosby, May 2014.

278 Bloedorn and the DARPA team: Thorpe, "Trends in Modeling, Simulation, & Gaming," 12.

278 "capturing": Interview with Neal Cosby, May 2014.

278 "an instrument of war": This account is from Gorman and McMaster, "The Future of the Armed Services: Training for the 21st Century," Statement before Senate Armed Services Committee, May 21, 1992.

279 Task Force Ranger: Stewart, *The United States Army in Somalia, 1992–1994,* 10–11.
280 "a direct hit": Norm Hooten, interview with Lara Logan, CBS News, *60 Minutes,* October 6, 2013.
281 written report: Quotes are from *Report of the Senior Working Group on Military Operations Other Than War (OOTW).* Around this time, DARPA's name was briefly changed back to ARPA, then restored to DARPA.
283 "Historical advice": Glenn, *Combat in Hell,* 1.

Chapter Seventeen ***Biological Weapons***

284 thirteen-man Soviet delegation: Alibek, 226. The other twelve members were scientists, Soviet army officers, diplomats, and spies.
285 regarded with wonderment: Alibek, 194; email correspondence with Ken Alibek, December 2013. Alibek now lives in Kazakhstan.
286 Alibekov's job: Alibek, 194.
286 he later described: Ibid., 9.
286 "It wasn't so clear": "DARPA: The Post-Soviet Years 1989–Present 2008," video available on YouTube at DARPAtv.
286 great instability: Office of the Secretary of Defense, "Proliferation and Threat Response," November 1992, 35.
287 At any given time: Hoffman, *The Dead Hand,* 330. As per Hoffman, there were 6,623 land-based and 2,760 sea-based nuclear warheads aimed at carefully selected targets inside the United States, and an additional 1,500 nuclear-armed cruise missiles and 822 nuclear-armed aircraft ready to fly.
287 helped conceive and design: Biography of Lisa Bronson, Missouri State University, Faculty DSS-73.
287 "At various stops": This account is from Alibek, 239–40.
288 reached out to Lisa Bronson: Alibek 242, also discussed with Michael Goldblatt, April 2014.
289 Vladimir Pasechnik's defection: Mangold and Goldberg, *Plague Wars,* 91–105.
289 Ultra-Pure: Hoffman, *The Dead Hand,* 327–328.
289 streptomycin: Poland and Dennis, WHO/CDS/CSR/EDC *Plague Manual,* 55.
290 "You choose plague": Hoffmann, *The Dead Hand,* 334.
290 "one of the key acts": Ibid., 332.
291 declared smallpox dead: *World Health Magazine,* May 1980 (cover).

291 Lederberg confirmed: James M. Hughes and D. Peter Drotman, "In Memoriam: Joshua Lederberg (1925–2008)," *Emerging Infectious Diseases* 14, no. 6 (June 2008): 981–983.

292 to get the Russians to admit: Braithwaite, 141–143. As the British ambassador to the Soviet Union, Braithwaite was stationed in Moscow from September 1988 to May 1992.

292 Yeltsin confessed: Braithwaite, 142–43.

293 Congress got involved: In the spring of 1992, in an interview with *Komsomolskaya Pravda,* Yeltsin acknowledged that the Soviet Union, and subsequently Russia, had been operating a biological weapons program. He blamed the arms race. In June, while visiting Washington, D.C., Yeltsin told the U.S. Congress, "We are firmly resolved not to lie any more," and promised U.S. lawmakers that Russia's illegal bioweapons programs would end.

293 "the most virulent and vicious": David Willman, "Selling the Threat of Bioterrorism," *Los Angeles Times,* July 1, 2007.

294 Alibek confirmed: Alibek, 5.

294 provided chilling details: Testimony before the Joint Economic Committee, U.S. Congress, May 20, 1998; Alibek, 40.

294 "They did not care": Alibek, 257.

295 "blindness to the pace": Cited in William J. Broad, "Joshua Lederberg, 82, a Nobel Winner, Dies," *New York Times,* February 5, 2008.

295 "very little capability in biology": Interview with Larry Lynn; "DARPA: The Post-Soviet Years 1989–Present 2008," video available on YouTube at DARPAtv.

296 "a SCIF": Quotes are from interview with Murph Goldberger, June 2013.

296 Lederberg: Nancy Stomach, "DARPA Explores Some Promising Avenues," 25.

297 unclassified findings: This section is sourced from Block, *Living Nightmares,* 39–75.

299 cancerous human tumors: Kevin Newman, "Cancer Experts Puzzled by Monkey Virus," ABC News, March 12, 1994. The subject, "The SV-40 Virus: Has Tainted Polio Vaccine Caused an Increase in Cancer?" was discussed and debated before Congress on September 10, 2003.

299 Shortly after: Block, *Living Nightmares,* 41.

299 Biological warfare defense: Quotes in this section come from DARPA Biological Warfare Defense Program, Program Overview no. 884, briefing slides (unpaginated).

300 "Star Wars of biology": Ibid.

301 Preston testified: Senate Judiciary Subcommittee on Technology, Terrorism and Government Information and the Senate Select Committee on Intelligence on Chemical and Biological Weapons, "Threats to America: Are We Prepared?" April 22, 1998.

301 "hundreds of tons": Tim Weiner, "Soviet Defector Warns of Biological Weapons," *New York Times,* February 25, 1998.

301 distributed to members of Congress: *Congressional Record,* March 12, 1998.

301 sharing information: Richard Preston, "The Bioweaponeers," *New Yorker,* March 9, 1998, 52–53.

302 private meeting at the Pentagon: David Willman, "Selling the Threat of Bioterrorism," *Los Angeles Times,* July 1, 2007.

302 Alibek became president: Executive profile, *Bloomberg Business Week,* October 14, 2013. See also Miller, Engelberg, and Broad, 302–4.

303 Popov: Quotes are from *Nova,* 1998. Transcripts online at pbs.org.

303 "enigma": Marilyn Chase, "To Fight Bioterror, Doctors Look for Ways to Spur Immune System," *Wall Street Journal,* September 24, 2002.

304 biological warfare defense: Prepared remarks of Larry Lynn, director, Defense Advanced Research Projects Agency, before the Acquisition and Technology Subcommittee, U.S. Senate Armed Services Committee, March 11, 1997.

304 "We hope": "Hadron Subsidiary Awarded $3.3 Million Biodefense Contract by DARPA," PRNewswire, May 2, 2000. In just a few years' time, Alibek's federal grant and contract money would total $28 million.

304 Ukraine: David Willman, "Selling the Threat of Bioterrorism," *Los Angeles Times,* July 1, 2007.

304 "terrorist organization": Testimony of Ken Alibek, U.S. House of Representatives, Committee on Armed Services, Subcommittee on Research and Development and Subcommittee on Procurement, October 20, 1999, 15.

Chapter Eighteen *Transforming Humans for War*

305 "weakling of the battlefield": Quotes are from interview with General Paul Gorman (retired), October 2014.

306 "On the field of battle": Colonel S. L. A. Marshall, *The Soldier's Load and the Mobility of a Nation* (Washington, DC, 1950), 7–10.

307 Gorman wrote: Gorman, SuperTroop, VIII-7.

308 radical vision: Interview with Michael Goldblatt, April 2014. This belief is common among transhumanists.

310 with the wave of a wand: Garreau, 28.

310 "rapid healing": Harry T. Whelan et al., "DARPA Soldier Self Care: Rapid Healing of Laser Eye Injuries with Light Emitting Diode Technology," September 1, 2004.

310 like hydrogen sulfide: Jason, MITRE, *Human Performance,* 22–24.

311 to control the lobes: Garreau, 28.

311 Mechanically Dominant Soldier: Tether, Statement to Congress, March 19, 2003.

311 look like Lance Armstrong: Garreau, 32.

311 "a wireless brain modem": All quotes are from Statement of Dr. Eric Eisenstadt, Defense Sciences Office, Brain Machine Interface, DARPATech '99 conference.

312 the answer was clear: Author's tour of Gina Goldblatt's high technology bedroom, April 2014.

314 the *Dark Winter* script: Quotes are from *Dark Winter,* Bioterrorism Exercise, Andrews Air Force Base, June 22–23, 2001; U.S. House of Representatives, Hearing on Combating Terrorism, "Federal Response to a Biological Weapons Attack," July 2001.

315 Nunn told Congress: Nunn, statement to Congress, July 23, 2001.

315 all BASIS could do: Interview with Dr. Alan P. Zelicoff, October 2013.

316 "Any technology": Vin LoPresti, "Guarding the Air We Breathe," *Los Alamos National Laboratory Research Quarterly* (Spring 2003), 5.

Chapter Nineteen *Terror Strikes*

319 asks Bray: Quotes are from interview with David Bray, July 2014. Per Presidential Decision Directive 39, the Bioterrorism Preparedness and Response Program was a joint effort between the CDC, the FBI, and the Association of Public Health Laboratories.

322 supercomputers would scan: David Siegrist and J. Pavlin, "Bio-ALIRT Biosurveillance Detection Algorithm Evaluation," Centers For Disease Control, *Morbidity and Mortality Weekly Report,* September 24, 2004/53, 152–158. Carlos Castillo-Chavez, "Infections Disease Informatics and Biosurveillance," *Springer,* October 2010, 6–7.

323 "It was a clear day": Cheney, 339.

323 "He grabbed me": Cheney interview with John King, CNN, September 11, 2002.

324 laying plans for war: Cheney, 341.

324 sitting in his office: Rumsfeld, 335; *Larry King Live,* December 5, 2001.

325 Davis later told: This account is from Cockburn, 1–3.

325 Secretary Rumsfeld helped: Armed Forces Press Service, September 8, 2006, photographs.
326 "Best info fast": *9/11 Commission Report,* 559; Joel Roberts, "Plans for Iraq Attack Began on 9/11," CBS News, September 4, 2002.
326 "We all knew": Rice, 83.
326 "We were embarking": Cheney, 332.
327 Rumsfeld, Known and Unknown, 356–57.
327 Tenet sent out a memo: Memorandum from George J. Tenet, The Director of Central Intelligence, "Subject: We're at War," September 16, 2001, CIA.
327 "On October first": Quotes are from interview with David Bray, July 2014.
328 "A war of nerves": R. W. Apple, "A Nation Challenged: News Analysis; City of Power, City of Fears," *New York Times,* October 17, 2001.
329 DARPA was asked: Interview with Michael Goldblatt, April 2014.
329 "a little bit of pride": Ibid.
329 "There had been": Quotes are from Cheney, 341.
330 "a virtually zero rate": Vin LoPresti, "Guarding the Air We Breathe," *Los Alamos National Laboratory Research Quarterly* (Spring 2003), 5, *Science and Technology Review,* October, 2003; Arkin, 288n.
331 "Go call Hadley": Rice, 101.
331 In New York City: Cheney, 340–42.
332 "Feet down": Rice, 101.
332 additive called bentonite: ABC News, *World News Tonight,* October 26, 2001.
332 "Iraqi intelligence agent in Prague": ABC News, *This Week,* October 28, 2001.
332 disinformation campaign: William Safire, "Mr. Atta Goes to Prague," *New York Times,* May 9, 2002.
332 indication of his significance: Anthony Tether, biography, AllGov.com.
333 five stages: Tether, Statement to Congress, March 19, 2003.
333 nearly three times: FY 2003 budget estimates, determined in February 2002.
333 "Kenneth Alibek": "George Mason University Unveils Center for Biodefense: Scientists Kenneth Alibek, Charles Bailey to Direct," press release, George Mason University, February 14, 2002.
333 "prototype biodefense products": PRNewswire, Analex Corporation, May 1, 2002.
334 $60: "National Security Notes," March 31, 2006, GlobalSecurity.org.
334 Al Qaeda spent: *9/11 Commission Report,* 169. The plotters spent between $400,000 and $500,000.

335 "The match is about to begin": John Diamond and Kathy Kiely, "Tomorrow Is Zero Hour," *USA Today*, June 19, 2002.

Chapter Twenty *Total Information Awareness*

336 nuclear physicist John Poindexter: Dr. John Poindexter, DARPA biography.

336 struck with an idea: Harris, 144.

337 Poindexter began teaching himself: Ibid., 83.

337 revitalize the Genoa program: Interview with Bob Popp, June 2014.

337 "That's funny": Quotes are from Harris, 144.

338 roughly $42 million: Ibid., 145.

338 existing Genoa program: Presentation by Brian Sharkey, Deputy Director of ISO, Total Information Awareness, DARPATech 99 conference, transcript and briefing slides.

338 let go of profit participation: Harris, 147.

339 opening slide: Ibid., 150.

339 system of systems: Popp and Yen, 409; Dr. Robert Popp, DARPA's Initiative on Countering Terrorism, TIA, Terrorism Information Awareness, Overview of TIA and IAO Programs, briefing slides.

339 Tether agreed: Interview with Bob Popp, June 2014; Harris, 150.

339 $145 million: Congressional Research Services, "Controversy About Level of Funding," memo on funding for Total Information Awareness programs from Amy Belasco, consultant on the defense budget, Foreign Affairs, Defense and Trade Division, January 21, 2003 (hereafter Belasco memo).

339 "In our view": Quotes are from interview with Bob Popp, June 2014.

340 multiple programs under the TIA umbrella: Information in this section is drawn from "Total Information Awareness Program (TIA). System Description Document (SDD)." Version 1.1, July 19, 2002.

340 EELD office: DARPA, Information Awareness Office, IAO Mission, briefing slides.

341 "techniques that allow us": Quotes are from statements of Ted Senator, DARPATech 2002 conference, Anaheim, California.

341 "capture human activities": Ibid.

341 Human Identification: Jonathan Phillips's explanation of face recognition for SPIE Defense Security and Sensing Symposium can be viewed on YouTube.

342 "the war languages": DARPA, IAO Mission briefing slides.

342 Red teaming: International Summit on Democracy, Terrorism and Security, Madrid, March 8–11, 2005.

342 "collaborations": Quotes are from statements by Tom Armour, DARPATech 2000 conference, Dallas, Texas.
344 find the snakes: Armour added, "The intelligence analyst will need to consult vast amounts of information, from both classified and open sources, to piece together enough evidence to understand their activities." Armour, DARPATech 2000 conference, Dallas, Texas.
344 "artificial automaton": Von Neumann, "The Computer and the Brain," 74.
345 lunch in Rumsfeld's office: Harris, 185.
345 at Fort Belvoir: Dr. Robert Popp, DARPA's Initiative on Countering Terrorism, TIA, Terrorism Information Awareness, Overview of TIA and IAO Programs, briefing slides.
345 a whooshing sound: Glenn Greenwald, "Inside the Mind of NSA Chief Gen. Keith Alexander," *Guardian,* September 15, 2013.
346 "initial TIA experiment": Quotes are from interview with Bob Popp; see also Harris, 187.
346 "a vast electronic dragnet": John Markoff, "Pentagon Plans a Computer System That Would Peek at Personal Data of Americans," *New York Times,* November 9, 2002.
347 Safire wrote: William Safire, "You Are a Suspect," *New York Times,* November 14, 2002.
347 285 stories: Robert L. Popp and John Yen, 409.
347 true numbers: Belasco memo; DefenseNet transfers from Project ST-28 in FY2002 to Project ST-11 in 2003.
348 No interviews: Interview with Bob Popp, June 2014.
348 "I don't know much about it": U.S. Department of Defense, news transcript, "Secretary Rumsfeld Media Availability en Route to Chile," November 18, 2002.
349 offered his resignation: John M. Poindexter to Anthony Tether, director, Defense Advanced Research Projects Agency, August 12, 2003.
349 "terminated immediately": *Congressional Record,* September 24, 2003 (House), H8500-H8550 Joint Explanatory Statement, Terrorism Information Awareness (TIA).
350 Anonymous Entity Resolution: Ericson and Haggerty, 180; Steve Mollman, "Betting on Private Data Search," *Wired,* March 5, 2003.
350 Combat Zones That See: DARPA Solicitation number SN03-13, Pre-Solicitation Notice: Combat Zones That See (CTS), March 25, 2003.
351 "to challenge the status quo": *Defense Industry Daily,* August 1, 2008.
351 came up with: Vice Admiral Arthur K. Cebrowski and John H. Garstka, "Network Centric Warfare: Its Origins and Future," *Proceedings,* 124–139.

Cebrowski says he first heard the phrase at the U.S. Naval Institute Seminar and 123rd Annual Meeting, Annapolis, April 23, 1997.

351 the whole world: Remarks by Bill Mularie, director, Information Systems Office, DARPATech '99 conference, briefing slides.

351 (C4ISR): Rumsfeld, 10.

351 internal documents: U.S. Department of Defense, *Report on Network Centric Warfare,* 2001; Vice Admiral Arthur Cebrowski (retired), speech to Network Centric Warfare 2003 conference, January 2003.

351 "great moral seductiveness": Cited in James Blaker, "Arthur K. Cebrowski: A Retrospective," *Naval War College Review,* Spring 2006, Vol. 59, no. 2, 135.

352 "The speed": Quotes are from "Transforming Warfare: An Interview with Adm. Arthur Cebrowski," *Nova,* PBS, May 5, 2004.

Chapter Twenty-One *IED War*

354 "Mission Accomplished": Remarks by the President from the USS *Abraham Lincoln,* White House Press Office, May 2003.

354 "I was a gunner": Quotes are from interview with Jeremy Ridgley, May 25, 2014; Ridgley photographs.

355 "unexploded ordnance": "Pfc. Jeremiah D. Smith, 25, OIF, 05/26/03," Defense Department press release no. 376-03, May 28, 2003.

355 Defense Department official: David Rhode, "After the War: Resistance; Deadly Attacks on G.I.'s Rise; Generals Hope Troop Buildup Will Stop the Skirmishes," *New York Times,* June 10, 2003.

356 "There's more ammunition": Abizaid, testimony before Congress, September 25, 2003.

356 greater than the number: Smith, 10.

356 soldiers killed by IEDs: Ibid.; John Diamond, "Small Weapons Prove the Real Threat in Iraq," *USA Today,* September 29, 2003.

356 "classical guerrilla-style campaign": Cited in Rick Atkinson, "Left of Boom: 'The IED Problem is getting out of control. We've got to stop the bleeding,'" *Washington Post,* September 30, 2007.

356 "A new phenomenon": Quotes are from interview with Brigadier General Andrew Smith (retired), June 2014.

357 CREW: Glenn Zorpette, "Countering IEDs," *IEEE Spectrum,* August 29, 2008.

358 study report: Clay Wilson, "Network Centric Warfare: Background and Oversight Issues for Congress," June 2, 2004.

358 "Warfare is all about": U.S. Department of Defense, *Report on Network Centric Warfare,* 2001; Vice Admiral Arthur Cebrowski (retired), speech to Network Centric Warfare 2003 conference, January 2003.
359 "Network-centric warfare": "Transformation for Survival: Interview with Arthur K. Cebrowski, Director, Office of Force Transformation," *Defense AT&L,* March–April 2004.
359 added four new slides: Office of Force Transformation, "Key Barriers to Transformation," PowerPoint, 2002; "Meeting the Challenges of the New Competitive Landscape PowerPoint, 2004. See also Donald Rumsfeld, Secretary's Forward, "Transformation Planning Guidance," U.S. Department of Defense, April 2003.
359 "That speed of advance": "Battle Plan Under Fire," *PBS NewsHour,* May 4, 2004.
360 "culture-centric" solution: Major General Robert H. Scales Jr., U.S. Army (retired), "Culture-Centric Warfare," *Proceedings,* October 2004.
360 "Knowledge of one's enemy": McFate, "Anthropology and Counterinsurgency: The Strange Story of Their Curious Relationship," *Military Review,* March–April 2005, 24–38.
360 "Combat troops": Meghan Scully," 'Social Intel' New Tool for U.S. Military," *Defense News,* April 26, 2004.
361 bringing social scientists on board: Email correspondence with Montgomery McFate; interview with Bob Popp, June 2014.
362 "punk rock wild child": Matthew B. Standard, "Montgomery McFate's Mission: Can One Anthropologist Possibly Steer the Course in Iraq?" *San Francisco Examiner,* April 29, 2007.
362 received a call: Email correspondence with Montgomery McFate.
362 majority were left-leaning: Scott Jaschik, "Social Scientists Lean to the Left, Study Says," Insidehighered.com, December 21, 2005.
362 "evangelical mission": George Packer, "Knowing the Enemy: Can social scientists redefine the 'war on terror'?" *New Yorker,* December 18, 2006.
363 An entire generation: Williamson Murray and Robert H. Scales Jr., *The Iraq War: A Military History* (Cambridge: Harvard University Press, 2003).
363 "The nature of war": Major General Robert H. Scales Jr., U.S. Army (retired), "Culture-Centric Warfare," *Proceedings,* October 2004, 32–36.
364 "When the U.S.": McFate, "The Military Utility of Understanding Adversary Culture," *Joint Force Quarterly,* issue 38, July 2005, 44-48.
364 "Soldiers and Marines": Ibid.

365 "stability operations": Dehghanpisheh and Thomas, "Scions of the Surge," *Newsweek,* March 24, 2008.
365 "I do not want": George Packer, "Knowing the Enemy: Can social scientists redefine the 'war on terror'?" *New Yorker,* December 18, 2006.
366 "Understanding and empathy": Robert Scales, "Clausewitz and World War IV," *Armed Forces Journal,* July 1, 2006.
366 McFate wrote one of the chapters: Email correspondence with Montgomery McFate.
366 "What is Counterinsurgency?": *Counterinsurgency, Field Manual* No. 3-24.
366 "the first time": http://humanterrainsystem.army.mil.

Chapter Twenty-Two *Combat Zones That See*

367 "Combat Zones That See": DARPA Solicitation number SN03-13, Pre-Solicitation Notice: Combat Zones That See (CTS), March 25, 2003.
367 "No technological challenges": Robert Leheny, "DARPA's Urban Operations Program," presentation at DARPATech 2005, August 2005, with photographs.
368 "We need a network": Tether, Statement to Congress, March 10, 2005, 11.
368 Congress had eliminated funding: U.S. Congress, H8500–H8550, Joint Explanatory Statement, Terrorism Information Awareness (TIA), *Congressional Record,* September 24, 2003.
368 "detect the clandestine production": Tether, Statement to Congress, March 10, 2005, 11.
369 "a network of nonintrusive microsensors": Leheny, "DARPA's Urban Operations Program," 38.
370 unclassified documents: Ehlschlaeger, "Understanding Megacities with the Reconnaissance, Surveillance, and Intelligence Paradigm," 50–53.
370 the HURT program: DARPA Information Exploitation Office (IXO) HURT Program Office, aerial vehicle platform documents; See also James Richardson, "Preparing Warfighters for the Urban Stage," located in *DARPA: 50 Years of Bridging the Gap,* 166–67.
371 "The [HURT] system": Pagels quoted in Clarence A. Robinson, Jr., "Air Vehicles Deliver Warrior Data," *Signal Magazine,* July 2007.
371 terrorists could sneak in: *DARPA: 50 Years of Bridging the Gap,* 169; Glenn Zorpette, "Countering IEDs," *IEEE Spectrum,* August 29, 2008.
372 DARPA's goal: This information comes from Tether, Statement to Congress, 2003; "Combat Zones That See (CTS) Solicitation Number BAA03-15, March 25, 2003. See also Stephen Graham, "Surveillance, Urbanization, and the U.S. 'Revolution in Military Affairs,'" in David Lyon, ed., *Theorizing Surveillance: The Panopticon and Beyond,* 250–54.

372 every forty-eight minutes: Rick Atkinson, "Left of Boom: 'You can't armor your way out of this problem;'" *Washington Post,* October 2, 2007.
373 the "spider": Noah Shachtman, "The Secret History of Iraq's Invisible War," *Wired,* June 14, 2011.
374 EFP: The first EFPs appeared on May 15, 2004, in Bara. DIA linked them to Hezbollah forces from 1997.
374 2,000 meters per second: Rick Atkinson, "Left of Boom: 'You can't armor your way out of this problem;'" *Washington Post,* October 2, 2007.
374 Hardwire HD: "Hardwire Receives DARPA Funding for Novel Armor Solutions," *Business Wire,* August 21, 2006.
374 rip apart soldiers' bodies: Tony Perry, "IED Wounds from Afghanistan 'Unbelievable' Trauma Docs Say," *Los Angeles Times,* April 7, 2011.
375 JIEDDO: Interview with Brigadier General Andrew Smith (retired), June 2014.
376 "We were dealing with": Quotes are from interviews with Craig Marsh, June 2014–March 2015.
376 Building 114: Interviews with Craig Marsh; Andrew E. Kramer, "Leaving Camp Victory in Iraq, the Very Name a Question Mark," *New York Times,* November 10, 2011.
377 Combined Explosive Exploitation Cell: "CEXC: Introducing a New Concept in the Art of War," *Armed Forces Journal,* June 7, 2007.
379 "Talon robots": Quotes in this section are from DARPA, Distribution Statement A, "Unmanned Robots Systems: SBIR Technology Underpins Life-Saving Military Robots," DARPA, Distribution Statement A, 2010, 1-7.
379 "Gordon the robot": Ibid., 6–8; DARPA, "Unmanned Robotic Systems: Small Business Innovation Research," *Featured Technology,* December 2010, 6.
380 Talon robots: Sargeant Lorie Jewell, "Armed Robots to March into Battle," *Army News Service,* December 6, 2004.
382 "Whether it's magic or scientific": Rod Nordland, "Iraq Swears by a Bomb Detector U.S. Sees as Useless," *New York Times,* November 3, 2009.
382 whistleblower revealed: Adam Higginbotham, "In Iraq, the Bomb-Detecting Device That Didn't Work, Except to Make Money," *Bloomberg Businessweek,* July 11, 2013.
382 more than two an hour: Rick Atkinson, "Left of Boom: 'If you don't go after the network, you're never going to stop these guys. Never,'" *Washington Post,* October 3, 2007.

382 $15 billion: Glenn Zorpette, "Countering IEDs," *IEEE Spectrum,* August 29, 2008.
383 Tether appeared: Tether, Statement to Congress, March 21, 2007.
383 "Shot. Two o'clock": Raytheon news release, BBN Technologies, Products and Services, Boomerang III.
383 CROSSHAIRS: DARPA, news release, "DARPA's CROSSHAIRS Counter Shooter System," October 5, 2010.
384 DARPA fielded fifty Radar Scopes: Quotes are from Tether, Statement to Congress, March 21, 2007; Donna Miles, "New Device Will Sense Through Concrete Walls," Armed Forces Press Service, January 3, 2006.
384 HART: DARPA Heterogeneous Airborne Reconnaissance Team (HART), Case no. 11414, briefing slides. Dr. Michael A. Pagels, August 2008.
385 TIGR (Tactical Ground Reporting): Amy Walker, "TIGR allows Soldiers to 'be there' before they arrive," *U.S. Army News,* October 13, 2009.
385 Congress was told: Leheny, Statement to Congress, May 20, 2009.
385 soldiers told: David Talbot, "A Technology Surges," *MIT Technology Review,* February 2008.

Chapter Twenty-Three *Human Terrain*

386 not one of the 1,200: Declan Walsh, "Afghan Militants Attack Kandahar Prison and Free Inmates," *Guardian,* June 13, 2008; Carlotta Gall, "Taliban Free 1,200 Inmates in Attack on Afghan Prison," *New York Times,* June 14, 2008.
387 "proto-type system": DARPA, IAO Mission, briefing slides.
387 "Based on our experience in Iraq": Thom Shankar, "To Check Militants, U.S. Has System That Never Forgets," *New York Times,* July 13, 2011.
388 On patrol: *USA v. Don Michael Ayala* (U.S. District Court for the Eastern District of Virginia, Alexandria Division), Document 33, May 6, 2009, and Document 5, November 24, 2008.
389 "An indefinable spirit": U.S. Army, "In Memory of... Paula Loyd," *Human Terrain System,* September 2011.
389 center of the alleyway: *USA v. Don Michael Ayala,* photographs.
389 A young bearded man: Gezari, 3–18.
389 He wore: *USA v. Don Michael Ayala,* photographs.
390 drew his pistol: *USA v. Don Michael Ayala,* Document 5, 4.
390 previously guarded: Ibid., Document 5, 3.
391 "the man was the devil": Ibid., Document 33, 2.
391 leniency: Matthew Barakat, "Contractor Gets Probation for Killing Prisoner," Associated Press, May 8, 2009.

391 "advise brigades": In *Human Terrain: War Becomes Academic,* Udris Films, 2010.
392 earned more: *USA v. Don Michael Ayala,* Document 33, 1.
392 "military commanders": U.S. Army press release, digital archive, http://humanterrainsystem.army.mil.
392 "dangerous and reckless": AAA [American Anthropological Association] Executive Board, Statement on the Human Terrain System Project, October 31, 2007.
393 "mercenary anthropology": Roberto J. González, "Towards mercenary anthropology? The new US Army counterinsurgency manual FM 3–24 and the military-anthropology complex," *Anthropology Today,* Volume 23, Issue 3, June 2007, 14–19.
393 Catherine Lutz: Quotes are from *Human Terrain: War Becomes Academic,* Udris Films, 2010.
393 Hugh Gusterson: Ibid.
393 Roberto González: Ibid.
394 "My very first time": Carlson quotes are from Dan G. Cox, "Human Terrain Systems and the Moral Prosecution of Warfare," 27–29.
395 "Can doctrine be applied": This account is drawn from Nigh, "An Operator's Guide to Human Terrain Teams," 20–23.
396 "clearing operation": ISAF, TAAC South, "Impacts, Contributions," 2007; U.S. Army, "Human Terrain Team Handbook," December 11, 2008.
397 replaced Paula Loyd: Korva Coleman, "Social Scientists Deployed to the Battlefield," NPR, September 1, 2009.
397 "infamous as a killing zone": Jonathan Montpetit,"Canadian Soldiers Resume Mentoring Afghan National Army After Turbulent Spring." *Military World,* October 28, 2010.
397 "Michael Bhatia was": "One Man's Odyssey from Campus to Combat," Associated Press, March 8, 2009.
398 $200,000 a year: Jason Motlagh, "Should Anthropologists Help Contain the Taliban?" *Time,* July 1, 2010.
399 "People use human networks": Tristan Reed, "Intelligence and Human Networks," *Stratfor Global Intelligence Security Weekly,* January 10, 2013.
399 "Phase Zero pre-conflict": Jim Hodges, "Cover Story: U.S. Army's Human Terrain Experts May Help Defuse Future Conflicts," *Defense News,* March 22, 2012.
400 biomedical technology program: Department of Defense, Fiscal Year 2015, Budget Estimates, Defense Advanced Research Projects Agency, 1:51.

400 "applies forecasting": Ibid., 1:130.

400 "far behind enemy lines": "DARPA Receives Joint Meritorious Unit Award," U.S. Department of Defense, press release. December 17, 2012.

401 Deep Exploration and Filtering of Text: Department of Defense, Fiscal Year 2015 Budget Estimates, Defense Advanced Research Projects Agency, 1:88.

Chapter Twenty-Four *Drone Wars*

405 "This war": Quotes are from "Remarks by the President at the National Defense University, Fort McNair," White House, Office of the Press Secretary, May 23, 2013.

406 Department of Defense reports: U.S. Department of Defense, "The Unmanned Systems Integrated Roadmap FY2013–2038," 2014, 8:13, 26.

407 "My daughter": Quotes are from interview with Bernard Crane, September 2014.

407 "Those are not insects": Quotes are from Rick Weiss, "Dragonfly or Insect Spy? Scientists at Work on Robobugs," *Washington Post,* October 9, 2007.

408 insisted that President Bush be impeached: C-SPAN, "Stop the War Rally," September 15, 2007.

408 multiple truck bombs: Damien Cave and James Glanz, "Toll in Iraq Bombings Is Raised to More Than 500," *New York Times,* August 22, 2007.

408 reportedly played a role: "A Carpet for Radicals at the White House," *Investigative Project on Terrorism,* October 12, 2012.

408 served as imam: "Al-Qaida cleric death: mixed emotions at Virginia mosque where he preached," Associated Press, September 11, 2011.

409 "Insect-size": Grasmeyer and Keennon, "Development of the Black Widow Micro Air Vehicle," *American Institute of Aeronautics and Astronautics,* 2001, 1.

410 "We have seen sparrows": Ibid., 8.

410 "micro-explosive bombs": Lambeth, "Technology Trends in Air Warfare," 141.

410 trained bees to locate: "Sandia, University of Montana Researchers Try Training Bees to Find Buried Landmines," Sandia National Laboratories, press release, April 27, 1999. In the late 1990s, the Mine Bee Program met with great success when DARPA researchers at Sandia National Laboratories worked with entomologists at the University of Montana to train honeybees to detect buried land mines.

411 Insectothopter: Author tour of the CIA museum, Langley, VA, September 2010.

412 Animal rights: Duncan Graham-Rowe, "Robo-Rat Controlled by Brain Electrodes," *New Scientist,* May 1, 2002.

413 "The tissue develops": A. Verderber, M. McKnight, and A. Bozkurt, "Early Metamorphic Insertion Technology for Insect Flight Behavior Monitoring," *Journal of Visualized Experiments,* July 12, 2014, 89.

413 animated video: online at "Armed with Science," the DoD's official science blog.

415 DARPA's hypersonic stealth drones: DARPA News, "Hypersonics—The New Stealth: DARPA investments in extreme hypersonics continue," July 6, 2012; "Darpa refocuses Hypersonics Research on Tactical Missions," *Aviation Week and Space Technology,* July 8, 2013.

415 Falcon HTV-2: Animated performance videos of Falcon HTV-2 at Lockheedmartin.com.

415 hypersonic low-earth-orbit drones: Toshio Suzuki, "DARPA Wants Hypersonic Space Drone with Daily Launches," *Stars and Stripes,* February 4, 2014.

415 Hydra: John Keller, "DARPA Considers Unmanned Submersible Mothership Designed to Deploy UAVs and UUVs," *Military Aerospace Electronics,* July 23, 2013.

416 Unmanned Ground System robots: Demonstration videos on DARPA's YouTube channel, DARPAtv.

417 LANdroids: USC Information Sciences Institute, Polymorphic Robotics Laboratory, "LANdroids," n.d.

417 what "autonomy" is: U.S. Department of Defense, "Unmanned Systems Integrated Roadmap FY2013–2038," 15.

418 "The autonomous systems": U.S. Department of Defense, "Unmanned Systems Integrated Roadmap FY2011–2036," 43.

418 "autonomous and semi-autonomous": Department of Defense Directive 3000.09, "Autonomy in Weapon Systems," sec. 4, Policy, 2, November 21, 2012.

418 fourfold process: U.S. Department of Defense, "Unmanned Systems Integrated Roadmap FY2011–2036," table 3, 46.

419 "unimagined degrees of autonomy": Ashton Carter's letter, dated (stamped) March 29, 2010, is attached to the end of Department of Defense, Defense Science Board, "Task Force Report: The Role of Autonomy in DoD Systems," Appendix C, Task Force Terms of Reference.

Chapter Twenty-Five *Brain Wars*

420 artificial brains: ArtificialBrains.com tracks scientific and technological progress toward the goal of building sentient machines. The website is maintained by James Pearn in Munich, Germany.

422 our interview: All quotes in this section are from my interview with Allen Macy Dulles, March 2014.

422 brought her brother: Interviews with Joan Dulles Talley, March 2014–May 2015.

424 The White House calls: White House Briefing Room, "BRAIN Initiative Challenges Researchers to Unlock Mysteries of Human Mind," April 2, 2013. Of note: partnering with DARPA on many of its brain programs is IARPA, the Intelligence Advanced Research Projects Agency, or the CIA's DARPA.

424 Brain programs: Information on DARPA brain-computer interface programs from Robbin A. Miranda et al., "DARPA-Funded Efforts in the Development of Novel Brain–Computer Interface Technologies," 1-17. The authors are: Robbin A. Miranda, William D. Casebeer, Amy M. Hein, Jack W. Judy, Eric P. Krotkov, Tracy L. Laabs, Justin E. Manzof, Kent G. Pankratz, Gill A. Pratt, Justin C. Sanchez, Douglas J. Weber, Tracey L. Wheeler, and Geoffrey S. F. Ling.

424 According to the Pentagon: Armed Forces Health Surveillance Center, "Summary of Mental Disorder Hospitalizations, Active and Reserve Components, U.S. Armed Forces, 2000–2012," *Medical Surveillance Monthly Report* 20, no. 7 (July 2013): 4–11.

425 SUBNETS: "SUBNETS Aims for Systems-Based Neurotechnology and Understanding for the Treatment of Neuropsychological Illnesses," Department of Defense, press release, October 25, 2013.

425 chips wirelessly transmit: George Dvorsky, "Electroconvulsive Therapy Can Erase Unwanted Memories," iO9, December 23, 2013.

425 "incorporate near real-time": "SUBNETS," DARPA News, October 25, 2013.

426 "notes on a piano": Emily Singer, "Playing Piano with a Robotic Hand," *MIT Technology Review,* July 25, 2007.

426 "The Intrinsic hand": Jonathan Kuniholm, "Open Arms," *IEEE Spectrum,* March 1, 2009.

426 Dean Kamen: Kamen interview with Scott Pelley, CBS News, *60 Minutes,* April 10, 2009.

427 yet to find a partner: Rhodi Lee, "FDA Approves DEKA Arm System," *Tech Times,* May 10, 2014.

427 "debt we owe": "From Idea to Market in Eight Years: DARPA-Funded DEKA Arm System Earns FDA Approval," DARPA News, May 9, 2014.

427 "turn a valve": Interview with Noel Sharkey, September 2014.

428 Even the cooks: Interview with LANL cooks, March 2014.

428 Kenyon and his team: Kenyon's DARPA contract is administered through the University of Michigan as part of the New Mexico Consortium (NMC). Kenyon says, "The NMC is sort of an incubator for LANL. It's a place where scientists like myself can work with a team of students and pursue risky ideas that would be hard to pull off within the confines of LANL itself."
429 simulating the primate visual system: Quotes are from interviews with Garrett Kenyon, March–November 2014.
429 world's record: "Science at the Petascale," IBM Roadrunner supercomputer, press release, October 27, 2009.
429 Tianhe-2: Lance Ulanoff, "China Has the Fastest Supercomputer in the World—Again," Mashable.com, June 23, 2014.
430 points inside: Kenyon noted that the computer room contains a number of different machines.
433 "Regeneration is really coming alive": Quotes are from interviews with David Gardiner and Sue Bryant, June 2013–October 2014.
434 children born with mutations: Ngo Vinh Long, "Vietnamese Perspectives," in *Encyclopedia of the Vietnam War,* ed. by Stanley Kutler (New York: Scribner's, 1996).
435 a human uterus: Stephanie Smith, "Creating Body Parts in a Lab; 'Things Are Happening Now,'" CNN, April 10, 2014.
435 make body parts: "Ears, Noses Grown from Stem Cells in Lab Dishes," Associated Press, April 8, 2014.
435 laboratory-grown beef burgers: Maria Cheng, "First Reaction: Lab-Made Burger Short on Flavor." Phys.org, August 5, 2013.
437 "One can imagine": S. Hawking et al., "Stephen Hawking: 'Transcendence Looks at the Implications of Artificial Intelligence—But Are We Taking AI Seriously Enough?'" *The Independent,* May 1, 2014.
437 "these [autonomous] systems": Interview with Steve Omohundro, May 2015; See also "Autonomous Technology and the Greater Human Good," *Journal of Experimental & Theoretical Artificial Intelligence,* November 21, 2014, 303–15.
438 "human-machine interaction failures": Interview with Noel Sharkey, September 2014.

Chapter Twenty-Six *The Pentagon's Brain*

438 sharing his idea: Interview with Charles Townes, April 2014.
440 SIGMA group: Interview with Doug Beason, who is a member. Beason, a physicist and the former chief scientist, U.S. Air Force Space Command,

is the author of fourteen science-fiction books, eight with collaborator Kevin J. Anderson; Email correspondence with Arlan Andrews.

440 "Those responsible": Jenna Lang, "Sci-fi writers take US security back to the future," *Guardian,* June 5, 2009.

444 brain-computer interfaces: R. A. Miranda et al., "DARPA-Funded Efforts in the Development of Novel Brain-Computer Interface Technologies," *Journal of Neuroscience Methods* (2014). The term was coined by Jacques J. Vidal, in 1971.

444 DARPA's stated goal: M. L. Cummings, "Views, Provocations: Technology Impedances to Augmented Cognition," *Ergonomics in Design* (Spring 2010): 25.

444 "Human brain activity": DARPA, Cognitive Technology Threat Warning System (CT2WS) Solicitation no. BAA07-25, April 11, 2007.

444 DARPA scientists: R. A. Miranda et al., "DARPA-Funded Efforts in the Development of Novel Brain-Computer Interface Technologies," *Journal of Neuroscience Methods* (2014).

445 "groundbreaking advances": Ibid., 3, 5.

445 DARPA program managers: Ibid., 10-13. The four DARPA program managers are William D. Casebeer, Justic C. Sanchez, Douglas J. Weber, Geoffrey S. F. Ling.

446 augmenting cognition: Quotes are from Jason, MITRE Corporation, "Human Performance," 70, 72.

447 "The Jason scientists": Quotes are from interview with Michael Goldblatt, April 2014.

448 "For commanders": Quotes are from Defense Science Board, "The Role of Autonomy in DoD Systems," 2012, 2, 19, 46, 48. "Among the key challenges moving forward," according to the DSB, "is advancing tests and evaluation capabilities to improve trust for increasing autonomy in unmanned systems."

448 "probability and consequences of failure": Department of Defense Directive no. 3000.09, November 21, 2012.

449 "the effect of narrative": Miranda et al., 9.

449 "We would all benefit": Interview with Paul Zak, October 2014.

449 "erase fear": Bret Stetka, "Can Fear Be Erased?" *Scientific American,* December 4, 2014.

450 DSB chairman Paul Kaminski: Information according to his White House biography. Kaminski had a twenty-year career as an officer in the Air Force. He served as director of Low Observable Technology and was responsible for developing and fielding the Pentagon's stealth programs. Later, as under secretary of defense for acquisition and technology, he had

responsibility for an annual budget that exceeded $100 billion. See also "Dr. Paul G. Kaminski, Former Under Secretary of Defense for Acquisition and Technology, 2011 Ronald Reagan Award Winner," Missile Defense Agency, digital archive.

450 DSB members: Email correspondence with Major Eric D. Badger, public affairs officer for the DSB Executive Director; Department of Defense press release, January 5, 2010; DSB, Appendix D—Task Force Membership, 109, Appendix E—Task Force Briefings, 110. Also participating in the DSB report advising the Pentagon on the role of autonomous weapons systems were briefers from the defense corporations Northrop Grumman, Lockheed Martin, Boeing, General Dynamics, General Atomics, SAIC, and QinetiQ.

451 "chicken-and-egg": Barber, VIII-76.

451 military-industrial complex: Dwight D. Eisenhower, "Farewell Radio and Television Address to the American People," January 17, 1961, UCSB.

452 "The battlefield is no place": Cited in Van Atta et al., *Transformation and Transition,* Volume 2, V-19.

人名单

Dr. Ken Alibek: Virologist, former deputy director Biopreparat, USSR
Dr. Jorge Barraza: Social psychologist, Claremont Graduate University
Colonel Doug Beason, Ph.D. (retired): Physicist, former chief scientist U.S. Air Force Space Command
Chris Berka: Co-founder of Advanced Brain Monitoring, Inc.
Major David Blair: Technologist, MQ-1B instructor pilot, AC-130 gunship pilot
Dr. David A. Bray: Information technologist, chief information officer, FCC; former information chief for Bioterrorism Preparedness and Response, Centers for Disease Control
Rebecca Bronson: FBI records administrator
Dr. Susan V. Bryant: Regeneration biologist, former dean of the School of Biological Sciences and vice chancellor for research, UC Irvine
Colonel Julian Chesnutt (retired): Former program officer, Defense Clandestine Service, DIA
Colonel L. Neale Cosby (retired): Former SIMNET principal investigator, DARPA
Bernard Crane: Lawyer, Washington, DC
Dr. Tanja Dominko: Biotechnoengineer, stem cell biologist, Worcester Polytechnic Institute
Allen Macy Dulles: Student of history, Korean War veteran, son of Allen Welsh Dulles
Dr. Jay W. Forrester: Computer pioneer, founder of system dynamics
Ralph "Jim" Freedman: Former nuclear weapons engineer, EG&G
Dr. David Gardiner: Regeneration biologist, professor of developmental and cell biology, UC Irvine
Colonel John Gargus (retired): Former special operations officer, U.S. Air Force

Lieutenant Colonel Peter A. Garretson: Transformational strategist, U.S. Air Force
Dr. Marvin Goldberger: Former Manhattan Project physicist, founder and chairman of the Jason scientists, science advisor to President Johnson
Dr. Michael Goldblatt: Former director, Defense Sciences Office, DARPA
Dr. Kay Godel-Gengenbach: Academic, daughter of William Godel
General Paul F. Gorman (retired): Former commander in chief, U.S. Southern Command (US SOUTHCOM), special assistant to the Joint Chiefs of Staff
Richard "Rip" Jacobs: Former engineer, VO-67 Navy squadron
Dr. Garrett T. Kenyon: Neurophysicist, Synthetic Cognition Group, Los Alamos National Laboratory
Paul Kozemchak: Special assistant to director, DARPA
Edward Lovick Jr.: Physicist, former Lockheed Skunk Works stealth technologist
Sherre Lovick: Engineer, former Lockheed Skunk Works stealth technologist
Robert A. Lowell: Radiation scientist, satellite technologist
Colonel Douglas Macgregor, Ph.D. (retired): Former squadron operations officer, Battle of 73 Easting
Master Chief Petty Officer Craig Marsh (retired): Former master explosive ordnance disposal technician, Combined Joint Counter-IED Task Force Troy, Iraq
Montgomery McFate, J. D., Ph.D.: Cultural anthropologist, former senior social scientist, Human Terrain System, U.S. Army
Cullen McInerney: Former military contractor, former U.S. Secret Service
Eugene McManus: Former technician at BMEWS J-Site, Thule, Greenland
Timothy Moynihan: Pastor, former soldier and operations officer, U.S. Army
Dr. Walter Munk: Oceanographer, former Jason scientist
Captain C. N. "Lefty" Nordhill: Former aircraft commander, VO-67 Navy squadron
Alfred O'Donnell: Former nuclear weapons engineer, EG&G
Dr. Alvaro Pascual-Leone, Ph.D.: Neurologist, Harvard Medical School, director of the Berenson-Allen Center for Non-invasive Brain Stimulation
Dr. Robert Popp: Former deputy director, Information Awareness Office, DARPA
Dr. Leonard Reiffel: Nuclear physicist
Robert E. Reynolds: Former air crewman, VO-67 Navy squadron
Michael E. Rich: Assistant U.S. attorney, Department of Justice
Jeremy Ridgley: Former soldier, Eighteenth Military Police Brigade, U.S. Army
Rob Rubio: Business director, Advanced Brain Monitoring, Inc.

Colonel Jack W. Rust: Commander, U.S. Navy, NRO
Dr. Charles Schwartz: Physicist, former Jason scientist
Dr. Noel Sharkey: Emeritus professor of artificial intelligence and robotics at the University of Sheffield, England, chairman of the International Committee for Robot Arms Control
Brigadier General Andrew Smith (Australian Army, retired): Former director, Combined Planning Group, Headquarters, U.S. CENTCOM
Colonel Edward Starbird (retired): Son of General Alfred Starbird
David J. Steffy: Former air crewman, VO-67 Navy Squadron
Lieutenant Colonel Hervey Stockman (retired): U-2 pilot, CIA and U.S. Air Force
Clifford Stoll: Astrophysicist
Robert Surrette: Former senior acquisition executive, CIA
Joan Dulles Talley: Jungian analyst, daughter of Allen Welsh Dulles
Lieutenant Colonel Troy E. Techau (retired): Former biometrics technologist, Identity Dominance Operations, U.S. CENTCOM
Elizabeth Terris: Neuroeconomics researcher, Claremont Graduate University
Kip S. Thorne: Theoretical physicist
Colonel Jack Thorpe, Ph.D. (retired): Creator and founder of SIMNET
Dr. Charles H. Townes: Inventor of the laser, Nobel Prize in Physics, 1964
Andrew Tudor: Nanofabrication and nanoscale researcher, physical intelligence, UCLA
Dr. Richard H. Van Atta: Senior research analyst, IDA
Eric Van Slander: Archivist, National Archives
Jim Wagner: Former co-pilot, VO-67 Navy Squadron
Captain Barney Walsh (retired): Former co-pilot, VO-67 Navy squadron
Tom Wells: Former engineer, VO-67 Navy squadron
Dr. James M. Wilson: Virologist, former special assistant to the director for weapons of mass destruction, U.S. Army Medical Research and Materiel Command
Dr. Paul J. Zak: Scientist, neuroeconomist, Claremont Graduate University
Dr. Joseph J. Zasloff: Social scientist, former RAND analyst for the Viet Cong Motivation and Morale Project
Dr. Alan Zelicoff: Epidemiologist, former senior scientist in the Center for National Security and Arms Control at Sandia National Laboratories

参考书目

图书

Abella, Alex. *Soldiers of Reason: The RAND Corporation and the Rise of the American Empire*. Orlando: Houghton Mifflin Harcourt, 2009.

Alibek, Ken, with Stephen Handelman. *Biohazard: The Chilling True Story of the Largest Covert Biological Weapons Program in the World—Told from Inside by the Man Who Ran It*. New York: Dell Publishing, 1999.

Arkin, William M. *American Coup: How a Terrified Government Is Destroying the Constitution*. New York: Little, Brown, 2013.

Atkinson, Rick. *Crusade: The Untold Story of the Persian Gulf War*. New York: Houghton Mifflin, 1993.

Bamford, James. *Body of Secrets: Anatomy of the Ultra-Secret National Security Agency*. New York: Anchor Books, 2002.

Barrat, James. *Our Final Invention: Artificial Intelligence and the End of the Human Era*. New York: St. Martin's Press, 2013.

Beason, Doug, Ph.D. *The E-Bomb: How America's New Directed Energy Weapons Will Change the Way Future Wars Will Be Fought*. Cambridge, MA: Da Capo Press, 2005.

Belfiore, Michael. *The Department of Mad Scientists: How DARPA Is Remaking Our World, from the Internet to Artificial Limbs*. New York: Harper, 2010.

Bradlee, Benjamin C. *Conversations with Kennedy*. New York: W. W. Norton, 1975.

Braithwaite, Rodric. *Across the Moscow River: The World Turned Upside Down*. New Haven: Yale University Press, 2002.

Broad, William J. *Teller's War: The Top-Secret Story Behind The Star Wars Deception*. New York: Simon & Schuster, 1992.

Burrows, William E. *Deep Black: The Startling Truth Behind America's Top-Secret Spy Satellites*. New York: Berkley Books, 1986.

———. *This New Ocean: The Story of the First Space Age*. New York: Random House, 1998.

Chayes, Abram, and Jerome B. Wiesner. *ABM: An Evaluation of the Decision to Deploy an Antiballistic Missile System*. New York: New American Library, 1969.

Cheney, Dick, with Liz Cheney. *In My Time: A Personal and Political Memoir*. New York: Threshold Editions, 2011.

Childs, Herbert. *An American Genius: The Life of Ernest Orlando Lawrence*. New York: E. P. Dutton, 1968.

Cockburn, Andrew. *Rumsfeld: His Rise, Fall, and Catastrophic Legacy*. New York: Scribner, 2007.

Corman, Steven R., ed. *Narrating the Exit from Afghanistan*. Tempe: Arizona State University Center for Strategic Communication, 2013.

Creveld, Martin van. *The Transformation of War: The Most Radical Reinterpretation of Armed Conflict Since Clausewitz*. New York: Free Press, 1991.

———. *Wargames: From Gladiators to Gigabytes*. New York: Cambridge University Press, 2013.

Deitchman, Seymour J. *The Best-Laid Schemes: A Tale of Research and Bureaucracy*. Cambridge: MIT Press, 1976.

———. *Limited War and American Defense Policy*. Cambridge: MIT Press, 1964.

———. *Military Power and the Advance of Technology: General Purpose Military Forces for the 1980s and Beyond*. Boulder, CO: Westview Press, 1983.

Donlon, Roger H. C., and Warren Rogers. *Outpost of Freedom*. New York: McGraw-Hill, 1965.

Dorr, Robert F. *Air Combat: An Oral History of Fighter Pilots*. New York: Penguin, 2007.

Downs, Frederick. *The Killing Zone: My Life in the Vietnam War*. New York: W. W. Norton, 2007.

Drell, Sidney D., Abraham D. Sofaer, and George D. Wilson. *The New Terror: Facing the Threat of Biological and Chemical Weapons*. Stanford: Hoover Institution Press, 1999.

Dyson, Freeman. *Weapons and Hope*. New York: Harper & Row, 1984.

Dyson, George. *Turing's Cathedral: The Origins of the Digital Universe*. New York: Pantheon Books, 2012.

Elliott, Mai. *RAND in Southeast Asia: A History of the Vietnam War Era*. Santa Monica, CA: RAND Corporation, 2010.

Ellsberg, Daniel. *Secrets: A Memoir of Vietnam and the Pentagon Papers*. New York: Penguin, 2001.

Ezell, Edward. *The Great Rifle Controversy: Search for the Ultimate Infantry Weapons from World War II Through Vietnam and Beyond*. Harrisburg, PA: Stackpole Books, 1984.

Fall, Bernard, B. *Street Without Joy: The French Debacle in Indochina*. Mechanicsburg, PA: Stackpole Books, 1994.

Fehner, Terrence R., and F. G. Gosling. *Origins of the Nevada Test Site*. Washington, D.C.: Department of Energy, 2000.

Finkbeiner, Ann. *The Jasons: The Secret History of Science's Postwar Elite*. New York: Viking Penguin, 2006.

Fleming, James Rodger. *Fixing the Sky: The Checkered History of Weather and Climate Control*. New York: Columbia University Press, 2010.

Garreau, Joel. *Radical Evolution: The Promise and Peril of Enhancing Our Minds, Our Bodies—And What It Means to Be Human*. New York: Doubleday, 2005.

Garrison, Dee. *Bracing for Armageddon: Why Civil Defense Never Worked*. New York: Oxford University Press, 2006.

Gazzaniga, Michael S. *Who's in Charge? Free Will and the Science of the Brain*. New York: HarperCollins, 2011.

Gezari, Vanessa M. *The Tender Soldier: A True Story of War and Sacrifice*. New York: Simon & Schuster, 2013.

Gilbert, Daniel. *Stumbling on Happiness*. New York: Alfred A. Knopf, 2006.

Goodchild, Peter. *Edward Teller: The Real Dr. Strangelove*. Cambridge: Harvard University Press, 2004.

Gouré, Leon. *Civil Defense in the Soviet Union*. Westport, CT: Greenwood Press, 1986.

Gravel, Mike. *The Pentagon Papers: Gravel Edition*. Volume 4. Boston: Beacon Press, 1971.

Green, Tom. *Bright Boys*. Natick, MA: A. K. Peters, 2010.

Hafner, Katie, and Matthew Lyon. *Where Wizards Stay Up Late: The Origins of the Internet*. New York: Simon & Schuster, 1996.

Halberstam, David. *The Best and the Brightest*. New York: Ballantine Books, 1993.

———. *The Making of a Quagmire: America and Vietnam During the Kennedy Era*. New York: Random House, 1965.

Hamblin, Jacob Darwin. *Arming Mother Nature: The Birth of Catastrophic Environmentalism*. New York: Oxford University Press, 2013.

Hammel, Eric. *Khe Sanh: Siege in the Clouds, An Oral History*. Pacifica, CA: Pacifica Press, 1989.

Hansen, Chuck. *U.S. Nuclear Weapons: The Secret History*. New York: Orion Books, 1987.

Hargittai, Istvan. *Judging Edward Teller: A Closer Look at One of the Most Influential Scientists of the Twentieth Century*. Amherst, NY: Prometheus Books, 2010.

Harland, David M., and Ralph D. Lorenz. *Space Systems Failures: Disasters and Rescues of Satellites, Rockets, and Space Probes*. Chichester, UK: Praxis Publishing, 2005.

Harris, Shane. *The Watchers: The Rise of America's Surveillance State*. New York: Penguin, 2010.

Hawkins, Jeff, with Sandra Blakeslee. *On Intelligence*. New York: Henry Holt and Company, 2004.

Hendrickson, Paul. *The Living and the Dead: Robert McNamara and Five Lives of a Lost War*. New York: Alfred A. Knopf, 1996.

Herken, Gregg. *Brotherhood of the Bomb: The Tangled Lives and Loyalties of Robert Oppenheimer, Ernest Lawrence, and Edward Teller*. New York: Henry Holt and Company, 2002.

———. *Cardinal Choices: Presidential Science Advising from the Atomic Bomb to SDI*. Stanford: Stanford University Press, 1992.

Hewlett, Richard G., and Jack M. Holl. *Atoms for Peace and War, 1953–1961: Eisenhower and the Atomic Energy Commission*. Berkeley: University of California Press, 1989.

Hey, Nigel. *The Star Wars Enigma: Behind the Scenes of the Cold War Race for Missile Defense*. Washington, DC: Potomac Books, 2006.

Hickey, Gerald C. *Window on a War: An Anthropologist in the Vietnam Conflict*. Lubbock: Texas Tech University Press, 2002.

Hoffman, David E. *The Dead Hand: The Untold Story of the Cold War Arms Race and Its Dangerous Legacy*. New York: Doubleday, 2009.

Hoffman, Jon T. *A History of Innovation: U.S. Army Adaptation in War and Peace*. Washington, DC: Center of Military History, 2011.

Hord, R. Michael. *The Illiac IV: The First Supercomputer*. Rockville, MD: Computer Science Press, 1982.

Jardini, David. *Thinking Through the Cold War: RAND, National Security and Domestic Policy, 1945–1975*. Amazon Digital Services, Inc., August, 2013.

Jenkins, Brian Michael. *Countering al Qaeda: An Appreciation of the Situation and Suggestions for Strategy*. Santa Monica, CA: RAND, 2002.

Johnson, George. *Strange Beauty: Murray Gell-Mann and the Revolution in Twentieth-Century Physics*. New York: Alfred A. Knopf, 1999.

Johnston, Rob, Ph.D. *Analytic Culture in the U.S. Intelligence Community: An Ethnographic Study*. Washington, DC: Center for the Study of Intelligence, Central Intelligence Agency, 2005.

Kahn, Herman. *On Thermonuclear War*. New Brunswick, NJ: Transaction Publishers, 2007.

Kaku, Michio. *The Future of the Mind: The Scientific Quest to Understand, Enhance, and Empower the Mind*. New York: Doubleday, 2014.

Kaplan, Fred. *Daydream Believers: How a Few Grand Ideas Wrecked American Power.* Hoboken, NJ: John Wiley & Sons, 2008.

———. *The Wizards of Armageddon.* New York: Simon and Schuster, 1983.

Karnow, Stanley. *Vietnam: A History; The First Complete Account of Vietnam at War.* New York: Penguin, 1984.

Keeney, L. Douglas. *The Doomsday Scenario.* St. Paul, MN: MBI Publishing Company, 2002.

Killian, James R., Jr. *Sputnik, Scientists, and Eisenhower: A Memoir of the First Special Assistant to the President for Science and Technology.* Cambridge: MIT Press, 1977.

Kistiakowsky, George Bogdan. *A Scientist in the White House.* Cambridge: Harvard University Press, 1976.

Lapp, Ralph E. *The Voyage of the Lucky Dragon.* New York: Harper & Brothers, 1957.

Leonard, Robert. *Von Neumann, Morgenstern, and the Creation of Game Theory: From Chess to Social Science, 1900–1960.* New York: Cambridge University Press, 2010.

Licklider, J. C. R. *Libraries of the Future.* Cambridge: The MIT Press, 1965.

Lyon, David, ed. *Theorizing Surveillance: The Panopticon and Beyond.* Oregon: Willan Publishing, 2006.

Lyons, Gene Martin. *The Uneasy Partnership.* New York: Russell Sage Foundation, 1969.

Macgregor, Douglas. *Warrior's Rage: The Great Tank Battle of 73 Easting.* Annapolis, MD: Naval Institute Press, 2009.

Mahnken, Thomas G. *Technology and the American Way of War.* New York: Columbia University Press, 2008

Mangold, Tom, and Jeff Goldberg. *Plague Wars: The Terrifying Reality of Biological Warfare.* New York: St. Martin's Press, 1999.

Marks, John. *The Search for the "Manchurian Candidate."* New York: W. W. Norton, 1991.

Maynard, W. Barksdale. *Princeton: America's Campus.* Pennsylvania: Penn State University Press, 2012.

Mazzetti, Mark. *The Way of the Knife: The CIA, a Secret Army, and a War at the Ends of the Earth.* New York: Penguin, 2013.

McCullough, David. *Truman.* New York: Simon & Schuster, 1992.

McMaster, H. R. *Dereliction of Duty: Lyndon Johnson, Robert McNamara, the Joint Chiefs of Staff, and the Lies That Led to Vietnam.* New York: HarperPerennial, 1997.

McRaven, William H. *Spec Ops: Case Studies in Special Operations Warfare; Theory and Practice.* New York: Presidio Press, 1996.

Miller, Judith, Stephen Engelberg, and William Broad. *Germs: Biological Weapons and America's Secret War*. New York: Simon & Schuster, 2001.

Moreno, Jonathan D. *Mind Wars: Brain Science and the Military in the 21st Century*. New York: Bellevue Literary Press, 2012.

Neese, Harvey C., and John O'Donnell, eds. *Prelude to Tragedy: Vietnam, 1960–1965*. Annapolis, MD: Naval Institute Press, 2001.

O'Keefe, Bernard J. *Nuclear Hostages*. Boston: Houghton Mifflin, 1983.

Popp, Robert L., and John Yen, eds. *Emergent Information Technologies and Enabling Policies for Counter-Terrorism*. Hoboken, New Jersey: Wiley, 2006.

Porter, John Robert. *Have Clearance Will Travel*. Bloomington, IN: iUniverse, 2008.

Poundstone, William. *Prisoner's Dilemma*. New York: Anchor Books, 1992.

Powell, Colin L., with Joseph E. Persico. *My American Journey*. New York: Random House, 1995.

Priest, Dana, and William M. Arkin. *Top Secret America: The Rise of the New American Security State*. New York: Little, Brown, 2011.

Rice, Condoleezza. *No Higher Honor: A Memoir of My Years in Washington*. New York: Crown Publishers, 2011.

Roland, Alex, with Philip Shiman. *Strategic Computing: DARPA and the Quest for Machine Intelligence, 1983–1993*. Cambridge: MIT Press, 2002.

Rumsfeld, Donald. *Known and Unknown: A Memoir*. New York: Sentinel, 2011.

Salemink, Oscar. *The Ethnography of Vietnam's Central Highlanders: A Historical Contextualization, 1850–1900*. Honolulu: University of Hawaii Press, 2003.

Schlosser, Eric. *Command and Control: Nuclear Weapons, the Damascus Accident, and the Illusion of Safety*. New York: Penguin, 2013.

Schroen, Gary C. *First In: An Insider's Account of How the CIA Spearheaded the War on Terror in Afghanistan*. New York: Presidio Press, 2005.

Schwartz, Stephen I. *Atomic Audit: The Costs and Consequences of U.S. Nuclear Weapons Since 1940*. Washington, DC: Brookings Institution Press, 1998.

Schwartzkopf, Norman. *It Doesn't Take a Hero*. New York: Bantam Books, 1992.

Shepley, James, and Clay Blair Jr. *The Hydrogen Bomb: The Men, the Menace, the Mechanism*. New York: David McKay Company, 1954.

Smith, Bruce L. R. *The RAND Corporation: Case Study of a Non-Profit Advisory Corporation*. Cambridge: Harvard University Press, 1966.

Spector, Ronald H. *Advice and Support: The Early Years, 1941–1960, United States Army in Vietnam*. Washington: Center of Military History, United States Army, 1985.

Spence, Clark C. *The Rainmakers: American "Pluviculture" to World War II.* Lincoln: University of Nebraska Press, 1980.
Stanton, Doug. *Horse Soldiers: The Extraordinary Story of a Band of U.S. Soldiers Who Rode to Victory in Afghanistan.* New York: Scribner, 2009.
Stoll, Clifford. *The Cuckoo's Egg: Tracking a Spy Through the Maze of Computer Espionage.* New York: Doubleday, 1989.
Tanham, George K., with W. Robert Warne, Earl J. Young, and William A. Nighswonger. *War Without Guns: American Civilians in Rural Vietnam.* New York: Frederick A. Praeger, 1966.
Teller, Edward. *Memoirs: A Twentieth-Century Journey in Science and Politics.* Cambridge: Perseus Publishing, 2001.
Townes, Charles H. *How the Laser Happened: Adventures of a Scientist.* New York: Oxford University Press, 1999.
Vogel, Steve. *The Pentagon: A History. The Untold Story of the Wartime Race to Build the Pentagon—And to Restore It Sixty Years Later.* New York: Random House, 2007.
von Neumann, John. *The Computer and the Brain.* New Haven: Yale University Press, 1958.
von Storch, Hans, and Klaus Hasselman. *Seventy Years of Exploration in Oceanography: A Prolonged Weekend Discussion with Walter Munk.* Berlin: Springer-Verlag, 2010.
Waldrop, M. Mitchell. *The Dream Machine: J. C. R. Licklider and the Revolution That Made Computing Personal.* New York: Viking Penguin, 2001.
Wheelis, Mark, Lajos Rózsa, and Malcolm Dando. *Deadly Cultures: Biological Weapons Since 1945.* Cambridge: Harvard University Press, 2006.
Whitman, Marina von Neumann. *The Martian's Daughter: A Memoir.* Ann Arbor: University of Michigan Press, 2013.
Whittle, Richard. *Predator: The Secret Origins of the Drone.* New York: Henry Holt and Company, 2014.
Wigner, Eugene P. *Survival and the Bomb: Methods of Civil Defense.* Bloomington: Indiana University Press, 1969.
Wills, Garry. *Bomb Power: The Modern Presidency and the National Security State.* New York: Penguin, 2010.
York, Herbert F. *The Advisors: Oppenheimer, Teller, and the Superbomb.* Stanford: Stanford University Press, 1976.
———. *Arms and the Physicist.* Woodbury, NY: American Institute of Physics Press, 1995.
———. *Making Weapons, Talking Peace: A Physicist's Odyssey from Hiroshima to Geneva.* New York: Basic Books, 1987.

Zak, Paul J. *The Moral Molecule: How Trust Works.* New York: Penguin Group, 2012.

Zasloff, Tela. *Saigon Dreaming: Recollections of Indochina Days.* New York: St. Martin's Press, 1990.

Zelicoff, Alan P., M.D., and Michael Bellomo. *Microbe: Are We Ready for the Next Plague?* New York: American Management Association, 2005.

专著和报告

Advanced Research Projects Agency. *The Advanced Research Projects Agency, 1958–1974.* Richard J. Barber Associates, Washington, DC, December 1975.

———. *Combat Development & Test Center: Vietnam.* May 1962.

———."Counterinsurgency: A Symposium, April 16–20, 1962." RAND Corporation, Washington, DC, 1962.

———. *Counter-Insurgency Game Design Feasibility and Evaluation Study.* SD-301. ABT Associates, Inc., Cambridge, MA, November 1965.

———. *Guerilla Activity Defection Study.* DEC-63-1236. Defense Research Corporation, McLean, VA, December 1963.

———. *Operation Pink Rose: Final Report.* ARPA Order No. 818. U.S. Department of Agriculture–Forest Service, May 1967.

———. *Overseas Defense Research: A Brief Survey of Non-Lethal Weapons (U).* ARPA Order no. 1509. Battelle, Columbus, OH, April 30, 1971.

———. *Project Agile: OCONUS Defoliation Test Program.* ARPA Order No. 423. United States Army Biological Center, Fort Detrick, MD, July 1966.

———. *Project Agile: Remote Area Conflict Information Center (RACIC) Selected Accession List.* Battelle Memorial Institute, Columbus, OH, July 1965.

———. *Project Agile: Remote Area Research and Engineering, Semiannual Report, 1 July–30 September 1962.* AD 342163. Battelle Memorial Institute, Columbus, OH, 1962.

———. *Project Agile: Remote Area Research and Engineering, Semiannual Report, 1 July–31 December 1963.* Battelle Memorial Institute, Columbus, OH, February 1, 1964.

———. Project Agile. "The Use of a Marking Agent for Identification by Dogs." Battelle Memorial Institute, Columbus, OH, March 11, 1966.

———. *Report of the Senior Working Group on Military Operations Other Than War (OOTW).* ARPA Order No. A119. May 1994.

———. *The Utilization of ARPA-Supported Research for International Security Planning: Interim Technical Report No. 2.* AD-753476, Los Angeles, CA, October 1972.

Advanced Research Projects Division. *Identification of Certain Current Defense Problems and Possible Means of Solution*. IDA-ARPA Study No. 1. Institute for Defense Analyses, Alexandria, VA, August 1958.

AGARD-NATO. Working Group 2 of Phase I (Third Exercise) on Environmental Warfare of the von Kármán Committee. "Long-Term Scientific Studies for the Standing Group North Atlantic Treaty Organization." NATO Secret VKC-EX3-PH1/GP2. November 1962.

Ahern, Thomas L., Jr. *CIA and Rural Pacification in South Vietnam (U)*. Center for the Study of Intelligence, Central Intelligence Agency, Langley, VA, August 2001.

American Legion. "The War Within: Traumatic Brain Injury and Post-Traumatic Stress Disorder: Findings and Recommendations." TBI/PTSD Ad Hoc Committee, Washington, DC, September 2013.

Betts, Russell, and Frank Denton. "An Evaluation of Chemical Crop Destruction in Vietnam." RM-5446-1-ISA/ARPA. RAND Corporation, Santa Monica, CA, October 1967.

Block, Steven M. "Living Nightmares: Biological Threats Enabled by Molecular Biology." McLean, VA, Summer 1997. [Chapter Two (pp. 39–76) of *The New Terror: Facing the Threat of Biological and Chemical Weapons*. Edited by Sidney Drell, Abraham D. Sofaer, and George D. Wilson. Hoover Institution Press, Stanford University, Stanford, CA, 1999]

Bochner, S. *John Von Neumann: 1903–1957, A Biographical Memoir*. National Academy of Sciences, Washington, DC, 1958.

Brown, James W. *Anticrop Warfare Research, Task-01*. U.S. Army Chemical Corps Research and Development Command, U.S. Army Biological Laboratories, Fort Detrick, MD, April 1962.

———. *Vegetational Spray Tests in South Vietnam*. U.S. Army Chemical Corps Biological Laboratories, Fort Detrick, MD, April 1962.

Brundage, T. W. "Military Research and Development Center, Quarterly Report," October 1, 1963–December 31, 1963. Joint Thai-U.S. Research and Development Center, Bangkok, Thailand, 1964.

Buckingham, William A., Jr. *Operation Ranch Hand: The Air Force and Herbicides in Southeast Asia, 1961–1971*. Office of Air Force History, United States Air Force, Washington, DC, 1982.

Cebrowski, Arthur K. "Transforming Defense: Trends in Security Competition." Office of Force Transformation, Defense Pentagon, June 15, 2004.

Center for Strategic and Budgetary Assessments. *Six Decades of Guided Munitions and Battle Networks: Progress and Prospects*. Washington, DC, March 2007.

Center of Military History: United States Army. *A History of Innovation: U.S. Army Adaptation in War and Peace.* CMH Pub 40-6-1, Washington, DC, 2009.

———. *Tip of the Spear: U.S. Army Small-Unit Action in Iraq 2004–2007.* CMH Pub 70-113-1. Global War on Terrorism Series, Washington, DC, 2009.

———. *United States Army in Vietnam: MACV The Joint Command in the Years of Withdrawal, 1968–1973.* CMH Pub-91-7. Washington, DC, 2006.

———. *U.S. Army Counterinsurgency and Contingency Operations Doctrine: 1941–1976.* CMH Pub 70-98-1. Washington, DC, 2006.

Chandler, Craig C., and J. R. Bentley. *Forest Fire as a Military Weapon, Final Report.* Advanced Research Projects Agency, Overseas Defense Research. June 1970.

Congressional Research Service. *Network Centric Warfare: Background and Oversight Issues for Congress.* CRS Report for Congress. June 2004.

Cosby, L. Neale. *Simnet: An Insider's Perspective.* IDA Document D-1661. Institute for Defense Analyses, Alexandria, VA, March 1995.

Davison, W. Phillips. *User's Guide to the Rand Interviews in Vietnam.* R-1024-ARPA. RAND Corporation, Santa Monica, CA, March 1972.

Defense Advanced Research Projects Agency. *Cybernetics Technology Division Program Completion Report.* Office of Naval Research, Arlington, VA, April 1981.

———. *DARPA Biological Warfare Defense Program: Program Overview.* Defense Sciences Office, Arlington, VA, n.d.

———. *DARPA: 50 Years of Bridging the Gap Powered by Ideas, 1958–2008.* Faircount, LLC., Tampa, FL, 2008.

———. *Fiscal Year 1982 Research & Development Program: Summary Statement.* AD-A101575. March 1981.

———. *A History of the Arpanet: The First Decade.* DARPA Report No. 4799. Bolt Beranek and Newman, Inc., Arlington, VA, April 1, 1981.

———. *Team Training and Evaluation Strategies: A State-of-Art Review.* AD-A 027507. Human Resources Research Organization, Alexandria, VA, June 1978.

———. "Total Information Awareness Program (TIA) System Description Document (SDD)." Version 1.1, July 19, 2002.

Defense Nuclear Agency. *Castle Series 1954: United States Atmospheric Nuclear Weapons Tests, Nuclear Test Personnel Review.* DNA 6035F, April 1982.

———. *Operation Argus 1958: United States Atmospheric Nuclear Weapons Tests, Nuclear Test Personnel Review.* DNA 6039F, April 1982.

———. *Operation Dominic I: 1962 United States Atmospheric Nuclear Weapons Tests, Nuclear Test Personnel Review*. DNA 6040F, February 1983.

Defense Science Board. *Defense Science Board Task Force on the Role and Status of DoD Red Teaming Activities*. Office of the Under Secretary of Defense for Acquisition, Technology, and Logistics, Washington, DC, September 2003.

Defense Science Board Task Group. *The Behavioral Sciences*. Office of the Director of Defense Research and Engineering, Washington, DC, May 1968.

Defense Threat Reduction Agency. *Castle Bravo: Fifty Years of Legend and Lore; A Guide to Off-Site Radiation Exposures*. Defense Threat Reduction Information Analysis Center, Kirtland AFB, NM, January 2013.

Donnell, John C., and Gerald C. Hickey. *The Vietnamese "Strategic Hamlets": A Preliminary Report*. RM-3208-ARPA. RAND Corporation, Santa Monica, CA, September 1962.

Donnell, John C., Guy J. Pauker, and Joseph J. Zasloff. *Viet Cong Motivation and Morale in 1964: A Preliminary Report*. RM-4507/3-ISA. RAND Corporation, Santa Monica, CA, March 1965.

Doolittle, James H., William B. Franke, Morris Hadley, and William D. Pawley. "Report on the Covert Activities of the Central Intelligence Agency." Special Study Group, Washington, DC, July 1954.

Eckhart, Major General George S. *Vietnam Studies: Command and Control, 1950–1969*. Department of the Army, Washington, DC, 1974.

Ehlschlaeger, Charles. "Understanding Megacities with the Reconnaissance, Surveillance, and Intelligence Paradigm." U.S. Army Engineer Research Development Center, April 2014.

Foster, John S. "Alfred Dodd Starbird, 1912–1983." *National Academy of Engineering*, Volume 3, The National Academies Press, Washington, DC, 1989.

Gates, W. L. "Rand/ARPA Climate Dynamics Research: Executive Summary and Final Report." R-2015-ARPA. RAND Corporation, Santa Monica, CA, January 1977.

Gatlin, Colonel Jesse C. *Project CHECO Southeast Asia Report, "IGLOO WHITE (Initial Phase), 31 July 1968."* HQ PACAF, Directorate, Tactical Evaluation, CHECO Division, 1968.

Glenn, Russell W. *Combat in Hell: A Consideration of Constrained Urban Warfare*. MR-780-A/DARPA. RAND Corporation, Santa Monica, CA, 1996.

Gorman, Paul F. *Supertroop Via I-Port: Distributed Simulation Technology for Combat Development and Training Development*. IDA Paper P-2374. Institute for Defense Analyses, Alexandria, VA, August 1990.

Gorman, Paul F., and H. R. McMaster. "The Future of the Armed Services: Training for the 21st Century." Statement before the Senate Armed Services Committee. Washington, DC, May 21, 1992.

Gouré, Leon. "*Quarterly Report on Viet Cong Motivation and Morale Project, October–December 1966.*" RAND Corporation, Santa Monica, CA, January 1967.

———. "Some Findings of the Viet Cong Motivation and Morale Study, January–June 1966: A Briefing to the Joint Chiefs of Staff." RAND Corporation, Santa Monica, CA, August 1, 1966.

———. *Some Preliminary Observations on NVA Behavior During Infiltration.* D-16339-PR. RAND Corporation, Santa Monica, CA, November 3, 1967.

———. "Southeast Asia Trip Report. Part 1. The Impact of Air Power in South Vietnam." RM-4400/1-PR. RAND Corporation, Santa Monica, CA, December 1964.

Gouré, Leon, Douglas Scott, and Anthony J. Russo. *Some Findings of the Viet Cong Motivation and Morale Study: June–December 1965.* RM-4911-2-ISA/ARPA. RAND Corporation, Santa Monica, CA, February 1966.

Gouré, Leon, and C. A. H. Thomson. *Some Impressions of Viet Cong Vulnerabilities: An Interim Report.* RM-4699-1-ISA/ARPA. RAND Corporation, Santa Monica, CA, September 1965.

Hansen, Chuck. *The Swords of Armageddon, U.S. Nuclear Weapons Development Since 1945, Volumes 1–8.* Chuckelea Publications, Sunnyvale, CA, August 1995.

Hanyok, Robert J. *Spartans in Darkness: American SIGINT and the Indochina War, 1945–1975.* National Security Agency/Central Security Service. Fort Meade, MD, February 1998.

Harris, Jack. *Acoustical Techniques/Designs Investigated During the Southeast Asia Conflict: 1966–1972: Final Report.* Naval Air Development Center, Warminster, PA. October 1980.

Headquarters Air Force Special Weapons Center Air Force Systems Command. "Preliminary Plan for Operation Fish Bowl (U)." AFSWC TR-61-96. Kirtland AFB, NM, November 1961.

Headquarters Department of the Army. *Tactics in Counterinsurgency.* Field Manual no. 3-24.2. Washington, DC, April 2009.

Hickey, Gerald C. *The Highland People of South Vietnam: Social and Economic Development.* RM-5281/1-ARPA. RAND Corporation, Santa Monica, CA, September 1967.

———. *The Major Ethnic Groups of the South Vietnamese Highlands.* RM-4041-ARPA. RAND Corporation, Santa Monica, CA, April 1964.

———. "The Military Advisor and His Foreign Counterpart: The Case in Vietnam." RM-4882-ARPA. RAND Corporation, Santa Monica, CA, March 1965.

Historical Division Joint Secretariat, Joint Chiefs of Staff. *The History of the Joint Chiefs of Staff: The Joint Chiefs of Staff and the War in Vietnam, 1960–1968*. Part 3. 87-F-0671, July 1970.

Historical Division Office of Information Services, Air Force Special Weapons Center. *History of Task Group 7.4 Participation in Operation Castle, 1 January 1953–26 June 1954*. Kirtland AFB, NM, November 1954.

Hundley, Richard O., and Eugene C. Gritton. *Future Technology-Driven Revolutions in Military Operations, Results of a Workshop*. National Defense Research Institute, Documented Briefing Series. RAND, Santa Monica, CA, 1994.

"Intelligence Successes and Failures in Operations Desert Shield/Storm." Report of the Oversight and Investigations Subcommittee, Committee on Armed Services, U.S. House of Representatives, August 1993.

Istituto di Fisica Teorica. *The War Physicists: Documents about the European Protest Against the Physicists Working for the American Military Through the JASON Division of the Institute for Defence Analysis*[sic] *(IDA)-1972*. Mostra d'Oltremare, Naples.

Jason Division, IDA. *Air-Supported Anti-Infiltration Barrier*. Study S-255. Alexandria, VA, August 1966.

———. *Generation and Airborne Detection of Internal Waves from an Object Moving Through a Stratified Ocean*. Volume 2. *Supporting Analyses*. Study S-334. Alexandria, VA, April 1969.

———. *Project Seesaw (U)*. Study S-307. Alexandria, VA, February 1968.

———. *Tactical Nuclear Weapons in Southeast Asia*. Study S-266. Alexandria, VA, March 1967.

Jason, The MITRE Corporation. *Biodetection Architectures*. JSR-02-330. McLean, VA, February 2003.

———. *Characterization of Underground Facilities*. JSR-97-155. McLean, VA, April 1999.

———. *Civilian Biodefense*. JSR-99-105. McLean, VA, January 2000.

———. *Human Performance*. JSR-07-625. McLean, VA, March 2008.

———. *Impacts of Severe Space Weather on the Electric Grid*. JSR-11-320. McLean, VA, November 2011.

———. *Rare Events*. JSR-09-108. McLean, VA, October 2009.

Jason, SRI International. *Tunnel Detection*. JSR-79-11. Arlington, VA, April 1980.

Joint Chiefs of Staff Special Historical Study. *The Worldwide Military Command and Control System: A Historical Perspective (1960–1977)*. September 1980.

Joint Task Force Seven. *Operation Castle: Pacific Proving Grounds, March–May 1954, Report of Commander, Task Group 7.1.* Armed Forces Special Weapons Project, September 1954.

Knarr, William. "Mazar-e Sharif Battle Site Survey Support Documents (Revised)." IDA Document D-4350. Institute for Defense Analyses, Alexandria, VA, June 2011.

Knarr, William and Robert Richbourg. "Learning from the First Victory of the 21st Century: Mazar-e Sharif (Revised)." IDA Document D-4015. Institute for Defense Analyses, Alexandria, VA, June 2010.

Lambeth, Benjamin S. "Technology Trends in Air Warfare." RP-561. RAND Project Air Force, Santa Monica, CA, 1996.

Lavalle, Major A. J. C. *The Tale of Two Bridges and The Battle for the Skies over North Vietnam.* Office of the Air Force History Office, United States Air Force, Washington, DC, 1985.

Lulejian, N. M. "Effect of Superweapons upon the Climate of the World: A Preliminary Study." C2-22190. Headquarters Air Research & Development Command, Baltimore, MD. September 1952.

MacDonald, Gordon J. "Jason—The Early Years." Presented at Jason Advisory Board, Arlington, VA, December 12, 1986.

———. "Jason and DCPG—Ten Lessons." Presented at Jason's 25th Anniversary Celebration (no location given), November 30, 1984.

Martin, Michael F. "Vietnamese Victims of Agent Orange and U.S.-Vietnam Relations." RL34761. Congressional Research Service. August 29, 2012.

McMaster, Captain H. R. "Battle of 73 Easting: Eagle Troop, Second Squadron, Second Armored Cavalry Regiment (During the war with Iraq on February 26, 1991)." Fort Benning, GA (n.d.).

McNalty, Bernard C. "Stalemate: U.S. Marines from Bunker Hill to the Hook." U.S. Marine Corps Historical Center, Washington, DC, 2001.

Melissinos, A. C. "Nicholas C. Christofilos: His Contributions to Physics." Department of Physics & Astronomy, University of Rochester, Rochester, NY, November 1993.

Military History Branch, Office of the Secretary, Joint Staff, Military Assistance Command, Vietnam. *Command History 1967.* Volume 3. AD-A955 099, June 4, 1986.

Multi-National Corps Iraq. "TF TROY Counter IED Update, USNA Alumni Association." Explosive Ordnance Disposal (EOD) Weapons Intelligence (WI) Unclassified/FOUO, briefing document, (n.d.).

Munk, Walter, Naomi Oreskes, and Richard Muller. "Gordon James Fraser MacDonald, July 30, 1929–May 14, 2002." National Academy of Science, The National Academies Press, Washington, DC, 2004.

Mutch, R. W., C. C. Chandler, J. R. Bentley, C. A. O'Dell, and S. N. Hirsch. *Operation Pink Rose*. ARPA Order no. 818. U.S. Department of Agriculture–Forest Service, May 1967.

National Academy of Sciences. National Research Council. *Civil Defense: Project Harbor Summary Report*. Publication 1237. Washington, DC, 1964.

National Aeronautics & Space Administration. "A Recommended National Program in Weather Modification: A Report to the Interdepartmental Committee for Atmospheric Sciences." ICAS Report no. 10a. Washington, DC, November 1966.

National Research Council of the National Academies: Committee on Materials and Manufacturing Processes for Advanced Sensors, Board on Manufacturing and Engineering Design, Division on Engineering and Physical Sciences. *Sensor Systems for Biological Agent Attacks: Protecting Buildings and Military Bases*. Washington, DC: National Academies Press, 2006.

National Science Foundation, Special Commission on Weather Modification. "Weather and Climate Modification." NSF 66-3, December 1965.

Nigh, Norman. "An Operator's Guide to Human Terrain Team." U.S. Naval War College, Newport, RI, 2008.

Office of the Secretary, Joint Staff, MACV, Military History Branch. *Command History, United States Military Assistance Command Vietnam: 1967*. Volume 3. AD-A955099. Department of the Army, San Francisco, CA, 1968.

Office of the Under Secretary of Defense for Acquisition, Technology, and Logistics. *Defense Science Board Task Force on Directed Energy Weapons*. Washington, DC, December 2007.

Ogle, William E. *Daily Diary, Bikini Atoll, 1954*. U.S. Atomic Energy Commission.

———. *Operation Castle: The Operation Plan No. 1-53, Task Group 7.1*. Extracted Version, December 1953.

Paolucci, Dominic A. "Summary Report of the Long Range Research and Development Planning Program." DNA-75-03055. Lulejian and Associates, Falls Church, VA, February 7, 1975.

Pauker, Guy. "Treatment of POWs, Defectors, and Suspects in South Vietnam." D-13171-ISA. RAND Corporation, Santa Monica, CA, December 8, 1964.

Peterson, Val. *Kefauver Committee Hearing: Administrator's Statement of March 3*. Federal Civil Defense Administration. Washington, DC, March 1955.

Poindexter, John. *Transcript of Remarks as Prepared for Delivery by Dr. John Poindexter, Director, Information Awareness Office of DARPA*. DARPATech 2002 Conference, Anaheim, CA, August 2002.

Polk, Charles. *Pre-Game-Theory-Based Information Technology (GAMBIT) Study.* DARPA Order no. N229. Air Force Research Laboratory, Rome, NY, October 2003.

Press, S. J. *Estimating from Misclassified Data.* RM-5360-ISA/ARPA. RAND Corporation, Santa Monica, CA, July 1967.

Reed, Sidney, Richard H. Van Atta, and Seymour Deitchman. *DARPA Technical Accomplishments.* Volume 1. *An Historical Review of Selected DARPA Projects.* IDA Paper P-2192. Institute for Defense Analyses, Alexandria, VA, February 1990.

Rego, Lieutenant Colonel Robert D. "Anti-Infiltration Barrier Technology and the Battle for Southeast Asia, 1966–1972." Air Command and Staff College, Air University, Maxwell Air Force Base, AL, April 2000.

"Report to the Commission to Assess the Threat to the United States from Electromagnetic Pulse (EMP) Attack." Critical National Infrastructures Report. April 2008.

Science Advisory Committee. Security Resources Panel. "Deterrence & Survival in the Nuclear Age." NSC 5724 (2). Washington, DC, November 1957.

Smith, Andrew. "Improvised Explosive Devices in Iraq, 2003–09: A Case of Operational Surprise and Institutional Response." The Letort Papers, Strategic Studies Institute, U.S. Army War College, Carlisle, PA, April 2011.

Solon, Jenny. *MRAP Vehicles: Tactics, Techniques, and Procedures.* No. 08-30. Center for Army Lessons Learned (CALL), Combined Arms Center (CAC), Ft. Leavenworth, KS, September 2008.

Stewart, Richard W. "The United States Army in Somalia, 1992–1994," Center of Military History, United States Army, Washington, DC, 2003.

Thorpe, Jack. "Future Views: Aircrew Training, 1980–2000," Air Force Office of Scientific Research, Bolling Air Force Base, Washington, DC, September 1978.

———. "Trends in Modeling, Simulation, & Gaming: Personal Observations About the Past Thirty Years and Speculation About the Next Ten." Interservice/Industry Training, Simulation, and Education Conference (I/ITSEC), 2010

U.S. Army Office of the Deputy Under Secretary of the Army for Operations Research. *History of Operations Research in the United States Army.* Volume 2. *1961–1973.* CMH Pub. 70-105-1. Washington, DC, 2008.

U.S. Army Ordnance Corps. Chief of Ordnance. *Soldiers Improvised Explosive Device (IED) Awareness Guide: Iraq & Afghanistan Theaters of Operation.* TC9-21-01 (093-89-01), EOD Training Department, Redstone Arsenal, AL, May 2004.

U.S. Department of Defense. *Defense Science Board Task Force on Defense Intelligence, Counterinsurgency (COIN) Intelligence, Surveillance, and Reconnaissance (ISR) Operations*. Office of the Undersecretary of Defense for Acquisition, Technology, Washington, DC, February 2011.

U.S. Department of Defense, Defense Science Board, *Task Force Report: The Role of Autonomy in DoD Systems*. Office of the Undersecretary of Defense for Acquisition, Technology, Washington, DC, July 2012.

U.S. Department of Defense, *Fiscal Year (FY) 2015 Budget Estimates, Defense Advanced Research Projects Agency, Defense Wide Justification Book*, Volumes 1–5 (unclassified).

U.S. Department of Defense. International Security Affairs and Advanced Research Projects Agency. *An Evaluation of Chemical Crop Destruction in Vietnam*. RM-5446-1-ISA/ARPA. RAND Corporation, Santa Monica, CA, October 1967.

U.S. Department of Defense. Joint Chiefs of Staff. Historical Division. *Chronology of Significant Events and Decisions Relating to the U.S. Missile and Earth Satellite Development Programs*. Supplement 3. *1 November 1959 through 31 October 1960*. December 29, 1960.

U.S. Department of Defense. Office of the Inspector General. *Defense Advanced Research Projects Agency Ethics Program Met Federal Government Standards*. January 24, 2013.

U.S. Department of Defense. Office of the Secretary of Defense. *Proliferation: Threat and Response*. November 1997.

U.S. Department of Defense, "Unmanned Systems Integrated Roadmap FY2011–2036." (n.d.)

U.S. Department of Defense, "Unmanned Systems Integrated Roadmap FY2013–2038." (n.d.)

U.S. Department of Defense and U.S. Department of Energy. "Report on the Integrated Chemical and Biological Defense Research, Development and Acquisition Plan for the Departments of Defense and Energy: Bio Point Detection." March 2001.

U.S. Department of Energy. *An Account of the Return to Nuclear Weapons Testing by the United States After the Test Moratorium, 1958–1961*. NVO-291, October 1985.

U.S. Department of Energy. Office of the Executive Secretariat. History Division. *The United States Nuclear Weapon Program: A Summary History*. DOE/ES-0005 (Draft), March 1983.

U.S. General Accounting Office. "Activities of the Research and Development Center–Thailand, Advanced Research Projects Agency." B-167324. Washington, DC, December 1971.

U.S. General Accounting Office, "Unmanned Aerial Vehicles: Department of Defense, Acquisition Efforts." Testimony, GAO/T-NSIAD-97-138. Washington, DC, 1997.

U.S. House of Representatives. Committee on Homeland Security. *One Year Later: Implementing the Bio-Surveillance Requirements of the 9/11 Act. Hearing before the Sub-Committee on Emerging Threats, Cybersecurity, and Science and Technology of the Committee on Homeland Security, House of Representatives One Hundred Tenth Congress, Second Session.* Serial no. 110-128, July 2008.

U.S. House of Representatives. House Permanent Select Committee on Intelligence. *Performance Audit of Department of Defense Intelligence, Surveillance, and Reconnaissance.* April 2012.

United States Senate Committee. *Hearings Before the Subcommittee on Civil Defense of the Committee on Armed Services, United States Senate, Eighty-fourth Congress, First Session, on Operations and Policies of the Civil Defense Program.* 1955.

University of California at Berkeley. *Social Responsibility.* Volume 2, number 1. *Information for Students on the Military Aspects of Careers in Physics.* 1989.

Van Atta, Richard H., and Alethia Cook, Ivars Gutmanis, Michael J. Lippitz, Jasper Lupo, Rob Mahoney, and Jack H. Nunn. *Transformation and Transition: DARPA's Role in Fostering an Emerging Revolution in Military Affairs.* Volume 2. *Overall Assessment.* IDA Paper P-3698. Institute for Defense Analyses, Alexandria, VA, April 2003.

Van Atta, Richard H., and Michael J. Lippitz with Jasper C. Lupo, Rob Mahoney, and Jack H. Nunn. *Transformation and Transition: DARPA's Role in Fostering an Emerging Revolution in Military Affairs.* Volume 1. *Overall Assessment.* IDA Paper P-3698. Institute for Defense Analyses, Alexandria, VA, April 2003.

Van Atta, Richard H., Sidney Reed, and Seymour Deitchman. *DARPA Technical Accomplishments.* Volume 2. *An Historical Review of Selected DARPA Projects.* IDA Paper P-2429. Institute for Defense Analyses, Alexandria, VA, April 1991.

———. *DARPA Technical Accomplishments.* Volume 3. *An Overall Perspective and Assessment of the Technical Accomplishments of the Defense Advanced Research Projects Agency: 1958–1990.* IDA Paper P-2538. Institute for Defense Analyses, Alexandria, VA, July 1991.

Wainstein, L., C. D. Cremeans, J. K. Moriarty, and J. Ponturo. *The Evolution of U.S. Strategic Command and Control and Warning, 1945–1972 (U).* Study S-467. Institute for Defense Analyses, Alexandria, VA, June 1975.

Watts, Barry D. "Precision Strike: An Evolution, Summary Report." *The National Interest,* November 2, 2013.

———. "Six Decades of Guided Munitions and Battle Networks: Progress and Prospects." Center for Strategic and Budgetary Assessments, Washington, DC, March 2007.

Weiner, Milton G. *U.S. Air Force Project Rand Research Memorandum: War Gaming Methodology*. RM-2413. RAND Corporation, Santa Monica, CA, July 1959.

White, Robert. *Anthropometric Survey of the Royal Thai Armed Forces*. U.S. Army Natick Laboratories, Natick, MA, June 1964.

Wohlstetter, Albert. "The Delicate Balance of Terror." RAND Corporation, Santa Monica, CA, November 1958.

Wolf, W. L. *Handbook of Military Infrared Technology*. Office of Naval Research, Department of the Navy, Washington, DC, 1965.

Wolk, Herman S. *USAF Plans and Policies R&D for Southeast Asia, 1965–1967*. Office of Air Force History. K 168.01-35. June 1969.

Worley, D. R., H. K. Simpson, F. L. Moses, M. Aylward, M. Bailey, and D. Fish. *Utility of Modeling and Simulation in the Department of Defense: Initial Data Collection*. IDA Document D-1825. Institute for Defense Analyses, Alexandria, VA, May 1996.

Zasloff, Joseph J. *Origins of the Insurgency in South Vietnam: The Role of the Southern Vietminh Cadres*. RM-5163/2-ISA/ARPA. RAND Corporation, Santa Monica, CA, March 1967.

———. *Political Motivation of the Viet Cong: The Vietminh Regroupees*. RM-4703/2-ISA/ARPA. RAND Corporation, Santa Monica, CA, August 1966.

———. *The Role of North Vietnam in the Southern Insurgency*. RM-4140-PR. RAND Corporation, Santa Monica, CA, July 1964.

向国会的陈述

Abizaid, General John P. Commander, U.S. Central Command, "Testimony Before Congress, Senate Armed Services Committee," September 25, 2003.

Alexander, Jane A. Acting Director, Defense Advanced Research Projects Agency, "Statement Submitted to the Subcommittee on Emerging Threats and Capabilities Committee on Armed Services," U.S. Senate, June 5, 2001.

Alibek, Kenneth. Program Manager, Battelle Memorial Institute, "Statement before the Joint Economic Committee, Terrorist and Intelligence Operations: Potential Impact on the U.S. Economy." U.S. Congress, Wednesday, May 20, 1998.

———. Chief Scientist, Hadron, Inc., "Statement before U.S. House of Representatives, Committee on Armed Services, Subcommittee on

Research and Development and Subcommittee on Procurement, Chemical and Biological Defense for U.S. Forces," U.S. Congress, October 20, 1999.

———. Chief Scientist, Hadron, Inc., Former First Deputy Chief, Biopreparat (USSR), "Testimony before the Special Oversight Panel on Terrorism of the Committee on Armed Services," U.S. House of Representatives, Tuesday, May 23, 2000.

Dugan, Regina E., Director, Defense Advanced Research Projects Agency, "Statement Submitted to the Subcommittee on Terrorism, Unconventional Threats and Capabilities, House Armed Services Committee," U.S. House of Representatives, March 23, 2010.

Fernandez, Frank. Director, Defense Advanced Research Projects Agency, "Statement before the Subcommittee on Emerging Threats and Capabilities Committee on Armed Services," U.S. Senate, March 21, 2000.

Gorman, P. F. General, USA (retired) and H. R. McMaster, Captain, Armor, USA, "The Future of the Armed Services: Training for the 21st Century," Statement before the Senate Armed Services Committee, May 21, 1992.

Leheny, Robert. Acting Director, Defense Advanced Research Projects Agency, "Statement Submitted to the Subcommittee on Terrorism, Unconventional Threats and Capabilities, House Armed Services Committee," U.S. House of Representatives, May 20, 2009.

Lynn, Larry. Director, Defense Advanced Research Projects Agency, "Statement before the Acquisition and Technology Subcommittee," U.S. Senate Armed Services Committee, March 11, 1997.

Nunn, Sam. Former Senator. "Remarks for Members of the Subcommittee on National Security, Veterans Affairs, and International Relations, Hearing on Combating Terrorism, Federal Response to a Biological Weapons Attack," U.S. House of Representatives, July 23, 2001.

Prabhakar, Arati. Director, Defense Advanced Research Projects Agency, "Statement Submitted to the Subcommittee on Intelligence, Emerging Threats and Capabilities," U.S. House of Representatives, March 26, 2014.

Preston, Richard. Author of *The Bioweaponeers* and *The Hot Zone,* "Statement Submitted before Senate Judiciary Subcommittee on Technology, Terrorism and Government Information and the Senate Select Committee on Intelligence on Chemical and Biological Weapons, Chemical and Biological Weapons Threats to America: Are We Prepared?" April 22, 1998.

Tether, Tony. Director, Defense Advanced Research Projects Agency, "Statement Submitted before the Subcommittee on Military Research and Development, Committee on Armed Services," U.S. House of Representatives, June 26, 2001.

———. "Statement Submitted to the Subcommittee on Terrorism, Unconventional Threats and Capabilities, House Armed Services Committee," U.S. House of Representatives, March 19, 2003, and March 27, 2003.

———. "Statement Submitted to the Subcommittee on Terrorism, Unconventional Threats and Capabilities, House Armed Services Committee," U.S. House of Representatives, March 10, 2005.

———. "Statement Submitted to the Subcommittee on Terrorism, Unconventional Threats and Capabilities, House Armed Services Committee," U.S. House of Representatives, March 21, 2007.

———. "Submitted to the Subcommittee on Terrorism, Unconventional Threats and Capabilities, House Armed Services Committee," U.S. House of Representatives, March 13, 2008.

口述历史

Abboud, A. Robert. Oral History Interview with Mark DePue. Abraham Lincoln Presidential Library, September 26, 2007.

Brueckner, Keith. Oral History Interview with Finn Aaserud. American Institute of Physics, July 2, 1986.

Deitchman, Seymour J. Oral History Project Interview by Dr. Bob Sheldon and Dr. Yuna Wong. Military Operations Research Society (MORS), September 12, 2008, and October 8, 2008.

Drell, Sidney. Oral History Interview with Finn Aaserud. American Institute of Physics, July 1, 1986.

Fitch, Val. Oral History Interview with Finn Aaserud. American Institute of Physics, December 18, 1986.

Garwin, Richard. Oral History Interview with Finn Aaserud. American Institute of Physics, June 24, 1991.

Gorman, General Paul F. (retired). "Cardinal Point: An Oral History—Training Soldiers and Becoming a Strategist in Peace and War." Combat Studies Institute, 2010–11.

Kendall, Henry. Oral History Interview with Finn Aaserud. American Institute of Physics, November 25, 1986.

Lewis, Hal. Oral History Interview with Finn Aaserud. American Institute of Physics, July 6, 1986.

Lukasik, Stephen. Oral History Interview with Finn Aaserud. American Institute of Physics, April 21, 1987.
MacDonald, Gordon. Oral History Interview with Finn Aaserud. American Institute of Physics, April 16, 1986.
Ruina, Jack P. Oral History Interview with Finn Aaserud. American Institute of Physics, August 8, 1991.
Sullivan, Ambassador William H. Oral History Interview with Major Richard B. Clement, U.S. Air Force Historical Research Agency, April 15, 1970.
Talley, Joan Dulles. Interview with Mark DePue. Abraham Lincoln Presidential Library, November 28, 2007.
Taylor, Robert. Oral History Interview with Paul McJones. Computer History Museum, October 10–11, 2008.
Wheeler, John Archibald. Oral History Interview with Finn Aaserud. American Institute of Physics, May 4, May 23, and November 28, 1988.
Woods, James L. Oral History Interview with Charles Stuart Kennedy. Association for Diplomatic Studies and Training, Foreign Affairs, Oral History Project, October 31, 2001.

论文

ABC News. "When Anthrax Let Loose Before." October 19, 2014.
ABC News. *World News Tonight*. October 26, 2001.
ABC News. *This Week*. October 28, 2001.
Aikins, Matthieu. "Last Tango in Kabul." *Rolling Stone,* August 18, 2014.
Alpert, Bruce. "Contractor Gets Probation in Death of Afghan Prisoner." *New Orleans Times-Picayune,* May 8, 2009.
"Al-Qaida cleric death: mixed emotions at Virginia mosque where he preached." Associated Press, September 11, 2011.
"Analex's Advanced Biosystems Subsidiary Awarded $2 Million Biodefense Contract by DARPA." *PR Newswire,* May 1, 2014.
Apple, R. W., Jr. "A Nation Challenged: News Analysis; City of Power, City of Fears." *New York Times,* October 17, 2001.
Arike, Ando. "The Soft-Kill Solution: New Frontiers in Pain Compliance." *Harper's,* March 2010.
Atkinson, Rick. "Left of Boom: 'The IED problem is getting out of control. We've got to stop the bleeding.'" *Washington Post,* September 30, 2007.
———. "Left of Boom: 'There was a two-year learning curve . . . and a lot of people died in those two years.'" *Washington Post,* October 1, 2007.
———. "Left of Boom: 'You can't armor your way out of this problem.'" *Washington Post,* October 2, 2007.

———. "Left of Boom: 'If you don't go after the network, you're never going to stop these guys. Never.'" *Washington Post,* October 3, 2007.

Barakat, Matthew, "Contractor Gets Probation for Killing Prisoner." Associated Press, May 8, 2009.

Benke, Richard. "Right on Target." Associated Press, January 14, 1996.

Berry, James R. "The Coldest 13 Miles on Wheels." *Popular Mechanics,* February 1968.

Bienaimé, Pierre. "DARPA's Incredible Jumping Robot Shows How the US Military Is Pivoting to Disaster Relief." *Business Insider,* September 19, 2014.

Blaker, James, and Arthur K. Cebrowski. "A Retrospective." *Naval War College Review* (Spring 2006): 134–35.

Broad, William J. "Joshua Lederberg, 82, a Nobel Winner, Dies." *New York Times,* February 5, 2008.

Burhop, E. H. S. "Scientists and Soldiers, America's Jason Group Looks Back on Its Vietnam Involvement." *Bulletin of Atomic Scientists,* November 1975.

Carroll, Chris. "Report: DOD Not Tracking 'Revolving Door' Statistics." *Stars and Stripes,* April 2, 2014.

Cave, Damien, and James Glanz. "Toll in Iraq Bombings Is Raised to More Than 500." *New York Times,* August 22, 2007.

Cebrowski, Vice Admiral Arthur K., and John H. Garstka. "Network-Centric Warfare: Its Origin and Future," *Proceedings Magazine* 124/1/1, no. 139 (January 1998): digital archive, (unpaginated).

"CEXC: Introducing a New Concept in the Art of War," *Armed Forces Journal,* June 7, 2007.

Chase, Marilyn. "To Fight Bioterror, Doctors Look for Ways to Spur Immune System," *Wall Street Journal,* September 24, 2002.

"Cheney Recalls Taking Charge From Bunker." CNN.com, September 11, 2002.

Cheng, Maria. "First Reaction: Lab-Made Burger Short on Flavor." Phys.org, August 5, 2013.

Clark, John C. "We Were Trapped by Radioactive Fallout," *Saturday Evening Post,* July 20, 1957.

Coleman, Korva. "Social Scientists Deployed to the Battlefield." National Public Radio, September 1, 2009.

Collins, Nick. "Britain's First Cloned Dog 'Made' by Controversial Scientist." *Telegraph,* April 9, 2014.

Cummings, M. L. "Views, Provocations: Technology Impedances to Augmented Cognition," *Ergonomics in Design* (Spring 2010): 25-27.

DARPA. "DARPA's CROSSHAIRS Counter-Shooter System Deployed to Afghanistan." October 5, 2010.

Dehghanpisheh, Babak, and Evan Thomas. "Scions of the Surge." *Newsweek,* March 24, 2008.

Deitchman, Seymour. "An Insider's Account: Seymour Deitchman," Nautilus Institute for Security and Sustainability, February 25, 2003. Digital archive available online.

"Department of Defense to Employ UI Computer for Nuclear Weaponry." *Daily Illini,* January 6, 1970.

Diamond, John. "Small Weapons Prove the Real Threat in Iraq," *USA Today,* September 29, 2003.

Diamond, John, and Kathy Kiely. "Tomorrow Is Zero Hour," *USA Today,* June 19, 2002.

Diggins, Peter S. "Godel, Wylie Get 5 Years for Funds Conspiracy," *Washington Post,* June 19, 1965.

Douglas, Walter B. "Accused Former Aides Cite Witnesses in Asia." *Washington Post,* January 9, 1965.

Drummond, Katie. "Darpa: Do Away with Antibiotics, Then Destroy All Pathogens." *Wired Magazine,* November 11, 2011.

Dvorsky, George. "Electroconvulsive Therapy Can Erase Unwanted Memories." io9.com, December 23, 2013.

"Ears, Noses Grown from Stem Cells in Lab Dishes." Associated Press, April 8, 2014.

Elliot, Justin, and Mark Mazetti. "World of Spycraft: NSA and CIA Spied in Online Games." *New York Times,* December 9, 2013. [Also *Guardian* and *ProPublica.*]

"Embezzler Godel Sued to Repay Double." *Washington Post,* November 5, 1966.

"Executive Profile." *Bloomberg Businessweek,* October 14, 2013.

Finney, John W. "Anonymous Call Set Off Rumors of Nuclear Arms for Vietnam." *New York Times,* February 12 and 13, 1968.

———."U.S. Will Share Tiros I Pictures." *New York Times,* April 5, 1960.

"5-Year Term for Godel Is Upheld." *Washington Post,* May 21, 1966.

Gall, Carlotta. "Taliban Free 1,200 Inmates in Attack on Afghan Prison," *New York Times,* June 14, 2008.

Gardner, Amy, and Anita Kumar. "Va. Muslim Activist Denies Urging Violence." *Washington Post,* September 29, 2007.

Garner, Jay. "Army Stands by Patriot's Persian Gulf Performance," *Defense News* 7, no. 26, April 7, 1992.

Glassman, James K. "Vote of Princeton Faculty Could Lead to End of University Ties with IDA." *Harvard Crimson,* March 7, 1968.

González, Roberto J. "Towards mercenary anthropology? The new US Army counterinsurgency manual FM 3–24 and the military-anthropology complex." *Anthropology Today,* Volume 23, Issue 3, June 2007, 14–19.

Goozner, Merrill. "$100b and Counting: Missiles that Work . . . Sometimes." *The Fiscal Times,* March 24, 2012.

Graham-Rowe, Duncan. "Robo-Rat Controlled by Brain Electrodes." *New Scientist,* May 1, 2002.

Grasmeyer, Joel M., and Matthew T. Keennon. "Development of the Black Widow Micro Air Vehicle." *American Institute of Aeronautics and Astronautics,* 2001, 1–9.

Greenwald, Glenn. "Inside the Mind of NSA Chief Gen. Keith Alexander." *The Guardian,* September 15, 2013.

Halberstam, David. "Americans Salvage Helicopters Shot Down by Guerrillas in Vietnam." *New York Times,* January 5, 1963.

Halmos, P. R. "The Legend of John Von Neumann." *Mathematical Association of America,* Vol. 80, No. 4. April 1973, 382–394.

Hanlon, Joseph. "Project Cambridge Plans Changed After Protests," *Computer World,* October 22, 1969.

Hapgood, Fred. "Simnet," *Wired Magazine,* Vol. 5, No. 4, April 1997.

"Hardwire Receives DARPA Funding for Novel Armor Solutions," *Business Wire,* August 21, 2006.

Hawking, Stephen, et al., "Stephen Hawking: 'Transcendence Looks at the Implications of Artificial Intelligence—But Are We Taking AI Seriously Enough?'" *Independent,* May 1, 2014.

Heller, Arnie. "BASIS Counters Airborne Bioterrorism." *Science and Technology Review,* October 2003.

Helms, Nathaniel R. "The Balloon Goes Up for Army and Marines." Military.com, July 21, 2005.

Higginbotham, Adam. "In Iraq, the Bomb-Detecting Device That Didn't Work, Except to Make Money," *Bloomberg Businessweek,* July 11, 2013.

Hodges, Jim. "Cover Story: U.S. Army's Human Terrain Experts May Help Defuse Future Conflicts." *Defense News,* March 22, 2012.

Shen, Hong. "ILLIAC IV: The First Supercomputer." *University of Illinois Alumni Magazine* 1 (2012): 32–37.

Hubbell, John G. " 'You Are Under Attack!' The Strange Incident of October 5." *Reader's Digest,* April 1961.

Hunter, Edward. "Brain-Washing Tactics Force Chinese into Ranks of Communist Party," *Miami News,* September 1950.

" 'IDA,' " *Princeton Alumni Weekly* 60, September 25, 1959, 12.

Jewell, Sergeant Lorie. "Armed Robots to March into Battle." *Army News Service,* December 6, 2004.

Johnston, David, and Scott Shane. "U.S. Knew of Suspect's Tie to Radical Cleric." *New York Times,* November 9, 2009.

Keller, John. "DARPA Considers Unmanned Submersible Mothership Designed to Deploy UAVs and UUVs." *Military Aerospace Electronics,* July 23, 2013.

Kennedy, Patrick. "Reactions Against the Vietnam War and Military-Related Targets on Campus: The University of Illinois as a Case Study, 1965–1972." *Illinois Historical Journal* 84 (Summer 1991): 101–118.

Klein, Naomi. "China's All-Seeing Eye." *Rolling Stone,* May 14, 2008.

Kramer, Andrew E. "Leaving Camp Victory in Iraq, the Very Name a Question Mark." *New York Times,* November 10, 2011.

Kuniholm, Jonathan. "Open Arms: What Prosthetic-Arm Engineering Is Learning from Open Source, Crowdsourcing, and the Video-Game Industry." *IEEE Spectrum,* March 1, 2009.

Lang, Jenna. "Sci-fi writers take US security back to the future," *Guardian,* June 5, 2009.

Lee, Rhodi. "FDA Approves DEKA Arm System." *Tech Times,* May 10, 2014.

Licklider, J. C. R. "Man-Computer Symbiosis," *IRE Transactions on Human Factors in Electronics* HFE-1, March 1960: 4–11.

Licklider, J. C. R., and Robert W. Taylor, "The Computer as a Communication Device," *Science and Technology* (April 1968): 21–31.

LoPresti, Vin. "Guarding the Air We Breathe." *Los Alamos National Laboratory Research Quarterly* (Spring 2003): 17–22.

Madhani, Aamer. "Cleric al-Awlaki Dubbed 'bin Laden of the Internet.'" *USA Today,* August 24, 2010.

Main, Douglas. "Wooly Mammoth Clones Within Five Years? We'll Believe It When We Ride It." *Discover,* December 6, 2011.

"Marines Award Schwable the Legion of Merit." *New York Times,* July 8, 1954.

Markoff, John, "Pentagon Plans a Computer System That Would Peek at Personal Data of Americans." *New York Times,* November 9, 2002.

Mayko, Michael P. "FBI: Drone-Like Toy Planes in Bomb Plot." *Connecticut Post,* April, 7, 2014.

Maynard, W. Barksdale. "Daybreak of the Digital Age." *Princeton Alumni Weekly,* April 4, 2012.

McFate, Montgomery. "Anthropology and Counterinsurgency: The Strange Story of Their Curious Relationship." *Military Review,* March–April 2005: 24–38.

———. "The Military Utility of Understanding Adversary Culture." *Joint Force Quarterly,* no. 38 (July 2005): 44–48.

Menand, Louis. "Fat Man: Herman Kahn and the Nuclear Age," *New Yorker,* June 27, 2005.

Metz, Steven. "Non-Lethal Weapons: A Progress Report," *Joint Force Quarterly* (Spring–Summer 2001): 18–22.

Miles, Donna. "New Device Will Sense Through Concrete Walls." *Armed Forces Press Service,* January 3, 2006.

Miranda, Robbin A., et al. "DARPA-Funded Efforts in the Development of Novel Brain–Computer Interface Technologies," *Journal of Neuroscience Methods,* Elsevier, Amsterdam, Netherlands, July 24, 2014: 1–17.

Mollman, Steve. "Betting on Private Data Search." *Wired,* March 5, 2003.

Montpetit, Jonathan. "Canadian Soldiers Resume Mentoring Afghan National Army after Turbulent Spring." *Military World,* October 28, 2010. "Moon Stirs Scare of Missile Attack." Associated Press, December 7, 1960.

Newman, Kevin. "Cancer Experts Puzzled by Monkey Virus." ABC News, March 12, 1994.

Ngo, Anh D., et al. "Association Between Agent Orange and Birth Defects: Systematic Review and Meta-Analysis." *Oxford Journal of Epidemiology,* February 13, 2006.

"1991 Gulf War Chronology." *USA Today: World,* September 3, 1996.

Nordland, Rod. "Iraq Swears by a Bomb Detector U.S. Sees as Useless," *New York Times,* November 3, 2009.

NOVA. "Transforming Warfare." May 4, 2004.

Omohundro, Steve. "Autonomous Technology and the Greater Human Good," *Journal of Experimental & Theoretical Artificial Intelligence,* November 21, 2014: 303–15.

"One Man's Odyssey from Campus to Combat." Associated Press, March 8, 2009.

Packer, George. "Knowing the Enemy: Can social scientists redefine the 'war on terror'?" *New Yorker,* December 18, 2006.

Perry, Tony. "IED Wounds from Afghanistan 'Unbelievable' Trauma Docs Say." *Los Angeles Times,* April 7, 2011.

"Pfc. Jeremiah D. Smith, 25, OIF, 05/26/03," Defense Department press release no. 376-03, Military.com, posted July 26, 2003.

Pizer, Vernon. "Coming—The Electronic Battlefield." *Corpus Christi Caller-Times,* February 14, 1971.

Preston, Richard. "The Bioweaponeers." *New Yorker,* March 9, 1998.

Reed, Tristan. "Intelligence and Human Networks." *Stratfor Global Intelligence Security Weekly,* January 10, 2013.

Rhode, David. "After the War: Resistance; Deadly Attacks on G.I.'s Rise; Generals Hope Troop Buildup Will Stop the Skirmishes." *New York Times,* June 10, 2003.

Ridgway, Andy. "Cyber Moths with Backpacks Set to Fly into Disaster Zones." *Newsweek,* September 14, 2014.

Roberts, Chalmers M. "Gaither Report Said to Picture U.S. in Grave Danger." *Washington Post,* December 20, 1957.

Robinson, Clarence A., Jr., "Air Vehicles Deliver Warrior Data." *Signal Magazine,* July 2007.

Safire, William. "Mr. Atta Goes to Prague." *New York Times,* May 9, 2002.

Salisbury, Harrison E. "Soviet Shelters: A Myth or Fact?" *New York Times,* December 24, 1961.

Sang-Hun, Choe. "Disgraced Cloning Expert Convicted in South Korea." *New York Times,* October 26, 2009.

Scheer, Robert. "X-Ray Weapon: Flaws Peril Pivotal 'Star Wars' Laser, Second of Three Parts. Next: The Real Debate." *New York Times,* September 23, 1985.

"Science at the Petascale: Roadrunner Results Unveiled." Los Alamos National Laboratory Communications Office, October 26, 2009.

Scully, Meghan. "'Social Intel' New Tool for U.S. Military." *Defense News,* April 26, 2004.

Shachtman, Noah. "The Secret History of Iraq's Invisible War." *Wired,* June 14, 2011.

Shankar, Thom. "To Check Militants, U.S. Has System That Never Forgets," *New York Times,* July 13, 2011.

Shapley, Deborah. "Jason Division: Defense Consultants Who Are Also Professors Attacked." *Science,* February 2, 1973.

Shelsby, Ted. "Iraqi soldiers surrender to AAI's drones." *Baltimore Sun,* March 2, 1991.

Shurkin, Joel. "The Secret War Over Bombing." *Philadelphia Inquirer,* February 4, 1973.

Siegrist, David, and J. Pavlin. "Bio-ALIRT Biosurveillance Detection Algorithm Evaluation," Centers For Disease Control, *Morbidity and Mortality Weekly Report,* September 24, 2004: 152–158.

Singer, Emily. "Playing Piano with a Robotic Hand," *MIT Technology Review,* July 25, 2007.

Slipke, Darla. "Vietnam War Veterans Reunite after Rescue Mission 43 Years Ago." *Daily Oklahoman,* January 8, 2011.

Smith, Stephanie. "Creating Body Parts in a Lab: 'Things Are Happening Now.'" CNN, April 10, 2014.

Solomon, Deborah. "Back From the Future Questions for William Gibson." *New York Times Magazine,* August 19, 2007.

Stannard, Matthew B. "Montgomery McFate's Mission. Can One Anthropologist Possibly Steer the Course in Iraq?" *San Francisco Chronicle,* April 29, 2007.

Sterling, Bruce. "War Is Virtual Hell." *Wired* no 1.01, March/April 1993.

"Strategic Hamlet in Vietnam." *New York Times,* May 20, 1962.

Stetka, Bret. "Can Fear Be Erased?" *Scientific American,* December 4, 2014.

Straus Military Reform Project. "DOD Office of Force Transformation." *Center for Defense Information at POGO,* September 11, 2002.

Suzuki, Toshio. "DARPA Wants Hypersonic Space Drone with Daily Launches," *Stars and Stripes,* February 4, 2014.

"10 Will Be Cited for Civil Service." *New York Times,* February 25, 1962.

Talbot, David. "A Technology Surges." *MIT Technology Review,* February 2008.

Thompson, Mark. "Why Obama Will Continue Star Wars." *Time Magazine,* November 16, 2008.

Thurber, Jon. "William P. Bundy: Advised President Johnson on Vietnam War." *Los Angeles Times,* October 8, 2000.

Tracy, Mary Frances. "Iraq Discloses Biological Weapons Capabilities." *Federation of American Scientists,* October 1995.

Trevithick, Joseph. "Firestorm: Forest Fires as a Weapon in Vietnam." *Arm Chair General Magazine,* June 13, 2012.

Ulanoff, Lance. "China Has the Fastest Supercomputer in the World—Again," Mashable.com, June 23, 2014.

"University News." *Princeton Alumni Weekly* 68, November 28, 1967, 7.

U.S. Army. "Human Terrain Team Handbook." December 11, 2008.

U.S. Army. "In Memory of... Paula Loyd." *Human Terrain System,* September 2011.

"US Looks for Bigger Warlike Computers." *New Scientist,* April 21, 1977.

Verderber, Alexander, Michael McKnight, and Alper Bozkurt. "Early Metamorphic Insertion Technology for Insect Flight Behavior Monitoring," JoVE (*Journal of Visualized Experiments*), 89 (2014): e50901-e50901.

Walker, Amy. "TIGR allows Soldiers to 'be there' before they arrive." *U.S. Army News,* October 13, 2009. Video is available online at jove.com.

Walsh, Declan. "Afghan Militants Attack Kandahar Prison and Free Inmates," *Guardian,* June 13, 2008.

Watts, Barry D. "Precision Strike: An Evolution." *National Interest,* November 2, 2013.

Weiner, Tim. "Remembering Brainwashing." *New York Times*, July 6, 2008.

———. "Soviet Defector Warns of Biological Weapons," *New York Times*, February 25, 1998.

Weiss, Rick. "Dragonfly or Insect Spy? Scientists at Work on Robobugs." *Washington Post*, October 9, 2007.

Wright, Robin. "Iraqis Admit to Broad, Virulent Germ War Plan." *Los Angeles Times*, September 6, 1995.

York, H. F. "Multiple Warhead Missiles." *Scientific American*, November 5, 1973.

Zorpette, Glenn. "Countering IEDs." *IEEE Spectrum*, August 29, 2008.

索引